Das Arcadas ao Bacharelismo

Coleção Estudos
Dirigida por J. Guinsburg

Equipe de realização – Revisão: Edméa N. Garcia Danesi, Celso Fróes Brocchetto e Lucilene Coelho Milhomens; Produção: Ricardo Neves e Raquel Fernandes Abranches.

Alberto Venancio Filho

DAS ARCADAS AO BACHARELISMO
150 ANOS DE ENSINO JURÍDICO NO BRASIL

 PERSPECTIVA

Dados Internacionais de Catalogação na Publicação (CIP)
(Câmara Brasileira do Livro, SP, Brasil)

Venancio Filho, Alberto
　　Das arcadas ao bacharelismo : 150 anos de ensino jurídico no Brasil / Alberto Venancio Filho. — São Paulo : Perspectiva, 2011. — (Estudos ; 57 / dirigida por J. Guinsburg)

　　ISBN 978-85-273-0383-5

　　1. Direito - Estudo e ensino - Brasil - História I. Guinsburg, J.. II. Título. III. Série.

04-7733   CDU-34(81)(07)(091)

　　　　　Índices para catálogo sistemático:
　　　　　1. Brasil : Direito : Estudo e ensino :
　　　　　　　História 34(81)(07)(091)

2ª edição – 2ª reimpressão

Direitos reservados à
EDITORA PERSPECTIVA S.A.

Av. Brigadeiro Luís Antônio, 3025
01401-000 – São Paulo – SP – Brasil
Telefax: (0--11) 3885-8388
www.editoraperspectiva.com.br

2011

A David Trubek, amigo querido, e companheiro na luta pela renovação do ensino jurídico no Brasil.

O historiador se acha sempre colocado diante de um dilema: ou explica o passado em termos de presente e, nesse caso, trai o passado; ou explica o presente em termos de passado e, pois, torna-se incompreensível aos homens do presente.

Frédéric Mauro

Sumário

Introdução XIII

1. O Período Colonial. 1
2. O Período de Transição e Criação dos Cursos
   Jurídicos 13
3. Os Primeiros Anos (1827-1865). 28
4. A Reforma do Ensino Livre 75
5. A Escola do Recife 95
6. O Ensino Jurídico no Império 113
7. A Descentralização: A Reforma Benjamin Constant
   e a Criação de Novas Escolas. 179
8. Trinta Anos de Ensino Jurídico (1901-1930) 201
9. O Ensino Jurídico na República Velha. 221
10. A Presença do Bacharel na Vida Brasileira 271
11. Da Revolução de 30 aos Nossos Dias 303

Índice Onomástico. 343

Prefácio à Segunda Edição

A segunda edição deste livro aparece praticamente sem modificações, salvo algumas correções e poucos acréscimos bibliográficos. Surgido no ano de comemoração do sesquicentenário da criação dos cursos jurídicos, obteve ampla repercussão, esgotando-se em pouco tempo, motivo pelo qual, graças à iniciativa da Editora Perspectiva, sai agora em segunda edição.

O sesquicentenário dos cursos jurídicos provocou o aparecimento de algumas reedições, entre as quais as dos livros clássicos de Clóvis Beviláqua e Spencer Vampré, respectivamente sobre a Faculdade de Direito do Recife e de São Paulo, mas *Das Arcadas ao Bacharelismo,* juntamente com o livro de Nilo Pereira — *A Faculdade de Direito do Recife — 1927-1977 — Ensaio Biográfico,* que completa a de Clóvis Beviláqua, foi o livro que, por ocasião da efeméride, tentou traçar com objetividade, o painel histórico dessa evolução. Daí, talvez, uma das razões de seu êxito.

Essa análise mereceu na ocasião uma acolhida generosa da crítica, inclusive no meio jurídico. Parece ao autor que essa análise continua válida, sem necessidade de atualizações, motivo pelo qual o submete ao público em sua versão original.

Alberto Venancio Filho

Abreviaturas

AN-TR — ALMEIDA NOGUEIRA. *A Academia de São Paulo — Tradições e Reminiscências*. São Paulo, A Editora, 1907-1912, 9 séries.

CB-HFDR — CLÓVIS BEVILÁQUA. *História da Faculdade de Direito do Recife*. Rio, Francisco Alves, 1927. 2 v.

SV-MHASP — SPENCER VAMPRÉ. *Memórias para a História da Academia de São Paulo*. São Paulo, Saraiva, 1924. 2. v.

RA — *Revista Acadêmica* da Faculdade de Direito do Recife, hoje Faculdade de Direito da Universidade Federal de Pernambuco, v. 1, 1891 até a presente data.

RFDSP
RFDUSP — *Revista da Faculdade de Direito de São Paulo*, v. 1, 1891 até 1934, quando mudou de nome para *Revista da Faculdade de Direito da Universidade de São Paulo*.

RF — *Revista Forense*.

RIHGB — *Revista do Instituto Histórico e Geográfico Brasileiro*.

RT — *Revista dos Tribunais*.

Introdução

A idéia da elaboração deste livro veio amadurecendo durante muitos anos, e corresponde a dois campos de especial interesse do autor: a educação e o direito. Filho de um dos participantes do Movimento dos Pioneiros da Escola Nova, que fez de sua vida um apostolado pela educação nacional, ainda estudante de Direito ingressava para trabalhar em órgão do Ministério da Educação (CAPES), a convite da grande figura do Professor Anísio Teixeira. Esse trabalho de três anos deu-lhe uma visão muito clara e realista da educação brasileira, e foi complementado no último ano pela atuação como Secretário Executivo da Comissão de Ciências Sociais do Instituto Brasileiro de Educação, Ciência e Cultura (Seção brasileira da UNESCO). Aí se encarregaria da tradução e das notas do volume da série sobre Ensino Universitário das Ciências Sociais dedicado à Ciência Política, de autoria do Professor William A. Robson e publicado posteriormente pela Fundação Getúlio Vargas.

Nessa época, um livro marcou-lhe profundamente o espírito, fornecendo-lhe o elo de ligação do tema que hoje é desenvolvido no presente trabalho. Trata-se de estudo escrito por um dos principais participantes do Movimento dos Pioneiros da Escola Nova, professor de Medicina Legal da Faculdade de Direito da Universidade de São Paulo — *Problemas do Ensino Superior* do Prof. Antonio de Almeida Junior, e que, talvez porque se se tratasse de pessoa que tivera formação em outro ambiente profissional, pôde retratar, com fidelidade e carinho, mas sem apologética, a realidade do ensino jurídico brasileiro.

Formando-se em Direito, estava o autor dedicado às suas atividades profissionais, quando, por ocasião da organização do plano inicial da Universidade de Brasília, em 1959 — iniciativa pioneira e renovadora que constituiria a matriz do que se vem tentando fazer, sob o nome de "reforma universitária" atendeu ao apelo do Prof. Darcy Ribeiro para preparar o plano de estruturação da Faculdade de Direito dessa Universidade.

O trabalho apresentado ao Prof. Darcy Ribeiro não apresentava maior originalidade. Inspirava-se na recente reforma do ensino superior francês e, sobretudo, nos ensinamentos do Professor San Tiago Dantas, na famosa aula inaugural dos cursos da Faculdade Nacional de Direito, em 1955, a que o autor tivera a oportunidade de assistir. O plano inicial sofreu várias modificações em decorrência do funcionamento real da Universidade e da criação dos cursos experimentais, mas representava um esforço honesto em prol de uma linha renovadora e modernizante ao ensino jurídico.

Permanecendo em suas atividades profissionais, era novamente o autor, alguns anos mais tarde (1966), convocado para participar de uma iniciativa excepcional, que constitui marco expressivo na evolução do ensino jurídico do Brasil: a instituição do Centro de Estudos e Pesquisas no Ensino do Direito (CEPED). Embora vinculado institucionalmente à Universidade do Estado da Guanabara, possuía grande autonomia e flexibilidade e, instalando-se na Fundação Getúlio Vargas, pôde se beneficiar do influxo benéfico desse importante centro de ciências sociais, especialmente da Escola de Pós-Graduação em Economia. Originou-se o CEPED do trabalho catalizador de um grande amigo do Brasil, o Professor David Trubek, e sob a direção do Prof. Caio Tácito e inspiração intelectual do Prof. Alfredo Lamy Filho, tornou-se rapidamente um importante centro de experimentação de método no ensino jurídico, provando, de fato e na prática, que a renovação dessa metodologia era possível e exeqüível nas condições brasileiras. Daí o extraordinário sucesso dos vários cursos de advogados de empresas então realizados, e a posição destacada que vão assumindo, na classe dos advogados, tanto do setor público como do privado, no magistério e na magistratura, os egressos desses cursos, dos quais se pode citar, exemplarmente, os nomes de Eduardo Seabra Fagundes e Jorge Hilário Gouvêa Vieira.

O confronto dramático entre o caráter renovador e modernizante dos cursos do CEPED e a realidade dos nossos cursos de graduação e doutorado em Direito provocou no autor o amadurecimento da idéia de empreender uma reflexão crítica, de cunho histórico, procurando entender a origem dos cursos de Direito, e seu papel na vida brasileira e as razões pelas quais conservaram-se tão avessos à renovação.

Tinha o autor presente a reflexão de Henri Irinée Marrou de que

> a educação é a técnica coletiva pela qual uma sociedade inicia sua geração jovem nos valores e nas técnicas que caracterizam a vida de sua civilização. É, portanto, um fenômeno secundário e subordinado em relação à civilização de que, normalmente, representa como que um resumo e uma condensação (digo, *normalmente*, pois existem sociedades ilógicas que impõem à juventude uma educação absurda em relação à vida; a iniciação à cultura real se faz, então, fora da instituição oficialmente educativa). (*Histoire de l'Education dans l'Antiquité*. Paris, Seuil, 1950, 2. ed., p. 17.)

É desse período o relatório apresentado ao VIII Congresso de Direito Comparado, realizado em Upsala em agosto de 1966, sobre *O ensino de Direito e suas relações com as ciências políticas e econômicas,* mais tarde acolhido, graças à generosidade do saudoso Antônio Gontijo de Carvalho, no *Digesto Econômico,* onde se procurava explicar o descompasso entre o ensino jurídico e as ciências sociais. Assim como são da mesma época o estudo que, a pedido do Professor Newton Sucupira, escreveu sobre *O Ensino Jurídico nos Pareceres de Rui Barbosa,* publicado em *Estudos Universitários,* revista da Universidade Federal de Pernambuco, bem como o trabalho sobre *San Tiago Dantas e o ensino jurídico,* acolhido nas páginas de *Jurídica,* revista do Instituto do Açúcar e do Álcool e no volume dos cadernos da PUC sobre a Reforma do Ensino Jurídico. E ainda em 1973 seria publicado, na *Revista do Instituto Histórico e Geográfico Brasileiro,* o estudo sobre *A criação dos Cursos Jurídicos, símbolo da independência nacional,* por indicação de Francisco de Assis Barbosa e Américo Jacobina Lacombe.

Muito provavelmente esta reflexão histórica sobre o ensino jurídico no Brasil permaneceria nesses trabalhos avulsos, se não fosse a presença amiga do Professor David Trubek, colocando à disposição do autor os meios necessários à realização desta iniciativa.

A preocupação constante do autor foi encarar a realidade do ensino jurídico dentro do seu contexto histórico, inspirando-se também na definição lapidar de que Werner Jaeger, ao traçar o painel das idéias que inspiraram a cultura grega, de que

> todo povo que alcança um certo grau de desenvolvimento se encontra naturalmente inclinado a praticar a educação. A educação é o princípio pelo qual a comunidade humana conserva e transmite sua peculiaridade física e espiritual. (*Paideia, Los ideales de la cultura griega.* México, FCE, 1957, p. 3.)

Tentar apreender a peculiaridade física e espiritual da civilização brasileira através da forma pela qual têm formado, nesses cento e cinqüenta anos, os bacharéis em Direito foi o propósito permanente deste trabalho, ligando sempre a realidade social ao fato educacional. Parece ao autor que essa compreensão histórica pode ser bastante proveitosa na fase de transição em que a insatisfação com a defasagem entre a realidade social e o fato educacional, conduz ingenuamente ao apelo às panacéias, aos artifícios e aos arremedos que, já no passado, provaram a sua falência.

E esta compreensão não constitui novidade pois foi analisada por tantos autores do passado, entre os quais um jurista do gênio de Oliver Wendell Holmes, quando afirmava que

> o estudo racional do direito é ainda, em larga medida, o estudo da história. A História deve ser uma parte desse estudo porque sem ela não podemos saber o objetivo preciso das regras que é nossa obrigação conhecer. É uma parte do estudo racional porque é o primeiro passo para o ceticismo esclarecido, isto é, para o reexame deliberado do valor das normas. (*Collected Legal Papers.* Nova York, 1920, p. 196.)

Foram essas hipóteses de trabalho que orientaram a preparação do presente livro, visando à compreensão das várias etapas do ensino jurídico do Brasil e, sobretudo, tentando mostrar em que medida, conservando-se preso a modelos do passado, o ensino jurídico do Brasil vai abdicando de suas funções, resvalando para um pragmatismo nocivo e para uma posição de subordinação, com graves riscos para o aprimoramento da ordem jurídica e para o futuro e progresso do país.

Não é preciso repetir aqui a queixa de todo estudioso que ousa, em nosso país, realizar um trabalho de pesquisa. A falta de bibliotecas, a ausência de indicações bibliográficas, o difícil acesso às obras do passado, tudo isto constitui embaraço quase intransponível a um sério trabalho de pesquisa científica. Estas dificuldades e estes óbices só são superáveis na medida em que se pode contar com o auxílio e a colaboração de dezenas de amigos e desconhecidos que, prazerosamente, se dispõem a ajudar com informações, dados, notícias, recortes e impressos. Seria uma lista extensa a das dezenas de pessoas a quem o autor muito fica a dever pelas informações que o trabalho apresenta, permitindo apenas escolher, como figura representativa desta legião de colaboradores, o nome do saudoso Antônio Gontijo de Carvalho, amigo de pouco tempo, mas que com a dedicação extraordinária, conhecida de todos que com ele tiveram a felicidade de privar, socorreu o autor com indicações bibliográficas, livros por ele obtidos e um acompanhamento constante na elaboração do trabalho, em freqüentes e longas conversas telefônicas interurbanas. Cabe, também, uma menção à colaboração do Prof. Roberto Lellis, assistente de pesquisa, que muito colaborou no levantamento do material bibliográfico.

Não poderia passar, entretanto, sem uma referência a colaboração recebida de três instituições: das bibliotecas da Faculdade de Direito de São Paulo e da Faculdade de Direito do Recife, dirigidas respectivamente pelas professoras Sara Correia e Eunice Robalinho Cavalcanti, onde o autor pôde compulsar o acervo valioso dessas instituições, incluindo rico material documental; e do Centro de Informações e Documentação da Biblioteca da Câmara dos Deputados, dirigido pela professora Cordélia Robalinho Cavalcanti, modelar instituição em nosso país que muito nos ajudou, quando em nenhum outro lugar era possível encontrar determinada indicação.

Do material bibliográfico consultado merecem referência especial três obras — a *História da Faculdade de Direito do Recife*, em dois volumes, de autoria de Clóvis Beviláqua (Livraria Francisco Alves, 1927), roteiro primoroso da evolução desse centro de estudos, escrito com uma visão de caráter filosófico e sociológico inigualável; *Academia de São Paulo — Tradições e Reminiscências* (São Paulo, 1907-1911, 9 volumes), de Almeida Nogueira, em nove séries, repositório abundante de informações e fatos a respeito do outro núcleo pioneiro de ensino jurídico, a respeito do qual se deve citar o trabalho *Memórias para a História da Academia de São Paulo,* de Spencer Vampré (São Paulo, Saraiva & Cia., 1924), em dois volumes, que representa em sua concepção trabalho intermediário entre as linhas sistemáticas do livro de Clóvis Beviláqua e o caráter de crônica dos volumes de Almeida Nogueira.

A prestimosa ajuda recebida, como é óbvio, não impõe a ninguém responsabilidade pelos erros e omissões do trabalho, que são exclusivos do autor, confiando apenas que este livro possa ser de valia no processo de interpretação da evolução do ensino jurídico no Brasil, com o objetivo de permitir a sua reformulação atual, tão urgente e tão premente em face do atual estágio do desenvolvimento do país, neste ano em que se comemora o sesquicentenário da fundação dos cursos jurídicos no Brasil.

ALBERTO VENANCIO FILHO

Janeiro 1977

1. O Período Colonial

Ao iniciar estudo sobre a "História Territorial do Brasil", o Prof. Ruy Cirne Lima formula a seguinte observação: "A história territorial do Brasil começa em Portugal"[1]. Do mesmo modo, pode-se afirmar que a história do ensino jurídico no Brasil deve começar em Portugal. Se a extensão desse trabalho não permite remontar-se às origens da Universidade de Coimbra e às sucessivas mudanças da universidade do burgo universitário para a capital do país[2], é indispensável traçar uma rápida síntese histórica, a partir do século XVI, que corresponde ao marco inicial da colonização das terras que iriam constituir a mais importante possessão do império metropolitano — a América Portuguesa —. Assim como também por representar o limiar da mudança significativa que se opera no ambiente cultural europeu, com os reflexos, ou numa melhor expressão, com a falta de reflexos no reino português, mas com repercussões na universidade portuguesa e na colônia americana.

Por isso mesmo, o estudo do ensino jurídico no Brasil não pode prescindir da análise da situação cultural em Portugal, do papel que nela desempenharam as instituições educacionais e o direito, e do modo como esta cultura se transplantou para o Brasil, como forma e tipo de colonização.

Ao iniciar-se o século XV, Portugal já transpusera o ciclo da "monarquia agrária"[3] para transformar-se num país de caráter mercantil. No comentário exato de João Lúcio de Azevedo

> ao chegarem as naus ao Tejo toda a mercadoria desembarcava para os armazéns, na ribeira, pertencentes à Casa da Índia, sobre as quais se alçava o Palácio Real. Ali foi de 1505 em diante o

solar do governo. Como qualquer mercador da escola antiga, Dom Manuel estabeleceu a residência no local de seu comércio. Por baixo, nas lojas, sentia o rumor dos fardos que arrastavam, das caixas que se abriam; de cima, olhando o porto, assistia ao surgir e largar das frotas, vigiava o carregamento, presenciava os desembarques. Também em Veneza o Palácio ducal, de que herdara os cuidados, ficava à beira do porto [4].

No dizer preciso de Celso Lafer, Portugal realizou a sua expansão ultramarina alicerçado em três pilares —

> burguesia comercial, na ordem sócio-econômica, razão-do-Estado, na ordem política, empirismo, na ordem cultural [5].

A Revolução do Estado português, que se processa por força da revolução de 1383, representará o fortalecimento do estado nacional — fato pioneiro no continente europeu — através da dinastia de Aviz. Raymundo Faoro considera que

> · a revolução empreendida e completada pela Dinastia de Aviz sublima o conceito da soberania nacional, cujas conseqüências são a centralização monárquica e a codificação do direito [6].

E prossegue, mais adiante:

> as monarquias ibéricas, a espanhola e a portuguesa, foram as primeiras da Europa a alcançar a plena centralização. Tornaram-se, em virtude de tal precocidade, o ponto central da política universal, comandando-a, quer com um sonho místico de Felipe IV, quer com a aventura lusíada, devassando os mares e ostentando o fausto pelo mundo.

Apontando, em seguida, a importância que teve a codificação do direito — e, poderíamos acrescentar, o papel dos juristas nesse processo de centralização — destaca as características do tipo de Estado então criado, que, remetendo-se a Spengler, cognomina de Estado barroco, para, em seguida, assinalar como

> o que há de singular na história da Península não é o fato da existência do Estado barroco. Ele foi, no Ocidente, uma fase de quase todas as grandes monarquias, com exceção notável da Inglaterra. A circunstância realmente marcante é a sua permanência de cinco séculos em estado de congelamento [7].

É este estado de congelamento que caracteriza também, com precisão, o caráter da cultura portuguesa a partir do século XIV, e que se reflete na sociedade nacional em que Clenardo, cem anos depois, apontava como defeitos dominantes "a repugnância pelo trabalho, a mania nobiliárquica e a facilidade dos costumes" [8].

Nessa sociedade os papéis predominantes são desempenhados pelo rei e pela nobreza; esta, segundo Pedro Moacyr Campos,

> nunca chegou a criar raízes no campo nem teve função civilizadora, função de direção e de proteção dos moradores locais; apresentava-se antes como parasita da população e do poder central [9].

Em tal contexto o direito teria, como símbolo do poder real, importante papel a desempenhar.

> Também em Portugal edificou-se uma base teórica na qual se apoiasse todo o processo político, originando-se um conjunto de princípios próprios, a fase da passagem das concepções medievais para as idéias modernas concernentes ao Estado. Sua elaboração coube aos legistas lusitanos que lançaram mão dos elementos já existentes nas teorias políticas anteriores, continuando-as com os ensinamentos proporcionados pelo direito romano [10].

Assim, quando Portugal, na peripécia do processo das descobertas, depara-se com a Terra de Santa Cruz, a Colônia que passará a ser, em pouco tempo, a jóia mais preciosa do Império Português, iria sofrer os influxos desse condicionamento cultural, ao mesmo tempo em que as populações que para aqui vinham compostas de degredados e de elementos da pequena nobreza, teriam de se adaptar a um novo tipo de atividades econômicas. Por isso mesmo, a rarefação do poder político, nos primeiros séculos, dá margem a um processo de fortalecimento do poder privado, analisado com rara agudeza por Nestor Duarte [11] e que já era apontado, no segundo século da Colônia, por Frei Vicente do Salvador ao comentar o episódio do bispo de Tucumã:

> Donde nasce também que nem um homem nesta terra é repúblico, nem zela ou trata do bem comum, senão cada um do bem particular. Não notei eu isto tanto quanto o vi notar a um bispo de Tucumã, da ordem de São Domingos, que por algumas destas terras passou para a corte. Era grande canonista, homem de bom entendimento e prudência, e assim ia muito rico. Notava as coisas e via que mandava comprar um frangão, quatro ovos e um peixe para comer e nada lhe traziam, porque não se achava na praça, nem no açougue e, se mandava pedir as ditas coisas e outras mais às casas particulares, lhas mandavam. Então, disse o bispo: — verdadeiramente que nesta terra andam as cousas trocadas porque toda ela não é república, sendo-o cada casa [12].

Nesse quadro de privatismo, o processo cultural que se exerce sobre a nova colônia é devido em parcela primordial à Companhia de Jesus. Fundada no âmbito das transformações da Contra-Reforma, ela vai se estabelecer como uma grande empresa educacional e, no Brasil, mais do que em qualquer outra parte, como o principal elemento de formação cultural. À alegação de que a Coroa se desligou inteiramente dos problemas da educação da Colônia, respondeu Hélio Vianna afirmando que

> se é verdade que por si mesmo, por seus agentes diretos, a princípio não cuidava o Reino da educação de seus súditos, nem por isso dela se alheava, então transferindo a sua responsabilidade para outros organismos porventura mais aptos do que ele próprio para exercício de tão delicada incumbência, como então ocorreu[13].

Este processo não ocorreu apenas na Colônia, mas atingiu também a Metrópole, quando é entregue em 1555 à direção dos padres da Sociedade de Jesus o Colégio das Artes da Universidade de Coimbra, o que representou o assenhoramento por esta ordem religiosa de ensino superior no País [14]. Quando, pois, chega ao Brasil, em 1549, como 1º Governador Geral, Tomé de Souza, já vêm em sua companhia os primeiros padres da Companhia de Jesus que iriam dar início à grande obra educacional.

Disse certa vez Capistrano de Abreu que seria presunçoso escrever a História do Brasil enquanto não se possuir a História da Companhia de Jesus [15]. Também não é possível estudar a história da educação no Brasil sem examinar o papel dos jesuítas na educação colonial [16]. Entretanto, dado os limites deste trabalho, serão apontados apenas alguns aspectos principais, que explicam a formação da elite brasileira no período da colônia, e alguns traços culturais provindos deste tipo de formação, que explicam inclusive alguns aspectos contemporâneos.

Segundo a *Ratio Studiorum,* publicada em 1559, de autoria do Padre Geral Cláudio Aquaviva, e em que se corporificam as regras pedagógicas da Companhia, o plano completo dos estudos devia abranger o curso de letras humanas, o de filosofia e ciências e o de teologia e ciências sagradas. Esses três cursos eram completados nos estabelecimentos mais importantes da Companhia na Europa, por dois anos de especialização, reservado à preparação de lentes de universidade, e primeiro o de Letras Humanas, dividido em três classes (gramática, humanidade e retórica). Foi o curso de Letras Humanas o curso que mais se propagou nos colégios dos padres jesuítas durante a colônia. O primeiro colégio instalou-se na Bahia, e já no século XVII possuíam os jesuítas, além de escolas para meninos e outros colégios menores, onze colégios, do Pará, de São Luís do Maranhão até Espírito Santo, Rio de Janeiro e São Paulo [17].

Sem negar os méritos do ensino jesuítico, razão parece ter Fernando de Azevedo quando afirma que

> por melhor que fosse a (sua) organização e por seguros e eficientes que fossem os seus métodos, com que se cobriram de glórias por toda parte, como humanistas, é certo que, praticados

dentro de um sistema de ensino único, excessivamente literário e retórico, sem o estímulo de influências renovadoras tenderam à uniformidade e à estagnação e não ficaram ineficazes para a erradicação de toda a atividade livre e criadora.

Acrescentando em seguida:

> Desenvolvendo antes de tudo as atividades literárias e acadêmicas e "dando um valor exagerado ao menino inteligente com queda para as letras", os jesuítas criaram muito cedo, com a tendência literária e o gosto que ficou tradicional pelo diploma do bacharel, o desprezo pelo trabalho técnico e produtivo e fizeram de seus colégios canais de circulação horizontal, do campo para as cidades, e de ascensão social, e, portanto, elementos poderosos de urbanização [18].

Esse caráter da educação portuguesa anterior às reformas pombalinas foi assinalado por Antônio Ribeiro Sanches ao dizer que

> parece que Portugal está hoje não só quase obrigado a fundar uma escola militar, mas a preferi-la a todos os estabelecimentos literários que sustenta com tão excessivos gastos. O que se ensina e se tem ensinado até agora neles é para chegar a ser sacerdotes e jurisconsultos.

A figura do bacharel em letras, formado nos Colégios dos jesuítas a partir de 1582 seria, assim, o precursor do futuro bacharel em direito da época da Independência [19].

Embora o papel dos jesuítas tenha sido o mais importante, não é possível ignorar a contribuição de outras ordens religiosas, como a dos franciscanos, os beneditinos e os carmelitas [20].

Esse panorama perdurou até a segunda metade do século XVII, quando as reformas do Marquês de Pombal, com a expulsão dos jesuítas da Metrópole e da Colônia, subverteriam tal sistema e, o que é mais importante, com modificações que não atuaram apenas nos limites do processo educacional, mas atingiram o próprio âmago da situação cultural em Portugal, com reflexos sobre a Colônia.

Por força do predomínio da Companhia de Jesus na Universidade de Coimbra, a cultura portuguesa nos séculos XVI e XVII e na primeira metade do século XVIII conservar-se-ia impermeável às transformações que se processavam no continente europeu após o Renascimento, com a expansão dos estudos científicos e a disseminação do método experimental. Ainda em 1746, um edital do Colégio das Artes da Universidade de Coimbra determinava que

> nos exames ou lições, conclusões públicas ou particulares se não ensine defensão ou opiniões novas pouco recebidas, ou inúteis para os estudos das ciências maiores, como são as de René Descartes, Gassendi, Newton e outros, nomeadamente qualquer ciência que defenda os átomos de Epicuro ou outras quaisquer conclusões opostas ao sistema de Aristóteles, o qual nestas escolas se deve seguir como repetidas vezes se recomenda nos Estatutos deste Colégio [21].

Assim, a revolução pombalina representa como que uma abertura de horizontes, pela qual Portugal se incorpora ao novo processo civilizatório. Papel destacado coube ao Padre Luís Antônio Verney na divulgação de novas idéias que enviava de Roma, para seus amigos de Portugal nas cartas após reunidas sob o título *O Verdadeiro Método de Ensinar*. Nas expressões de Vicente Barreto, Verney pertencia à estirpe de homens do século XVIII,, cuja crença na razão e no saber estava acima da fidelidade religiosa. Para ele o grande inimigo do aperfeiçoamento humano era precisamente o temor de coisas vãs e do conhecimento. E, depois de outras considerações, conclui: "Neste sentido Verney pode ser chamado um 'iluminista' português" [22].

Se, do ponto de vista interno da Colônia, a reforma pombalina representou uma verdadeira catástrofe, pela destruição do único sistema organizado do ensino, mal substituído por um arremedo de professores de aulas régias, posteriormente subvencionados pelo subsídio literário, externamente a influência desta reforma sobre a Universidade de Coimbra, com a reforma dos Estatutos em 1772, revela excepcional importância [23]. Já naquela época a Colônia se agigantara e, por assim dizer, fornecia os melhores homens para a elite política que governava o Reino.

Quanto aos estudos jurídicos, a reforma pombalina representa sobretudo a ênfase que se procurou dar ao estudo do direito pátrio, abandonando o direito romano, e a introdução da "lei da boa razão" e dos princípios racionalistas na interpretação das normas jurídicas [24]. No que tange ao método, os Estatutos preconizavam o denominado método "sintético, demonstrativo, compendiário", que se contrapunha ao método tradicional, que era o escolástico. O método sintético consistia, segundo a linguagem dos Estatutos, em dar, primeiro que tudo, as definições e divisões das matérias, passando-se logo aos primeiros princípios e preceitos mais simples, dos quais se procederia para as conclusões particulares e complicadas. O método demonstrativo (natural e científico) consistia em dispor as matérias por tal modo que se não passasse de umas proposições para as outras sem que as precedentes se houvessem provado com a maior evidência. Finalmente, o direito deveria ser ensinado por compêndios breves, claros e bem ordenados, nos quais apenas se contivesse a substância das doutrinas e regras e exceções principais e de maior uso, fazendo avultar os princípios na sua conexão e dando predomínio à didática sobre a polêmica (método compendiário) [25].

A reforma pombalina continha, entretanto, uma contradição em termos, apontada com acuidade por Ribeiro dos Santos:

Este Ministro quis uma impossível política; quis civilizar a nação e ao mesmo tempo fazê-la escrava; quis espalhar a luz das ciências filosóficas e ao mesmo tempo elevar o poder real e o despotismo; inculcou muito o estudo do direito natural e das gentes e do direito público e universal e lhes exigiu cadeiras na Universidade; mas não via que dava a luz aos povos para conhecer, por eles, que o poder soberano era unicamente estabelecido para o bem comum da nação, e não do príncipe, e que tinham limites as balizas em que se devia sentar [26].

Esta observação é bastante relevante para a situação brasileira, uma vez que, pelo fato de não existirem na Colônia instituições de ensino superior, a formação universitária era dada aos brasileiros pela Universidade de Coimbra. Tem-se nesse aspecto uma outra característica importante da colonização portuguesa, ao contrário do que fez a Espanha que, de longa data, criou estabelecimentos de ensino superior na América Espanhola. No resumo de Sérgio Buarque de Holanda:

Já em 1538 cria-se a Universidade de São Domingos. A de São Marcos, em Lima, com os privilégios, isenções e limitações da de Salamanca, é fundada por cédula real de 1551, vinte e um anos apenas depois de iniciada a conquista do Peru por Francisco Pizarro. Também de 1551 é a da Cidade do México que, em 1553, inaugura seus cursos. Outros institutos de ensino superior nascem ainda no século XVI e nos dois seguintes, de modo que, ao encerrar-se o período colonial, tinham sido instaladas nas diversas possessões de Castela nada menos de vinte e três universidades, seis das quais de primeira categoria (sem incluir as do México e Lima). Por estes estabelecimentos passaram, ainda durante a ocupação espanhola, dezenas de milhares de filhos da América que puderam, assim, completar seus estudos sem precisar transpor o Oceano [27].

Na América Portuguesa o panorama era inteiramente diverso [28]. Quando as Câmaras Municipais de Minas Gerais se propuseram a criar um centro de formação de médicos, opinou contrariamente o Conselho Ultramarino, em documento que é basico para a compreensão da política cultural portuguesa:

que poderá ser questão política se convinham estas aulas de artes e ciências em colônias... que podia relaxar a dependência que as colônias deveriam ter do Reino; que um dos mais fortes vínculos que sustentava a dependência das nossas colônias era a necessidade de vir estudar a Portugal; que este vínculo não se devia relaxar; que (o precedente) poderia talvez, com alguma conjuntura para o futuro, facilitar o estabelecimento de alguma aula de jurisprudência até chegar ao ponto de cortar este vínculo de dependência [29].

Manuel Bonfim faz referência ao documento do Governador do Maranhão, Dom Fernando de Antônio Noronha, que se opunha ao ensino de filosofia, com esta eloqüente afirmação:

> Não é conveniente que nesta conquista haja mais do que as Cadeiras de gramática latina e a de ler e escrever... estudos superiores só servem para nutrir o orgulho e destruir os laços de subordinação legal e política que devem ligar os habitantes à Metrópole [30].

O Padre Serafim Leite, na *História da Companhia de Jesus no Brasil*, examina o desenvolvimento do Curso das Artes e arrola as várias tentativas para que estes cursos fossem equiparados aos da Universidade de Évora, sem que, contudo, se alcançasse êxito [31].

Com a expansão da Colônia, aumenta o número de brasileiros que acorrem à Universidade de Coimbra. Segundo estimativas abalizadas, no século XVI formaram-se, em Coimbra, treze brasileiros; no século XVII, trezentos e cinqüenta e quatro; no século XVIII, mil setecentos e cinqüenta e dois, e de 1781 a 1822 ali estudaram trezentos e trinta e nove brasileiros [32]. Constituíam eles, como já se disse, a elite intelectual e política da própria Metrópole. Estudaram na época, em Coimbra, José Bonifácio de Andrada e Silva, Conceição Veloso, Arruda Câmara, Câmara Bittencourt de Sá, Silva Alvarenga, Alexandre Rodrigues Ferreira, José da Silva Lisboa, Cipriano Barata, Antônio Carlos Ribeiro de Andrada e Silva, Hipólito da Costa, Maciel da Costa, José Vieira Couto e muitos outros. É este movimento de novas idéias que se vai refletir no movimento da Conjuração Mineira que traz, no seu ideário, a criação de uma Universidade, como se vê no depoimento de José de Rezende da Costa Filho nos *Autos da Devassa*, que falava da estrutura do novo Estado, formado de uma República que constaria de sete parlamentos, sendo a capital a Vila de São João Del Rei, em que se havia de fundar uma Universidade como a de Coimbra [33].

Um dos reflexos mais importantes da nova ideologia educacional que se irradia da Universidade de Coimbra aparece na fundação do seminário de Olinda, por Azeredo, Coutinho, onde se verifica com maior precisão a influência do espírito científico e do método racionalista [34]. Mas nenhum exemplo existe, mais expressivo, desse pensamento liberal em ascensão do que o exame feito, com rara habilidade, por Eduardo Frieiro dos livros existentes na biblioteca do Cônego Luís Vieira da Silva — um dos próceres da Conjuração Mineira [35].

Chegava, assim, o Brasil ao final de seu período colonial sem o aparecimento da instituição do ensino superior e de escolas de direito. Na argumentação de Hélio Vianna,

a ausência da Universidade do Brasil em nada prejudicou a instrução de seus filhos, aos quais sempre foram acessíveis, desde fins do século XVI até o primeiro terço do século XIX, os cursos existentes no Reino e no estrangeiro [36].

E Oliveira Lima remata:

O Brasil não tinha uma universidade como o México e o Peru; todavia, quando chegou o momento da separação estava preparado intelectualmente para a vida independente, a ponto tal que o Império encontrou um pessoal adequado à alta administração, à diplomacia e a todos os ramos de atividades políticas da Nação [37].

NOTAS DO CAPÍTULO 1

1. RUY CIRNE LIMA, *Pequena História Territorial do Brasil — Sesmarias e Terras Devolutas*, 2. ed. Porto Alegre, Sulina, 1954, p. 11.

2. Para a história da Universidade de Coimbra, v., entre outros, TEÓFILO BRAGA, *História da Universidade de Coimbra nas suas relações com a Instrução Pública Portuguesa*, Lisboa, Academia Real de Ciências, 1892-1902, 4 v. MARIO BRANDÃO, e M. LOPES d'ALMEIDA, *A Universidade de Coimbra (Esboço de sua História)*, Coimbra, 1937.

3. V. JOÃO LUCIO DE AZEVEDO, *Épocas de Portugal Econômico*, Lisboa, Livraria Clássica, 1947, p. 11-54.

4. *Ibid*, p. 110-111.

5. V. CELSO LAFER, *Gil Vicente e Camões*, São Paulo, Ática, 1978, p. 114.

6. *Os Donos do Poder*, Porto Alegre, Editora Globo, 1958, p. 33.

7. *Ibid.*, p. 40.

8. APUD M. GONÇALVES CEREJEIRA, *Clenardo e a Sociedade Portuguesa do seu Tempo*, 3. ed. Coimbra, Coimbra Editora, 1949, p. 160.

9. "As Instituições Coloniais: Antecedentes Portugueses." In: *História Geral da Civilização Brasileira* (sob a direção de Sérgio Buarque de Hollanda), São Paulo, Difusão Européia do Livro, 1960, 1º v., p. 181.

10. *Ibid.*, p. 10.

11. *A Ordem Privada e Organização Política Nacional* (Contribuição à Sociologia Política Brasileira). 2. ed. São Paulo, Cia. Editora Nacional, 1966, p. 129.

12. *História do Brasil*, São Paulo, Weiszflog, 1918, p. 16-17.

13. "A Educação no Brasil Colonial". *1.º Congresso da História da Expansão Portuguesa no Mundo*, 3ª Seção, Lisboa, 1938, p. 5.

14. TEÓFILO BRAGA,, *op. cit.*

15. *Capítulos de História Colonial*, 4. ed. Brasília, Editora Universidade de Brasília, p. 188.

16. V. SERAFIM LEITE, *História da Companhia de Jesus no Brasil*, 1.º v., roteiro informativo para as análises que se seguem.

17. FERNANDO AZEVEDO, *A Cultura Brasileira (Introdução ao Estudo da Cultura no Brasil)*. 4. ed. Brasília, Editora Universidade de Brasília, 1963, p. 531.

18. *Ibid.*, p. 532.

19. *Apud* LAERTE RAMOS DE CARVALHO, "A Educação e seus Métodos". In: *História Geral da Civilização Brasileira* (sob a direção de Sérgio Buarque de Hollanda). São Paulo, Difusão Européia do Livro, 1960, t. I, 2º v., p. 76.

19A. Essa presença pode ser registrada nos documentos da época e no Catálogo genealógico de Frei Jaboatão. O autor deve a referência ao Prof. Pedro Calmon.

20. *Ibid.*, p. 76-77. Assim sintetizou Capistrano de Abreu a educação colonial: "A educação reduzia-se a expungir a vivacidade e a espontaneidade dos pupilos. Meninos e meninas andavam nus em casa até a idade dos cinco anos; nos cinco anos seguintes usavam apenas camisas. Se, porém, iam à igreja ou à alguma visita, vestiam com todo o rigor de gente grande, com a diferença apenas das dimensões. Poucos aprendiam a ler. Com a raridade dos livros exercitava-se a leitura em manuscritos, o que explica a perda de tantos documentos preciosos" (*Capítulos de História Colonial*, 5. ed. Brasília, Editora Universidade de Brasília, 1963, p. 223).

21. *Apud* NEWTON SUCUPIRA, "O Problema da Autoconsciência da Cultura Brasileira, *Anuário da Faculdade de Filosofia da Universidade do Recife*, 1960, v. 5, p. 62.

22. VICENTE BARRETO, *A Ideologia Liberal no Processo de Independência do Brasil (1789 a 1824)*, Brasília, Câmara dos Deputados, 1973, p. 40.

23. TEÓFILO BRAGA, *op. cit.* 3º v., p. 315-576.

24. *Ibid.*, 3º v., p. 479. O estudante brasileiro Francisco de Melo Franco, no poema satírico publicado em 1785, *No Reino da Estupidez*, observa que os estudantes de leis só traziam "a pedantaria, a vaidade e a indisposição de jamais saberem, enfarinhados unicamente em quatro patas do Direito Romano", não sabendo "nem o Direito Pátrio, nem o Público, nem o das Gentes, nem Política, nem Comércio." (*Apud* "José Bonifácio: O Homem e o Mito", de EMÍLIA VIOTTI DA COSTA, In: *1822: Dimensões* (editado por Carlos Guilherme Mota), São Paulo, Editora Perspectiva, 1972, p. 111.

25. PAULO MEREA, *Jurisconsultos Portugueses do século XIX*, Vol. 1º, Conselho Geral da Ordem dos Advogados de Lisboa, 1947, p. 156.

26. *Apud* TEÓFILO BRAGA, *op. cit.*, v. III, p. 569.

27. *Raízes do Brasil*, 6. ed. Rio de Janeiro, José Olímpio, 1971, p. 64-65. Um historiador do gabarito de Frédéric Mauro equipara com equívoco cronologicamente a fundação dos cursos jurídicos no Brasil à criação das universidades na América Espa-

nhola: "L'Université San Marcos de Lima date de 1551, comme celle de Mexico, et Pernambouc a eu assez tôt sa Faculté de Droit" (*L'Expansion Europeenne* (*1600-1750*), Paris, P.U.F.., 1967, p. 375).

28. V. o resumo do Autor, A Criação de Cursos Jurídicos, Símbolo da Independência Nacional, *Revista do Instituto Histórico e Geográfico Brasileiro*, v. 229, abr./jun. 1973, p. 76-80.

29. *Apud* AMÉRICO JACOBINA LACOMBE, "A Cultura Jurídica." In: *História Geral da Civilização Brasileira* (sob a direção de Sérgio Buarque de Hollanda). t. II, v. 3, p. 361.

30. *Apud* MANOEL BONFIM, *O Brasil na Hora Atual*, Rio de Janeiro, Francisco Alves, 1957, p. 354.

31. SERAFIM LEITE, op. cit., t. VII, p. 141-208.

32. V. publicação da Biblioteca Nacional, *Estudantes Brasileiros na Universidade de Coimbra — 1772-1872*, Rio de Janeiro, 1943, p. 86-120. Cf. tb. MANUEL XAVIER DE CAVALCANTI PEDROSA, "Letrados no Século XVIII." In: *Anais do Congresso Comemorativo do Bicentenário da Transferência da Sede do Governo do Brasil da Cidade de Salvador para o Rio de Janeiro, 1963*. Instituto Histórico e Geográfico Brasileiro, Departamento da Imprensa Nacional, 1967. v. IV. p. 257-318; MARIA ODÍLIA DA SILVA DIAS, Aspectos da Ilustração Brasileira, *R.I.H.G.B.* v. 278. jan/mar. 1968, p. 105-170; LYGYA FONSECA, Bacharéis Brasileiros. In: *Anais do IV Congresso de História Nacional*. Rio de Janeiro, Instituto Histórico e Geográfico Brasileiro, Departamento da Imprensa Nacional, 1951, v. XIX, p. 113-405.

33. *Autos da Devassa da Inconfidência Mineira*, v. III,, p. 437.

34. Em estudo publicado na História da Cultura Brasileira elaborado pelo CONSELHO FEDERAL DE EDUCAÇÃO, Rio, 1976, p. 356-373 — *O Seminário de Olinda e outros Seminários* — o Prof. Newton Sucupira analisa a ideologia do seu fundador, Azeredo Coutinho, explicando, a aparente contradição entre um pensamento avançado em educação e um pensamento conservador em assuntos econômicos. Vide tb. FRANCISCO VENANCIO FILHO, O Segundo Centenário de Azeredo Coutinho, *Cultura Política*. Ano II, n. 22, dez. 1942, p. 212-214.

35. *O Diabo na Livraria do Cônego*, Belo Horizonte, Itatiaia, 1957, p. 254.

36. HÉLIO VIANNA, *op. cit.*, p. 35.

37. *Aspectos da História e da Cultura do Brasil*, p. 49.

2. O Período de Transição e a Criação dos Cursos Jurídicos

A transmigração da família real para o Brasil, em 1808 provocou a criação de iniciativas culturais, como as aulas de Medicina na Bahia e no Rio de Janeiro a cadeira de Artes Militares, o Horto Florestal, a Imprensa Régia e a Biblioteca Nacional. Comenta-se que José Bonifácio esboçara um plano para a criação de uma Universidade [2] e Garção Stockler é incumbido, em 1812, da preparação de um plano integral de educação, que não chegou a ser executado [3]. Pode, assim, dizer Fernando de Azevedo que

> sobre as ruínas do velho sistema colonial limitou-se Dom João VI a criar escolas especiais, montadas com o fim de satisfazer o mais depressa possível e com menos despesa a tal ou qual necessidade do meio a que se transportou a Corte Portuguesa [4].

Ao estudar, no livro *A Cultura Jurídica no Brasil (1822/1922)*, a formação da cultura Jurídica brasileira, e sobretudo o seu aparecimento com a Independência, diz Plínio Barreto:

> Há 100 anos, quando se emancipou definitivamente da soberania portuguesa, era o Brasil uma terra sem cultura jurídica. Não a tinha de espécie alguma, a não ser, em grau secundário, a do solo. Jaziam os espíritos impotentes na sua robustez meio rude da alforria das crendices e das utopias, à espera de charrua e sementes. O direito, como as demais ciências e, até, como as artes elevadas, não interessava ao analfabetismo integral da massa. Sem escolas que o ensinassem, sem imprensa que o divulgasse, sem agremiações que o estudassem, estava o conhecimento dos seus princípios concentrado apenas no punhado de homens abastados que puderam ir a Portugal apanhá-la no curso acanhado e rude que se processava na Universidade de Coimbra [5].

E continuava o escritor e jurista paulista:

> O direito era, no Brasil, quando se operou a Independência, uma ciência estudada por um grupo insignificante de homens e não era estudada, mesmo neste grupo, com profundeza e pertinácia. Nem podia sê-lo. Não há ciência que se desenvolva sem ambiente apropriado, e o de uma colônia onde mal se sabia ler não é, com certeza, o mais adequado para o crescimento de uma disciplina, como a de direito, que supõe um estado de civilização bem definido nos seus contornos e bem assentado nos seus alicerces [6].

É esse o panorama com que se defronta o novo país ao proclamar a Independência e ao convocar uma Assembléia Constituinte para organizar a Carta Constitucional. O exame da mentalidade da Constituinte foi feito no trabalho de Octávio Tarquínio de Souza que, inicialmente, rebateu a afirmação de Armitage de que "excetuados os três Andradas, havia muito poucos indivíduos — se é que os havia — acima da mediocridade", e considerava o conceito injusto, por verificar que vários nomes pairavam acima da mediocridade e que, afinal, de medíocres sempre se constituiu a massa de todos os parlamentos do mundo. Nas condições brasileiras, esse aspecto ganhava relevo pelo fato de haver apenas uma pequena população de instrução superior; reportava-se à opinião de Varnhagem, de que dos noventa constituintes, oitenta e um tinham pelo menos a presunção de alguma cultura, pois vinte e três eram formados em direito; sete em cânones; vinte e dois eram desembargadores; dezenove eram clérigos, sendo um bispo; três médicos; sete militares, dos quais três marechais [7].

Analisando mais particularmente esta mentalidade, Octávio Tarquínio, depois de descrever alguns episódios das discussões na Assembléia, procura descer a uma análise psicológica dos elementos que determinaram sua fisionomia moral, apreciando como as opiniões políticas, as correntes filosóficas e literárias e as tendências econômicas e sociais se refletiram e orientaram o espírito dominante na Assembléia de 1823. E sintetiza:

> o individualismo na organização política dos Estados, o liberalismo nas relações econômicas, o romantismo na literatura condicionaram e motivaram a mentalidade da Constituinte, impregnando todas as suas obras e atitudes.
>
> A grande conquista política do tempo em que atuaram os constituintes, era o Governo representativo, o constitucionalismo.
>
> Medíocres ou não, os constituintes não podiam fazer, em suas linhas gerais, senão o que fizeram [8].

Já Plínio Barreto tentou relacionar o ambiente da Constituinte ao estágio do pensamento jurídico:

Dessa penúria de letras, especialmente de letras jurídicas, conservamos, ainda hoje, um monumento onde bem assinalada ficou, e assinalada por todos os séculos: os anais da primeira assembléia a que concorreram todas as notabilidades da época: a Constituinte de 1823. Com exceção de três ou quatro deputados que revelaram alguma familiaridade com as instituições jurídicas de outros povos, notadamente com os da Inglaterra e da França, a maioria só inculcou manter relações assíduas com os clássicos de Roma. Sabiam de cor o seu Virgílio ou o seu Lucrécio, mas em assuntos jurídicos não eram dos mais firmes, nem das mais substanciosas as suas noções.

Destas, as menos retardadas que revelaram foram as que, bebidas às pressas na literatura revolucionária da época, se relacionavam com o direito público e constitucional. Essas mesmas não impediram que se travasse debate solene logo nas primeiras sessões em torno desta tese: os Ministros de Estado são criados ou não do Imperador?

Tão sensível era, então, a indigência de juristas que, ao discutir-se o projeto de criação de universidades no Brasil houve quem defendesse, na Assembléia, a conveniência de se contratarem jurisconsultos em Portugal para as aulas de Direito. A futura terra dos bacharéis não estava habilitada para iniciar a fabricação deles sem importar do estrangeiro, uma turma de mestres peritos [9].

Entretanto, foi essa pequena elite, formada em Coimbra, que se tornou responsável pela criação dos cursos jurídicos, debatendo o problema na Assembléia Constituinte, e a partir de 1826, na Assembléia Legislativa. Deve-se apontar, como o mais destacado dentre eles, José Feliciano Fernandes Pinheiro, futuro Visconde de São Leopoldo, que logo após a instalação da Assembléia Legislativa apresenta, em 14 de junho de 1823, projeto de lei criando uma Universidade na cidade de São Paulo:

INDICAÇÃO

Proponho que no Império do Brasil se crie, quanto antes, uma Universidade, pelo menos para assento da qual parece dever ser preferida a cidade de São Paulo, pelas vantagens naturais e razões de conveniência geral.

Que na faculdade de direito, que será sem dúvida uma das que comporá a nova Universidade, em vez de multiplicadas cadeiras de direito romano, se substituam duas, uma de direito público constitucional, outra de economia política [10].

As motivações da criação eram bem esclarecidas. Fernandes Pinheiro aponta que

uma porção escolhida da grande família brasileira, a mocidade, a quem um nobre impulso levou à Universidade de Coimbra, geme ali debaixo dos mais duros tratamentos e opressões, não se decidindo, apesar de tudo, a interromper e abandonar sua carreira, já incerta de como seria tal conduta avaliada por seus pais, já desanimados por não haver ainda no Brasil institutos onde prossigam e retomem seus encetados estudos. Nesta amarga conjuntura, voltados sempre para a Pátria porque suspiram, lembraram-se de constituir-me com a carta que aqui apresento [11].

Andrade Machado, na sessão de 11 de novembro referia-se ao ambiente que encontrou nas Cortes de Lisboa:

> Nas Cortes de Lisboa, estando eu a falar, fui atacado por grupos de numerosa multidão das galerias... em outra ocasião até se ouviram gritos de *mata! mata!* e o Presidente bateu na mesa talvez cinco ou seis minutos, o povo acomodou-se sem se dar o mau exemplo de se levantar a sessão, apesar de se ouvirem proposições horríveis [12].

Indo a proposta à Comissão de Instrução Pública, formulou esta o seguinte projeto de lei:

> 1º) Haverão (*sic*) duas Universidades, uma na cidade de São Paulo e outra na de Olinda, nas quais se ensinarão todas as ciências e belas letras;
> 2º) Estatutos próprios regularão o número e ordenado dos professores, a ordem e arranjamento dos estudos;
> 3º) Em tempo competente se designarão os fundos precisos a ambos os estabelecimentos;
> 4º) Entretanto haverá desde já um curso jurídico na cidade de São Paulo, para o qual o Governo convocará mestres idôneos, os quais se governarão provisoriamente pelos Estatutos da Universidade de Coimbra, com aquelas alterações e mudanças que eles julgarem adequadas às circunstâncias e luzes do século [13].

O debate na Assembléia Constituinte, do qual participou grande número de deputados, revela a importância que o assunto despertava. A discussão indica os diversos aspectos que eram levados em conta pelos constituintes, inclusive o interesse regionalista de terem os novos cursos sede em suas respectivas províncias. Admite-se que, embora não participando do debate, José Bonifácio teria organizado uma memória que, como referiu Antonio Carlos em sessão, tinha por fim principal o regime e a organização das universidades já criadas e não a fundação de uma ou mais, e suas respectivas localizações. Consta dos Anais que a mesma foi a imprimir, mas nada mais se sabe a respeito [14].

Silva Lisboa é a grande figura do debate da Assembléia Constituinte, examinando a questão nos seus aspectos principais. Discute o problema da Universidade em si mesma, fundamentando-se em Bacon e Adam Smith, debate-o em todas as suas facetas e aspectos, examinando, ainda, a integração das artes nas Universidades. Apreciando as matérias da Faculdade de Direito, Silva Lisboa dá o devido valor ao estudo de Direito Romano:

> ainda que no Direito Romano se ache um montão de regras indigestas e erradas, contudo o fato é que a civilização da Europa moderna se deve em grande parte ao achado das Pandectas, perdidas pela invasão dos Bárbaros; e que continuarão bárbaros os países em que nem se instituíram Universidades nem se ensinou por elas.

Polemiza com Araújo Lima, mas reconhece que não se recomenda o excesso de estudo do Direito Romano imposto pelos Estatutos de Coimbra:

> Eu opino que nada se fará com tais Estatutos sobrecarregados de Direito Romano (sendo aliás necessários, em justas proporções) e não se criando já as cadeiras mais necessárias (que ali nunca houve) de economia política, de direito comercial e marítimo, direito público e das gentes, para bem se saber as leis das nações, e se formarem dignos representantes e hábeis diplomatas nas cortes, a fim de poder figurar com honra a nação no teatro político.

Para Araújo Lima, ainda jovem, impregnado dos ideais revolucionários, o direito romano é inútil, pois nada mais fez

> do que assegurar a escravidão dos povos, assim dos mesmos romanos, para quem se inventaram aquelas distinções e aquela jurisprudência formulária, como dos povos, que ao depois o abraçaram, pelos princípios ali enunciados [15].

A localização das Universidades provocou tão grande celeuma que o projeto correu o risco de naufragar, cada deputado pedindo preferência para sua província. Com muita razão ponderou Silva Lisboa que "parece realizado o caso da fábula de Orfeu que, à força do amor das ninfas, foi por elas despedaçado, porque cada qual o desejava inteiro para si" [16]. Tudo era discutido, a situação geográfica, topográfica, clima, salubridade, produção, custo de vida, população, estética, cultura, tradição, tendências políticas, vida social e até a língua que ali se fala.

A criação do curso jurídico em São Paulo foi, entretanto, a iniciativa que permanece presente [17]. Fernandes Pinheiro insiste por São Paulo:

> Considerei principalmente (em São Paulo) a salubridade e a amenidade de seu clima, sua feliz posição e abundância e barateza de todas as precisões e cômodos de vida: o Tietê vale bem o Mondego do outro hemisfério [18].

Miguel Calmon, embora baiano, é pela escolha de São Paulo e Olinda, e Antonio Carlos vê que a escolha de Olinda e São Paulo atende a todas as condições indispensáveis:

> salubridade do clima, cômodo, quietação e a possível economia das distâncias das diferentes partes donde devem percorrer os alunos.

A Minas entende que se deve reservar mais tarde um curso próprio para os trabalhos de mineração; à Bahia se refere em termos comedidos e da Paraíba diz que "é quase deserta" [19].

Pela Universidade em Minas se manifestam Teixeira de Gouveia, Teixeira de Vasconcelos e Gomide, com sede em Mariana, para aqueles e com sede em Caeté para este último. Teixeira de Gouveia considera que é mais apurado o dialeto que se fala em Minas do que em São Paulo e repele também a idéia da localização na Corte, falando do clima quente, "pouco próprio para os estudos assíduos e regulares" e as "extraordinárias despesas que demanda a assistência nesta cidade". E na província de Minas o entusiasmo pela idéia foi tão grande que várias câmaras municipais se dirigiram à Assembléia, como a de Queluz, São João Del Rei, Barbacena, Caeté, Tamanduá, Pitangui, Sabará, Campanha da Princesa e Vale do Príncipe, sendo aberta ainda uma subscrição para a fundação da Universidade [20].

Montezuma e Pereira da Costa defendem a universidade na Bahia, declarando o primeiro que não compreende a criação de um curso em São Paulo.

> Não sei porque aqui sempre se anda com São Paulo para cá, São Paulo para lá, e nada aqui se fala que não venha São Paulo.

Retrucando a um conceito de Andrada Machado de que a Bahia é a segunda Babilônia do Brasil, as distrações são infinitas e também os caminhos da corrupção, sendo enfim uma cloaca de vícios, repele a injúria Montezuma, dizendo que tinha a Bahia na Universidade de Coimbra mais estudantes que qualquer outra província e que, apesar de todos os vícios, pudera ele adquirir conhecimentos que o habilitara a ter hoje a honra de tomar parte nos augustos trabalhos da Assembléia, e que dela tem saído muitos homens hábeis na agricultura e nas artes e que ali se fazem grandes vantagens em literatura [21].

Outras localizações são discutidas, como Pernambuco, proposta pelo Deputado Henriques de Resende, Paraíba pelo Deputado Carneiro da Cunha e o Maranhão pelo Deputado Costa Barros, sem falar na localização na Corte [22]. Antônio Carlos rebate a escolha, em virtude do controle do Governo:

> Nada de inspeção do Governo em conhecimentos literários: sejam livres como o ar que se respira; e por isto não admito esta proposição; acho antes nisso um grande perigo.

E aduz mais adiante:

> Eu sei como as coisas pegam: uma vez que os Srs. Professores se acostumam na Corte, daqui não saem por nenhum modo [23].

Pela universidade única na Corte se batem Silva Lisboa, Ferreira França, Alencar, Câmara e Nogueira da Gama. Silva Lisboa considera, por exemplo, ser conveniente a

Universidade na Corte, pela inspeção do Governo, alegando, também, para conservar "a pureza e pronúncia da língua portuguesa", melhor "fala na Corte".

Almeida de Albuquerque traz uma palavra de bom senso

> A única coisa que aparece de mais positivo no Projeto é que um curso jurídico se vá desejar estabelecer na Universidade de São Paulo. Mas onde é que está esta Universidade? Que é dos fundos para ela? Que é dos mestres? Que é das razões para ser ali que se vá estudar os cursos jurídicos? E que pressa há de se abrir um curso de Direito, primeiro de que outras ciências mais úteis e necessárias? [24].

Afinal, o projeto é aprovado pela Assembléia, com a emenda de Araújo Lima, estabelecida a criação futura de duas universidades, uma em São Paulo e outra em Olinda, e a criação imediata de cursos jurídicos nessas mesmas cidades. Oito dias depois, com o projeto ainda em redação final, a Assembléia é dissolvida e a iniciativa se perde, conservando valor apenas como testemunho histórico.

Após a dissolvição da Assembléia Constituinte, pelo decreto de 9 de janeiro de 1825, assinado pelo Ministro dos Negócios do Império, Estevão Ribeiro de Resende, e rubricado pelo Imperador, foi criado, provisoriamente, um curso jurídico na Corte. É idéia do provisório, sempre presente nas iniciativas nacionais...

Os considerandos, entretanto, são significativamente importantes, por revelar a motivação do decreto e as concepções que tinham os governantes do novo Império sobre os problemas da educação. Inicialmente declara o decreto que se trata de dar aos habitantes do país o gozo, quanto antes, dos benefícios previstos na Constituição, no seu artigo 179, § 33:

> A inviolabilidade dos direitos civis e políticos dos cidadãos brasileiros que tem por base a liberdade, a segurança individual e a propriedade é garantida pela Constituição do Império pela maneira seguinte: Colégios e universidades onde serão ensinados os elementos da ciência, belas artes e artes.

O decreto considera dentre os benefícios da educação e da instrução pública o conhecimento do direito natural, público e das gentes, e das leis do Império, com o objetivo de obter para o país futuros magistrados e acautelando a notória falta de bacharéis formados para os lugares da magistratura. O evento da Independência é claramente mencionado, inclusive com a referência de que seria incompatível que os brasileiros continuassem a demandar a Universidade de Coimbra, ou quaisquer outros países estrangeiros. E, dando uma prova de bastante realismo, considera que não é possível se esperar os grandes e dispendiosos estabelecimentos das universidades, que só com o andar do tempo poderão realizar-se, urgindo, pois, a criação de um curso jurídico [25]. O curso não chegou a funcionar, mas para ele preparou estatutos o Visconde de Cachoeira, que seriam adotados nos cursos de Olinda e São Paulo [26].

Instalada em 1826 a Assembléia Geral Legislativa, logo se cogitou das questões da instrução pública, requerendo Teixeira de Gouveia, em sessão da Câmara dos Deputados de 12 de maio, que a Comissão de Instrução Pública, tomando em consideração o projeto que fora sancionado pela Assembléia Constituinte, e fazendo as modificações que julgasse conveniente, organizasse com urgência um projeto sobre o assunto, porque, dizia ele,

da instrução de nossa mocidade depende, em grande parte, a consolidação do sistema constitucional [27].

O deputado Marcos Antônio de Sousa apresentou indicação segundo a qual dever-se-ia nomear uma comissão encarregada de organizar os estatutos do curso do Rio de Janeiro, criado pelo decreto de 1825, discutindo-se ambas as propostas [28].

Ferreira França e Lino Coutinho discordam de Teixeira de Gouveia, entendendo que primeiro se deveria cuidar do ensino elementar. Bernardo de Vasconcelos, personalidade extraordinária, que seria nesse debate a figura dominante, como fora Silva Lisboa na Assembléia Constituinte, defende a indicação de Teixeira de Gouveia, que foi aprovada na sessão de 5 de julho. Previa-se a criação de um curso jurídico e de ciências sociais no Rio de Janeiro, composto de oito cadeiras, assim distribuídas: 1) Direito natural e direito das gentes; 2) Direito pátrio civil e criminal, história de legislação nacional; 3) Filosofia jurídica ou princípios gerais de legislação; História das legislações antigas e seus efeitos políticos; 4) Instituições canônicas e história eclesiástica; 5) Direito público, estatística universal, geografia política; 6) Direito político ou análise das constituições dos diversos governos antigos e modernos; 7) Economia política; 8) História filosófica e política das nações ou discussão histórica de seus interesses recíprocos e suas negociações.

O programa era digno de registro, como avaliação da cultura da época. Era banido o direito romano, e as ciências políticas e sociais tinham ampla e vasta consagração. Expunha Cunha Barbosa que no curso se ensinassem não só as doutrinas indispensáveis ao magistrado, mas ainda ao legislador e ao homem de Estado, e acrescentava que tinham passado felizmente a um Governo constitucional representativo em que são indispensáveis as câmaras, e nelas membros que dignamente desempenhem as funções de que a nação se encarrega. Ainda não temos escolas em que se adestrem os brasileiros que nos hão de suceder neste augusto recinto; e se elas devem estabelecer, porque são necessárias; por que não as ligaremos desde já por este plano, em que o jurista pode ser magistrado, publicista, homem de Estado, etc. 29.

Discutiu-se a amplitude dada aos estudos de ciências sociais, entendendo uns que o magistrado não necessitava de tantos conhecimentos para o bom desempenho de suas obrigações; outros dividiram o curso em dois, um puramente jurídico, outro de cunho político.

Com relação ao Direito Romano, no dizer de Clemente Pereira uns queriam muito, outros pouco e outros absolutamente nada. E tudo foi pesado, e medido, apreciada uma por uma as cadeiras de ciências jurídicas, como as cadeiras de ciências sociais. A respeito desse programa, do respectivo método de ensino e do direito romano produziram-se verdadeiras eruditas e brilhantes dissertações. Também muito se discutiu quanto à localização do curso jurídico, cabendo mencionar a atitude de Bernardo de Vasconcelos, que condenava as "ciências do sertão" e era pela localização do Rio de Janeiro, as mesmas invocadas por Silva Lisboa na Constituinte. Se fosse, porém, excluído, o Rio de Janeiro, sua preferência era por Minas Gerais e, nessa província, pela cidade de São João Del Rei, pois era, conforme plano dos inconfidentes,

não longe do mar, tem o melhor clima que se pode desejar, abundância de todos os gêneros accessíveis e úteis à vida e, finalmente, nela concorrem todas estas faculdades pelas quais se tem querido dar preferência à cidade de São Paulo sobre a do Rio de Janeiro, com a diferença de possuir todas as boas qualidade em um grau muito mais elevado do que a cidade de São Paulo, que está presentemente erma e deserta 30.

Bernardo de Vasconcelos aponta a importância da influência da opinião pública sobre a instrução,

pois sem esta censura não se apuram os conhecimentos; porque como o ordenado vai correndo e contam-se os anos para jubilação, quer se ensine bem, quer mal, quer se tenha merecimento quer não, os mestres entregam-se inteiramente ao ócio e os alunos fazem o mesmo à espera que se encha o tempo para obterem as cartas; pois é bem sabido que quando os mestres dormem, os meninos brincam.
Isto é justamente o que acontecia na Universidade de Coimbra no meu tempo; nenhuma emulação, nenhum estímulo se notava ali; e por isso nenhum progresso nas letras.
Ninguém se deve dar por escandalizado desta verdade; e por isso eu falarei do que passou por mim próprio, pois tenho franqueza para isto.

Estudei direito público naquela Universidade e por fim saí um bárbaro: foi-me preciso até desaprender. Ensinaram-me que o reino de Portugal e acessórios era patrimonial; umas vezes sustentavam que os portugueses foram dados em dote ao Senhor Dom Afonso I, como se dão escravos em dotes de bestas; outras vezes diziam que Deus, nos campos de Ourique, lhes dera todos os poderes e à sua descendência; umas vezes negava-se a existência das Cortes de Lamego; outras, confessava-se a existência, mas negava-se a soberania que os povos nela exerceram. Dizia-se que aquela e as outras Assembléias da nação portuguesa apenas tiveram de direito e de fato um voto consultivo. O direito de resistência, este baluarte da liberdade, era inteiramente proscrito; e desgraçado de quem dele se lembrasse!

Estas e outras doutrinas se ensinam naquela universidade e por quê? Porque está inteiramente incomunicável com o resto do mundo científico.

Ali não se admitem correspondência com outras academias; ali não se conferem os graus senão àqueles que estudaram o ranço de seus compêndios; ali estava aberta continuamente uma inquisição pronta a chamar às chamas todo aquele que tivesse a desgraça de reconhecer qualquer verdade ou na religião ou na jurisprudência ou na política. Daí vinha que o estudante que saía da Universidade de Coimbra devia antes de tudo desaprender e que lá se ensinava a abrir nova carreira de estudo.

Ora isto, pouco mais ou menos é o que há de acontecer, se se deportar o estabelecimento para longe desta corte; tudo m'o está preconizando. Em breve veremos nele consolidado o sistema das trevas, do mistério e do monopólio; mas se ele se firmar aqui, não será tão facilmente avassalado pelo despotismo [31].

O mesmo Bernardo de Vasconcelos, defensor da criação do curso na Corte, tem um argumento ponderável em favor desta idéia:

Há aqui uma proteção muito mais decidida do que nas Províncias, onde ainda não pôde raiar a liberdade e onde o despotismo está em maior furor do que aqui. Quem é que se atreverá a explicar a Constituição em qualquer das nossas Províncias? Um Presidente com a maior facilidade manda agarrar qualquer cidadão e envia-o para aqui, dizendo que é demagogo e revolucionário. Isto é o que todos nós temos visto. Aqui não estamos na mesma circunstância porque é uma cidade mais iluminada. Os déspotas daqui não estão tão livres e senhores, como nas Províncias, onde, pode-se dizer, sem medo de errar, os Presidentes são os herdeiros dos capitães gerais (Apoiados geralmente); só deixam de fazer o que não querem.

Por isso julgo que, para maior liberdade dos mestres e alunos, na explicação e desenvolvimento das doutrinas, convém que por enquanto se estabeleçam estas aulas no Rio de Janeiró. Do contrário não me admiraria se soubesse que o Presidente da Província onde estivesse o Curso Jurídico tenha mandado em ferros, para as fortalezas desta Corte, os professores e estudantes — como republicanos e incendiários. Torno a dizer, não me admiraria deste fenômeno [32].

Cabe ainda destacar alguns trechos do pronunciamento de José Clemente Pereira, cuja atualidade é extraordinariamente grande:

É preciso, senhores, que tenhamos em vista que um estudante não vai buscar a perfeição nas ciências quando se matricula em um liceu. Daí ninguém sai erudito; nem completo, nos ramos que estudou...
Aquele que simplificar ainda mais o método de ensino fará certamente um grande serviço à humanidade. Desenganemo-nos por uma vez: nas aulas não se adquirem ciência, mas somente se aprende a marcha e o método para as alcançar. Ora, sendo isto certo, que resta para se completar em quatro anos o estudo dessas disciplinas senão uma boa escolha de compêndios e um método sábio de ensinar?
Nisto está tudo. Logo que os professores reconhecerem que não devem trabalhar tanto para si como para seus ouvintes; logo que cortarem doutrinas ociosas e se dedicarem inteiramente às idéias essenciais e aos pontos capitais da matéria que explicarem, em seis meses conseguirão os seus ouvintes mais luzes do que em dois ou três anos, se seguirem o péssimo sistema de longas dissertações sobre doutrinas alheias e inúteis com o fim de ostentar erudição [33].

Discutiram-se os vencimentos dos lentes substitutos. E sobre a matéria dizia o Deputado Batista Pereira que

devemos olhar para os mestres como uns respeitáveis funcionários públicos e que estes, na criação de um curso literário, hão de ter muito incômodo, mas o maior será sem dúvida nos dois primeiros anos; nos seguintes, ele será mais suave, como que rotineiro, porque as matérias estão muito sabidas e não se faz mais que repetir o que está estudado. Não acontece sempre assim com o magistrado... É necessário ver autos muitas vezes e sobre matéria nova; é necessário folheá-los, examiná-los, lutar com sua consciência, ver a opinião pública. Nada disto tem um lente.
O desembargador é mandado para uma vistoria e outros atos desta natureza. O lente ensina na sua casa, e a coberto.

Retruca o Deputado Almeida Albuquerque:

Isto não é assim. E querer o ilustre Deputado supor que os lentes não adiantarão os seus conhecimentos, à proporção que forem exercitando o seu emprego, ou que as ciências têm um limite marcado e muito curto, que necessariamente se achará percorrido em breve tempo. Eu creio que muito mais material então é o trabalho de desembargador, porque se limita, a maior parte das vezes, ao que já está determinado; os lentes têm de estudar e estudar muito para desempenhar o seu lugar; têm de explicar as teorias que compreendem todos estes casos a que depois as aplicam os desembargadores; têm de acomodá-las às capacidades dos alunos, variá-las e modificá-las segundo variam e se modificam os princípios... e tudo isto não se faz com o que uma vez se estudou [34].

A respeito da discussão dos compêndios, defrontam-se Lino Coutinho e Nicolau Vergueiro. Diz Lino Coutinho:

Eu ainda estou que a aprovação dos compêndios pertence ao Corpo Legislativo e que é objeto de lei. Só o Corpo Legislativo é que deve designar as doutrinas e o método de as ensinar; e se assim não é, não sei porque razão aqui se fez o catálogo das ciências que hão de formar este Curso. Torno a lembrar a comparação que já apresentei. Senhores, os lentes são como as amas de leite; toda ama de leite diz que seu leite é bom, mas quem é que decide? É a ama? Não, é o médico. Da mesma forma, a Assembléia que há de julgar a escolha dos compêndios.

A opinião de Nicolau Vergueiro é em sentido oposto:

> Se o lente professa uma doutrina diferente da que se vê obrigado a ensinar, ele terá muitos meios de iludir os textos, os compêndios e as ordens mais positivas e por isso o único meio de presumir a prevaricação é a exclusão desses homens inimigos de nosso sistema.
>
> Lembro-me que um dos meus lentes em Coimbra era obrigado a explicar por um compêndio, com cuja doutrina ele nem sempre se conformava, principalmente quando este compêndio, definindo os poderes espiritual e temporal, dizia que o espiritual era o poder da Igreja e o temporal o poder dos reis.
>
> Ele reproduzia esta mesma idéia e depois acrescentava: "Vamos com os nossos estatutos que nos obrigam a seguir esta opinião" — e por fim dava uma risada.
>
> Ele certamente era obrigado a ensinar um princípio tão errôneo para satisfazer os estatutos, porém não podia dissimular que semelhante proposição era absurda e revoltante, e por que seria? Porque respeitava a opinião pública que há muito tempo reconhecia que o poder temporal não é dos reis mas dos povos e não queria que se rissem dele.
>
> Portanto, meus senhores, não tenhamos tanto medo de que os lentes venham a escolher compêndios opostos as idéias recebidas [35].

Terminada a discussão na Assembléia Geral, em 31 de agosto de 1926, é o projeto enviado ao Senado, que inicia a primeira discussão em 1º de maio de 1827, onde o debate foi menos amplo.

Villela Barbosa ainda quis retardar a marcha do Projeto, pois julgava que cessada que estava a luta com Portugal, já não havia urgência na criação dos cursos jurídicos, parecendo-lhe até conveniente que a nossa juventude fosse buscar as luzes de que necessitava nas escolas européias. Retruca-lhe Carneiro de Campos:

> Iam as pessoas do Brasil estudar em Portugal quanto esta era uma só Nação; mas agora que o Brasil forma uma nação diversa e independente não devemos ir mendigar estes conhecimentos a uma nação estranha, onde dominam opiniões diferentes das que se devem radicar entre nós [36].

Afinal, foi aprovado o Projeto na sessão de 4 de julho e convertido em lei em 11 de agosto.

NOTAS DO CAPÍTULO 2

1. Os excelentes trabalhos existentes sobre a criação dos cursos jurídicos dispensaram a consulta às fontes primárias dos Anais da Assembléia Constituinte e Assembléia Legislativa. O capítulo foi baseado principalmente em Octavio Tarquínio de Souza, *A Mentalidade da Constituinte*, Rio, Gráfica Bartel, 1931, 156 p.; Plínio Barreto, *A Cultura Jurídica no Brasil (1822-1922)*, São Paulo, Estado de São Paulo, 1922, 195 p.; Almeida Nogueira, *A Academia de São Paulo — Tradições e Reminiscências*, 9 séries, especialmente para o tema, a 1ª série, São Paulo, 1907-1912, daqui por diante referida como AN-TR; Spencer Vampré, *Memórias para a História da Academia de São Paulo*, São Paulo, Saraiva, 1924, 2 v., daqui por diante referida como SV-MHASP, para o tema, 1º v., p. 3-31; Alfredo Valladão, *A Criação dos Cursos Jurídicos no Brasil*, Tipografia Leuzinger, 1927, 45 p. A Câmara dos Deputados, em convênio com a Fundação Casa de Rui Barbosa, publicou o volume *Criação dos Cursos Jurídicos no Brasil*, contendo todo o debate no Parlamento, Brasília, 1977, 640 p.

2. V. Francisco de Assis Barbosa, "Perfil de José Bonifácio", em *História da Independência do Brasil*, Rio, A Casa do Livro, 1972, v. III, p. 77.

3. Oliveira Lima, *D. João VI no Brasil*, Rio, José Olympio, 1945, 3º v., p. 77.

4. Fernando Azevedo, *op cit.*, p. 562.

5. Plínio Barreto, *op. cit.*, p. 5-6.

6. *Ibid.*, p. 9.

7. Octavio Tarquínio de Souza, *op. cit.*, p. 7-9.

8. *Ibid.*, p. 150.

9. Plínio Barreto, *op. cit.*, p. 11-13.

10. *Apud* SV-MHASP, 1º v., p. 6. Comentando a indicação, Alfredo Valladão diz do espírito adiantado de Fernandes Pinheiro, de nada lhe servindo os Estatutos de Coimbra, e acrescentava: "Con-

denava o direito estacionado no *Corpus Juris,* insensível aos reclamos da época. Queria a consagração do direito novo, sob a influência do princípio constitucional, que se espalhava pelo mundo, e desse fato econômico, de ciência recente, mas cuja força avassaladora na ordem jurídica pelo correr dos tempos, ele como que antevia", *op. cit.* p. 6.

11. *Apud* ALFREDO VALLADÃO, *op. cit.,* p. 5.

12. *Apud* AN-TR, 1ª série, p. 3.

13. Comentando o art. 1º, ironizava Paulo Prado que pelo menos, era patente a necessidade de instrução primária (*Província e Nação — Retrato do Brasil,* Rio, José Olympio, 1972, p. 214).

13. ALFREDO VALLADÃO, *op. cit.,* p. 7.

14. José Honório Rodrigues aponta a atuação de José Bonifácio, com base nos Anais da Assembléia Constituinte no seu trabalho "A Assembléia e a Matéria Econômico-Financeira" (capítulo do livro inédito *A Constituinte de 1823*) publicado na *Carta Mensal* da Confederação Nacional do Comércio, Ano XIX, n. 226, janeiro de 1974, p. 5.

15. O debate está exposto em VALLADÃO, *op. cit.,* p. 7-13.

16. *Ibid.,* p. 14.

17. Para Plínio Barreto, na Assembléia "não houve argumento que se não invocasse para arredar de São Paulo a projetada Universidade, desde a má pronúncia dos paulistas até o horror da Serra do Cubatão, por onde teriam de subir os estudantes vindos por mar... Um dos adversários da província, por melhor golpeá-la, só reconheceu em seu favor, para a vida da Universidade, a circunstância notada por Southey de ser o seu clima, habitualmente frio, pouco propício à proliferação dos bichos que costumam atacar a encadernação dos livros...", *op. cit.,* p. 56.

18. VALLADÃO, *op. cit.,* p. 14.

19. *Ibid,* p. 15-16.

20. Cabe referir que, por ocasião da fundação da Faculdade Livre de Direito do Estado de Minas Gerais, os municípios também foram chamados a custear as despesas de fundação da Faculdade.

21. AN-TR, 1ª série, p. 12.

22. O Prof. Edgardo de Castro Rebelo, discursando na Assembléia Universitária da Universidade do Rio de Janeiro, na sessão de 11 de agosto de 1931, acentuava que "o problema que a Constituinte, assim, encara e tenta solver é este: emancipar do jugo intelectual de Coimbra as camadas sociais em que se terá de prover o novo Estado ao organizar os próprios serviços, poupando-lhes, ao mesmo tempo, o incômodo e dispêndio das viagens à Europa e educando-as na escola do liberalismo dominante na Assembléia e da filosofia política do século XVIII, a todos parece empolgar.

Ponto curioso dos debates que se travam é o relativo à tutela do governo sobre os cursos. Há quem a condene, como há quem a aplauda. A própria discussão, não raro aparentemente pueril, sobre a localização das universidades que se projeta fundar, orienta-se, em parte, pelo propósito de evitar-se, ou de permitir-se aquela tutela" (texto datilografado compondo um volume de *Discursos e Conferências,* inédito).

23. VALLADÃO, *op. cit.,* p. 16.

24. ALMEIDA NOGUEIRA, *op. cit.,* p. 8.

25. Luiz Delgado, escrevendo sobre *Uma experiência secular de ensino superior no país* no Simpósio sobre Problemática Univer-

sitária, promovida em 1965 pela então Universidade do Recife, expõe a mesma argumentação, sem se referir, entretanto, aos considerandos do decreto de 9 de janeiro. V. *Motivos Universitários*, p. 192. O v. XVII das *Publicações do Arquivo Nacional*, p. 185-226, publica as Instruções para o referido Curso, de autoria dos Viscondes de Baependi, Caravelas e do Fanado.

26. Os Estatutos do Visconde de Cachoeira, tendo sido adotados nos cursos jurídicos de Olinda e de São Paulo, serão analisados em capítulo posterior. Para Alfredo Valladão, o decreto não teve execução propositalmente ou pela dificuldade na organização dos Estatutos, que era matéria de competência legislativa, *op. cit.*, p. 29.

O Instituto dos Advogados Brasileiros publicou em 1977, a íntegra dos Estatutos, com uma introdução do autor deste volume.

27. *Apud* VALLADÃO, *op. cit.*, p. 30.

28. *Apud* SV-MHASP, 1º v., p. 14.

29. *Apud* VALLADÃO, *op. cit.*, p. 31.

30. *Ibid*, p. 33.

31. *Apud* AN-TR, 1ª série, p. 18-21.

32. *Apud* SP-MHASP, 1º v., p. 19.

33. *Ibid.*, p. 28.

34. *Ibid.*, p. 24.

35. *Ibid.*, p. 25. Spencer Vampré comenta que "da leitura dos Anais do Senado resulta clara a disposição dos senadores de não mais discutirem o projeto, aprovando-o tal qual viera da Câmara dos Deputados". *Ibid.*, p. 30.

36. VALLADÃO, *op. cit.*, p. 35. Para uma súmula da criação dos cursos jurídicos v. Alberto Venancio Filho — *A Criação dos Cursos Jurídicos, Símbolo da Independência Nacional. RIHGB*, v. 299, abr.-jun. 1973, p. 76-80.

3. Os Primeiros Anos (1827-1865)

Pedro I sancionou a Carta de lei de 11 de agosto de 1827 que, como diploma fundador do ensino jurídico no Brasil, merece ser transcrita na íntegra.

Dom Pedro Primeiro, por Graça de Deus e unânime aclamação dos povos, Imperador Constitucional e Defensor Perpétuo do Brasil: Fazemos saber a todos os nossos súditos que a Assembléia Geral decretou e Nós queremos a lei seguinte:

Art. 1º — Criar-se-ão dois Cursos de ciências jurídicas e sociais, um na cidade de S. Paulo e outro na de Olinda, e neles, no espaço de cinco anos, e em nove cadeiras se ensinarão as matérias seguintes:

1º Ano — 1ª Cadeira. Direito natural, público, análise da Constituição do Império, direito das gentes e diplomacia.

2.º Ano — 1.ª Cadeira. Continuação das matérias do ano antecedente. 2ª Cadeira. Direito público eclesiástico.

3º Ano — 1ª Cadeira. Direito pátrio civil. 2ª Cadeira. Direito pátrio criminal, com a teoria do processo criminal.

4º Ano — 1ª Cadeira. Continuação do direito pátrio civil, 2ª Cadeira. Direito mercantil e marítimo.

5º Ano — 1ª Cadeira, Economia política. 2ª Cadeira. Teoria e prática do processo adotado pelas leis do Império.

Art. 2º — Para a regência destas cadeiras, o Governo nomeará nove lentes proprietários, e cinco substitutos.

Art. 3º — Os Lentes proprietários vencerão o ordenado que tiverem os desembargadores das relações e gozarão das mesmas honras. Poderão jubilar-se com o ordenado por inteiro, findos vinte anos de serviço.

Art. 4º — Cada um dos lentes substitutos vencerá o ordenado anual de 800$000.

Art. 5º — Haverá um Secretário, cujo ofício será encarregado a um dos lentes substitutos com a gratificação mensal de 20$000.

Art. 6º — Haverá um porteiro com o ordenado de 400$000 anuais, e para o serviço haverão (sic) os mais empregados que se julgarem necessários.

Art. 7º — Os Lentes farão a escolha dos compêndios da sua profissão, ou os arranjarão, não existindo já feitos contanto que as doutrinas estejam de acordo com o sistema jurado pela nação. Estes compêndios, depois de aprovados pela Congregação, servirão interinamente; submetendo-se, porém, à aprovação da Assembléia Geral, e o Governo os fará imprimir e fornecer às escolas, competindo aos seus autores o privilégio exclusivo da obra, por dez anos.

Art. 8º — Os estudantes que se quiserem matricular nos Cursos jurídicos, devem apresentar as certidões de idade, por que mostrem ter a de quinze anos completos, e de aprovação da língua francesa, gramática latina, retórica, filosofia racional e moral, e geometria.

Art. 9º — Os que freqüentarem os cinco anos de qualquer dos Cursos, com a aprovação, conseguirão o grau de Bacharéis formados. Haverá também o grau de Doutor, que será conferido àqueles que se habilitarem com os requisitos que se especificarem nos estatutos, que devem formar-se, e só os que obtiverem poderão ser escolhidos para Lentes.

Art. 10º — Os estatutos do Visconde da Cachoeira ficarão regulando por ora naquilo em que forem aplicáveis, e se não opuserem à presente lei. A Congregação dos Lentes formará, quanto antes, uns estatutos completos, que serão submetidos à deliberação da Assembléia Geral.

Art. 11º — O Governo criará nas cidades de S. Paulo e Olinda as cadeiras necessárias para os estudos preparatórios declarados no art. 8º.

Mandamos portanto a todas as autoridades, a quem o conhecimento e execução da referida lei pertencer, que a cumpram e façam cumprir e guardar tão inteiramente, como nela se contém. O Secretário de Estado dos Negócios do Império a faça imprimir, publicar e correr. Dada no Palácio do Rio de Janeiro aos 11 dias do mês de Agosto de 1827, 6º da Independência e do Império.

> Imperador com rubrica e guarda
> Visconde de S. Leopoldo.

O ministro que referendou a lei, José Feliciano Fernandes Pinheiro, Visconde de S. Leopoldo, escreveu, em suas *Memórias*:

> Ao tempo deste meu ministério, pertence o ato, que reputo o mais glorioso da minha carreira política, e que penetrou-me do mais íntimo júbilo que pode sentir o homem público no desempenho de suas funções. Refiro-me à instalação dos dois cursos jurídicos de S. Paulo e Olinda, consagração definitiva da idéia, que eu aventara na Assembléia Constituinte em a sessão de 14 de Junho [1].

Comentando o programa, afirma Clóvis Beviláqua que no primeiro ano havia somente uma Cadeira, mas tantas matérias nela se incluíram, que bem poderia repartir em três, se não mais: direito natural, análise da Constituição, direito das gentes e diplomacia. E era tão certa a impossibilidade de serem cumpridas tão extensas e variadas disciplinas, em um só ano, que os ensinamentos prosseguem no segundo ano. Mas, se não se cumpriam em um ano, era injustificável a sua acumulação em uma cadeira única, de tal modo sobrecarregada que mal poderia o professor oferecer delas noções muito sucintas. Nem a necessidade de manter a unidade de vistas nesta iniciação acadêmica impunha um sistema que afinal redundava em sacrifício das noções que deviam assimilar os alunos [2].

O curso se abria com a cadeira de direito natural como

> deverá ser numa época, em que predominavam o método dedutivo e as concepções metafísicas. Das generalizações aceitas como verdades descia-se para as particularidades. Se aos primeiranistas se dessem noções que constituíssem uma vista de conjunto da organização jurídica bom seria; mas o direito natural era a filosofia do direito como a concebiam os mestres do tempo; e a intenção era dar aos jovens um complexo de princípios que supunham universais e imutáveis [3].

Com este preparo inicial, os alunos estudariam a Constituição, outorgada pouco antes por Pedro I, o estudo do direito das gentes e da diplomacia. No segundo ano prosseguia o ensino dessas mesmas disciplinas, acrescentando-se o direito público eclesiástico, que regulava as relações entre a Igreja e o Estado, então unidos pela adoção do Catolicismo como religião oficial.

No terceiro ano iniciava-se a exposição do direito civil pátrio, que prosseguia no quarto ano. Era de se estranhar, entretanto, a ausência do direito romano, matéria básica para o entendimento da legislação civil, elaborada na época do Absolutismo, como sejam as Ordenações Filipinas. O direito criminal era exposto conjuntamente com o respectivo processo, devendo ser, portanto, muito superficiais as noções ministradas. No quarto ano continuava o direito pátrio civil, consagrando-se a segunda cadeira ao direito comercial e, por este modo, mantendo-se o ensino do quarto ano por longos anos. O mesmo se deu com o quinto ano, dedicado à economia política e ao processo, ao qual só com a reforma do ensino, em 1854, se acrescentou o direito administrativo. A ausência dessa última cadeira é justificada por Clóvis Beviláqua como "muito natural, porque a individuação do direito administrativo ainda não se operara de modo lúcido" [4].

A lei dispunha que os estatutos do Visconde de Cachoeira ficariam regulando os cursos jurídicos até que a Congregação dos lentes submetesse à aprovação da Assembléia Geral os estatutos.

O que eram os estatutos do Visconde de Cachoeira e quem era o seu autor? Tratava-se dos estatutos destinados ao curso criado provisoriamente pelo decreto de 9 de janeiro de 1825, que deveria funcionar no Rio de

Janeiro. O Visconde de Cachoeira era José Luís de Carvalho e Melo, nascido na Bahia em 6 de maio de 1774; formou-se em direito na Universidade de Coimbra e exerceu várias funções na vida pública, sendo deputado e depois senador por sua província natal, no início do século, falecendo no Rio de Janeiro, a 6 de julho de 1826. Foi um dos participantes na elaboração da Constituição do Império [5].

No dizer de Clóvis Beviláqua,

> os Estatutos do Visconde de Cachoeira representam trabalho verdadeiramente notável que nos daria lisonjeira idéia da mentalidade jurídica brasileira a esse tempo, se a fôssemos aferir por ele. É obra de jurisconsulto administrador [6].

Os Estatutos do Visconde de Cachoeira colocam no início como objetivo dos cursos jurídicos formar "homens hábeis para serem um dia sábios magistrados e peritos advogados de que tanto se carece" e outros que possam vir a ser "dignos Deputados e Senadores para ocuparem os lugares diplomáticos e mais empregos do Estado". Depois de examinar os principais aspectos de organização do Curso, em termos gerais, afirmam:

> Sem estatutos em que se exponham, e se acautelem todas estas circunstâncias, não se poderá conseguir o fim útil de tal estabelecimento. De que serviriam bacharéis formados, dizendo-se homens jurisconsultos na extensão da palavra, se o fossem só no nome? Não tendo conseguido boa e pura cópia de doutrinas de sã jurisprudência em geral, por maneira que utilmente para si, e para o Estado pudessem vir a desempenhar os empregos .... haveria em grande abundância homens habilitados com a carta somente, sem o serem pelo merecimento, que pretenderiam os empregos para o servirem mal, e com prejuízo público, e particular, tornando-se uma classe improdutiva com dano de outros misteres, a que se poderiam aplicar com mais proveito da sociedade, e verificar-se-ia desse modo o que receava um sábio da França (Perreau) da nímia facilidade e gratuito estabelecimento de muitos liceus naquele país.

E prosseguia:

> A falta de bons estatutos e relaxada prática dos que havia produziram em Portugal péssimas conseqüências. Houve demasiados bacharéis, que nada sabiam, e iam depois nos diversos empregos aprender rotinas cegas e uma jurisprudência casuística de arrestos, sem jamais possuírem os princípios e luzes desta ciência. Foi então necessário reformar de todo a Universidade de Coimbra; prescrever-lhe estatutos novos, e luminosos, em que se regularam com muito saber e erudição os estudos de jurisprudência, e se estabeleceu um plano de estudos próprio desta ciência, e as formas necessárias para o seu ensino, progresso e melhoramento.

O Visconde de Cachoeira aponta os motivos pelos quais se recomendava que não se adotassem os Estatutos da Universidade de Coimbra: a demasiada erudição dos estatutos. a muita profusão de Direito Romano, o muito pouco que se ensinava da Jurisprudência pátria, a pobreza do ensino de Direito Natural, Público e das Gentes, entre outros pontos principais. E conclui nessa parte:

> Deve-se, portanto, sem perder de vista o há de grande, e sábio em tão famigerados estatutos, cortar o que for desnecessário, instituir novas cadeiras para as matérias que neles não se faz menção, as quais são enlaçadas pelos mais fortes vínculos com a jurisprudência em geral e de nímia utilidade para o perfeito conhecimento dela, e dirigirmo-nos ao fim de criar jurisconsultos brasileiros, enriquecidos de luminosas doutrinas e ao mesmo tempo úteis, e que pelo menos o obtenham neste Curso bastantes e sólidos princípios, que lhes sirvam de guias nos estudos maiores e mais profundos que depois fizerem; o que é o mais que se pode esperar que obtenham estudantes de um curso acadêmico.

Os Estatutos consideram uma a uma as diferentes disciplinas do curso jurídico, tecendo considerações que ainda conservam a sua atualidade. Sobre Direito Romano, não incluído no texto da lei de 1877, assim expõe:

> Como esse tem servido de base à maior parte dos Códigos Civis das nações modernas, e muito dele se aproveitaram os compiladores das leis que nos regem, deve haver um conhecimento, bem que elementar, desse direito com alguma extensão e profundidade. Exporá, portanto, o professor uma história, em resumo, do Direito romano, notando as diversas épocas dele; dando uma notícia das mesmas institutas do digesto, do Código e das novelas; do uso e autoridade que tem tido entre nós, explicando que foi sempre subsidiário e doutrinal e nunca teve autoridade extrínseca, como mui doutamente observaram os autores dos Estatutos da Universidade de Coimbra, e autenticamente o declarou a lei de 18 de agosto de 1769. Manda em seguida que o professor acentue o que, no Direito Romano, é próprio dos costumes do povo que o criou e o que tem de geral e fundado na boa razão, aconselhando que se adote para ensino dessa matéria o Compêndio de Waldeck, enquanto o professor não organizar outro, em que mostre o uso prático do que a doutrina tem ou pode vir a ter, pelas razões já dadas, pondo, no fim de cada parágrafo, ou capítulo, que são ou não reprovadas pelo Direito Brasileiro as matérias que nele se contiverem, à maneira do que se observou Heinécio nos compêndios das Pandectas, onde aponta sempre, em lugar competente, o que se observa, *jure germano*. Haver-se-á, porém, o referido professor com muito cuidado nessa explicação da observância; porquanto não convindo estudar Direito Romano senão pelos motivos expostos, releva que os estudantes o ouçam e aprendam, com fito na sua aplicação à prática do foro.

Os Estatutos davam grande importância à história do direito.

O Direito pátrio devia ser ensinado, remontando o professor às origens da monarquia portuguesa, referindo às diversas épocas, aos diversos códigos e compilações e tudo mais que for necessário para que os estudantes conheçam, a fundo, a marcha que tem seguido a ciência do Direito pátrio até o presente.

Indicava ademais os Estatutos os livros que deveriam ser adotados em todas as cadeiras, e vale a pena recordá-los, para que se tenha idéia das fontes em que os brasileiros, no começo do século XIX, iam beber seus conhecimentos jurídicos. Para o Direito Natural e Público Universal, as duas matérias do 1º ano: Fortuna, Grócio, Puffendório, Wolfi, Tomásio, Heinécio, Felice, Burlamaqui e Cardoso, em Direito Público Brie, Perrault e Fritot; para o Direito Romano, Waldeck e Heinécio; Felice Rayneval, Watel, Heinécio, para o Direito das Gentes, além de Mably, Dumond e Martens, para a resenha dos tratados, assim como Plassau e Isambert para a Diplomacia. O Direito Marítimo e Comercial deveria ser estudado nos livros de Azuni, Boucher, Peuchet, Lampredi, Hubner, Galiani e Pardessus, sendo aconselhado como compêndio o Código Francês de Comércio. O Direito Pátrio, "público, particular e criminal" teria como guia principal Melo Freire, Gameiro, Fleury e Bohemero no que se referisse ao Direito Eclesiástico. No quarto ano, as explicações deveriam ser acompanhadas pelos livros de Melo Freire, Strikio, Caminha, Becaria, Bentham, Pastoret, Bernarde, Brissot, Filangieri, Cotter, Saint Aignan e Aragão. Para a cadeira de Economia Política os autores aconselhados eram J. B. Say, Sismondi, Godwen, Storch, Ricardo, Malthus e Smith. Para as cadeiras do quinto ano, Hermenêutica Jurídica e Processo Civil Criminal, o compêndio recomendado era o tratado de Peniz.

Para os Estatutos, o estudo do Direito deveria ser simultaneamente prático e teórico. Por isso, no terceiro e no quarto ano, em que se estudaria o Direito pátrio, deviam os professores

> mostrar aos seus discípulos o uso prático que tem no foro as doutrinas que ouviram e expender as diversas maneiras porque se emprega tanto no foro civil como no criminal.

Na prática do processo, assinalavam os Estatutos:

> Depois de explicado e expedido tudo quanto há relativo a estas partes do processo, (o professor) não se contentará só com esta teoria, e pois que o fim da instituição desta cadeira é fazer versados na prática do foro os estudantes, reduzirá com exatidão a ela a maior parte de suas lições. Para este fim nomeará dentre os estudantes, os dois contendores, autor, réu, escrivão e advogado, em primeira instância e escolhendo uma questão que lhe parecer mais apropriada, fará que o advogado do autor proponha a ação, e deduza o' libelo, o do réu a contrariedade, ou exceção que convier, e seguidos os termos, que a lei prescreve para as audiências, e passando-se às provas no tempo competente, arrazoarão a final os dois advogados, e o Juiz proferirá a final a sua sentença.
> Esta será embargada, ou apelada para instância superior, e deferindo-se aos embargos pelo Juiz da primeira sentença, antes que passe esta a ser apelada, e a ensinar o que se pratica na ins-

tância superior, explicará toda a natureza e ocasião dos agravos de petição ou instrumento, e auto do processo, o fim por que os instituiu a lei e os abusos que deles se tem feito.

Levado o processo à segunda instância, por meios de apelação ou agravo ordinário, cuja natureza explicará, nomeará para juízes dela dentre os estudantes quantos forem necessários segundo a lei, e depois se farão os atos necessários até final sentença.

Como na lei há também o processo de revista admitida nos casos na mesma assinalados, fará o professor observar o mesmo que nos anteriores, nomeando as pessoas necessárias até final decisão.

No processo criminal se hão de praticar com as diferenças relativas as mesmas formas acima expostas, e o professor fará ver aos seus ouvintes a diferença que vai de um a outro processo, para o que muito concorrerão as doutrinas que aprenderam nos anos antecedentes.

Tanto em um como em outro processo, à medida que foram apresentando os nomeados advogados os diversos artigos, razões finais e sentenças, e, outros atos judiciais, mas também em muitos escritos extrajudiciais, como escrituras e testamentos, procurações, etc. deve o mesmo professor fazê-los compor pelos estudantes, a fim de os saberem fazer, e conhecerem as coisas que são da essência de semelhantes papéis, e os motivos por que devem ser incluídas, e os que sem rigorosa necessidade se tem introduzido, sobrecarregando de palavras escusadas os instrumentos públicos, que devem ser sempre simples, claro e precisos.

E nos estudos do quinto ano examina a importância de ensinar também

a Hermenêutica Jurídica ou a arte de interpretar as leis para que, conhecendo os ouvintes as diversas espécies de interpretação, possam perfeitamente usar delas nos textos difíceis ou complicados e estabelecerá os limites do que toca ao jurisconsulto, advogado ou magistrado. Fará ver que Hermenêutica é só própria do legislador e que lhe ficou pertencendo pela célebre disposição da lei de 18 de agosto de 1769 e mui bem explicada na Constituição do Império. Servir-se-á o professor na explicação dos princípios da hermenêutica em geral e especialmente da jurídica no Tratado da Hermenêutica do célebre Eckard, mas principalmente servirá de guia não só a já citada lei de 18 de agosto de 1769, como o Tratado de Interpretação de Pascoal José de Melo.

Comentando o que é comum aos professores do terceiro e quarto anos, declara expressamente o Estatuto que,

sendo objetivo formar-se um consumado jurista brasileiro e devendo consistir a perícia deste não só em saber os preceitos da Jurisprudência mas também na judiciosa prática e aplicação dos mesmos preceitos, convém que se vão desde logo afazendo os estudantes ao hábito de aplicarem os conhecimentos teóricos à prática de advogar e de julgar. Por este motivo devem os professores de ambos estes anos mostrar aos seus discípulos o uso prático que tem no foro as doutrinas que ouviram e expender as diversas maneiras por que se empregam nisto, no foro civil como no criminal.

Comentavam ainda os Estatutos:

Será (o professor) mui breve e claro nas suas exposições. Não ostentará erudição por vaidade; mas aproveitando o tempo com lições úteis, tirará só da doutrina o que for necessário para perfeita inteligência das matérias que ensinar, e trabalhará, quanto lhe for possível, por terminar o compêndio a tempo de poderem os estudantes, ainda no mesmo ano, ouvir todas as lições de Direito Público.

As matrículas, segundo os Estatutos, começariam no princípio do mês de março, findando o ano letivo no mês de outubro. As aulas deveriam começar logo no mês de março e em cada uma delas durariam as lições uma hora e meia, a primeira meia hora destinada a ouvir as lições, e o tempo restante para explicar o compêndio.

No sábado de cada semana, haveria um exame — *ato,* na linguagem da época — em que três estudantes defenderiam e seis estudantes fariam perguntas sobre um dos assuntos explicados na semana e designados na véspera pelo professor. Ao fim de cada mês, os professores dariam aos alunos um ponto escolhido entre as doutrinas explicadas, para uma dissertação por escrito, em língua portuguesa, na qual se notaria

   os progressos dos conhecimentos e o bom gosto de escrever dos estudantes, e servirão estas dissertações, do mesmo modo que as sabatinas e lições, para o juízo que de cada um deve formar o seu professor.

Os contínuos de confiança apontariam as faltas, que seriam conferidas com as dos professores, para a verificação da presença. Quinze faltas sem causa e quarenta ainda que justificadas eram motivo bastante para perder o ano, "não devendo prevalecer motivos de qualidade alguma para relevar desta perda o estudante que tiver as mencionadas faltas." Ao final do ano letivo, a congregação dos lentes, à vista do livro de matrícula e das listas de freqüência, decidiria os alunos que poderiam ser admitidos aos exames, tirando-se o ponto na véspera, com vinte e quatro horas para o estudar. Os estudantes do quinto ano deveriam ter quarenta e oito horas para o estudo "porque são estes exames mais complicados que os outros".

Os atos seriam realizados por dois examinadores, do primeiro ao quarto anos, cada um deles argumentando por meia hora sobre as matérias do ponto. Ao final dos exames, compareceria à sala o secretário da faculdade, trazendo o livro destinado aos termos de aprovação e reprovação, votando os lentes, a portas fechadas, com as letras "A" ou "R", sinal de aprovação ou reprovação. Seriam considerados totalmente reprovados os estudantes que tivessem dois "R" e simplesmente aprovados os que tivessem um "R" só. Estes últimos poderiam matricular-se nos anos seguintes, mas os primeiros, caso quisessem continuar os estudos, deveriam freqüentar de novo o mesmo ano, não podendo, porém, ser reprovados dois anos consecutivos.

No quinto ano seriam três examinadores, cabendo ao presidente argumentar na dissertação que o examinando deveria fazer sobre um objeto que lhe seria sorteado. O exame duraria duas horas e cada argumento seria de meia hora. Concluía os Estatutos que

este ano deve ser o mais rigoroso porque é o último que faz o estudante para ser bacharel formado e merecer o respectivo título com o qual pode exercer os mais importantes empregos no Estado.

Tratando-se dos professores, declara-se que os professores do curso jurídico serão contemplados com todas as honras e prerrogativas de que gozavam os da Universidade de Coimbra, segundo as leis existentes, regendo as cadeiras para cujas matérias se reputarem mais aptos, podendo passar de uma para as outras cadeiras, quando isto convier ao aproveitamento dos que freqüentarem os cursos jurídicos.

Os Estatutos do Visconde de Cachoeira representam, assim, a matriz de onde se originam os textos regulamentares do nosso ensino jurídico, perdurando muitos de seus princípios até a República. Não se pode deixar de apontar a ausência de maior espírito científico e doutrinário, mas é inegável que se tivesse sido seguido em sua fundamentação, ter-se-iam evitado muitas das deficiências que se observam, a partir de 1827, com a ênfase demasiada no espírito retórico e pouco objetivo.

A instalação dos cursos jurídicos representaria, entretanto, tarefa hercúlea, num país carente de quadros humanos e de equipamento material.

Em São Paulo, a inauguração realizou-se a 1º de março de 1828 às quatro horas da tarde, no Convento de São Francisco, comparecendo o Presidente da Província, Conselheiro Garcia de Almeida, o Bispo Diocesano Dom Manoel Joaquim Gonçalves de Andrada, funcionários civis, militares e eclesiásticos, e grande concurso do povo [7].

Um recorte do *Farol Paulistano,* jornal de São Paulo, diz "que a sala destinada à aula, que mede noventa palmos de comprimento, estava apinhada de gente; até muitas das principais senhoras da cidade, tendo sido convidadas, assistiram este ato brilhantíssimo. O lente (Avelar Brotero) recitou um bem traçado discurso. Finda a oração, dirigiram-se todos à Igreja, onde o Padre Mestre Guardião fez cantar um *Te Deum,* em ação de graças. Depois foram todos convidados pelo ilustre diretor para servirem-se de doces e refrescos, e para isto estava preparada uma esplêndida mesa, a qual estava franca a todo o povo. Ali se recitaram algumas odes e cantou-se um hino composto para solenizar este ato" [8].

Em Recife o ato em 15 de maio de 1828

> foi o mais brilhante possível, não só pela concorrência de todas as autoridades como de inumerável povo que assistiu, transportado de júbilo por ver plantado, nesta Província, um tão útil e vantajoso estabelecimento [9].

Para Clóvis Beviláqua

> a inauguração do curso revestiu-se de grande solenidade. Compareceram as autoridades civis e eclesiásticas; a tropa formou, dando salvas a artilharia; a Câmara Municipal fez celebrar um *Te Deum* em ação de graças e iluminou a cidade por três noites.
>
> No discurso inaugural, o Dr. Lourenço José Ribeiro mostrou a importância social do curso jurídico para o progresso do país, as facilidades trazidas para os que desejassem aprender, sem ter mais necessidade de ir buscar na Europa instituto científico, o que nem todos podiam fazer, perdendo-se, assim, nas famílias desprovidas de riqueza muitos talentos de primor [10].

As dificuldades para o funcionamento dos cursos eram, porém, de toda ordem, tanto quanto às instalações materiais como quanto ao pessoal. Em relação às instalações materiais, tiveram os cursos jurídicos de se abrigar à sombra de velhas instituições eclesiáticas, o que ocorreu tanto em São Paulo como em Olinda.

Em São Paulo, o diretor do Curso Jurídico, José Toledo Rendon, foi o nomeado, informava ao Ministro do Império, Visconde de São Leopoldo, em 20 de novembro de 1827, que o Convento de São Francisco era, dos três existentes na cidade, o mais adequado à instalação do curso, repetindo a informação em ofício do mesmo ano ao novo Ministro Pedro de Araújo Lima. Os seis franciscanos que habitavam o convento cederam parte do edifício para o funcionamento das aulas e, por sugestão do diretor, o Ministro do Império pediu ao Provincial dos Menores Observantes da Província da Conceição, em portaria de 13 de agosto de 1828, que cedesse todo o convento para o fim proposto. Na portaria se diz exigir o interesse público que a Ordem de São Francisco ceda, em benefício do curso jurídico da cidade de São Paulo, o uso de todo o convento, já ocupado, em parte, pelas aulas, mas não com suficiente comodidade. Anuindo no pedido o provincial, o Ministro, por portaria de 26 de agosto, louvou a anuência obtida em nome de S. Majestade e aceitou a cessão obtida [11].

Em ofício de 20 de novembro de 1827, Rendon fazia parte ao Ministro do Império do exame que fizera nos conventos do Carmo, de São Bento e de São Francisco e dava as razões pelas quais preferia este último.

> O primeiro e o segundo não têm capacidade para neles se estabelecer os cursos jurídicos, porque não tendo celas senão na frente, estas têm pouca extensão, e apenas, em cada uma delas, se arranjariam três aulas; e para isto seria preciso expulsar os frades, e demolir todas as celas, para delas, e dos corredores, formar salões. Portanto, resta São Francisco.
> Este Convento tem celas na frente, e no lado direito. No lado esquerdo está a Igreja e, na retaguarda, o salão antigo e outro sumamente grande, em paralelogramo destinado para celas. O primeiro serve sofrivelmente para uma aula, e do segundo se podem formar duas.
> Nos baixos do Convento, se podem estabelecer quatro aulas menores, formando-se duas da antiga ala dos frades e outras duas do lugar onde está a sacristia, mudando-se esta para o lugar antigo, por detrás da capela-mor de cujo lugar a mudaram os frades, por haver algumas ruínas nas janelas.
> Posta uma divisa no fim do salão grande, ficam os frades separados, e só terão encontro com os estudantes, quando descerem para a igreja, porque até as escadas são separadas, indo uma para os mencionados salões, e a outra para a parte dos frades e o coro.
> E aqui tem V. Exa. acomodado o Curso Jurídico, com três aulas em cima e com quatro em baixo para os estudos preparatórios, sem demolir nada e sem vexames dos frades [12].

E comentava Spencer Vampré:

> Não prevaleceu senão, no aproveitar-se o Convento de São Francisco, a idéia de Rendon. As aulas do Curso Jurídico, chamadas, ao modo coimbrão, "aulas maiores", foram dadas nas salas do pavimento inferior, como hoje ainda o são (1924); e as "aulas menores", ou os preparatórios, continuaram no Colégio dos Jesuítas, isto é, no Palácio Presidencial, no atual largo do Palácio, até que se removeram para um velho edifício que precedeu a atual Escola de Comércio Álvares Penteado [13].

Em Olinda, o Governo obtivera dos religiosos de São Bento que lhe fornecessem o salão e mais dependências. A princípio, o Curso Jurídico se manteve nas instalações acanhadas que os religiosos lhes puderam ceder. Posteriormente, teve necessidade e insistiu com os mesmos para que lhes fosse permitido estender as suas aulas que, afinal, vieram a ocupar, informando Frei Bandeira de Melo que

> todo o lanço do primeiro andar e mais uma sala no andar térreo, da parte do mosteiro que dá para o mar. O salão principal da Faculdade era a grande sala por cima da sacristia. O atual capítulo era a sala do quarto ano, e a sala por cima do referido capítulo servia de sala de aulas para o primeiro e quinto anos. As cinco celas que ficam entre a sala do primeiro e quinto anos e o salão serviam as duas mais próximas do referido salão, de Secretaria; as três contíguas, de gabinete de estudo para os lentes [14].

A escolha de professores, num país sem quadros, obrigava a que em muitos casos esses elementos fossem portugueses. E, também, segundo Tavares de Lira, no início,

tanto para São Paulo como para Olinda foram nomeados alguns que não aceitaram as nomeações. Entre eles, João Cândido de Deus e Silva e Pedro Francisco de Paula Cavalcanti de Albuquerque (aproveitado depois em Olinda) para São Paulo; e Joaquim Gaspar de Almeida, Manoel Coutinho Soares, Antônio Maria de Moura (aproveitado depois em São Paulo), João da Rocha Dantas Mendonça e Pedro Cerqueria Lima, para Olinda [14].

Em São Paulo, foi nomeado diretor por decreto de 13 de outubro de 1827 José Arouche de Toledo Rendon, que, nascido em São Paulo, recebera, em Coimbra, em 30 de julho de 1779, o grau de doutor em leis, e de volta a São Paulo ali exercera, por algum tempo, a advocacia, sendo, então, muito reduzido o número de diplomados. Ocupou várias funções jurídicas e, sentindo-se atraído pela vida militar, assentou praça no Exército, com o posto de capitão, sendo promovido sucessivamente até tenente-general, posto obtido em 18 de outubro de 1829. Tomou parte na Assembléia Constituinte, participando do debate da indicação de Fernando Pinheiro sobre a criação da Universidade em São Paulo, e eleito deputado geral à Assembléia de 1826 não assume o posto, por já sentir-se velho e alquebrado, contando então setenta anos [15].

O primeiro diretor do Curso Jurídico de Olinda foi Pedro de Araújo Lima, Visconde e, depois, Marquês de Olinda. Nomeado por ocasião da fundação do curso, somente em 1830 tomou posse, mas esteve apenas alguns meses no exercício do cargo. Político de grande atividade, ocuparia sempre funções na vida política do país, sendo substituído pelo diretor interino Lourenço José Ribeiro. O substituto assim se referiu ao substituído no discurso inaugural:

Indispensável era um homem de gênio, a quem fosse incumbida a tarefa de plantar nesta bela província aquele utilíssimo estabelecimento, dirigi-lo e condecorá-lo com suas luzes, prudência e virtudes. O Imperador lançou suas visitas por todo o país e o achou assentado na Câmara dos Deputados, presidindo as suas augustas sessões. Vós, Senhores, o conheceis; ele nasceu entre vós. Como, porém, dispensar a força de um Atlante, quando o edifício precisava dessa maciça coluna para sustentar o seu peso? Eis o motivo, Senhores, porque me incumbe a honra de o substituir [16].

Lourenço José Ribeiro, o substituto, nasceu em São João Del Rei, Minas Gerais, em 1796, e formou-se em Direito pela Universidade de Coimbra, no ano de 1823, sendo nomeado pelo decreto de 10 de novembro de 1827 lente do Curso Jurídico de Olinda. A sua primeira nomeação foi para o segundo ano. Mas, tendo sido tornada sem efeito a nomeação de Joaquim Gaspar de Almeida para o primeiro ano, Lourenço José Ribeiro foi para ali transferido, a fim de poder inaugurar o curso, por decreto de 10 de janeiro de 1828, o mesmo decreto que o encarregou de exercer interinamente a Diretoria.

Tratando, ainda, dos professores, José Maria Avelar Brotero inaugura em São Paulo a aula de Direito Natural em 10 de março. Bacharel em Direito pela Universidade de Coimbra em 1819 deixa Portugal com o advento da contra-revolução de 1823, abrigando-se no Açores e chegando ao Brasil em 1825. É curioso notar que em 6 de outubro de 1826, quando ainda transitava o projeto de lei de criação dos cursos jurídicos, o Imperador, por representação de Brotero, houve por bem "fazer-lhe mercê de uma das cadeiras do curso jurídico" que em tempo oportuno lhe seria designada. De formação liberal, foi o primeiro lente do Curso Jurídico de São Paulo, e acumulou as funções de secretário. Exerceu atividades durante quarenta e três anos, jubilando-se em 22 de novembro de 1871 [17].

Brotero entrou logo em conflito com o diretor Toledo Rendon. Este relatou em ofício ao Ministro do Império:

> Por fim, Exmo. senhor, em conclusão de tudo, um dos dois (eu e Brotero) é criminoso; um dos dois deve deixar o lugar, que é a menor pena. Eu quero ser o réu. Para o que, levo submissamente ao conhecimento de V. Exa. que me fará um grande favor em fazer saber à augusta presença da S. M. o Imperador que eu, desde a flor de minha idade, tenho fielmente servido ao Estado e a S. M. I., bem como a seu augusto pai, o Sr. Dom João VI, que muito me estimou e honrou; que tendo arruinado minha fortuna no serviço do Estado, que estou na idade de setenta e três anos, idade que não só faltam forças do meu corpo, como do espírito; que me não acho com força de poder sofrer e aturar a um homem que, se não é mais alguma coisa, é de certo um louco, capaz de atacar moinhos; e que, portanto, em prêmio dos meus serviços, me conceda a demissão de diretor, para viver em paz nos poucos dias que me restam [18].

Segundo Spencer Vampré,

> Brotero não tinha fama de bom juízo. Ao lecionar, saíam-lhes as palavras em borbotões, e com tal veemência discursava, que, por vezes, trocava as frases ou palavras umas pelas outras, dando lugar ao que se chamou *broteradas* [19].

Almeida Nogueira descreve que

> auxiliado por vasta erudição, tinha (Brotero) por vezes, na sua cátedra, verdadeiros arroubos de eloqüência, que provocava os entusiásticos aplausos da mocidade. Nessas ocasiões, temperamento impressionista, era feliz com aquelas manifestações de seus discí-

pulos; não obstante, repreendia-os fingidamente, dizendo-lhes *pro formula* — "Não, meus m'ninos, não. Nada de aplausos. Isto não é permitido pelos Estatutos".

Mas, logo depois, para que o não tomassem ao pé da letra, acrescentava, indulgente: "— Mas, quem é que pode dominar a emoção? Ora: Aplaudam, meus m'ninos, aplaudam quanto quiserem ao seu velho mestre [20].

A cadeira de Direito Eclesiástico foi ocupada pelo Professor Baltasar da Silva Lisboa, irmão de José da Silva Lisboa, Visconde de Cairu; entretanto, ao assumir a cadeira, já tinha 67 anos, tendo-se formado em Coimbra *in utroque jure*. Teve várias desavenças com Brotero e Toledo Rendon; constava que os alunos não apreciavam muito as aulas do professor, pois transpirou na imprensa que grande parte deles saía logo após a chamada, fato que chegou ao conhecimento do Ministro do Império, que, por sua vez, tratou de reprimir o abuso [21].

A cadeira de Direito Civil do terceiro ano foi regida pelo Dr. Veiga Cabral, e a de Direito Criminal pelo Dr. Fernandes Torres. Segundo Spencer Vampré, nunca houve lente menos assíduo que Cabral.

Conta-se que chegava muitas vezes até ao Largo de São Francisco e, ao avistar os estudantes, fazia uma volta e tornava para casa, pretextando ter assim aludido à sua expectativa.

Demonstrava ainda fortes preconceitos raciais, implicando com estudantes de cor, ao ponto de não permitir que lhe estendessem a mão. Conta-se que uma vez ofereceu o pé a um deles que o queria cumprimentar:

— Desaforo: negro não pode ser doutor. Há tanta profissão apropriada: cozinheiro, cocheiro, sapateiro...

Por ocasião de uma das visitas de Pedro II a São Paulo, Avelar Brotero, que não suportava Cabral, pediu ao imperador que não deixasse de assistir a uma aula sua, a fim de comprovar diretamente o descaso com que ensinava. O imperador vai à aula inopinadamente e, em vez de uma lição ranceira ou incolor, ouviu uma brilhante preleção de Direito Civil, que verdadeiramente o encantou. Escusado é dizer que Pedro II teceu elogios a Cabral. Mal dera as costas, porém, continuou este a explicar na forma costumeira, e não esqueceu de dizer que assim fizera para confundir o intrigante do Brotero. E acrescentou:

"Mas, por que incomodar-me com longas e desouvidas explicações? Se eu me fatigasse a explicar todo o assunto, os senhores não teriam que estudar; bastaria ouvir e sairiam das aulas com as lições sabidas. Isto não quero eu. Estudem, esforcem-se, queimem as pestanas como eu fiz, para saber quanto eu sei".

As suas aulas consistiam em leituras em português e latim do compêndio, as Instituições de Direito Civil de Melo Freire, e concluía invariavelmente:

"Como se vê, a doutrina é muito clara; passemos adiante". As vezes interrompia a explicação com a seguinte nota: "Esta matéria se presta a grande desenvolvimento; mas explanei-a *ex-professo* o ano passado; portanto, para que voltar a um assunto já por mim esgotado?" Discípulo fiel de Melo Freire, não tolerava Lobão nem Luís Teixeira. "Lobão nem ler, Luís Teixeira nem ter", lhe eram expressões habituais" [22].

Poucas referências existem sobre Fagundes Torres que ensinava na cadeira de Direito Civil do quarto ano, cabendo a de Direito Mercantil a Clemente Falcão. Este, no dizer de Spencer Vampré, como lente, mantinha férrea assiduidade e, no trato com os estudantes, aspereza e rispidez extraordinárias [23].

O curso de Economia Política foi inaugurado pelo Dr. Carneiro de Campos, mais tarde Visconde de Caravelas, e o Processo Civil e Criminal, pelo Dr. Fagundes Varela, que só ensinou um ano. Carneiro de Campos era, no dizer de Almeida Nogueira, senhor das doutrinas econômicas e as desenvolvia com proficiência e com raro fulgor de exposição [24]. Fagundes Varela, avô do grande poeta que dele tinha o nome, já era velho quando foi nomeado lente do curso. Os ofícios que Toledo mandou ao Governo dão conta da situação:

Sendo Lisboa e Varela adiantados em ano, padecendo, aquele, repetidos ataques de gota e, este, de cálculo na bexiga, é de se temer que as suas aulas se fechem por dia ou por semanas.

E em outro ofício:

V. Exa. sabe que o curso jurídico não tinha secretário. Varela chegou há pouco. Por esta causa V. Exa. sabe que meus ofícios têm sido escritos pela minha ruim e má letra.

Chegou o Dr. Varela e vi-me na necessidade de continuar no meu trabalho, por ver que é um homem velho doente e de muito má letra [25].

A falta de lentes era entretanto bastante grande e, em ofício de 1º de abril de 1831, dizia o diretor da academia que tinha temor de ter de fechar as aulas, com prejuízos irreparáveis da mocidade e

lembro a V. Exa. que no quarto ano há alguns estudantes muito capazes de lerem nas cadeiras em cujas matérias fizeram por isso progressos além do ordinário. Quando queira, em casos de necessidade, lançar mão deste recurso, me participará as ordens de S. Majestade Imperial [26].

Com relação aos primeiros professores de Olinda, Lourenço José Ribeiro, primeiro diretor do curso jurídico, escreveu trabalhos inéditos, explicando as lições de Direito Constitucional e, segundo Carlos Honório de Figueiredo,

> desse insano trabalho, imensa vantagem resultou não só a seus discípulos (como eles diziam) como também a toda a Província, porque era a Constituição ali mal olhada pelos dois Partidos, que então a retalhavam. Os absolutistas a desprezavam, receando que, pela sua demasiada franqueza, viesse a degenerar em um Governo republicano e os republicanos a detestavam por causa do Poder Moderador, que considerava hostil às liberdades públicas e um despotismo encoberto. As lições do Desembargador Ribeiro os enganara em excelente erro, muito mais quando, transcritos nos periódicos, correram toda a Província. E foi então que se formou o grande Partido constitucional, que é hoje o maior e mais forte de toda a Província [27].

Os outros dois lentes proprietários eram Manuel José da Silva Porto, de Direito Eclesiástico, José de Moura Magalhães, de Direito Constitucional, das Gentes e Diplomacia, em continuação às matérias do primeiro ano, dos quais a crônica pouco registra. Como substitutos, estavam Antônio José Coelho e Pedro Autran de Albuquerque, este último a deixar nome no Curso Jurídico de Olinda e, posteriormente, em Recife.

Dos dez primeiros lentes catedráticos de São Paulo, apontava Almeida Nogueira que quatro, com certeza, e talvez cinco eram clérigos, uma vez que pairavam dúvidas sobre a vida pregressa do Prof. Falcão. Assim, não era apenas a localização física na sede dos conventos que ligava os cursos jurídicos e o poder eclesiástico, mas também a origem dos professores. Em São Paulo, ademais, a entrada para os cursos se fez, durante muitos anos, pelo adro da Igreja de São Francisco

> a qual constituía, assim, entrada comum para os fiéis que se dirigiam a sus orações e para os estudantes que iam às aulas. O sino era também comum às festividades religiosas e aos sinais da aula, de maneira que logo de princípio surgiram dúvidas e atritos entre Rendon e o guardião do convento a respeito dos toques [28].
>
> Em Olinda, servira, inclusive, o mosteiro de residência para os alunos, tendo o mosteiro beneficiado a mais de trezentos estudantes moços pobres, que se formaram em Direito desde a instalação da Academia de Pernambuco, até com casa e mesa, e que se formaram em altas posições sociais, servindo, com vantagem, ao Governo em quase todos os ramos da Administração, e se não fora o mosteiro talvez a pátria não gozasse das glórias e honras que estes seus filhos lhe têm ministrado e continuarão a prestar os seus serviços, afora muitas diversas espécies que a religião impõe [29].

Em 9 de novembro de 1828, comentando os primeiros exames em São Paulo, escreve o Diretor Rendon:

> O primeiro dia de exames foi de grande concurso; concorreram todas as autoridades constituídas e a gente boa da cidade. Por fortuna, os três primeiros são ótimos estudantes (referia-se a Dias de Toledo, Pimenta Bueno e Garção Stockler) até aqui estão examinados nove, sete dos quais foram aprovados *nemine discrepanter* e dois aprovados *simpliciter*.

E em outro ofício de 20 de novembro do mesmo ano:

> Posso afirmar a V. Exa. que os lentes se portaram com juízo prudente, seguindo o termo médio nos exames.
> Há ótimos estudantes que merecem elogios, e há alguns poucos que deveriam ser reprovados, se se não atendesse às circunstâncias de desperdiçarem muito tempo em escrever postilas, como já ponderei a V. Exa.
> Acresce outro mal, é a nenhuma polícia que há, por falta de estatutos, como já ponderei há mais tempo. É melhor evitar ao estudante as ocasiões de distração do que puni-los com a reprovação [30].

Em 30 de setembro de 1830, escrevia Rendon ao Ministro do Império:

> Permita V. Exa. que eu, nesta ocasião, lembre: 1º, que aqui só há seis lentes, não contando com o Dr. Moura, ocupado na Câmara dos Deputados; 2º, que se vão abrir aulas do quarto ano, sendo necessário, para os quatro anos, sete lentes, além dos indispensáveis para substitutos nas faltas; 3º, que três estudantes, regressados de Coimbra, acabam de fazer aqui seus exames de quarto ano, e que será duro que fiquem parados um ano inteiro, se não houverem mais lentes para se abriram as aulas do quinto ano. Por onde parece, que é tempo de se nomearem todos os lentes substitutos, determinados na lei; acrescente a isto que o Dr. Varela está a partir para essa cidade, a curar-se, e é muito natural que não possa vir até março. Eu espero que V. Exa. se não descuidará um momento desse negócio, que é de tanto interesse do bem público [31].

Lavrava a desunião entre os lentes. Desde a fundação, celebrava-se o natalício de Dom Pedro I, em 12 de outubro com uma oração de sapiência, proferida em 1828 por Baltasar Lisboa, e em 1829, por Fagundes Varela. No ano de 1830, porém, a cerimônia não se realizou, por se escusarem todos os lentes. O Padre Moura, mais antigo, se achava na Corte; na Assembléia. Fernandes Torres e Carneiro de Campos declinaram do convite, fazendo-o este último com certo desabrimento. Cabral pretextou seu trabalho na Procuradoria Interina da Fazenda. Tomás Ponte Cerqueira, chegado de pouco, delicadamente se negou [32]. A desordem entre os estudantes provoca o aviso do Ministro do Império, Lino Coutinho, de 18 de novembro de 1831, determinando que as Congregações fossem privadas e recônditas, sem consentir-se a assistência de outra alguma pessoa dentro da sala própria, nem na proximidade dela, de onde possa ouvir a opinião dos que ali decidem [33].

A indisciplina é uma tecla em que batem os diretores, nas comunicações ao Governo central. Em 21 de agosto de 1831, traz Rendon à colação reminiscências de Coimbra, e lamenta ter caído em desuso a palmatória. O ofício de 1º de setembro do mesmo ano é peça que merece transcrição:

> o (ofício) de 5 de agosto é com que a Regência estranha aos lentes deste curso jurídico a incúria e o desleixo na aprovação dos estudantes que não se aplicam; e o de 7 de julho é o em que a mesma Regência fixa a regra das penas em que incorrem os estudantes que não dão as dissertações ordenadas nos estatutos.
>
> De minha parte só posso dizer a V. Exa. que, segundo voz pública, tem havido aprovações não merecidas. Os estudantes bons são os primeiros que acusam aos que deviam ser reprovados. Os moradores da cidade, que os conhecem e que vêem alguns passeando de dia e de noite, admiram-se quando lhes diz que foram aprovados.
>
> Sem meter em linha de conta as cartas do patronato que daí vêm e que sempre houveram e hão de haver, desculpo dos lentes em uma coisa, e é o estado de insubordinação em que se acham os estudantes atacando aos lentes nas folhas periódicas. Nem todos têm um caráter de sofrer isto e cumprir rigidamente o seu dever.
>
> Os meus mestres de Coimbra podiam ser exatos no tempo do despotismo em que os estudantes, nem em particular se atreviam a atacar os lentes, mas hoje estamos em outro tempo. Convém, contudo, pôr as coisas no estado de os discípulos respeitarem aos Mestres e estes fazerem o seu dever, não aprovando os que não querem estudar e vêm aqui gastar o dinheiro de seus pais superfluamente [34].

Em Recife, o ambiente não é diferente. Os ofícios do primeiro Diretor Lourenço José Ribeiro estão sempre mostrando as dificuldades de se instalar e de fazer funcionar o curso jurídico. Já ao comunicar a instalação dos cursos jurídicos, escreve ao Ministro do Império que se faz absolutamente necessária a nomeação dos demais lentes, pois que, além de serem precisos para os atos que se hão de fazer em outubro, e para substituir as faltas uns dos outros, é mister que quanto antes se organizem os estatutos e compêndios, e se deliberem, em congregação, negócios de tanta importância quantos são os relativos à fundação de uma academia que tanto tem de influir no Império. O mesmo ofício, além de falar da necessidade da criação de colégios das artes para os estudos preparatórios, mostra a necessidade do encanamento do rio Beberibe, alagando uma lagoa, o que permitirá constituir, para o curso jurídico, um ótimo patrimônio.

Em 24 de maio de 1828, comenta ser elevada a taxa de matrículas, de 51200 réis, visto que nem todos podem contribuir com uma taxa tão pesada, tanto assim que, com mágoa, vê-se deixarem de matricular-se alguns alunos do 1º ano do curso jurídico, por falta de meios de a satisfazer solicitando, afinal, que ato legislativo a reduza à metade "o qual, sendo feito por uma corte abundante e rica, parece não ser, nisto, aplicável a uma província em que há tanta gente pobre".

A deficiência das instalações é também salientada no ofício de 10 de julho de 1828. Comenta que o abade

> repugna ceder mais que uma sala e uma pequena sala para o arquivo, alegando que, na dita Portaria, cuja cópia lhe mandara o Presidente, nada mais se exigia: como, porém, sejam absolutamente necessárias pelo menos quatro aulas para as novas cadeiras e uma para os Atos grandes, bem como casa mais espaçosa para a Secretaria, e tudo isto se designe em tempo para se começar com as obras, visto estar o mosteiro muito danificado e ser preciso unirem-se, pelo menos, três celas para cada uma das aulas, por isso apresso-me a fazer a V. Exa. esta participação e, com urgência, solicitar nova Portaria, com ordem mais ampla, a fim de que não estorve o progresso do Curso Jurídico.

A alegação é reiterada em 24 de dezembro de 1828,

> para que se nos mande entregar todo o Mosteiro de São Bento, que não é ele só para quando se precisa, pois que estamos reduzidos a uma única sala que suposta chegar-se para o primeiro Ano e para o Segundo, visto haverem somente três lições. Contudo, não é possível que chegue para os do terceiro e mais anos, sendo cada uma de hora e meia, e devendo ser todas pela manhã e na forma da lei. Neste mosteiro, existem somente dois frades velhos, que bem pode recolher-se a outros dos muitos que possuem, e ceder, assim, em benefício da nação, uma casa que lhes é inteiramente inútil e é aquela de necessidade absoluta. Prossegue dizendo que está indecente a única sala que nos deram e precisando de conserto.

Em 30 de novembro de 1828, solicita ao Imperador que

> existindo na cidade de Recife a Casa dos Congregados de São Felipe Nery, cuja finalidade era propagar a fé por meio das missões e que, tendo ela um grande patrimônio que não está sendo utilizado, represento humildemente a S. Majestade Imperial para que, tomando este negócio em consideração, se digne a mandar aplicar para o curso jurídico aquele rendimento, indenizados os ditos indivíduos, de modo que pareça mais conveniente [35].

Comenta Clóvis Beviláqua que, em 1828, por falta de lentes, não foi possível realizar-se os exames; somente em março de 1829 realizaram-se os primeiros atos acadêmicos, em Olinda. Nas palavras do mesmo autor correram serenos os primeiros tempos da vida acadêmica, em Olinda. — Entre os lentes reinava a harmonia e os estudantes mantinham-se numa linha de proceder, que os tornavam dignos de estima de seus professores, como da população [36].

A elaboração dos Estatutos, confiada ao lente João José de Moura Magalhães, foi causa de aborrecimentos para o Diretor Lourenço Ribeiro. Os ofícios trocados com o Ministro do Império dão conta desses desentendimentos, inclusive as acusações feitas pelo professor ao diretor, defendendo-se este do fato de residir em Recife com o argumento de motivos de saúde. Em 29 de julho de 1831, respondia o Ministro do Império José Lino Coutinho, reprovando um tal feio exemplo de inimizades e reações, e solicitando ao diretor que, "pondo de lado complexos e perniciosos desentendimentos, trate só de desempenhar bem suas obrigações".

No Relatório de 1829, refere-se o diretor a arruaças e distúrbios de estudante, quer no Recife, onde perturbaram a sessão do júri, quer em Olinda, onde andaram a molestar a tranqüilidade dos moradores.

Em 1831, segundo menciona Lourenço José Ribeiro, em ofício de 31 de março, uma briga de veteranos e novatos levou a que, no dia 29, estando à porta de um bar, o primeiranista Francisco da Cunha Menezes, alvejado pelos motejos do quartanista Joaquim de Carvalho, travasse luta corporal, e afinal Cunha Menezes, ferido na ilharga por uma facada, faleceu duas horas e meia depois. As brigas não eram apenas entre os estudantes. Segundo aponta Clóvis Beviláqua

> as dissenções entre os lentes assumiram feição irritante, se não deprimente, e, transpondo o recinto do mosteiro, se vieram estadear na imprensa de Recife [37].

A lei de 11 de agosto de 1827 impunha aos professores dos novos cursos jurídicos a obrigatoriedade de preparar os compêndios que seriam aprovados pela Assembléia Legislativa. Um dos primeiros lentes a se desincumbir dessa tarefa foi Avelar Brotero. Em 1829 vinha a lume pela Tipografia Imperial o *Compêndio de Direito Natural,* pelo qual se interessou José Clemente Pereira, Ministro dos Negócios do Império, conforme atestam as inúmeras cartas que escreveu a Brotero. A obra foi regida de afogadilho, reconhecendo o autor essa deficiência, mas tinha um tom geral de confiança [38].

O jovem mestre por certo esperava críticas sobre o trabalho, mas não com a violência dos ataques na Câmara dos Deputados do Deputado Lino Coutinho, que assim se pronuncia:

Foi oferecido aqui à Câmara um compêndio de Direito Natural, feito por um lente dessa escola de Direito, compêndio este que é a vergonha das vergonhas pelas suas imbecilidades, o mesmo compêndio prejudicial pelas más doutrinas que nele se encerram e que não sei como o Sr., ex-Ministro do Império, sem examinar esse compêndio, sem coisa nenhuma, mandasse ou decretasse que se ensinasse à mocidade brasileira por tão infame compêndio [39].

O veredicto da Comissão de Instrução Pública foi inexorável em junho de 1830. Fala da falta de ligação e harmonia das matérias, da desuniformidade do estilo e conclui:

É portanto de parecer que não seja admitido no curso jurídico, devendo-se ensinar o Direito Natural por outro compêndio que melhor discipline a matéria [40].

O compêndio de Perreaut *Eléments de Législation Naturelle* continuou a ser adotado nos cursos, jurídicos e em 1834 uma impressão da obra em Paris continha a seguinte nota:

Ouvrage adoptée par les Cours Juridiques de Saint Paul et d'Olinda au Brésil [41].

A Faculdade de Direito de Recife pronuncia-se sobre o compêndio em sessão da Congregação de 22 de junho de 1829; segundo Clóvis Beviláqua, "sente-se o esforço do diretor para não suscetibilizar o lente de São Paulo". A Congregação não aceita o compêndio, porque "não lhe sendo todo presente, não podia fazer juízo certo sobre a doutrina e sistema do autor", porque as lições já estavam muito adiantadas, porque se iam os estudantes remediando com o Fortuna, porque o Dr. João José de Moura, que estava regendo a cadeira do primeiro ano, trabalhava em fazer o seu compêndio [42]. No estudo que Miguel Reale dedicou a Avelar Brotero, nota-se um rasgo de admiração pelo autor, mas é inegável que o primeiro lente da Faculdade de Direito de São Paulo não discrepa muito do pensamento jurídico da época, rotineiro e canhestro, e a crítica severa que recebeu deveu-se menos às diferenças tão marcantes do seu livro do que a questões de ordem pessoal.

A existência no país, na época, de uma população em idade de estudos superiores bem restrita, e ao mesmo tempo de razoável número de jovens que, apesar de todas as dificuldades, estavam no momento estudando no exterior, é responsável pela lei de 26 de agosto de 1930, que concedia favores aos estudantes brasileiros que regressassem da Universidade de Coimbra e escolas da França até a data de sua publicação. A lei dispensava dos exames preparatórios de

Gramática Latina, Retórica, Filosofia Racional e Moral, Aritmética e Geometria os estudantes de São Paulo e Olinda que tivessem feito as mesmas matérias na Universidade de Coimbra ou nas escolas da França. Os estudantes habilitados para fazer "ato" de qualquer dos anos dos cursos jurídicos da Universidade de Coimbra ficavam admitidos à matrícula no ano seguinte nos cursos de São Paulo e Olinda, fazendo previamente aqueles atos. Por outro lado, eram considerados bacharéis formados os cidadãos brasileiros que, tendo carta de bacharel, estivessem habilitados para fazer ato no quinto ano da Universidade de Coimbra.

A má qualidade do ensino se revelava logo nos primeiros anos, pois já em 5 de agosto de 1831, o Ministro do Império, José Lino Coutinho, baixava um aviso sobre a incúria e desleixo de alguns lentes do curso jurídico de São Paulo, indiferentes à falta de freqüência dos seus discípulos e fazendo aprovações imerecidas. O aviso fazia referência ao procedimento desses lentes, aprovando indistinta e perniciosamente a todos que se apresentavam aos exames, everberando esses abusos escandalosos. Esperava que os referidos lentes, emendando tão feio quanto ilegal procedimento, fossem mais pontuais e exatos no cumprimento dos seus deveres, concluindo o aviso para que o diretor do curso jurídico informasse todos os anos, ou quando houvesse ocorrência, sobre tais procedimentos, a fim de se proceder no rigor da lei contra aqueles que deslizassem da sua tarefa, e terminando para que o aviso fosse lido em congregação para conhecimento dos lentes.

O aviso deve ter desgostado aos lentes do curso jurídico de São Paulo, que encaminharam documentação à Regência, acoimando-o de ilegal e injusto, e provocando um novo aviso de 26 de setembro de 1831, no qual se considera infundamentada e estranha a dita documentação, negando aos lentes o poder arbitrário para rejeitarem bons alunos e aprovarem ignorantes e ineptos que "com falsa bula de doutores vinham depois a ser o flagelo da humanidade e dos povos". O novo aviso conclui que a Regência agiu legal e razoavelmente, e considerando a melhoria nos negócios do curso jurídico, considerou não registrado o aviso de 5 de agosto.

Os Estatutos dos cursos de Ciências Jurídicas e Sociais do Império, aprovados pelo decreto de 7 de novembro de 1831, assinados pelos membros da Regência Trina Permanente Francisco de Lima Silva, José da Costa Carvalho e João Bráulio Muniz, e referendados por José Lino Coutinho, ao contrário dos do Visconde de Cachoeira, dispensam qualquer fundamentação doutrinária, e se mantêm numa linha que, a partir daí, se repetir de um mero regulamento de disposições legais e administrativas regendo essas instituições de ensino. A aprovação, como de hábito era provisória, mas os Estatutos, reclamados desde a instalação dos cursos, iriam vigorar até 1854, quando da reforma Couto Ferraz. O capítulo inicial era dedicado aos exames preparatórios e habilitações para matrículas, reafirmando-se os dispositivos da lei de 11 de agosto, com o início de um processo simplificador, declarando-se que nos exames das línguas não se exigiria a verdadeira pronúncia delas, nem na aritmética as teorias de progressão e logaritmos, limitando-se à geometria e à geometria plana. Estabelece o estudo de matérias dos exames preparatórios, incorporando-se à Academia Jurídica, expressão usada pelo decreto, as cadeiras respectivas: Latim em prosa e verso, Francês em prosa e verso, Inglês em prosa e verso, Retórica e Poética, Lógica, Metafísica e Ética, Aritmética, e Geometria, História e Geografia[43]. Na distribuição das matérias do curso jurídico, repetem também os dispositivos da lei de 11 de agosto, mas acrescenta uma referência ao lente da prática do processo do quinto ano, que, logo que abrir a sua aula, explicaria os princípios da hermenêutica jurídica, fazendo depois explicar suas regras, a análise de qualquer lei pátria e, em todos os sábados, daria a seus discípulos uma lei para eles analisarem, o que a faria objeto da primeira parte da sabatina.

As aulas são fixadas pelo prazo de uma hora, utilizada pelo lente em ouvir lições e fazer preleções, e no fim de cada semana, havendo matéria suficiente, realizar-se-ia o exercício. Especifica-se que nestes exercícios não se admitiriam outras questões além daquelas relativas a seu objeto, ficando todavia livre ao lente, quando julgasse conveniente, dar qualquer ponto interessante que tivesse relação com as matérias das lições. As dissertações são reduzidas a duas por ano, devendo os estudantes entregá-las ao professor dentro de um mês e meio, contado do dia em que for dado o ponto. A falta da entrega da dissertação no prazo, sem justa causa, equivaleria a dez faltas à aula.

O processo dos exames obedece, em linhas gerais, ao plano dos Estatutos do Visconde de Cachoeira, cabendo acrescentar que os estudantes do terceiro, quarto e quinto anos tirariam mais um ponto dentre as matérias dos respectivos pontos, para fazerem uma dissertação por escrito, que defenderiam no início dos exames. O sistema de aprovação é também o mesmo, apenas acrescentando-se que os atos serão feitos com toda publicidade.

Mas a característica especial do decreto, resultante da experiência de três anos de funcionamento dos cursos jurídicos, é o capítulo onze dos Estatutos, dedicado à economia e polícia das aulas [44]. Estas começariam às oito horas da manhã e teminariam à uma da tarde; meia hora antes da abertura das aulas dobrariam os sinos, que depois regulariam as aulas seguintes. O sistema de controle de freqüência era o mesmo dos Estatutos do Visconde de Cachoeira, acrescentando-se, entretanto, uma medida cautelar, caso algum estudante,

> para iludir a providência (de controle da freqüência) e faltar às lições, com prejuízo seu e escândalo dos demais, saísse da sala depois de apontado, ficaria lícito ao lente chamar de novo o contínuo para fazer de novo a marcação da falta.

Para boa ordem dos estudos, exige-se a maior gravidade dentro das aulas, e toda civilidade e cortesia fora das mesmas, não podendo, nos Gerais [45], nenhum aluno conservar-se com o chapéu na cabeça, o que, ocorrendo, provocaria advertência do porteiro e do contínuo que, em caso de não atendimento, dariam parte ao diretor para que repreendesse correcionalmente o infrator. No caso de perturbação da ordem e do silêncio por qualquer estudante nos Gerais, seria advertido pelo empregado da Academia e, no caso de reincidência, informando o diretor, o qual, diante das circunstâncias, poderia decretar a pena de advertência. Em nova reincidência, o diretor, ouvidos dois lentes, decretaria pena de prisão de um a três dias, a qual teria lugar no aljube. O lente também teria a faculdade de suspender a continuação da sua aula, caso não fossem suficientes para manutenção da ordem as advertências feitas aos alunos. A prisão por mais de três vezes durante o ano acarretaria perda da série, e se, matriculado no ano seguinte, cometesse as mesmas faltas, seria riscado por três anos da Academia Jurídica. A parede, isto é, o não comparecimento às aulas em dias letivos, acarretaria que os lentes apontassem esta falta, que equivaleria a dez, sem causa motivada.

No capítulo do preenchimento dos lugares de lente, estabeleceu-se que em caso de vaga em uma das cadeiras, seria ela preenchida pelo substituto mais antigo, e havendo falta de substitutos, seria o lugar posto em concurso. Para admissão ao concurso de substituto, era necessária a obtenção de grau de Doutor. Deveriam eles fazer a sua tese, indicando a Congregação, a cada um deles, um ponto para dissertação. Os opositores seriam os argüentes uns dos outros, seguindo-se a antiguidade, e a votação seria feita por todos os lentes assistentes. Os argumentos durariam uma hora, e os argüentes só fariam seis argumentos, escolhendo nas teses de seu contrário os argumentos que quisessem e devendo portar-se com todo melindre e circunspecção.

O capítulo dezesseis trata da biblioteca,

que será composta não só de obras sobre ciências jurídicas e sociais como sobre aquelas que são hoje geralmente reconhecidas como indispensáveis para o verdadeiro conhecimento e adiantamento delas.

A Congregação deveria designar as obras a serem adquiridas, fazendo delas a competente lista, e isto a ser remetido, por intermédio do diretor, ao Ministro do Império, a fim de que este providenciasse para sua efetiva compra, conforme a quantia que fosse designada na lei de orçamento para aquela biblioteca. Cuida-se, ainda, da instituição de prêmios a dois alunos de cada ano. Trata, ademais, do conselho, denominado Congregação, para vigiar sobre a observância dos Estatutos, e procurar que cada vez mais se aperfeiçoem os estudos da Academia Jurídica, composta do diretor, que será seu presidente, e todos os demais lentes, os jubilados que assim quiserem, os catedráticos e os substitutos. O diretor, função não prevista na lei de 11 de agosto, seria de nomeação do Poder Executivo, com o mesmo ordenado dos lentes catedráticos e mais uma gratificação de quatrocentos mil réis anuais, sendo o lugar "amovível, a arbítrio do mesmo Governo".

O diretor submeteria à Congregação as medidas julgadas necessárias, as quais, não sendo contrárias aos Estatutos, poderiam pôr em prática provisoriamente, participando, entretanto, tal fato ao Poder Executivo. As várias referências que se encontram nos Estatutos a documentos ou atos datados unicamente de São Paulo confirmam a assertiva de Spencer Vampré de que os estatutos foram elaborados pela Congregação de São Paulo [46]. Por esse motivo, ou pelo fato dos Estatutos representarem o molde acanhado e tímido de um ensino rotineiro, preocupado muito mais com as formalidades e com os procedimentos, compreende-se que Clóvis Beviláqua só tenha a ele consagrado uma simples menção de três linhas, sem nenhum comentário aos Estatutos de 1831 [47].

Em 1831, colavam grau solenemente em São Paulo os seis primeiros bacharéis, todos eles, porém, alunos transferidos de Coimbra, dentre eles se destacando, mais tarde, na vida pública Manoel Vieira Tosta, depois Marquês de Muritiba; Paulino José Soares de Sousa, depois Visconde do Uruguai; e Antônio Simões de Sousa, que veio a ocupar o cargo de Ministro do Supremo Tribunal de Justiça [48]. A primeira turma que se forma integralmente no Brasil é a de 1832. Matricularam-se em São Paulo trinta e três alunos, conforme termos que se encontravam ainda nos arquivos

da Faculdade em 1918, lavrados pelo lente José Maria de
Brotero. Mas se formaram trinta e cinco, dos quais vinte e
seis vinham da turma matriculada em 1828, e nove originários
da Universidade de Coimbra. Destacavam-se entre eles
Manuel Dias de Toledo, futuro lente; Pimenta Bueno, ilustre
político e jurista; Amaral Gurgel, futuro diretor da Academia [49].

Em Olinda, diplomam-se em 1832 quarenta e um bacharéis, o mesmo número dos matriculados no primeiro ano
(1828), embora não fossem os mesmos nomes, pois ocorre-
ram, de um lado, algumas desistências, e de outro, o ingresso
de alunos originários de Coimbra. Entre os novos bacharéis
estavam Eusébio de Queirós, notável político do Império;
José Antônio Pereira Ibiapina e Lourenço Trigo de Loureiro,
que chegariam a lentes da Academia, e Sérgio Teixeira de
Macedo, que se destacaria na carreira diplomática [50].

Escrevendo sobre a cultura jurídica no Brasil, Clóvis
Beviláqua acentuou que, nos primeiros anos, os cursos jurídicos de São Paulo e Olinda eram "bisonhos arremedos de
Coimbra", descrevendo como a influência da cultura portuguesa foi predominante, tanto no ensino e no foro como
na doutrina na primeira metade do século XIX [51]. A análise
vai revelar que aquela situação de dificuldades e deficiências
iniciais permaneceu por muito tempo. Em 1834, eram nomeados em São Paulo catedráticos de Direito Civil Pires da
Mota, de Direito Eclesiástico Anacleto José Ribeiro Coutinho,
e nomeado substituto Silveira da Mota. Mencionando a atividade dos três, comenta Spencer Vampré que

> infelizmente, a influência de qualquer deles se não fez notar
> nos destinos acadêmicos. Não pertenciam ao número dessas inte-
> ligências de largo vôo, voltados com amor para os estudos jurí-
> dicos. Deles, porventura, o mais talentoso, Silveira da Mota, não
> sentia pendor para a disciplina que ensinava, e daí o lhe não em-
> prestar o merecido brilho. Ao passo que, na tribuna parlamentar,
> e ultimamente em trinta e quatro anos de assento no Senado ful-
> gurou no mundo político brasileiro, não correspondeu, na Academia,
> ao que os seus talentos prometiam [52].

Em 1833 comunica Rendon que os lentes e empregados
haviam cumprido seus deveres, tendo-se a notar, em alguns,
demasiada indulgência nos exames, respondendo, então, o Ministro do Império Campos Vergueiro que a Regência, em
nome do Imperador,

> desaprova e estranha muito severamente esta indulgência que
> tende a desacreditar a escola, e fazer menos valiosos os diplomas
> nela obtidos; confundindo cidadãos beneméritos, que se deram a
> assíduos trabalhos para desenvolverem seus talentos, com ociosos,
> que só aspiram a títulos não merecidos e que, a serem bem dis-
> tribuídos, servirão de seguro estímulo à mocidade [53].

No relatório de 1837, do diretor de São Paulo, faz-se referência à pouca assiduidade dos professores e alunos.

As muitas faltas das aulas, tanto dos lentes como dos estudantes, me fazem suspeitar pouco fervor nos estudos. A falta de cada um dos lentes elevaram-se de quatro a trinta e quatro, sem contar as licenças de três meses ao Dr. Brotero e de dois ao Professor Cabral, concedidas pela Secretaria de Estado, e de seis dias úteis ao Dr. Carneiro de Campos, concedida pela Congregação. A segunda aula do quarto ano (a do Dr. Cabral) foi a que mais sofreu, faltando o lente pelo menos trinta e quatro dias úteis, além de dois meses de licença, e foi este o ano em que avultaram as aprovações *simpliciter,* ficando-se na dúvida se a isto deram causas os discípulos ou o lente [54].

Também em Olinda as manifestações eram no mesmo sentido; os ofícios do Padre Lopes Gama, que se destacou como um dos mais atuantes diretores do curso jurídico, não deixa margem de dúvida a respeito da sofrível situação do curso jurídico. O relatório do ano de 1836, no resumo de Clóvis Beviláqua, declara que passava como um princípio

controverso, na Academia, desde o seu começo, que o quinto ano era um ano de formalidades e que o mesmo era ser nele matriculado que ter direito indispensável a cargo de bacharel, e em conseqüência de tal corruptela formaram-se moços perfeitamente estúpidos e escandalosamente vadios. Este ano, porém, começaram quase todos os lentes a exigir dos estudantes o cumprimento de suas obrigações. O Dr. Pedro Autran de Albuquerque, que rege uma das cadeiras do quinto ano, foi assíduo, e não se poupou ao trabalho para instruir e adiantar os seus alunos. Mas, a maior parte destes, afeitos à vadiação e à calaçaria, irritaram-se com a novidade e daí os insultos foram aparecendo. O estudante do quinto ano Francisco José da Costa Pinto disse ao Dr. Pedro Autran que não estava para sofrer os seus desaforos, isto só porque o chamou à lição, e exigiu certa explicação de um ponto de Economia Política.

E prossegue mais adiante:

Estudantes vadios e mal-educados (que nunca faltam em corporação tão numerosa), vendo que os lentes, além de pobres, não os podem chamar a seus deveres, pouco ou nada respeitam, e era coisa muito originária e comezinha, desde a criação desta Academia, ouvir-se todos os dias este ou aquele estudante dizer de público que daria uma bofetada, uma facada, etc., ao lente que ousasse deitar-lhe um "R"; e o mais é que o medo de tais ameaças tem concorrido, em grande parte, para serem aprovados, plenamente, sujeitos indignos, quer pela sua ignorância, quer pelo seu repreensível procedimento. Debalde pretendem alguns que bastem, para tais casos, os tribunais ordinários; porque qual será o lente que quererá expor-se a jogar as cristas, na arena do juri, com o seu discípulo? E qual será o estudante que vá prestar juramento contra um seu colega? O resultado seria sempre desairoso ao lente e tornaria mais ousados e orgulhosos os mesmos estudantes.

Comenta, também, o estado de relaxação de alguns lentes, aduzindo que uns moram em Recife, onde advogam, e por isso freqüentemente ali se deixam ficar esquecidos de seus deveres profissionais [55].

Em 1837, a Congregação oficiou ao Governo, pedindo remédio para o que denominou a "crise dos lentes", pois, devendo o serviço ser distribuído por quatorze lentes, havia apenas dez e destes alguns afastados das aulas por causas permanentes ou transitórias [56]. Os lentes continuam morando em Recife, e o Governo, por sugestão do Procurador da Coroa, determinou que os lentes deveriam ter residência fixa na cidade em que exerciam suas funções. Da insistência de Lopes Gama para que todos os lentes residissem em Olinda nasceu desinteligência com José Bento da Cunha Figueiredo, a quem os interesses da advocacia prendiam a Recife. José Bento representou ao Governo contra o diretor, fazendo acusações diversas, das quais ele se defendeu de modo convincente. Em 19 de dezembro, Lopes Gama presta informações sobre o estado da Academia; comenta, primeiro, a má escolha dos lentes, ao criar-se a Academia, os quais, "não gozando de nenhum crédito literário" e sendo escolhidos "por escandaloso patronato", têm concorrido grandemente para o crédito da mesma. Em vez de se procurar em notabilidades com poucas e honrosas exceções, só se cuidou de arranjar afilhados, de sorte que homens que sempre foram conhecidos por zero na república das letras estavam ocupando importantes lugares de lentes nas academias jurídicas do Brasil. Outra causa é a insuficiência dos ordenados. Como entregar-se ao ensino, pondera Lopes Gama "pelo triste ordenado de mil e duzentos réis, na Província, onde os víveres e tudo se vende por preço exobitante"? A terceira causa está na insuficiência dos Estatutos, especialmente quanto ao modo de prover os lugares de lentes.

> Um moço pungibarba, hoje formado com seus puros cinco anos, amanhã oferece teses, defende-as, toma o grau de doutor, entra em concurso e, noutro dia, está provido substituto e passa a ser lente de seus condiscípulos, com quem vivia e convivia em folgares, em chufas e na mais escandalosa familiaridade. E pode um moço desses ter os preciosos conhecimentos para ensinar e merecer o respeito de seus alunos, rapazes como ele?" [57].

Pouco antes de deixar o exercício da diretoria, em 1838, Lopes Gama fazia ao Governo Imperial sugestões quanto aos estudos preparatórios. Dizia ele que a deficiência desses cursos fundamentais devia atribuir-se

> a lástima de tanto bacharel ignorante, que não sabe entender os próprios compêndios do curso e que, condecorados com um título acadêmico, são, aliás, objeto de escárnio público, porque pouco ou nada distam de qualquer idiota, faltos das mais ordinárias noções de literatura, falando miseravelmente e escrevendo com imperdoáveis solecismos, barbarismos e neologismos [58].

Lopes Gama foi substituído por Maciel Monteiro, futuro Barão de Itamaracá, que advertido, pelo Dr. Autran, dos entraves que a sua prolongada ausência estava produzindo no funcionamento do ensino, responde: "Meu amigo, eu nasci para viver de amores e não para dirigir estudantes!" [59]. Em ofício de 28 de março de 1844, acentua Maciel Monteiro o pouco aproveitamento por falta de zelo dos lentes. E chega a propor a fusão das duas academias, de Olinda e São Paulo, numa só, havendo melhor escolha do professorado, porque, assim como se constituíram, somam mui dispendiosas atividades. No relatório do fim do ano, comentando a atuação dos vários lentes, fez referências elogiosas a vários, mas comenta como a residência em Recife de muitos deles prejudica o funcionamento do curso jurídico [60].

Anteriormente, já se manifestara em relatório, em 1841, bastante pessimista, dizendo que o proveito obtido pela Academia não corresponde aos serviços feitos pela nação em benefício de sua mantença. Aponta as várias causas dessa situação: a) mau preparo dos estudantes admitidos à matrícula; b) o ensino dos professores do Colégio das Artes, em suas próprias casas, por dinheiro, de matérias de suas cadeiras; c) pouca autoridade do diretor em face dos Estatutos; d) reduzido número de aulas, em parte em conseqüência dos Estatutos, que facultam quarenta faltas, aliás marcadas por bedéis, sem a conferência dos lentes, e em parte pelo escasso interesse dos lentes, alguns dos quais têm dado, em épocas anteriores, apenas dez ou doze lições; e) a resolução de 19 de agosto de 1837, que dispensa o tempo das matrículas [61].

Dois decretos de 19 de agosto de 1837 dão conta da situação de dificuldades em que continuavam a viver os cursos jurídicos: o primeiro, de n. 42, determinava que o estudante que, dentro ou fora de qualquer das academias do Brasil, usasse de ameaças, injúrias ou violências de qualquer natureza contra o diretor ou qualquer dos lentes, não poderia ser admitido à matrícula ou aos atos pelo período de um a seis anos, a juízo da Congregação. O segundo, de n. 43, permitia aos estudantes, que por falta de lentes não tivessem a freqüência admitida aos Estatutos, serem admitidos aos atos, se se mostrassem habilitados com os exames dos anos anteriores, pagamento de matrículas e comparecimentos aos cursos. Os diretores, ademais, poderiam admitir à matrícula os alunos que por motivos justos não tivessem comparecido a tempo.

O final da década foi caracterizado por um sensível declínio das matrículas em São Paulo e em Olinda. Segundo Spencer Vampré, o qüinqüênio de 1836 a 1840 assinala uma quadra de esmorecimento na existência da Academia (de São Paulo). O número de matrículas chegou a baixar de tal ponto, que mal atingia a sessenta a soma dos estudantes nos cinco anos.

Em 1836, enquanto Ramalho e Crispiniano entravam para o magistério, matricularam-se somente quatro no primeiro ano. Em 19 de outubro se admitiram mais dois [62].

Em Olinda, no ano de 1836, matricularam-se no primeiro ano apenas três estudantes, o que se deve, segundo Clóvis Beviláqua, à exigência dos novos preparatórios de Inglês e Geografia [63].

Para se conhecer a vida dos estudantes em Olinda, nos primeiros anos, há o depoimento admirável de Carvalho Moreira, futuro Barão de Penedo [64], solicitado por Joaquim Nabuco e transcrito no volume *Um Estadista do Império*:

A nossa vida em Olinda era completamente escolástica. Concorria para isso a isolação da velha cidade, limitada em número de estudantes, sem recursos nem distrações. Conhecíamos, por assim dizer, quase todos os moradores, a começar do chantre da Sé. Socialmente, as idéias, os hábitos, o espírito da corporação formavam para os acadêmicos uma existência à parte. Dominávamos completamente a cidade a título de *corpo acadêmico*. A vivenda era geralmente em comum, com alguns colegas, quase sempre com provincianos, o que chamávamos *repúblicas*. A Bahia dava então maior contingente de estudantes do que todo o Norte, o que talvez concorria para o bairrismo da província que então existia, mas, como acadêmicos, éramos todos uníssonos e solidários. Olinda assemelhava-se à antiga Coimbra donde tinham vindo alguns brasileiros findar o bacharelado, desde que se haviam criado em 1827 os dois cursos jurídicos em Pernambuco e São Paulo. Menos a batina e o gorro da velha Universidade, foi tudo mais trazido por esses primeiros íncolas da nova academia, os costumes, os ditos chistosos ou cabalísticos, até as denominações que ainda hoje ficaram de *cafajeste* e *futrica*.

O estudo acadêmico era sério e proveitoso. A freqüência obrigatória das aulas no tempo letivo e os exames em geral, de alguma severidade, tornavam o curso anual objeto de cuidado para o estudante carecedor desse estímulo. O corpo de professores não era muito notável em sua totalidade, mas nele figuravam, com grande brilho, os doutores Pedro Autran, Moura Magalhães e mais tarde Paula Batista, já filho da mesma Academia. Sob esse regime, com estes mesmos professores, havia nesse tempo em volumosos grupos grandes estudantes de diversas Províncias, tais como Teixeira de Freitas, Nabuco, Ferrás, Cotegipe, Sousa Franco, Sinimbu, Furtado e outros. E falando da vida social, "sem nenhuma distração *intra-muros*, em uma cidade habitada por mais de quinhentos estudantes, esta mocidade sentia a necessidade de um recreio... Num velho pardieiro, chamado teatro, organizamos, mais de uma vez, representações com uma companhia improvisada [65].

Cotejando estas informações com outras, Joaquim Nabuco traçaria, então, o perfil dessa primeira geração acadêmica, com uma precisão admirável, e que permanece, de certo modo, como um perfil, na substância, de todas as gerações das faculdades de Direito, em citação tantas vezes reproduzida mas pouco compreendida:

A plêiade, saída nos primeiros anos, dos novos cursos jurídicos pode-se dizer que não aprendeu neles, mas por si mesma, o que mais tarde mostrou saber. A instrução jurídica era quase exclusivamente prática; aprendiam-se as ordenações, regras e definições de direito romano, o Código Napoleão, a praxe, princípios de Filosofia do Direito, por último as teorias constitucionais de Benjamin Constant, tudo sob a inspiração geral de Bentham. Não tinha curso ainda entre os estudantes a série dos expositores franceses do Código Civil, de direito penal e do direito romano, que foram os mestres da nossa mocidade, de 1850 em diante, no período que se pode assinalar pelo nome de Troplong. Não estava ainda traduzida em francês a obra de Savigny, que, até as revelações da nova escola italiana, encerrou para raros iniciados os últimos mistérios do direito. Era o co-reinado de Mello Freire e de Merlin. Nem Teixeira de Freitas, nem Nabuco habilitaram-se em Olinda para a profissão que exerceram. Sua biblioteca de estudantes bem poucos elementos encerravam que lhes pudessem ser úteis. Nossos antigos jurisconsultos formaram-se, na prática da magistratura, da advocacia e, alguns, da função legislativa.

E conclui:

A erudição jurídica de Nabuco foi a assimilação de longos anos, naquelas três carreiras, a soma de sua experiência; ele nunca fez estudos sistemáticos ou gerais de direito; não esquadrinhou o direito como ciência; viveu o direito, se se pode assim dizer, como juiz, como advogado, como legislador, como ministro. Esta falta de estudos metódicos na mocidade fá-lo-á até o fim tratar o direito como uma série de questões práticas e não abstratas. As vistas científicas e evolutivas no ensino do direito, a nova terminologia, não o acharam preparado na velhice para as receber [66].

Aprígio Guimarães afirmou que

Olinda era para os cursos jurídicos do Brasil a representação das velhas idéias portuguesas. Dela podia-se dizer mais ou menos o que de Coimbra disse o Sr. Freire de Carvalho, no seu *Primeiro Ensaio de História da Literatura de Portugal,* "cidade cuja população diminuta e bisonha era caracterizada pela vivacidade de centenas de estudantes. Ali, como acontece nas guarnições de praça, contraía-se o espírito da corporação, formavam-se os primeiros enlaces da mocidade e bem assim os seus primeiro princípios e, com eles, recebiam-se as primeiras idéias da profissão a que cada qual se dedicava: enlaces, princípios, idéias que têm grande influência por todo o decurso da vida" [67].

Considera Phaelante da Câmara que não foram, porém, as solidões únicas de Olinda as causas do exclusivismo do espírito da corporação que ali reinou sempre. O fato se deve a causas internas idiossincrásicas do estabelecimento e à disparidade do meio social; às primeiras, na circunstância de terem sido nomeados professores quatro portugueses, além de brasileiros educados na universidade da velha Metrópole; as segundas, no isolamento moral a que se via reduzido o novo instituto, sem outros centros de instrução na

Província com quem pudesse fazer permuta de idéias [68]. Odilon Nestor chegou a tentar comparar os cursos de Olinda com a Universidade de Paris, a de Oxford, as universidades italianas, as das pequenas cidades alemãs, as universidades espanholas; causa mesmo um certo enfado verificar que nesses pontos a história de umas e de outras é distorcida, a fim de se encontrar alguns pontos de semelhança. Procurando mostrar a existência de um espírito de corporação em Olinda, atribui Odilon Nestor a circunstâncias locais: uma cidade de pequena população, sem divertimentos públicos nem distrações familiares isoladas [69].

O teatro foi atividade a que se dedicavam os estudantes em Olinda. Segundo Odilon Nestor,

> durante cerca de dois decênios, Olinda teve o seu teatro acadêmico que funcionava numa rua paralela à de São Bento, com um cenário regular e um número suficiente de cadeiras na platéia e nos balcões. Nele se levou à cena, em 11 de agosto de 1846, o *Elogio Dramático*, escrito por Antônio Rangel de Torres Bandeira, peça alusiva à criação dos cursos jurídicos. Vários outros dramas chegaram a ter aí uma correta interpretação, sendo os principais atores os acadêmicos Buarque de Nazaré, Nunes Gonçalves, Agnelo Ribeiro, Ferreira Franco, Sousa Reis, Sebastião Braga e Fernando da Cunha.

Observa ainda o mesmo autor que

> não só em Olinda, também no Recife, os estudantes nunca tiveram paixão pelos exercícios do corpo [70].

Comentando o sentimento religioso, assim se refere Odilon Nestor:

> Não se conhece no curso jurídico de Olinda, apesar de sua instalação e permanência, por muitos anos, no Mosteiro de São Bento, nenhuma exteriorização comum de sentimento religioso. Isto que irá aparecer mais tarde em sua mudança para Recife. A fé religiosa era ali individual, não era coletiva, com o espírito de corporação não se havia ainda formado o ideal religioso unindo mestres e estudantes. Também nenhuma afirmação de ordem literária ou filosófica partindo da corporação anima este período: e só depois se verá surgir, no Recife, um e outro desses movimentos.
> Por que teria sido então isto? Tanto num caso como noutro, para o não aparecimento de um ideal religioso como para a ausência de uma expressão literária e filosófica, uma dupla razão me parece teria existido: primeiramente, a natureza do ensino ministrado no curso jurídico. Esta instrução prática não era própria a fazer nascer o gosto pelos problemas transcendentes, especulativos ou ainda pelos temas do puro interesse literário que apaixonaram mais tarde a mocidade do Recife.
> Depois os estudantes de Olinda haviam muito cedo entrado na atividade da política e na vida da imprensa e tinham-se feito jornalistas partidários — e as folhas em que escreviam, *O Olindense* ou *Eco de Olinda* ou a *Voz do Povo*, a *Voz de Beberibe*, *O Velho*, de 1817, são uma prova disso [71].

Ainda o mesmo Odilon Nestor assinala que

> O estudo jurídico professado na Academia de Olinda não era de modo nenhum especulativo e não era tampouco indiferente à vida nacional.
> Foram, a meu ver, o ensino de Olinda depurado de exageros doutrinários e a escola preliminar de política partidária dos estudantes acadêmicos que prepararam para os triunfos da carreira pública uma grande parte da mocidade mais inteligente daquela época. A geração anterior, vinda de Coimbra, era toda ela composta de ideólogos, de utopistas, diria melhor, e a seguinte sê-lo-ia da mesma maneira. A que se formou em Olinda nos primeiros anos do curso deu para a vida prática muito maior número de homens notáveis que aquele que fez mais tarde no país uma revolução nas idéias e no pensamento. Assim os teóricos, os revolucionários, os idealistas apareceram depois. A geração a que me refiro se não mostrou inteiramente *extreme* de algumas utopias que teria porventura aprendido, aprendeu pelo menos também a desdenhar delas e a condescender e capitular com a realidade. Por isso ela não se perdeu no sonho [72].

E aponta mais adiante os professores que se distinguiam, nesse período inicial, Paula Batista, um dos mais cultos espíritos da geração saída de Olinda e foi um dos maiores professores da Academia no seu tempo. E comenta:

> quem não teria ouvido dizer na Academia do Recife que o *Pequeno Tratado de Hermenêutica Jurista* de Paula Batista fora vertido para o alemão e destinado aos estudantes nas universidades tedescas?
> Paula Batista possuía de sua inteligência e de seu saber, de suas qualidades de professor como da eficiência de seu ensino uma eficiência talvez não exagerada ou antes verdadeira. Mas ele não se exprimia senão com uma certa ênfase que lhe era peculiar [73].

Tecendo comentários a respeito dos professores, comenta Phaelante da Câmara:

> Os professores, porém, não estavam habilitados para grandes surtos.
> Alguns teriam as noções sólidas e a compostura doutoral de Zacarias de Góis; a verbosidade encantadora de Autran; o preparo resistente de Paula Batista que, sendo um produto intelectual da Academia, um filho de suas letras, logo depois tomou lugar na Congregação com o brilho de seu talento, — a figura elegante e o nome do Dr. Nuno Aygue D'Avellos Annes de Brito Inglês, que assombrava as populações ribeirinhas do Beberibe quando, em altos brados, o escravo, avisando ao canoeiro que S. Exa. se achava pronto a embarcar, dizia enfaticamente, por extenso, a série de seus apelidos arrevezados; as aptidões de Jerônimo Vilela que, além de um *Compêndio de Direito Eclesiástico,* nos deixou alguns documentos do seu estro...
> Outros teriam apenas o valor dos reverendos Chagas e Coelho, que deixam, na crônica escolar daquele período, anedotas inesquecíveis [74].

São Paulo, "a cidade acadêmica", como foi chamada, era ainda um pequeno burgo, que não assumira as proporções gigantescas da metrópole dos nossos dias, e também ali os estudantes predominavam na cidade. Se não temos um depoimento tão expressivo quanto o de Penedo sobre a vida acadêmica dos primeiros anos do curso jurídico, podem-se encontrar, na correspondência do estudante Saraiva — o grande político do Império que freqüentou São Paulo de 1842 a 1846 — informações bastante reveladoras. Em suas cartas, ainda nos preparatórios, revela a seu avô postiço as dificuldades de um candidato que ali chegava sem as cartas de recomendação:

> estudar-se preparatórios em um ano, como eu fiz, sem ter cartas e recomendações de ministros, ou sem se ter servido delas, é necessário passar vigílias, renunciar a tudo quanto é divertimento, estar preocupado em todos os momentos pelos estudos, e isso só o pode fazer quem vê sua triste posição, quem reconhece ser necessidade fazer semelhantes sacrifícios [75].

Logo no primeiro ano, revela:

> Temos tido muitas férias, por isso que o lente do primeiro ano não podia explicar por moléstia, os lentes substitutos estavam uns no Rio, outros regendo cadeiras, de sorte que todo o mês de abril foi de férias, e agora chegaram os drs. Furtado e Pedreira, e aquele está, por enquanto regendo a cadeira do 1º ano. Teremos, portanto, cinco meses letivos, porque as férias principiam em outubro e nesse tempo hei de ver se faço alguma coisa para que meu ato não seja mau [76].

O jovem baiano passava as suas férias em São Paulo. E, com as férias, a cidade se esvaziava, o que para ele — que não podia se transportar para o seu estado — representava um ambiente de grande solidão.

> Tenho passado sempre incomodado estas férias. É o tempo mais insípido de se estar em São Paulo, e por isso desejo ansiosamente o tempo das aulas, porque ordinariamente nossas relações são com os estudantes, e quase todos com que entretenho relações têm ido para suas províncias ou para o Rio e só ficam os "bichos" ou os estudantes de preparatórias para fazer exame [77].

Com referência aos exames, comunica a seu primo José de Bittencourt:

> V. Exa. deve saber que em Olinda há muita indulgência com os estudantes e que São Paulo distingue-se por seu rigor, que abranda-se muito com a intervenção dos Ministros ou do Tobias, o potentado da terra... Aqui, este ano, quatorze ou quinze rapazes deixam de fazer atos por estarem com certeza de saírem reprovados nos diversos anos; no meu ano, cinco foram notificados por pessoas de suas amizades, de que saíam reprovados, e dois que afrontaram o aviso, perderam o ano saindo reprovados, e outros passam-se para Olinda; outro tanto se dá nos diversos anos [78].

Já no quarto ano se revelam os projetos profissionais:

> Quero ver se em outubro principio a prática com algum advogado, nesta cidade, a fim de que não saia daqui sem saber nada de prática, pois que na Academia ao menos prática não se ensina coisa alguma [79].

Dando prova de uma situação que vem portanto de longe, declara ainda Saraiva ao avô postiço:

> Noto que V. Exa. está convencido de que um bacharel nada pode fazer na Bahia, pela quantidade que deles aí existe, essa quantidade existe em quase todos os pontos mais civilizados do Império, e espero que V. Exa. creia firmemente que se for estabelecer-me em minha província, meu único fim é estudar a morrer para adquirir uma reputação na advocacia, se não puder obter um lugar na magistratura, donde possa tirar o necessário para minha subsistência e que, por conseguinte, em lugar de engrossar o batalhão dos bacharéis, eu aumentarei o dos advogados que procuram ganhar a vida nessa profissão [80].

Uma presença domina a Academia de São Paulo nesses anos iniciais: é a de Julio Frank, que se encontra enterrado sob um monumento erguido num dos pátios internos, uma vez que, sendo protestante, não encontrou guarida nos cemitérios católicos da cidade. A sua vida paira numa aura de mistério, mas parece ter sido irmão de Karl Sand, revolucionário alemão, que em março de 1819 matou a punhaladas o escritor Kotzebüe, sendo decapitado. Conseguiu fugir para o Brasil, chegando ao Rio, por volta de 1830, indo depois para Sorocaba, de onde, recomendado a Rafael Tobias, segue para São Paulo para tornar-se professor da cadeira de História Universal do Curso Anexo. Aí conquistou a admiração de todos, sobretudo dos estudantes, vindo a falecer em 1841. Consta ainda que Julio Frank teria sido um dos fundadores da sociedade secreta Bucha, corruptela de Burschenschaft, na Academia de Direito de São Paulo [81].

Ao final de outra década, o panorama permanecia o mesmo. No relatório do Ministro do Império de 1848 se afirmava que

> em ambas (as Academias de Olinda e São Paulo) foram regulares os cursos letivos, mas ambas lutam com as dificuldades insuperáveis da falta de bons Estatutos. Nos atuais há todos os vícios e defeitos que por vezes se tem trazido ao vosso conhecimento; sua reforma, é, portanto, a primeira e mais urgente necessidade [82].

No relatório do Ministro do Império, Visconde de Monte Alegre, de 1851, os comentários são mais candentes:

> A instrução pública acha-se, em geral, no mesmo estado de desalento e abandono em que a têm descrito os três relatórios; sofre as mesmas necessidades, reclama as mesmas providências e, na deficiência dos meios e autorizações indispensáveis para tirá-la

desse estado desanimador, dando-lhe uma organização mais consentânea com os seus grandes fins e com as necessidades do País, tem-se o Governo limitado a providências especiais que passo a dar-vos conta.

Em relação aos cursos jurídicos assim declara:

> Nos cursos jurídicos de São Paulo e Olinda foram tão regulares os estudos quanto o permitem seus defeituosos Estatutos, cuja reforma continua a ser a sua primeira e mais vital necessidade; nem é possível adiá-la por mais tempo, sem que seriamente se comprometa o crédito e o porvir daqueles estabelecimentos [83].

Os depoimentos sobre os cursos jurídicos são bastante desfavoráveis ao se iniciar neste ano a discussão do projeto de reforma. Zacarias, professor do curso jurídico de Olinda, assim se manifesta:

> O primeiro expediente para chamar os alunos das escolas ao cumprimento dos deveres é dar-lhes diretores zelosos e irrepreensíveis (apoiados); é dar-lhes os mestres que ao exemplo de seu regular comportamento reúnam a reputação de homens de talento e estudiosos [84].

E em outro passo:

> Alguns lentes faltam numerosas vezes, no decurso do ano letivo, dando-se a circunstância de se tornar regra o que deverá ser exceção, porque, tendo os lentes-substitutos dever de ensinar somente durante os impedimentos dos proprietários, sucede que estão em contínuo exercício, porque além dos catedráticos se entendem que, existindo substitutos disponíveis, devem eles descansar. Sejamos francos: em Olinda, a par de muitos lentes que desempenham com zelo seus deveres, há outros que os desprezam e não têm freqüência alguma. Em maior ou menor escala creio que o mesmo sucede em São Paulo e nas escolas de medicina.

E como Silveira da Mota apartasse dizendo que em São Paulo não é crônica esta moléstia, responde-lhe Zacarias:

> Então, sempre há a moléstia e se não no mesmo grau que em Olinda, será isto efeito do clima que o nobre Deputado sabe que influi nas enfermidades, e da situação das respectivas cidades.
> Em São Paulo, cidade central isolada, é natural que os lentes vão, com alguma freqüência, aos estabelecimentos que lhes ficam próximos: em Olinda, pelo fato de a residência de muitos lentes, no Recife, há de necessariamente seguir-se o inconveniente da pouca freqüência de alguns deles. Eis o motivo da diferença, se é que há essa diferença, porque, Sr. Presidente, estou bem informado de que o espírito da cábula também subiu a serra de Cubatão e dá-se maravilhosamente em São Paulo [85].

Citando o episódio do Papa Paulo IV que, comentando os desmandos de outros cardeais, gritara "a reforma deve começar por nós", conclui Zacarias:

O mesmo digo eu da reforma do ensino superior do Império. Não é pelos estudantes que o rigor deve principiar. Eu disse, nas sessões antecedentes, e continuo a sustentar, que o essencial melhoramento deve-se procurar no pessoal que dirige o ensino, e desenvolvendo este pensamento tive ocasião de asseverar que em nossas escolas de medicina e cursos jurídicos muitas faltas se notam que cumpre o quanto antes remover [86].

O Deputado Pacheco, na sessão de 4 de julho de 1851, faz referências elogiosas a vários lentes, mas tem a conclusão seguinte:

cumpram-se os programas conscienciosamente; haja a maior assiduidade às aulas e algum rigor nos exames, e veremos, desde logo frutificar o ensino jurídico, pois não falta à mocidade sede de saber, nem talento [87].

E o Deputado Joaquim Vilela, falando da necessidade de não deixar o estudante ao abandono, pergunta:

Por que razão se ocupam muito mais os moços com a literatura de ficção e a poesia do que com os graves estudos jurídicos? Não será certamente por falta de aptidões, mas porque o direito se ensina rebarbativamente, sem que se lhes desperte o espírito de iniciativa, transformadas as aulas em meros solilóquios professorais.

Multipliquem-se os exercícios escolares; distribuam-se casos jurídicos a serem analisados e discutidos. Debatam-se nas aulas as decisões judiciárias sobre a matéria de cada cadeira, desenvolvendo nos alunos o talento crítico, a precisão das investigações, o desembaraço nos argumentos, o destemor das autoridades, a confiança no seu próprio talento; e ainda introduzam-se os discípulos nos pretórios, nos tribunais, obrigando-os a apresentar atestados de trabalhos de prática, e ter-se-á renovado o curso de direito para que desempenhe as altas funções que dele exigem as tendências democráticas, as aspirações da ciência e as necessidades nacionais [88].

O início da década de 50 será marcado por importantes transformações econômicas e políticas. A lei de 4 de setembro de 1850, estancando o tráfego de escravo, de iniciativa de Eusébio de Queirós, diplomado na primeira turma de Olinda, iria tornar disponíveis os capitais aplicados nessa atividade econômica e que se deslocariam para atividades industriais [89], possibilitando um surto de industrialização, no qual se destaca a figura de Irineu Evangelista de Sousa, Barão de Mauá [90].

No campo político, após o período tempestuoso da Regência, com a pacificação das províncias e o término da Guerra dos Farrapos no Rio Grande do Sul, chegava o Império a uma fase de estabilidade, com o Gabinete de Conciliação do Marquês do Paraná. Não será portanto por mera coincidência que o início da segunda metade do século XIX possa ser apontado como a consolidação e o apogeu do Império, correspondendo também a uma fase de grandes transformações jurídicas [91].

Em 25 de junho de 1850, é sancionada a lei 556 — o Código Comercial do Império do Brasil —, após um debate que se prolongou por mais de dezessete anos e do qual ainda se encontram em vigor muitas de suas disposições. Uma comissão composta de José Clemente Pereira, Nabuco de Araújo, Caetano Soares, Barão de Mauá e Carvalho Moreira, futuro Barão de Penedo, este último como principal autor, prepara o projeto do Regulamento 737 de 25 de novembro de 1850, que, com a emenda de "determina a ordem do juízo no processo comercial" [92], representaa no dizer de Carvalho de Mendonça "monumento soberbo da nossa legislação" [93] e seria, de fato, o verdadeiro código processual do Império, permanecendo alguns de seus dispositivos até a unificação do direito processual brasileiro em 1939. A lei de terras de 6 de setembro de 1850 [94], a lei de 24 de setembro de 1864, reformando a legislação hipotecária, e cuja discussão começara dez anos antes [95], são algumas das importantes leis desse período.

Por outro lado, em 1855, o Gabinete Paraná contrata com Teixeira de Freitas a consolidação do Direito Civil brasileiro, encarregando-o posteriormente de sua codificação, para o qual também seriam chamados Nabuco de Araújo, Felício dos Santos, Coelho Rodrigues, em 1916 sendo promulgado o Código Civil Brasileiro (lei 3071), que se originou do projeto Clóvis Beviláqua [96].

É desse período também a resolução da Assembléia Geral Legislativa, sancionada pelo decreto n. 608 de 16 de agosto de 1851 e referendada por José da Costa Carvalho, Visconde de Monte Alegre, autorizando o governo a dar novos Estatutos aos cursos jurídicos e às escolas de medicina. O decreto, constando de três artigos, autoriza o Governo a dar novos Estatutos aos cursos jurídicos e às faculdades de medicina; a criar mais duas cadeiras nos cursos jurídicos, a de Direito Administrativo e a de Direito Romano, permanecendo o curso em cinco anos, e, finalmente, a baixar novos Estatutos que deveriam ser aprovados pela Assembléia assim como qualquer aumento de despesa. Os Estatutos foram baixadas pelo decreto n. 1134 de 30 de março de 1853, e o decreto 714 de 19 de setembro do mesmo ano autorizou o Governo a realizar o aumento da despesa que fosse necessária para a sua execução provisória. O decreto 1134 teria curta vigência, porque seria logo revogado pelo decreto 1386 de 28 de abril de 1854, complementado pelo regulamento aprovado pelo decreto 1568 de 24 de fevereiro de 1855.

O decreto 1386, de 28 de abril de 1854, assinado pelo Ministro do Império, Luís Pedreira de Couto Ferrás, futuro Visconde do Bom Retiro, que dá novos Estatutos aos cursos jurídicos, representa importante diploma legal, baixado durante o Império, relativo à primeira fase de funcionamento dos cursos jurídicos no país.

A rigor, termina ele a fase de transitoriedade estabelecida pelo Regulamento de 1831 e — incorporando ou modificando dispositivos do decreto n. 1134 — estabelece, em bases mais duradouras, a estrutura dos cursos jurídicos, que vai persistir até à modificação radical, empreendida pela reforma do ensino livre, do Conselheiro Carlos Leôncio de Carvalho, em 1879.

Os Estatutos para as faculdades de direito do Império, aprovados pelo referido decreto 1386 de 28 de abril de 1854, alterando-lhe a denominação inicial, já obedecem a uma nova sistemática de manter nos Estatutos a parte geral e de organização, deixando para um outro diploma, no caso um regulamento complementar, e que passaria a ser mais recentemente o regimento interno, a matéria relativa ao funcionamento administrativo.

Os Estatutos dão nova denominação aos cursos "designando-se cada um pelo nome da cidade em que têm ou possam ter assento". Mantém-se a mesma sistemática de matérias da lei de 11 de agosto e regula-se pormenorizadamente as atribuições dos diretores das faculdades, de nomeação imperial; da Congregação; dos lentes das faculdades; bem como dos meios dos provimentos das cadeiras, e estabelece-se em caráter permanente as cadeiras de Direito Romano e Direito Administrativo. As aulas seriam abertas no dia 15 de março e encerradas no dia 15 de outubro, os lentes sendo obrigados a lecionar em todos os dias úteis da semana, por espaço de uma hora, podendo, sempre que julgassem conveniente, ouvir alguns dos estudantes sobre a lição da véspera. O último dia útil de cada semana seria destinado a uma sabatina ou recapitulação da matéria, podendo o lente designar argüentes e defendentes. Os exames seriam por pontos, dando-se aos estudantes um intervalo de vinte e quatro horas. Nos três últimos anos do curso haveria mais uma dissertação feita pelo estudante sobre o assunto, também dado por pontos. O provimento do lugar de lente substituto seria feito por meio da defesa da tese, preleção oral e dissertação escrita.

No capítulo da disciplina acadêmica, o Estatuto trata, em primeiro lugar, da questão da residência do lente, cuidando pormenorizadamente de seus vencimentos, licenças, faltas, declarando que "os lentes se apresentarão de *beca,* nas respectivas aulas e atos acadêmicos, à hora marcada, e serão sempre os primeiros a dar o exemplo de cortesia a urbanidade, abstendo-se absolutamente de propagar doutrinas subversivas ou perigosas". Os que se deslizassem dos preceitos

seriam advertidos camarariamente pela Congregação, a quem
o diretor era obrigado a comunicar o fato repreensível. Não
sendo bastante esta advertência, o diretor a comunicaria ao
Governo, propondo aplicar a pena de suspensão de três
meses a um ano, com privações dos vencimentos, observando-se o que determinam a resolução do Conselho de Sanções
e Negócios do Império e do Conselho do Estado.

Na seção da freqüência dos estudantes e da polícia acadêmica, dispõe-se também com detalhes sobre o problema
das faltas dos estudantes, mantendo-se com maior rigor o
sistema dos Estatutos anteriores. Assim é que incorreriam
em falta, como se não tivessem vindo à aula, os estudantes
que comparecessem depois do primeiro quarto de hora, os que
saíssem da aula sem licença do lente e os que declarassem
que não estudaram a lição. O estudante que perturbasse o
silêncio, causasse desordem dentro da sala ou nela procedesse mal seria repreendido pelo lente, e não se contendo, o
lente o faria imediatamente sair da aula, ordenando ao bedel
que marcasse falta e tomasse nota do fato na caderneta para
levar ao conhecimento do diretor. Em caso de recusa ou
uso de palavras desrespeitosas, o lente tomaria por termo
dando parte do ocorrido ao diretor. E se o lente visse que
a ordem não poderia ser restabelecida, suspenderia a lição
ou sabatina, mandando pelo bedel tomar o nome dos autores
da desordem para o fim acima indicado. O diretor, tomando
notícia do fato, chamaria à sua presença os culpados e após
a leitura da parte imporia a pena correcional de um a oito
dias. A pena seria executada no edifício da faculdade, em
lugar convenientemente preparado, de onde só sairia o aluno
nos dias letivos para assistir à lição ou para fazer ato. E se
o fato fosse praticado por estudante do último ano, que já
tivesse feito o ato, deveria haver comunicação à Congregação, a qual poderia suspender a pena de prisão pela retenção do diploma ou demora na colação de grau até dois
meses. A parede era punida com a pena de cinco faltas,
sendo os cabeças do movimento punidos com a perda do
ano. E os estudantes que arrancassem o edital do edifício
da faculdade, ou praticassem ato de injúria dentro ou fora
do mesmo edifício, por palavras ou por escrito, ou por qualquer outro modo, contra o diretor ou contra os lentes, seriam
punidos com a pena de prisão de um até três meses, ou
com a perda de um a dois anos, conforme a gravidade do
caso. Se a falta fosse praticada dentro do edifício da faculdade, com atos ofensivos à moral pública e à religião do
Estado, ou em qualquer lugar ou modo dirigissem ameaças,
tentassem agressões ou vias-de-fato contra o diretor ou lentes,
a pena seria aplicada em dobro.

O Decreto previa no art. 164 que, na sessão de encerramento, a Congregação encarregaria um de seus membros de apresentar na primeira sessão do ano seguinte uma memória Histórico-Acadêmica, em que relatassem os acontecimentos notáveis do ano findo, especificando-se o grau de desenvolvimento a que tivesse sido levada no período a exposição da doutrina dos cursos jurídicos, e naqueles que por autorização da Congregação se instituíssem particularmente para ampliação ou auxílio das matérias obrigatórias. Lido o trabalho e aprovado, seria recolhido à biblioteca para servir de crônica da faculdade. As Memórias Históricas, como passaram a ser conhecidas, constituem repositório valiosíssimo da vida das faculdades na segunda metade do século. O regulamento de 1855 determinou que o diretor mandasse tirar cópia da Memória Histórico-Acadêmica, para enviar ao Governo e a outra faculdade, mandando-a imprimir, para distribuição entre os lentes das duas faculdades e por quem o Governo determinasse.

O decreto 1568 de 24 de fevereiro de 1855 aprovava o regulamento complementar das faculdades de Direito, que tratava em duzentos e sessenta e dois artigos dos exames preparatórios, das matrículas, das habilitações, dos concursos para lentes substitutos, dos encarregados da faculdade e da polícia acadêmica.

No ano de 1854, o curso jurídico se transferia de Olinda para Recife. Já em 1852 deixara as salas do Mosteiro de São Bento e fora acolhido ainda em Olinda no Palácio dos Antigos Governadores, na expressão de Phaelante da Câmara o "edifício alcandorado no patamar da ladeira do Viradouro". Mas dois anos depois, deixava em definitivo a velha cidade colonial e iria se abrigar na capital da Província, no sobrado da rua do Hospício, no prédio que foi depois chamado o "glorioso pardieiro". O prédio deixava a desejar, e continuamente ia ser criticado por impróprio para o fim a que se destinava; já na Memória Histórica de 1856, José Antônio de Figueiredo criticava a localização, "nos confins do bairro extremo da cidade, para onde só se pode ir em veículos" chamando-o de acanhado [96].

Mais alguns anos e um novo diploma legal, de curta duração, viria procurar dar solução às mazelas do ensino jurídico. O decreto n. 3454, de 26 de abril de 1865, referendado por José Liberato Barroso, lente substituto da Faculdade de Direito do Recife, deu novos Estatutos às faculdades de direito do Império. A sua análise apresenta certa importância pelas características do decreto, e por determinadas tendências que manifesta, embora não tivessem entrado em vigor, sendo a sua execução suspensa logo em seguida. Assim é que pela primeira vez os cursos das faculdades de

Direito são divididos em duas seções: uma de Ciências Jurídicas e outra de Ciências Sociais. Nesta seriam ministradas as cadeiras de Direito Natural, Privado e Público, Análise da Constituição, Direito Internacional e Diplomacia, Direito Administrativo, Economia Política e Direito Eclesiástico.

Determinavam os Estatutos que a freqüência à cadeira de Direito Eclesiástico seria facultativa, e logo que se criassem as faculdades teológicas e após a audiência das Congregações e da Seção do Império, do Conselho do Estado, o Governo poderia suprimi-las, se assim achasse conveniente. Nos demais aspectos da organização acadêmica, os Estatutos se mantêm, com pequenas exceções, fiéis aos anteriores, prevendo como inovação o concurso entre os lentes substitutos, para acesso à cátedra. Determinavam, afinal, os Estatutos nas disposições gerais que o Governo organizaria um regulamento complementar cujas disposições serviriam de base às instruções que as Congregações tivessem de propor.

A reforma não foi do agrado da Congregação da Faculdade de Direito do Recife. A comissão nomeada, composta de Autran, José Bento e Drumond, apontou-lhes defeitos no sistema e em dispositivos, em particular. Todas as inovações, a divisão dos cursos em dois, de Ciências Jurídicas e Ciências Sociais, a possibilidade de não ser prestado o exame de Direito Eclesiástico, o concurso entre substitutos para acesso a catedrático não encontravam apoio na Comissão que, depois de criticar algumas posições, dizia calar outros senões na esperança de que a reforma se fizesse com outras idéias.

O decreto previa que os Estatutos seriam postos em execução logo que fosse promulgado o regulamento complementar, cujas disposições serviriam de base às Instruções que as Congregações tivessem de propor.

Apenas decorridos quatorze dias, caiu o Gabinete Furtado, presidido por Francisco José Furtado, do qual fazia parte Liberato Barroso, assumindo o poder o Gabinete de 12 de maio de 1865, presidido por Pedro de Araújo Lima, Marquês de Olinda. Envolvido nas questões do Prata, na guerra do Paraguai, na invasão do Rio Grande e outras graves questões de política externa, o novo Gabinete não pôs em execução o decreto 3454.

NOTAS DO CAPÍTULO 3

1. *RIHGB*, v. XXVII, 2ª parte, p. 15.
2. CLÓVIS BEVILÁQUA, *História da Faculdade de Direito do Recife*, daqui em diante referido como CB-HFDR, v. 1º p. 25.
3. CB-HFDR, v. 1º, p. 26.
4. CB-HFDR, v. 1º, p. 27. Para a introdução do Direito Administrativo no ensino superior V.: CAIO TÁCITO, *O Ensino do Direito Administrativo no Brasil*, DASP, 1952, 15 p.
5. Os Estatutos foram publicados na íntegra com o título de "Projeto de Regulamento ou estatutos para o Curso Jurídico criado pelo Decreto de 9 de janeiro de 1825, organizado pelo Conselheiro de Estado Visconde de Cachoeira e mandado observar provisoriamente nos Cursos Jurídicos de São Paulo e Olinda pelo artigo 1º desta Lei".
6. V. CB-HFDR, v. 1º, p. 27, 30, para um resumo dos Estatutos.
7. AZEVEDO MARQUES, *Apontamentos para a História de S. Paulo*, S. Paulo, Tocantins, 1952, 1º v., p. 254. O Barão do Rio Branco, nas *Efemérides Brasileiras* (Obras do Barão do Rio Branco, Ministério das Relações Exteriores, 1946. v. VI, p. 372), aponta a instalação do curso jurídico de S. Paulo em 1º de maio de 1928, quando se deu de fato a 1.º de março. Cometeram o mesmo engano do Barão do Rio Branco, segundo comenta Almeida Nogueira, T.R., 1ª série p. 38, Carlos Honório de Figueiredo e J. Jacinto Ribeiro.
8. *Apud* A. N. — TR, 1ª série, p. 42.
9. Carta de 20 de maio de 1828 do diretor do curso jurídico de Olinda, Lourenço José Loureiro, do Ministro do Império Pedro de Araújo Lima e transcrita nas Publicações do Arquivo Nacional, v. XII, 1916.

Phaelante da Câmara, na Memória Histórica do ano de 1903, declara que "tenho ouvido dizer que só em maio do ano seguinte (1828) começou a funcionar; mas não me souberam dar maiores informações, nem eu encontrei no arquivo o documento comprobatório do fato". O ofício de Lourenço José Ribeiro divulgado em Publicações do Arquivo Nacional, Vol. XVII, é indiscutível a respeito. O autor teve oportunidade de compulsar na Faculdade de Direito da Universidade Federal de Pernambuco, em dezembro de 1973, cópia desse ofício no livro de correspondência do diretor do curso jurídico de Olinda e o Ministro do Império, aberto por termo do próprio Lourenço José Ribeiro em 15.5.1829. José Jacinto Ribeiro, após falar da inauguração do curso jurídico de São Paulo, comenta que Olinda por causa desconhecida só se abriu meses depois (*Cronologia Paulista*, São Paulo, 1901, 2º v., p. 197). A dificuldade de instalação no Convento de São Bento e a falta de professores parecem ter sido a causa da demora.

Na sala do Mosteiro de São Bento em Olinda, onde foi instalado o curso jurídico em 1828, foi colocada pelo Instituto dos Advogados Brasileiros (Seção de Pernambuco) no 1º centenário dos cursos jurídicos a seguinte placa: "Nesta sala em 15 de maio de 1828 acolhida pelo Catolicismo pela primeira vez no Nordeste do Brasil soou a voz do Mestre de Direito".

10. CB-HFDR, 1º v., p. 32.

11. VIEIRA FERREIRA, *Faculdades de Direito no Brasil* (*Resumo Histórico até 1930*) Anais do Terceiro Congresso de História Nacional, outubro de 1938. Rio de Janeiro, Imprensa Nacional, 1941, v. 5, p. 296.

12. *Apud* SV-MHASP, 1º v., p. 50.

13. *Ibid.*, p. 51.

14. TAVARES DE LYRA, "Os Cursos Jurídicos de São Paulo e Olinda", *Livro do Centenário dos Cursos Jurídicos* (1827-1927) Rio de Janeiro, Imprensa Nacional, 1928, p. 440.

15. SV-MHASP, 1º v., p. 82-86.

16. CB-HFDR, 1º v., p. 32.

17. MIGUEL REALE, "Avelar Brotero ou a Ideologia sob as Arcadas", *RFDUSP*, v. L, 1955, p. 131-160.

18. *Apud* AN-TR, 2ª série, p. 10.

19. SV — MHASP, 1º v., p. 10.

20. AN-TR, 2ª série, p. 25-26.

21. SV — MHASP, 1º v., p. 175.

22. *Ibid.*, p. 159.

23. Ibid., p. 180.

24. Ibid., p. 150.

25. AN-TR, 4ª série, p. 40.

26. AN-TR, 5ª série, p. 25.

27. CARLOS HONÓRIO DE FIGUEIREDO, "Faculdades de Direito no Brasil", *RIHGB*, v. 22, 1859. p. 510.

28. SV — MHASP, 1º v., p. 52.

29. Documento do Abade do Mosteiro de São Bento, Frei Felício de São Luís Paim, *apud. R. A.*, Ano XXV, 1932, p. 31-32.

30. *Apud* AN-TR, 4ª série, p. 14.

31. *Apud* SV-MHASP, 1º v., p. 179.

32. *Ibid.*, p. 207.

33. *Ibid.*, p. 210.

34. *Apud* AN-TR, 4ª série, p. 15-16.

35. Os ofícios estão transcritos no *Livro de correspondência do Diretor do Curso Jurídico de Olinda com o Ministro do Império* (Arquivo da Faculdade de Direito do Recife).

36. CB-HFDR, 1º v., p. 37.

37. *Ibid.*, p. 47.

38. Para o estudo do pensamento de Avelar Brotero, ver MIGUEL REALE, *op. cit.*

39. *Ibid.*, p. 138.

40. *Ibid.*, p. 139.

41. *Ibid.*, p. 141.

42. CB-HFDR, 1º v., p. 42-43.

43. O âmbito deste trabalho não permite uma análise mais pormenorizada da preparação para o curso jurídico, que posteriormente e durante largo tempo, constituíram os cursos anexos, que funcionavam junto aos cursos jurídicos. A rigor, esse exame caberia melhor numa apreciação do ensino secundário, fazendo-se apenas as remissões indispensáveis que decorrem da influência desses cursos preparatórios no ensino jurídico.

44. Toledo Rendon não cessava de pedir medidas ao Governo em matéria de disciplina: "A liberdade, em tudo, vai, excessiva, e isto até acanha alguns Mestres, no julgamento de aprovação e reprovação". E em outro passo: "Receio muito que esta Academia chegue ao estado em que chegou Coimbra, no tempo de *rancho de Carqueja*, e que haja necessidade de fechá-la, como fez o Marquês de Pombal, enquanto se preparava a Reforma" (*Apud* SV-MHASP, 1º v., p. 203).

45. A expressão originava-se em Coimbra, referindo-se ao pátio interno, no qual se reuniam indistintamente todos os estudantes.

46. SV — MHASP, p. 203. Azevedo Marques assinala que o Projeto de Estatutos foi assinado pelos Drs. BROTERO, FAGUNDES VARELA, JOSÉ JOAQUIM FERNANDO TORRES e TOMÁS JOSÉ PINTO JUNQUEIRA, *Apontamentos Históricos, Geográficos, Biográficos, Estatísticos e Noticiosos da Província de São Paulo*, São Paulo, Martins, S. D. 1952, 1º v., p. 274.

47. CB-HFDR, 1º v. p. 45.

48. AN-TR, 2ª série, p. 1-30.

49. *Ibid.*, 4ª série, p. 1-23.

50. CB-HFDR, p. 45-49.

51. CLÓVIS BEVILÁQUA, "A cultura jurídica no Brasil — Escolas e doutrinas; jurisconsultos e professores, *RIHGB*. Tomo especial: Congresso Internacional de História da América: v. IX, p. 317.

52. SV-MHASP, 1º v., p. 265.

53. *Ibid.*, p. 310.

54. *Ibid.*, p. 371.

55. *Ibid.*, CB-HFDR, — 1º v., p. 61.

56. *Ibid.*, p. 63.

57. *Ibid.*, p. 65.

58. *Ibid.*, p. 74.

59. PHAELANTE DA CÂMARA, *Maciel Monteiro*, Recife, A Cultura Acadêmica, 1905, p. 60.

60. CB — HFDR, 1º v., p. 65.
61. *Ibid.*, p. 80.
62. SV-MHASP, 1º v., p. 303, cf. tb. AN-TR, 4ª série, p. 402. Aponta Carlos Penteado de Rezende que "por volta de 1840 atravessou a Academia uma fase de declínio, com queda de matrículas". "Houve ano em que apenas seis lentes prelecionavam, quando nove eram as cadeiras do curso" (CARLOS PENTEADO DE REZENDE, *Tradições Musicais da Faculdade de Direito de São Paulo*, São Paulo, Saraiva, 1954, p. 41.
63. CB-HFDR, 1º v., p. 59.
64. Francisco Inácio de Carvalho Moreira matriculou-se em Olinda e aí cursou o quarto ano. Redigia o jornal "Argus Olindense", juntamente com os quintanistas Fábio Alexandrino de Carvalho e Antônio Borges Leal Castello Branco, o seu colega Francisco Furtado e o terceiranista João Pedro Dias Vieira, quando o jornal fez críticas ao corpo docente de Olinda. Por ocasião dos exames de fim de ano, Dias Vieira, o primeiro que fez ato, recebeu um R, provocando essa injustiça protestos, vaias e clamores do corpo acadêmico, com processos e pena de suspensão aos cabeças. Para se furtarem a novas perseguições, Carvalho Moreira, Furtado, José Augusto Chaves e vários outros estudantes se transferiram para São Paulo, onde se diplomaram e constituíram o Grupo Olindense. AN-TR, 9ª série, p. 56.
65. JOAQUIM NABUCO, *Um Estadista do Império*. São Paulo, Cia. Editora Nacional, 1936, p. 11 e 13.
66. *Ibid.*, p. 12.
67. APRÍGIO GUIMARÃES, *Memória Histórica da Faculdade de Direito do Recife de 1859.*
68. PHAELANTE DA CÂMARA, *Memória Histórica da Faculdade de Direito do Recife no ano de 1903*, p. 9.
69. ODILON NESTOR, *Faculdade de Direito do Recife (Traços de sua história)* — Recife. Imprensa Industrial, 1931, p. 15-24.
70. *Ibid.*, p. 57.
71. *Ibid.*, p. 25-26.
72. *Ibid.*, p. 31.
73. *Ibid.*, p. 64-68.
74. PHAELANTE DA CÂMARA, *Memória Histórica da Faculdade de Direito do Recife de 1903*, p. 10.
75. WANDERLEY PINHO, *Política e Políticos do Império*. Rio, Imprensa Nacional, MCMXXV, p. 12.
76. *Ibid.*, p. 14.
77. *Ibid.*, p. 19.
78. *Ibid.*, p. 21.
79. *Ibid.*, p. 27.
80. *Ibid.*, p. 29.
81. V. AN-TR, 9ª série, p. 18-21; SV-MHASP, 1º v., p. 260-264; AFONSO ARINOS DE MELO FRANCO, *Rodrigues Alves*, Rio, José Olympio. 1973, 1º v., p. 24-30. Cf. tb. AFONSO SCHMIDT. *À Sombra de Júlio Frank, 1808-1841*, São Paulo, Editora Anchieta, 1942; JAMIL ALMANSUR HADDAD, *O romantismo brasileiro e as sociedades secretas*, São Paulo, Tip. Siqueira, 1945, 116 p. Para uma análise da Bucha no ambiente estudantil de São Paulo no Império e na República, ver cap. 6.

82. *Relatório do Ministro do Império de 1848.*
83. *Relatório do Ministro do Império de 1851*, p. 18.
84. SV-MHASP, 1º v., p. 398.
85. *Ibid.*, p. 400.
86. *Ibid.*, p. 401.
87. *Ibid.*, p. 403.
88. *Ibid.*, p. 404.
89. Ver a respeito CAIO PRADO JÚNIOR, *História Econômica do Brasil*, São Paulo, Brasiliense, 1945, p. 150-163; *id.*, *Evolução Política do Brasil*, São Paulo, Brasiliense, 1947, p. 171-185; HEITOR FERREIRA LIMA, *História Político-Econômica e Industrial do Brasil*, São Paulo, Brasiliense, 1970, p. 235-247, Cf. tb. FRANCISCO IGLESIAS, "Vida Política, 1848/1868" em *História Geral da Civilização Brasileira* (sob a direção de Sérgio Buarque de Hollanda), São Paulo, Difusão Européia do Livro, 1967. *O Brasil Monárquico*, t. III, *Reações e Transações*, p. 35-38.
90. Para a figura do Barão de Mauá, ver ALBERTO DE FARIA, *Mauá*, 3ª ed., São Paulo, Cia. Editora Nacional, 1946, 526 p.; EDGARDO DE CASTRO REBELO, *Mauá (Restaurando a Verdade)*, Rio de Janeiro, Universo, 1932, 20 p. Cf. tb. MAUÁ, *Autobiografia*, 2ª ed., Rio, Zélio Valverde, 1943, p. 370.
91. AMÉRICO JACOBINA LACOMBÉ, "A Cultura Jurídica", em *História Geral da Civilização Brasileira*, t. II, *O Brasil Monárquico*, v. 3 — *Reações e Transações*, São Paulo, Difusão Européia do Livro, 1967, p. 356-368. CLÓVIS BEVILÁQUA, "Evolução jurídica do Brasil no Segundo Reinado", *Revista Forense*, v. 46, 1926, p. 5-10.
92. ALFREDO RUSSELL, "O Direito Comercial e sua Codificação", em *Livro do Centenário dos Cursos Jurídicos (1827-1927)*, Rio de Janeiro, Imprensa Nacional, 1928, 1º v., p. 123-156.
93. CARVALHO DE MENDONÇA, J. X. — *Tratado de Direito Comercial Brasileiro*, 4ª ed., Rio, Freitas Bastos, 1946, p. 100, contendo também uma boa síntese sobre os trabalhos de preparação do Código Comercial. Cf. tb. ALBERTO VENANCIO FILHO, A Elaboração do Código Comercial de 1850, *Revista de Direito Mercantil Industrial Econômico e Financeiro*, n.º 23, 1976, p. 53-74.
94. RUY CIRNE LIMA, *Pequena História Territorial do Brasil*, Porto Alegre, Sulina, 1954, p. 57-69; JOSÉ HONÓRIO RODRIGUES, *Notícias de Vária História*, Rio, São José, 1951, p. 76-85.
95. Ver PONTES DE MIRANDA, *Fontes e Evolução do Direito Civil Brasileiro*, Rio, Pimenta de Melo, 1928, p. 103-123; LACERDA DE ALMEIDA, "O Direito Civil e sua codificação", em *Livro do Centenário dos Cursos Jurídicos (1827-1927)*, Rio, Imprensa Nacional, 1928, p. 157-186.

JOAQUIM NABUCO, *Um Estadista do Império*, São Paulo, Cia. Editora Nacional, 1936, t. I, p. 196-198 e p. 379-380.

96. Ver *Memória Histórica Acadêmica do ano de 1856*, Recife, Tipografia Universal, 1857, p. 11. Cf. tb. CB-HFDR, 1º v., p. 108.

4. A Reforma do "Ensino Livre"

O período compreendido entre 1870 e o início da Primeira Guerra Mundial tem sido objeto de especial atenção e foi mesmo denominado por Roque Spencer Maciel de Barros "Ilustração Brasileira" [1]. No entender desse autor, uma das idéias presentes ao espírito dos homens que tentaram renovar a mentalidade brasileira, no fim do Império, era "acreditar que a educação é a primeira entre todas as forças inovadoras da sociedade". E, mais adiante, afirmava que

> quando, nos primórdios da "Ilustração Brasileira", não tínhamos senão, no domínio do ensino superior, algumas faculdades isoladas, todas oficiais, pareceu à maioria dos renovadores de então que a solução de todos os nossos problemas estava na decretação da "liberdade de ensino". Sem dúvida era liberal, ou confundia-se com o liberalismo, esta forma de compreender o problema. E o era porque liberal não era então o Estado, em que pese a tão celebrada tolerância do Imperador. Neste caso, libertar o ensino era o meio de libertar o país [2].

O marco de 1870, em conexão com a história das idéias no Brasil, lembrava, do ponto de vista externo, o advento da Terceira República na França e a Guerra Franco-Alemã, enquanto que, do ponto de vista interno, é o fim da Guerra do Paraguai e a fundação do Partido Republicano, com a divulgação do Manifesto Republicano. Para Clóvis Bevilágua, é a partir deste momento que ganham corpo as novas idéias do século — positivismo, darwinismo, materialismo, etc. —, "a reação científica", para usar uma expressão do mesmo autor [3].

O êxito dessas idéias novas foi indiscutível no Brasil, razão pela qual no dizer de Roque Spencer Maciel de Barros a "ilustração brasileira nos fins do século XIX tem, por conseguinte, um sentido prospectivo: os seus homens mais significativos não olham para trás, mas para frente". Em períodos anteriores o problema da liberdade era sempre visto com reservas. Brás Florentino Henriques de Sousa, ultramontano, professor da Faculdade do Recife, afirmava que

> querer que escritos infames ou ímpios ou sediciosos circulem impunemente na sociedade, ou que a injúria ou a calúnia sejam impunemente atiradas à face dos cidadãos honestos, é querer a ruína do Estado e a perda dos indivíduos, é querer a desordem e a selvageria, é ultrajar a um tempo a humanidade e a civilização 4.

O liberalismo clássico brasileiro, com origem nas fontes filosóficas européias, ao lado do novo liberalismo cientificista, tem como ponto teórico de partida a crença fundamental na liberdade humana: o homem é senhor de seu destino e por isso responsável por ele. Tais idéias têm sua origem em Kant e, mais do que em Kant, no espiritualismo eclético francês, bem vivo no Brasil, e no krausismo,

> especialmente difundido por meio das obras jurídicas de Ahrens, "bíblias" de professores e estudantes de Direito Natural nas faculdades jurídicas, que lhe fornecem a substância filosófica 5.

Ligado a este movimento, aparece o cientificismo da Ilustração Brasileira na sua forma liberal, que apelará para uma intuição científica do mundo, inspirada em Darwin e em Spencer. Roque Spencer aponta o esforço de Alberto Salles, paulista de Campinas, positivista heterodoxo e insensível batalhador republicano, assinalando que se sua obra não teve a repercussão da de Tobias, não revela menos o estado de espírito dos intelectuais de então, acrescentando:

> Note-se que a obra de Alberto Salles é apenas a mais significativa de um esforço renovador muito mais generalizado na Faculdade de Direito de São Paulo. À compreensão histórica do Direito, em termos positivistas, se acrescentava, como um desenvolvimento, a aceitação, já comum na Academia, das idéias da escola histórica de Savigny e Hugo. Em 1880, por exemplo, falando nas cerimônias comemoração do qüinquagésimo terceiro aniversário da fundação dos cursos jurídicos, o Professor Duarte de Azevedo mostrava-se partidário irrestrito das concepções de Savigny, comparando a evolução do Direito com a da linguagem 6.

O cientificismo reclama também a liberdade de ensino e crê firmemente no poder de concorrência, como se depreende do comentário de Roque Spencer Maciel de Barros:

> Afastem-se os entraves à criação de escolas, de cursos, de faculdades, e estas florescerão vigorosas. O princípio da seleção natural encarregar-se-á de "fiscalizar" a escola, só sobrevivendo os mais aptos, os melhores. O próprio ensino oficial só terá a lucrar com isto, a concorrência das escolas particulares obrigando-o a manter um ensino elevado 7.

E prossegue:

> O ensino livre, desta forma, aparece como complemento necessário da tarefa pedagógica que está no cerne do cientificismo ilustrado. A liberdade de ensino sem qualquer limitação é por ele concebida como a condição *sine qua non* de êxito de sua missão educadora. Dessa forma, ao lado da consciência livre, da escravidão abolida, da mulher emancipada, etc., se inscrevem no próprio cientificismo, como um item tão valioso e necessário quanto eles, a idéia de *liberdade de ensino*.
>
> O esforço ilustrado, para elevar o país ao nível do século, deveria ser feito pela constituição de uma elite verdadeiramente ilustre e era exatamente o ensino superior que teria a função de formar estas guias, estes "ilustrados" a quem cabe acelerar a marcha histórica do país [8].

Comenta o autor da Ilustração Brasileira a respeito da idéia da universidade:

> O que chama a atenção, de início, ao estudarmos o ensino no Império, é a ausência de um sistema de educação nacional. Entre o ensino primário, insuficiente e mau, e o superior, anacrônico e falho, há um hiato que o Colégio Pedro II, os "Colégios das Artes" de São Paulo e Pernambuco e as poucas aulas de preparatórios espalhadas pelas províncias não poderiam nunca preencher [9].

E, referindo-se especialmente ao ensino secundário, acrescenta:

> Não se abre quase uma memória histórica das faculdades de Direito sem que se encontrem queixas contra estes colégios que, na expressão de Tavares Belfort, ensinavam não para que se aprendesse, mas para que se fizesse exames [10].

Nesse contexto, a idéia da universidade se contrapunha à idéia do ensino livre, razão pela qual no período os projetos encaminhados não encontram maior receptividade. É típico, por exemplo, o comentário na sessão da Câmara dos Deputados de 4 de outubro de 1867, de Franklin Dória, futuro Barão de Loreto, que começa por assinalar que a criação de uma universidade não representa por si só o progresso de instrução superior, acrescentando que o problema fundamental, em educação, é a instrução popular e não a superior. E, comentando o projeto, acrescenta:

> o agregado, pois, das quatro faculdades que o projeto do Sr. Conselheiro Paulino (1870) impropriamente denomina Universidade, não é Universidade.

E aduz:

> A Universidade será de pouco proveito ao ensino superior entre nós, se não se levar a efeito a reorganização deste ensino, dando-lhe por alicerces a unidade de constituição dos estabelecimentos, a liberdade administrativa dos corpos docentes, a liberdade científica, o

aumento dos meios intelectuais e materiais de estudos, além de outras bases dependentes de decretação da liberdade de ensino, com uma concorrência entre professores públicos e particulares nos estabelecimentos oficiais e ainda a liberdade de estudar [11].

Entre 1868 e 1870, dois projetos de liberdade de ensino são apresentados ao Parlamento, um à Câmara dos Deputados e outro ao Senado. O deputado mineiro Felício dos Santos é o autor do primeiro, extremamente sucinto, declarando no art. 1º que

> todo cidadão que quiser, só ou associado, abrir escolas, colégios ou qualquer estabelecimento literário, poderá fazê-lo, independentemente de lincença, inspeção ou qualquer intervenção do Governo.

O projeto do senador liberal Barros Leite, apresentado em 25 de maio de 1869, era essencialmente de ordem religiosa, e seus diferentes artigos visavam a garantir a liberdade de consciência e, especificamente, a liberdade religiosa. Mas não teve andamento e só entraria em discussão por um instante, oito anos após [12].

Caberia a Carlos Leôncio de Carvalho executar o programa da liberdade de ensino, que mereceu sua atenção desde a Memória Histórica de 1873, bem como quatro anos depois, quando assume a direção do Correio Paulistano. Na Memória Histórica da Faculdade de Direito de São Paulo relativa aos episódios do ano de 1873, Carlos Leôncio da Silva Carvalho já expunha os princípios que iriam nortear a reforma de 1879 [13]. Nesse ano, o Governo Imperial, por avisos de 10 e 17 de janeiro, consultara a Congregação das faculdades sobre um projeto de lei de interpretação do Ato Adicional, e o projeto do Conselheiro Paulino de reforma da instituição pública. Tratando desses assuntos na Memória Histórica, acrescentava o Professor Carlos Leôncio de Carvalho que

> até aqui temo-nos cingido quase que exclusivamente à narração dos fatos. A isto, porém, não se limita a honrosa tarefa do historiador: cumpre-lhe ainda com o escapelo da filosofia investigar a natureza dos acontecimentos referidos, descobrir as suas razões para, deste modo, impedir a sua reprodução no futuro, e esta é, sem dúvida nenhuma, a parte mais nobre da sua elevada missão [14].

Citando largamente Cesar Cantu e Victor Cousin, conclui que

> obedecendo, pois, o conselho de tão abalizados mestres, animamo-nos a propor algumas modificações e reformas que nos parecem de urgente necessidade na instrução secundária e superior.

E acrescentava:

> O antigo sistema, ainda hoje seguido em nossas academias, oferece gravíssimos inconvenientes que só poderão ser extirpados por

meio de medidas que têm tanto de simples quanto de eficazes: *O Ensino Livre*. Acabemos inteiramente nos cursos superiores com o carunchoso regime de faltas, menções, sabatinas, regime de grandes vantagens nos estabelecimentos de instrução primária e secundária, mas impróprio para faculdades cujas aulas são freqüentadas por alunos que já devem dispor de um espírito culto e por conseguinte saber discriminar o que mais convém a seus interesses e a suas aspirações. Querer compelir ao trabalho o estudante de uma academia por outros meios que não sejam o exemplo do mestre, a proficiência das preleções e a severidade dos exames é uma perfeita utopia. Cada um estude com quem quiser e onde lhe for mais cômodo, e venha prestar depois, na devida ocasião, perante os lentes do instituto oficial, as provas determinadas por lei.

Conceda-se a todo o cidadão o direito de abrir cursos em que lecione e desenvolva qualquer ciência, tendo como único juiz o seu mérito e a opinião independente do público. Que possam ensinar todos aqueles que para isto se julgarem habilitados, sem dependência de provas oficiais de capacidade ou prévia autorização. Que a cada professor, sem dependência de provas oficiais, capacidade ou prévia autorização, seja permitido impor livremente as suas idéias e ensinar as doutrinas que repute verdadeiras, pelo método que melhor entender. Como estes alunos já devem dispor de espírito culto e não os anima outro desejo senão o de aprender, na classe dos professores serão sempre preferidos os que ensinarem mais e melhor. Para separar o joio do trigo atuará como único juiz a opinião independente do público.

Com esta reforma conseguiremos numerosas vantagens, entre as quais destacam-se as seguintes: primeiro, o lente, tendo de julgar o estudante unicamente pelas provas do exame público, ficará independendo das injustas censuras que no sistema atual lhe são dirigidas por aqueles que, assistindo apenas às provas finais, surpreendem-se de vê-los algumas vezes reprovando estudantes cujos atos foram menos ruins do que a de outros habilitados, sem querer acreditar nas boas contas prestadas por estes durante o ano letivo e alegadas pelos juízes como circunstâncias justificadas de sua aparente contradição. Segundo, não tendo ainda juízo formado sobre os estudantes, o lente irá para os atos sem a mínima prevenção a favor ou contra qualquer dos examinados, o que é de grande vantagem, visto como evita diversidade de tratamento e de argumentação por parte dos examinadores, diversidade esta que algumas vezes pode tornar-se causa de graves ressentimentos e conflitos. Terceiro, os alunos inabilitados, cujas provas tiverem sido ruins, receberão calidamente a sua justa sentença, não podendo mais atribuí-las, como fazem hoje, a prevenções, antipatias e até divergências políticas. Quarto, muitos moços esperançosos que hoje deixam de formar-se por não terem seus pais os precisos recursos para sustentá-los na longínqua localidade onde se acha o instituto oficial, serão aproveitados com o ensino livre, fazendo seus estudos com professores particulares residentes no mesmo domicílio de seus familiares, indo depois sujeitar-se às provas exigidas por lei e que poderão, mesmo, exibir de uma só vez para evitar maiores despesas. A única objeção mais séria contra o ensino livre vem a ser que, julgando-se o examinado só pelo ato, pode algumas vezes acontecer que, por acanhamento ou qualquer indisposição momentânea, sejam menos felizes estudantes superiores do que outros, a quem, faltando conhecimento, sobre entretanto o desembaraço e presença de espírito com que muitas mediocridades apavonadas conseguem os foros de talento e sabedoria.

Este inconveniente, porém, desaparece, exigindo-se do examinando uma prova escrita em que possa ele, livre de qualquer vexame e dentro de um prazo razoável, manifestar o seu merecimento e deste modo compensar o ruim ato oral que porventura tenha feito. Poderíamos apresentar ainda muitos outros argumentos; mas para que mais filosofar sobre uma idéia que tem por si o testemunho dos fatos e as proveitosas lições desse grande mestre intitulado — experiência —? [15].

E, para justificar a vantagem do ensino livre, reporta-se Carlos Leôncio de Carvalho a

seus miraculosos e benéficos resultados em todos os países que têm sabido realizá-lo, e sobretudo nos Estados Unidos, nesse povo gigante onde, segundo se vê do precioso relatório do Sr. Hippeau, a iniciativa individual, auxiliada pelos bons desejos do Governo, espanca por toda parte as trevas da ignorância, derramando escolas, colégios, universidades, bibliotecas e tantos outros mananciais de ciência e instrução em que o pobre com a mesma facilidade que o rico vai beber os conhecimentos de que carece para melhor compreensão de seus direitos e deveres.

Insiste Leôncio de Carvalho no seu pensamento, discordando da tendência dominante, para afirmar enfaticamente mais uma vez:

— Minhas idéias são diferentes. Nada de lições, nada de sabatinas e conseqüentemente de notas: a única prova de habilitação seja o exame público, em que o juízo do lente sobre o mérito do estudante se forma sem prevenção favorável ou contrária em que, portanto, a argumentação seja igual e não varie conforme a reconhecida inteligência do estudante.

E se reporta ao relatório do Conselheiro Liberato Barroso quando Ministro do Império, em 1865, que dizia:

— é sobretudo na instrução superior que deve ter uma aplicação mais vasta o princípio da liberdade do ensino. Esta sublime manifestação da liberdade humana que constitui uma das mais belas conquistas das revoluções modernas deve existir em toda sociedade organizada sobre instruções livres.
Não teve porém o digno Ministro a necessária coragem para realizar as suas belas teorias, deixando-se levar pelo triste argumento de que o país não poderia saborear o sazonado fruto da civilização moderna. Finalmente o ilustrado Sr. Conselheiro João Alfredo, atual Ministro do Império, no importante projeto que acaba de formular sobre os cursos jurídicos, e a cujo respeito dignou-se de ouvir as respectivas Congregações, não deixa também de pagar o seu tributo ao novo sistema [16].

Na direção do *Correio Paulistano*, Carlos Leôncio de Carvalho apresentava, em 19 de julho de 1875, o seguinte programa de idéias liberais, no qual constava: 1) Eleição direta; 2) Senado temporário; 3) Liberdade de culto e casamento civil; 4) Responsabilidade ministerial pelos atos do Poder Moderador; 5) Limitação do direito de dissolver a Câmara; 6) Completa separação da judicatura da polícia; 7) Abolição da Guarda Nacional; 8) Incompatibilidade da magistratura com os cargos da eleição popular ou de nomeação do Poder Executivo; 9) Proibição de acesso ao funcionário público deputado, salvo o que lhe couber por antiguidade; 10) Proibição a senadores e deputados de aceitar cargos de nomeação do governo, exceto os de confiança política; 11) Supressão do direito de perdoar ou minorar as penas impostas aos ministros de Estado pelos crimes políticos; 12) Conselho do Estado, como auxiliar administrativo e não político; 13) Ensino Livre; 14) Liberdade da indústria e do comércio [17].

Examinando com atenção a matéria [18], do ponto de vista histórico, Almeida Júnior assim se expressa:

> Ensino Livre — tal foi o remédio recomendado pelo Sr. Leôncio de Carvalho, em 1871, para curar os males da escola superior brasileira. Males gravíssimos [19].

Leôncio de Carvalho e seus seguidores invocavam continuamente o exemplo norte-americano e europeu para justificar a reforma do ensino livre, e é, portanto, necessária uma rápida análise sobre o que se passava nesses países. Na síntese de Almeida Júnior, o liberalismo do século XIX animou e fortaleceu, no campo da educação, dois grandes movimentos que o século anterior apenas prenunciara: o da democratização do ensino e o da liberdade de ensinar. O ensino fora, até então, e sob diversos aspectos, um privilégio de classes, negado aos meninos e jovens das camadas populares. Essa situação existente na Europa não diferia muito da dos Estados Unidos, onde as escolas eram de iniciativa particular e assim, portanto, existiam escolas para brancos, escolas desta ou daquela seita religiosa, escolas dos que podiam pagar, escolas das quais os pretos eram excluídos.

Essas discriminações contrapunham-se aos interesses do regime democrático, que começava a se implantar nos dois continentes, e a atitude liberal se colocava diante do problema com duas alternativas, do *laissez faire* ou o apelo para o próprio Estado. A tese de abstenção por parte do Estado dos negócios do ensino foi substituída gradualmente pela tese da intervenção [20].

O movimento principiou na Prússia, em 1717, sob Frederico Guilherme I, para receber novo alento no século XIX, com Diesterveg, Sueven e outros. Na França revolucionária, que planejou grandes programas sem executá-los, Napoleão instituiu em certo sentido o monopólio do Estado, e, em 1833, Guizot cria um sistema escolar do Estado que Hipólito Carnot aperfeiçoou em 1848. Após a reação conservadora, com o advento da República em 1870, Jules Ferry estabelece as grandes reformas educacionais. A Inglaterra, após o malogro do projeto de Whitbred (1808), inicia a política de subvenção às escolas privadas, e com o governo liberal de

Gladstone, em 1870, chega a ocasião de lançar os alicerces da escola primária do Estado [21]. Igual movimento, no sentido da criação de escolas oficiais, se processou na Federação norte-americana. Ao final da guerra civil, a maioria dos estados da Federação já havia organizado o plano de seus sistemas escolares, cujo rápido crescimento se deu entre 1865 e 1900. Tem-se aí uma das grandes realizações do liberalismo, pois criando uma rede escolar primária gratuita e leiga, mantida à custa dos impostos gerais, para que fosse permitido o acesso a todos, e obrigatório, de sorte que as crianças ficassem protegidas da ignorância e da indiferença dos pais.

No campo da liberdade de ensino, muito havia também a fazer, e embora o liberalismo não tivesse obtido tudo quanto advogou, as suas realizações foram consideráveis. A França revolucionária afirmara o princípio: "O ensino é necessário a todos", e o decreto de 29 Frimário, do ano II, dispusera que o ensino seria livre e público. Estabelecia-se, pois, o dever de educar e abolia-se o controle da Igreja sobre as escolas. Discutia-se, então, a quem caberia fiscalizar o ensino, advogando alguns que cada um o faria por si. Só mais tarde prevalece a atitude intervencionista, como meio de criar condições para o pleno desenvolvimento do indivíduo e para defender a criança contra a privação do ensino, ou contra o ensino notoriamente mau. Enquanto perdura a discussão entre os revolucionários, Napoleão conquistou o trono e estabeleceu o mais completo monopólio do Estado sobre o ensino, sem margem de liberdade para o mestres. A reação pelo ensino livre cresce de parte dos conservadores, e os liberais se manifestam em sentido contrário porque percebem que o que move seus adversários não é o amor à liberdade, e sim o desejo de restituir à Igreja aquilo que durante séculos ela conserva para si.

A Itália sofre o mesmo fenômeno; com a derrota de Carlos Alberto Novara, em 1849, quase toda a península caiu sob o domínio da Áustria, e o controle da educação voltou às mãos do clero.

Na Bélgica, os liberais estavam em minoria e o ensino livre fora acolhido na Constituição de 1831. Posto em prática o regime pela lei de 1842, foi entregue a educação à Igreja, mais em 1879, com a ascensão dos liberais, o Governo criou um sistema escolar leigo. O clero condenou a medida, deflagrando-se a chamada "guerra escolar", que obrigou o poder civil a ceder algum terreno.

Na Inglaterra, o controle eclesiástico vinha de longe, e em 1604 se estabelecera o monopólio total do ensino pela Igreja Anglicana, regime que chegou até o século XIX. Só em 1870 o esforço do partido liberal conseguiu implantar no país um sistema escolar não sectário, havendo no ensino superior uma liberalização progressiva, com a abolição gradual dos textos religiosos até então exigidos para a admissão de mestres e discípulos. Ao mesmo tempo, fundam-se nas províncias novas universidades não sectárias, e a expressão ensino livre passou a significar, na Inglaterra, ensino não controlado pela Igreja.

Na Alemanha, a situação era diferente. Após dois séculos de subordinação à Igreja Luterana, a autoridade do Estado havia predominado e, no começo do século XIX, Guilherme Humboldt tornou a Universidade de Berlim também autônoma em relação ao Estado, de modo que o ensino superior ali era livre por não depender da Igreja nem do Estado.

Na Federação norte-americana, as condições locais eram bastante diversas; o sistema de ensino era de base comunal e, portanto, o professor das escolas ficava preso às seitas, aos interesses e aos preconceitos dos líderes locais. Contudo, o pensamento liberal continuou a obter grandes progressos, e a multiplicação das escolas oficiais de todos os graus foi dando maior estabilidade aos docentes. E surgiu um consenso de que a liberdade deve abranger três elementos: primeiro, liberdade de investigação; segundo, liberdade de ensino na universidade ou *colleges;* e terceiro, liberdade de palavra e de ação fora da escola.

E conclui Almeida Júnior:

> Vê-se pois que a concepção do "ensino livre" ou da "liberdade do ensino" variava no século XIX, de país para país: na França era a ausência da intervenção do Estado; na Inglaterra, antes intervenção da Igreja; na Alemanha, a liberdade contra a Igreja, autonomia quanto ao Estado; nos Estados Unidos, a autonomia em relação aos empregadores. E vê-se também que é o magistério oficial dos Estados democráticos o que mais facilmente pode rodear-se de condições asseguradoras daquela liberdade.

Referindo-se à experiência brasileira, prossegue o professor paulista:

> Certos propugnadores brasileiros do ensino livre fizeram tão grande alarde da liberdade de freqüência, que isto passou a constituir, entre nós, o elemento preponderante da conceituação daquele ensino, e não foi só: afirmaram ainda que a liberdade de freqüência era a regra generalizada nas universidades estrangeiras, e que nós, portanto, que não a havíamos ainda adotado, estávamos em lamentável atraso...[22]

A reforma brasileira pretendia aproximar-se da reforma alemã. Mas o simples fato de existir a liberdade de ensinar e a liberdade de estudar exige que se acrescentem alguns informes esclarecedores da diferença. Sabiam os estudantes alemães que sem freqüência assídua não seriam aprovados; os de real interesse pela cultura tomavam um bom caminho, e outros desistiam. O Dr. Vicente Sabóia, professor da Faculdade de Medicina do Rio de Janeiro, e que fez uma visita oficial, em 1872, à Alemanha, assim descreveu o sistema alemão:

> não há verificação da presença dos alunos nos cursos; mas como eles não podem, no fim dos estudos, fazer exame de doutoramento sem o atestado de freqüência, passado pelo respectivo professor, este o negará se tiver observado a pouca assiduidade do aluno em sua aula. É raro ou quase impossível que o professor seja iludido em sua apreciação, pois que ele facilmente, nos cursos teóricos, se põe em relação com seu auditório e, nos cursos práticos, se serve da lista em que se acham inscritos os alunos e chama diariamente certo número deles para os competentes exercícios [23].

A freqüência livre, segundo Almeida Júnior, à moda brasileira, foi assim experimentada nos Estados Unidos, mas apenas pela Universidade de Harvard em 1876, sete anos depois da reforma Leôncio de Carvalho, e durou tanto quanto as rosas de Malherbe, pois o resultado decepcionou. Oportunidade com responsabilidade era o moto dessa esperançosa fase. Todos os estudantes acolheram bem a oportunidade, mas a maioria preferiu deixar a responsabilidade a cargo do deão e do corpo docente. O sistema fracassou e adotou-se, então, um processo mais adequado, que foi o sistema eletivo que, ao invés de um currículo uniforme, cada estudante poderia organizar o seu próprio currículo [24].

Estudando as motivações que levaram à adoação do ensino livre no Brasil, assim se expressa Almeida Júnior:

> Mestres e legisladores brasileiros da segunda metade do século XIX acreditam que a grave enfermidade, de que padece o nosso ensino superior, se curará de pronto sob o influxo de "fortes estímulos que a concorrência desperta" (Leôncio de Carvalho). Transferem para o plano da cultura do espírito a teoria individualista da produção econômica: *laissez-faire* — e a ânsia de aprender incentivará a proliferação das escolas, deixai inteiramente aberto o campo do ensino — e a sagacidade do pai de família saberá discernir entre os bons e maus educadores; *laisser-aller* — e por si mesmas as instituições docentes se aperfeiçoarão, a seriedade no ensino, no estudo e nos julgamentos se imporá. É a doutrina proclamada com reiteração pelas memórias históricas dos professores, pelos relatórios anuais dos ministros do Império e através dos discursos parlamentares. Pinta-se com tintas sombrias a paisagem do ensino superior: instalações péssimas, má qualidade dos catedráticos, professores displicentes, alunos sem base propedêutica, sem interesse e sem aplicação; pais que pedem para seus filhos não ensino, mas diplomas; excesso de indulgência nas aprovações, fraude nos exames, a ignorância ao fim do curso. Contra tudo isto e contra esta série de sintomas de generalizada e profunda debilidade cultural da população, indica-se como panacéia o ensino livre [25].

Enquanto Leôncio de Carvalho e seus seguidores apregoavam as vantagens do ensino livre, apareciam já os críticos. Em 1868, na Câmara dos Deputados, Martinho de Campos apontava que

> eu vejo um grande mal, porque não há no nosso país os meios de instrução que há nos outros, em que não se exige a freqüência forçada.

No mesmo sentido o Deputado Correia Araújo advertia, em 1867, que no Brasil

> faltam aos particulares, aos cidadãos, o espírito de iniciativa. Nos estatutos dos cursos dos institutos de instrução superior está consagrada a liberdade de cursos particulares. Quem foi que até hoje se aproveitou dessa faculdade para abrir cursos?

E Cunha Figueiredo Júnior, respondendo a Gusmão Lins, que dizia estar o corretivo nos pais, replica:

> Os pais podem ser iludidos, facilmente o serão, mesmo porque entre nós a instrução está mal defendida, os incautos constituem o maior número [26].

O regime do ensino livre se baseava, como ponto fundamental, no rigor dos exames e, instituída a liberdade de freqüência, passaram para eles as "funções vitais do ensino superior brasileiro". Dizia Leôncio de Carvalho que a fim de conseguir que os moços estudem "não há outro meio senão a severidade dos exames."

Mas Ferreira de Aguiar, em 1856, já ousava duvidar da eficácia dos exames:

> Não basta o rigor nos exames; é possível muitas vezes que o estudante faça bom exame sem que seja grande estudante, assim como vice-versa; ... portanto bom é ter garantia para poder se ajuizar da capacidade dos estudantes, e esta garantia é a freqüência regular às aulas [27].

Com a subida ao poder, em 5 de janeiro de 1878, do Gabinete liberal de Cansansão de Sinimbu, José Bonifácio, o Moço, lente da Faculdade de São Paulo, ídolo dos estudantes, e sobre o qual Rui Barbosa escreveu página tão comovida, foi convidado para a função de Ministro do Império. Mas, recusando a função, lembrou-se do nome de Carlos Leôncio de Carvalho, seu jovem colega da Faculdade de Direito de São Paulo. Pode-se dizer que o programa que Carlos Leôncio de Carvalho levava para a Pasta do Império era a adoção da idéia do ensino livre, que conseguiu implantar, através do decreto n. 7247, de 19 de abril de 1879, que reforma o ensino primário e secundário no município da Corte e o superior em todo o Império. Entretanto, a sua passagem pelo Ministério foi curta. A Câmara Alta estava cada vez mais desgostosa com o moço que dissera que "as idéias liberais são queimadas na inquisição do Senado", começando a sentir os efeitos políticos das expansões oratórias do Ministro do Império. O pretexto para alijá-lo forneceu-o o próprio Ministro, despojando-o da direção interina da Escola Politécnica, por ocasião em que o diretor efetivo estava na Europa, o lente mais antigo, Cunha Galvão, que exercia o cargo, por expressa disposição regulamentar. O Presidente do Conselho sugeriu ao Ministro que voltasse atrás. Como Leôncio de Carvalho não quisesse fazê-lo, pediu Sinumbu que se demitisse. Desatendido, o chefe do governo submeteu ao Imperador a demissão do Ministro do Império [28].

O decreto n. 7247 estabelecia no parágrafo único do art. 1º que era completamente livre o ensino primário e secundário no município da Corte, e o superior em todo o Império, salvo inspeção necessária para garantir as condições de moralidade e higiene. Tratando amplamente do ensino primário e secundário, dispunha em seguida o decreto sobre as disposições que deveriam ser observadas nos estabelecimentos de instrução superior, dependentes do Ministério do Império.

O parágrafo sexto do artigo 20 era a pedra de toque do movimento renovador:

não serão marcadas faltas aos alunos, nem serão eles chamados a lições e sabatinas. Os examines, tanto dos alunos como dos que o não forem, serão prestados por matérias e constarão de uma prova oral e outra escrita, as quais durarão o tempo que for marcado nos Estatutos de cada escola ou faculdade (grifo nosso).

E no art. 21 se dispunha sobre a organização dos cursos e escolas livres, facultando a associação de particulares para fundação de cursos, onde se ensinassem as matérias que constituíssem programa de qualquer curso oficial do ensino superior. O Governo não interviria na organização dessas associações, e às instituições do gênero que, funcionando regularmente por espaço de sete anos consecutivos, provassem que, pelo menos, quarenta alunos seus obtiveram grau acadêmico concedidos por escolas ou faculdades do Estado, poderia o Governo conceder-lhes o título de faculdades livres com todos os privilégios e garantias das faculdades livres. Constatando a prática de abuso nas faculdades livres a identidade dos indivíduos nos exames e nas colações de grau, caberia ao Governo o direito de mandar proceder a rigoroso inquérito para averiguação da verdade e, se dele resultasse a prova dos abusos argüidos, deveria imediatamente cassar a instituição e tutela de faculdades livres com todas as prerrogativas aos membros inerentes.

O decreto n. 7247 manteve a divisão já proposta pela Reforma Liberato Barroso da faculdade de direito em duas secções, a de ciências jurídicas e a de ciências sociais, colocando nesta última as cadeiras de direito natural, direito público universal, direito constitucional, direito eclesiástico, direito das gentes, diplomacia e história dos tratados, direito administrativo, ciência da administração e higiene pública, economia política, ciência das finanças e contabilidade do Estado. Dizia mais o decreto que o grau de bacharel em ciências jurídicas habilitaria para a advocacia, a magistratura, e o grau em bacharel em ciências sociais habilitaria, independentemente do exame, para os lugares de adidos de legação, bem como para os de praticantes e amanuenses da Secretaria de Estado e demais repartições públicas.

Determinava, afinal, o decreto que o Governo reorganizaria os Estatutos dos institutos superiores do Império e que o decreto entraria em vigor, provisoriamente, logo que fossem expedidos os regulamentos previstos, podendo ser executados, desde logo, na parte que o Governo julgasse conveniente.

A idéia do ensino livre vai ser, efetivamente, até 1915, o grande tema dos debates educacionais em matéria de ensino superior e, especialmente, de ensino jurídico. De vigência curta, durante o Império, é restaurada pela Reforma Benjamim Constant, no que se refere à criação de faculdades livres, e reimplantada pela Reforma Rivadávia Correia, de 1911, cujos resultados extremamente maléficos levarão à sua supressão pela Reforma Carlos Maximiliano, de 1915.

Na fase imperial, entretanto, o ensino livre se caracteriza nos cursos jurídicos pela liberdade de freqüência e pela inexistência de exames parciais nas faculdades de Direito de São Paulo e de Recife. Inspirava-se sobretudo em experiências estrangeiras mal assimiladas e nas quais as condicionantes sociológicas e pedagógicas diferiam profundamente das existentes no Brasil. Tal sistema só poderia ser eficiente na medida em que se colocassem, antes da diplomação dos estudantes, exames rigorosos por bancas isentas, que realmente tentassem aferir os conhecimentos que os alunos tivessem haurido, seja nas faculdades, seja fora delas. Como estas barreiras nunca existiram, a lei do ensino livre, nas suas várias aplicações, constituiu-se numa das maiores fraudes já ocorridas na história educacional do Brasil.

É preciso, entretanto, acentuar que o entusiasmo existente pela idéia do ensino livre só encontra uma explicação na baixa qualidade do ensino jurídico no Brasil. Na verdade, se os professores não eram competentes, se os alunos só compareciam às aulas por força da obrigatoriedade da freqüência, mas delas se desinteressavam sem prestar atenção às preleções, não haveria mesmo razão para se manter o regime das lições e sabatinas e para se exigir a freqüência obrigatória. Entretanto, ninguém poderia supor que, levados às suas extremas conseqüências, a implantação da lei do ensino livre tivesse tido resultados tão catastróficos e fosse objeto de tamanhas críticas.

A idéia ficou entretanto enraizada em muitos setores, e quando, no início da República, o Congresso Nacional iniciou a discussão de reorganização das faculdades de Direito, após a Reforma Benjamim Constant, a presença do ensino livre ainda era uma constante e o projeto teve de ser modificado, para que nele não voltasse a ser acolhida a idéia de Leôncio de Carvalho [29], que foi restabelecida, em parte, pela Reforma Rivadávia Correia.

O aviso de 21 de maio iria colocar em execução apenas alguns artigos do decreto. E no Parlamento se fazem ouvir, desde logo, vozes discordantes. No Senado, o senador baiano João José de Oliveira Junqueira manifesta a sua discordância inicial da instrução primária obrigatória que lhe parece uma violação dos direitos da família, e aos pais que alegam falta de recursos o decreto responde que o Estado fornece os meios para cumprir a obrigação. E, em matéria de ensino superior, volta a velha posição ultramontana de só admitir as faculdades livres que sejam, ao mesmo tempo, católicas [30]. Discutindo o ensino livre, o Senador Junqueira tem palavras de bom senso:

> É uma completa contradição denominar-se ensino livre o que agora fica mais peado. O decreto de 19 de abril não estabelece o ensino livre entre nós. O que ele chama por ensino livre, e que tem dado lugar a algumas manifestações em favor deste decreto, é a freqüência livre [31].

Na sessão de 15 de maio de 1879, Joaquim Nabuco, recém-admitido no Parlamento, pronuncia-se sobre a matéria:

> Eu repito ao nobre Ministro do Império: as vossas Faculdades Livres serão um tremendo fiasco ou um tremendo perigo. As faculdades livres, se fossem ensaiadas no Brasil, não minorariam o ensino superior; fá-lo-iam cair ao nível a que chegou o ensino secundário; seriam uma especulação industrial... ou seriam a propaganda do fanatismo, a criação dos bispos.

Respondendo a apartes, prossegue:

> Eu desejava concordar com os nobres Deputados em que se deveria deixar a liberdade a todas as seitas; mas enquanto a Igreja Católica estiver diante das outras seitas em uma situação privilegiada, os nobres Deputados hão de admitir que ela vai fazer ao próprio Estado, de cuja proteção se prevalece, uma concorrência poderosa no terreno verdadeiramente leigo e nacional do ensino superior. Se os nobres Deputados querem conceder maiores franquezas, novos forais à Igreja Católica, então separem-na do Estado [32].

Entretanto, em julho de 1879, três meses, portanto, depois de inaugurada a reforma, dois senadores afirmavam constar-lhes que se achavam "quase desertas as academias". Após, ano a ano, chegam as notícias dos relatórios e das Memórias Históricas. João Vieira informa do Norte que "a situação piorou", agravando-se nos moços "os atos negativos do trabalho e estudo", e em ofício de 1874 o diretor da Faculdade do Recife refere que "menos da metade dos matriculados" vai às aulas [33]. Melo Alves, bacharelando em São Paulo, de 1872, fala que "despovoaram-se as bancadas" e, embora tecendo alguns elogios ao decreto, observa que o ato produziu abalos sensíveis nos centros acadêmicos, a ponto de matar o espírito de associação, de romper o laço de continuidade que o prendia ao passado, lamentando "o desaparecimento da união, da confraternização da mocidade. Sente-se nas arcadas o ar triste e glacial. Meia dúzia de desconhecidos permanecem numa posição muda e sombria [34].

Na própria Faculdade de Direito de São Paulo, os colegas de Leôncio de Carvalho aderiam ao movimento condenatório da reforma. E na Memória Histórica de 1883, redigida pelo Professor Vicente Mamede e aprovada pela Congregação na íntegra, e não somente na parte histórica, como era de praxe. afirmava-se que "tudo está pior que antes do decreto, até a disciplina". E repete que a reforma consagra não a liberdade de ensino, mas a liberdade de não aprender. O que adianta pedir rigor nos exames? "A nossa sociedade não comporta rigores!" E assinala:

> Torna-se preciso desconhecer a natureza humana, ignorar a índole da nossa sociedade, esquecer completamente os nossos costumes, pôr de parte a verdade que é a benevolência dos nossos hábitos para assim talhar um regime de ensino que produz maus alunos aos centos, e depois converte o lente em uma espécie de rei Herodes, de alfange em punho, para degolar os inocentes da ciência, fazendo, muitas vezes, violência sobre o próprio coração, arrostando a malquerença e o ódio que ficam para todos os dias da vida!

E acrescenta:

> E com efeito! Que conveniência de ordem pública pode ser essa, que facilita aos alunos o direito de não comparecerem às aulas, a certeza de não darem conta de seus estudos durante o ano inteiro; que, portanto, de alguma forma, concita-os à vadiagem, torna-se cúmplice desse delito, da desídia escolástica, coopera numa fábrica de ignorantes, para, no fim do ano, os entregar como vítimas apropriadas ao rigor dos algozes, que os tem de imolar pela culpa que, se é deles, é também do regime sob que vivem? [35]

Mas, se os estudantes não estão freqüentando as aulas, onde estarão? Nos cursos livres? Em 1875, o diretor da Faculdade de São Paulo informa que tais cursos não tinham sido instalados, e Tobias Barreto, em 1874, do Recife menciona que "quanto aos cursos livres nada ocorreu que deva ser mencionado". A resposta sobre as atividades dos estudantes está nas palavras de Vicente Mamede:

> Vão assistir às exposições dos países estrangeiros, vão servir empregos públicos na Corte ou aliunde; vão ser jornalistas; vão dirigir a sociedade que anda muito desencaminhada, vão tomar assinatura do Lírico da Corte, vão caçar, viajar, divertir-se...[36].

Na Memória Histórica de 1888, o grande Pedro Lessa atribuía à freqüência livre o principal quinhão de responsabilidade pelo abatimento em que jazem os estudos jurídicos.

> Se as nações, cujo ambiente hiperorgânico desperta a dedicação aos estudos, com incentivos que nós não temos, ainda não puderam atingir tão liberal regime acadêmico, que nos será lícito esperar da ilimitada liberdade de freqüência de que goza a nossa Faculdade?[37].

Leôncio de Carvalho se manteve firme na defesa do decreto. Já no final de sua passagem pelo Governo, nos debates parlamentares, concluiu ele o discurso com que procurou responder às críticas de parlamentares:

> Se, por uma hipótese gratuita, eu tivesse de deixar de pronto o Governo pela repulsa do decreto, cairia de pé com a fronte erguida, servindo-me de mortalha a liberdade de ensino!

E aparteou Tavares Belfort, professor da Faculdade de Direito do Recife:

> De fronte erguida, apesar de amortalhado.

E ao deixar o Governo, dirigindo-se ao novo ministro Francisco Sodré, assim perorou Leôncio de Carvalho:

> Se consentisse ao Ministro que desce, um pedido ao Ministro que sobre, quero fazer-vos um tão-somente, mas pelo qual empenho alma e coração: salvai a liberdade de ensino [38].

O decreto de 19 de abril declarava que não seriam executados os dispositivos que acarretassem aumento de despesa ou dependessem de autorização do poder legislativo. Como Leôncio de Carvalho deixou o ministro quarenta e cinco dias depois, antes de expedir os regulamentos especiais para cada um dos ramos de ensino, a conseqüência foi que passou a não haver uniformidade nos avisos e decisões ministeriais. Um ministro entendia que esta ou aquela disposição não podia ser executada sem aprovação do poder legislativo, ou julgava contrariamente, daí resultando a balbúrdia mencionada por Agenour de Roure: "Parecia que o *ensino livre* consistia em cada ministro ter liberdade de fazer o que quisesse em matéria de ensino" [39].

A discussão em torno do decreto de 19 de abril vinha mostrar, no dizer de Roque Spencer,

> a falsa unanimidade em torno do ensino livre. Todos continuam a reclamar a liberdade de ensino, ressalvando a maioria, porém, que no seu significado legítimo ela não se encontra realizada no decreto. É que este "legítimo significado" não é unívoco: a conceituação de liberdade de ensino decorre de uma concepção da própria liberdade, o que quer dizer que depende da concepção do mundo e da história que se tenha presente. Ao combater o decreto, todos acentuam o seu amor pelo ensino livre, mas que não é por um ensino livre da reforma de 19 de abril [40].

Reconhece Roque Spencer Maciel de Barros que efetivamente morre, depois de 1879, o *magister dixit* não na consciência de um ou outro aluno, ou de vários alunos, mas como instituição ligada ao ponto, à sabatina, ao compêndio. E as escolas se fazem sementeiras de abolicionistas e republicanos; ao invés de serem formadas pelos mestres e estudantes da geração nova, autodidatas voltados para problemas novos se lançam à tarefa de formar ou de colaborar na formação nova no país, ao mesmo tempo que formam a si próprios e colaboram uns na formação dos outros.

Parece-nos que nesse passo o professor paulista se deixou levar por um 'pensamento subjetivo e parcial, confundindo idéias e intenções com realidade. Como tem sido visto neste trabalho, o autodidatismo é característico dos juristas brasileiros desde os primeiros que se formaram em Olinda e em São Paulo. E prosseguirá assim depois de 1879, como continua até hoje.

E é para a conclusão final de Roque Spencer que se deve prestar atenção:

> A reforma de Leôncio de Carvalho será um esforço malogrado se a pensarmos como um remédio que pretendia ser eficaz na correção dos vícios do ensino brasileiro, como um instrumento de transformação das Faculdades. Sob este aspecto foi impotente — o ensino não ganhou com ela [41].

NOTAS DO CAPÍTULO 4

1. Ver *A Ilustração Brasileira e a Idéia da Universidade* (tese apresentada ao concurso de livre-docência da cadeira de História e Filosofia da Educação da Faculdade de Filosofia, Ciências e Letras da Universidade de São Paulo), São Paulo, 1959, 411 p. A tese do Professor Roque Spencer Maciel de Barros foi o roteiro seguro para a elaboração dos temas gerais deste capítulo.

2. *Ibid.*, p. 10.
3. *Ibid.*, p. 21.
4. *Ibid.*, p. 53.
5. *Ibid.*, p. 90.
6. *Ibid.*, p. 159.
7. *Ibid.*, p. 187.
8. *Ibid.*, p. 199.
9. *Ibid.*, p. 200.
10. *Ibid.*, p. 203.
11. *Ibid.*, p. 249. Submetido o projeto do exame das faculdades de Direito no Recife, Tavares Belfort, membro da comissão eleita para opinar sobre o projeto, elaborou parecer publicado em livro, *Apreciações do projeto de criação de uma Universidade e de um plano de estudos e estatutos para as Faculdades de Direito*. Pernambuco, Tipografia Mercantil, 1873. Em São Paulo foi nomeada comissão composta dos Professores Falcão, Sá e Benevides e Duarte, surgindo grande divergência entre os membros da comissão. A Congregação aprovou a conclusão de não ser conveniente a criação de uma universidade na Corte. Ver SP-MHASP, 2º v., p. 328-329.

12. *Ibid.*, p. 254-255.

13. *Memória Histórica da Faculdade de Direito de São Paulo em 1871*, por CARLOS LEÔNCIO DE CARVALHO, apud SP-MAHSP, 2º v., p. 337.

14. SV-MHASP, 2º v., p. 338.
15. *Ibid.*, p. 339.
16. *Ibid.*, p. 341.

17. ROQUE SPENCER, MACIEL DE BARROS, op. cit., p. 273.

18. A. ALMEIDA Jr., *Problemas do Ensino Superior*, São Paulo, Cia. Editora Nacional, 1956, 505 p. Cap. II. "O Ensino Livre" de LEÔNCIO DE CARVALHO, p. 59-124. Este capítulo é o roteiro da análise exposta no texto.

19. Ibid., p. 59.
20. Ibid., p. 60.
21. Ibid., p. 63.
22. Ibid., p. 69.
23. Ibid., p. 71.
24. Ibid., p. 73.
25. Ibid., p. 74.
26. Ibid., p. 75.
27. Ibid., p. 79-80.
28. Ibid., p. 90.

29. Ver volume da Câmara dos Deputados, *Documentos Parlamentares*. *Instrução Pública* — Cursos Jurídicos (1894-1906), 8º v., Rio, *Jornal do Comercio*, 1919. 547 p. Ver. Cap. VIII para uma síntese do debate.

30. Apud MACIEL DE BARROS, op. cit. p. 281-282.
31. Apud ALMEIDA JR., op. cit., p. 93.
32. Ibid., p. 91.
33. Ibid.

34. HINCKMAR (THOMAS JOSÉ DE MELO ALVES), *Cinco Anos numa Academia*, São Paulo.

35. Apud MACIEL DE BARROS, op. cit., p. 301.
36. Apud ALMEIDA Jr., op. cit., p. 98.

SPENCER VAMPRÉ, MHASP, 2º v., p. 406-409, transcreve um curioso documento, carta em verso de João Batista da Silveira comunicando a seu primo J. F. Pereira Júnior, os resultados da Reforma:

> Um dia (o mês de abril corria lindo)
> A ladeira massante ia subindo
> De S. Francisco — a louca, arrevezada —
> Eu, um colega, e atrás a calourada.
> Do Fortunato o sino, admoestando,
> Parecia dizer: "Ah! quando, quando
> Eu marcarei mais um pontinho, só".
> Causava riso, sim, causava dó.
> — Riso, vendo os bedéis, sem cadernetas,
> A fazerem trejeitos e caretas,
> — Dó, pelo blan-blan do velho sino,
> Chorando a morte assim do velho ensino.
> Quem o matou? Quem foi? gritaram todos.
> ....
> — "Foi o Leôncio", disse o João dos Santos,
> O Paulo, o Inácio, o Estevam, e outros tantos
> Que assistiram à lúgubre agonia
> Do sino a soluçar naquele dia.
> — "Viva o Leôncio" — rufa o bombo e a caixa.

37. Deve-se salientar, entretanto, o sentido democrático que inspirava a reforma do ensino livre, ampliando as oportunidades de educação, embora num conceito simplificado.

No debate da Câmara dos Deputados, em 1894, o Deputado Gabriel Ferreira prestou o seu depoimento como egresso do ensino livre:

"Eu contava trinta e um anos de idade quando foi expedido esse áureo decreto. Tinha mulher e filhos e era funcionário público na capital do Piauí, distante centenas de léguas das duas únicas faculdades de direito que existiam então.

Graças à largueza dos horizontes que então se abriram aos espíritos ávidos de cultura e cheios de aspirações generosas, concebi a idéia de me formar em direito e consegui este *desideratum*, que seria de realização impossível se prevalecesse o regime da obrigatoriedade da freqüência.

....

Como dizia, Senhor Presidente, estudando sem professor, mas com perseverança e gosto, não direi que tivesse conseguido grandes conhecimentos jurídicos, mas posso afirmar a V. Excia. que sempre obtive aprovações plenas nos meus exames, sem mendigá-las por favor, e disso podem dar testemunho meus examinadores, que foram diversos lentes, e os meus contemporâneos, que são em grande número.

Sou, portanto, Senhor Presidente, um exemplo vivo de que em matéria de instrução superior, a vontade pode mais que o rigor e a disciplina escolar; e que o regime da liberdade, sobre o mais digno, e o que melhor se concilia com o estado intelectual do estudante, é também o que lhe desperta estímulos mais alevantados.

Por saber de experiência própria quanto são fecundos esses estímulos, por conhecer as energias que eles despertam no espírito de quem se entrega à cultura científica, por saber o efeito salutar que eles exercem sobre o caráter, abatendo a tenacidade com que se consegue vencer os maiores obstáculos, é que me pronuncio contra o projeto em questão" (Câmara dos Deputados, *Documentos Parlamentares* — Os Cursos Jurídicos (1894 a 1906), p. 36-37).

O Deputado Valadares Ribeiro, no debate parlamentar de 1894, citou o diálogo de um lente de São Paulo com o Imperador: "Esse lente foi inquirido pelo Imperador nestes termos:

— "Como vai a sua Faculdade?"
— "Mal, muito mal, Senhor", respondeu o lente.
— "Mas por quê?"
— "Depois da liberdade de freqüência, os moços não estudam mais", respondeu o lente.
— "O Senhor", disse o Imperador, "não tem razão. Cumpram os lentes o seu dever, saibam ensinar, mostrem-se ilustrados, façam preleções que aproveitem, e no fim do ano julguem com justiça, e verão os benéficos frutos. É necessário que a organização do ensino seja tal que plante no espírito dos Governos a consciência da sua responsabilidade pelo seu futuro".

Câmara dos Deputados, *Documentos Parlamentares, op. cit.*, p. 223-224.

38. *Apud* Maciel de Barros, p. 296. Em 1908, no 1º Congresso Jurídico Brasileiro, Leôncio de Carvalho defendia ainda com ardor a instituição das faculdades livres. V. Cap. IX.

39. *Apud* Tavares de Lyra — Os Cursos Jurídicos de São Paulo e Olinda — In *Livro do Centenário dos Cursos Jurídicos*, Rio de Janeiro, Imprensa Nacional, 1928, p. 445.

40. *Ibid.*, p. 293.

41. *Ibid.*, p. 315.

5. A Escola do Recife

Numa fase em que as faculdades de direito do Império permaneciam no marasmo, no conservadorismo e na rotina, e quando começava a aparecer como solução para tais problemas a panacéia do ensino livre, surge no Recife um movimento denominado pomposamente de Escola do Recife, que representa uma abertura de horizontes, uma entrada de novos ares e, sobretudo, a atualização da cultura do país com as grandes correntes do pensamento moderno, libertada do exclusivismo da cultura portuguesa e francesa.

A este movimento se deu o nome de Escola do Recife, a que Carlos de Laet chamou, com ironia, devido à influência da cultura alemã sobre Tobias Barreto, nascido em Sergipe, de "escola teuto-sergipana" [1], e que Spencer Vampré preferia denominar, com maior propriedade, de Escola de Tobias [2].

Analisando essa questão, indica Hermes Lima que

> o nome de Escola parece realmente exagerado para o movimento de Recife. Mas a agitação intelectual que ali se processou não só foi deveras brilhante, como adquiriu caráter mais ostensivamente iconoclasta dos antigos padrões mentais que o de qualquer outra região. Este movimento exprimia, claro está, um sintoma das transformações materiais e sociais por que estava passando o Brasil, sintoma que se repetia um pouco por toda parte. Mas o movimento de Recife tinha um cenário mais amplo, era mais arregimentado, partia de um centro tradicionalmente respeitado, como a Faculdade de Direito, e versou principalmente idéias gerais no campo da filosofia, das ciências políticas, sociais e jurídicas, idéias que expressavam melhor os anseios do espírito e da cultura que os temas especializados em que já se sobressaíam, como José Veríssimo apontou, diversos homens ilustres [3].

José Veríssimo já tocara no mesmo ponto ao dizer que

> no empenho, aliás simpático, na sua inspiração de exaltarem Tobias Barreto, inventaram uma Escola do Recife, da qual o fizeram instituidor. A "Escola do Recife" não tem de fato existência real. O que assim abusivamente chamavam é apenas um grupo constituído pelos discípulos diletos de Tobias Barreto, professor diserto e, sobretudo, ultrabenévolo, eloqüente orador literário e poeta fecundo, mais do que Tobias pensador e escritor. Cumpre, aliás, repetir que este grupo, salvo migrações individuais posteriores, restringiu-se ao Norte, donde era a máxima parte de seus alunos, e mais exatamente a Pernambuco [4].

O movimento da Escola do Recife representava, contudo, e talvez pela primeira vez, a realização daquela grande tarefa a que se tinham proposto as faculdades de direito, de representarem grandes centros de estudo das ciências sociais e filosóficas no Brasil, mas da qual, via de regra, se vinham omitindo ou escapando, pois trazia o movimento no seu bojo um problema de transformação de idéias no campo da filosofia, no campo do pensamento científico e no campo da crítica literária.

Aliás, três épocas podem ser distinguidas na Escola do Recife [5], nome aqui usado pela consagração obtida, mas com as reservas já apontadas. A primeira, puramente poética, e ainda sob a influência do romantismo, inicia-se em 1862, chegando até 1870, tempo do hugoanismo, do condoreirismo, época dos poetas Tobias Barreto, Castro Alves, Palhares, Guimarães Júnior, Plínio de Lima, José Jorge, que formavam a plêiade hugoana.

A segunda fase, crítica e filosófica, ocorreu de 1870 a 1881, quando começam as reações da crítica ao romantismo geral, uma grande fermentação de idéias alimentada pela curiosidade e pela sede de saber de Celso Magalhães, Sousa Pinto, Generino dos Santos, Inglês de Sousa, Clementino Lisboa, Lagos e Justiniano de Melo, sem falar, evidentemente, na presença de Tobias.

A terceira fase inicia-se em 1882 e é a de uma nova concepção do Direito. É o período jurídico-filosófico.

Hélio Jaguaribe apontou, com exatidão, que

> constitui a Escola do Recife, juntamente com o positivismo e, em época posterior, com o catolicismo de Jackson, um dos três únicos exemplos de um movimento intelectual brasileiro que formou escola e perdurou além da duração dos fundadores [6].

A própria germanofilia de Tobias recebe a compreensão aguda de Hélio Jaguaribe, segundo o qual

> o germanofilismo de Tobias, freqüentemente ingênuo e quase sempre desmedido, representou, não obstante, outra demonstração de senso crítico. Foi Tobias o primeiro a perceber os maus efei-

tos que produzia no Brasil a excessiva influência francesa, que até alguns anos era a única importante influência européia que sofríamos. Compreendeu a medida em que tal influência estimulava nossa propensão para o literalismo superficial. E destacando, ainda que exageradamente, a importância da cultura alemã, não somente se propunha a contrabalançar a influência francesa e abrir novos horizontes à inteligência brasileira como, por outro lado, no puro terreno da comparação de valores, pronunciava um juízo de preferência e objetividade justificadas. Na verdade, desde os fins do século XVIII que declinou o poder criador na França — há naturais exceções, como Bergson — ao passo que se foi acentuando o peso da contribuição alemã. Houvesse a germanofilia de Tobias alcançado a repercussão que ele pretendia dar-lhe e a subseqüente evolução da cultura brasileira teria sido mais fértil [7].

Limitando-se ao tema desse estudo, podemos considerar que a manifestação primeira mais importante do movimento da Escola do Recife, no campo do ensino jurídico, foi o exame de doutoramento de Sílvio Romero. Não cabe aqui uma análise desse destacado pensador, como não se fará o mesmo em relação a Tobias Barreto. Mas algumas indicações parecem importantes sobre a sua formação intelectual na Faculdade de Direito do Recife, e para apontar, tanto num como no outro, a formação puramente autodidata, haurida fora dos umbrais da Faculdade de Direito do Recife.

Escrevendo sobre o *Itinerário de Sílvio Romero,* aponta Sílvio Rabelo que

a Faculdade de Direito não ocupou um lugar ameno na memória de Sílvio Romero. Nas raras vezes em que recordou o tempo acadêmico, a Faculdade, com seus professores e os seus estudantes, mereceu dele referências desdenhosas e, às vezes, um tanto cáusticas. Ainda aluno do quinto ano do curso, tratou-a como modelo de rotina: "A Faculdade de Direito do Recife tem o privilégio do estacionamento. Há cinqüenta anos agita-se o mundo científico por fora e ainda ali não se ouviram os ruídos de tantas pugnas. Há cinqüenta anos a sua Congregação, togada, vai recebendo, como religiosa herança, o mesmo punhado de principais virtudes das mesmas "fórmulas programáticas". Quem intentasse escrever a história daquele instituto de ciência, achar-se-ia, de pronto, diante do fato anômalo de um corpo docente, que repete as mesmas noções, repisa as mesmas idéias, declama as mesmas decrepitudes e, ao todo, ordena as mesmas dissertações no vasto período de meio século" [8].

E prossegue Sílvio Rabelo:

Quanto ao espírito, à atmosfera em que se situava a Faculdade, disse ele, em 1885: O estado intelectual do Recife neste tempo era lastimável. Uma mescla de carolice bebida em Ventura de Raulica e Taparelli e a palavrosidade temida de Esquiros, Peletau e Quinet, tal a face da Academia [9].

Após a formatura, vai viver Sílvio Romero com a família em Lagarto; exerceu a promotoria, tentou a política, sempre colaborando na imprensa do Recife, até que em 1875 candidata-se à cadeira de Filosofia no Colégio das Artes. O concurso realiza-se em janeiro de 1875 e a Congregação classifica Sílvio Romero em primeiro lugar. Mas a Congregação anula o concurso, convocando novas provas para 1876.

Dois meses após, candidata-se à defesa de tese para o doutoramento, que vai ser a aparição das novas idéias nos centros de estudos jurídicos do Norte. A dissertação que apresenta trata de Direito Marítimo, a respeito das razões justificativas do art. 482 do Código Comercial Brasileiro; nada de mais prosaico e insosso. No entanto, ele se aproveitaria para alçar largos vôos, dizendo desde o início que

> não serei eu que me deixo tomar de incômodo pela esterilidade do assunto. Em regra, chamamos de estéril aquilo que não se presta a nossos caprichos imaginosos ou a nossa sede de palavreado. A matéria em questão é uma dessas e eu me congratulo com isso [10].

No dia 12 de março de 1875, depois de lida a prova escrita, deu-se início à defesa de tese, iniciada por Tavares Belford que discute economia política. Sílvio Romero interrompe a toda hora o examinador para discutir os seus argumentos e tem de ser chamado à ordem pelo presidente do ato, Paula Batista. O próximo examinador é Coelho Rodrigues, que, depois de tratar de uma tese de Direito Constitucional, passa à tese de Direito Romano, sobre se o *jus in re* compreende também a posse. Depois de uma pequena discussão, pergunta o examinador:

— Qual a ação que garante o direito real, no seu entender?
— Isto não é argumento, Sílvio Romero responde.
— Por quê?
— Porque não se pode conhecer a causa pelo efeito, responde o argüido.
— Pois admira-me, torna o primeiro, que tendo-se mostrado o senhor tão contrário ao método metafísico, na epígrafe das suas teses (a qual repetiu traduzindo o inglês em que estava escrito), recusa agora um argumento *a posteriori*.
— Nisto não há metafísica, Sr. Doutor; há lógica, diz o argüido.
— A lógica, replicou o argüente, não exclui a metafísica.
— A metafísica, treplica o doutorando, não existe mais, Sr. Doutor. Se não sabia, saiba!
— Não sabia, retruca aquele.
— Pois vá estudar e aprender para saber que a metafísica está morta, replica este.
— Foi o senhor que a matou?, pergunta-lhe o Dr. Coelho Rodrigues.
— Foi o progresso, foi a civilização, responde-lhe o bacharel Sílvio Romero que, ato contínuo, se ergue, toma dos livros que estavam sobre a mesa e diz: não estou aqui para aturar esta corja de ignorantes que não sabe nada!, e retira-se vociferando pela sala afora [11].

A Congregação da Faculdade reuniu-se em seguida, levando o caso ao conhecimento do Governo Imperial, opinando Franklin Távora que os doutorandos não estavam sujeitos à política acadêmica, e haveria cabimento, no caso, a que Sílvio Romero respondesse pelo crime de injúria. Com isto, Sílvio Romero emigra de Recife para o Sul, vindo exercer sua benemérita atividade como professor no Colégio Pedro II e mais tarde, na Faculdade de Ciências Jurídicas e Sociais [12].

O grande concurso, porém, que iria marcar o ponto alto da Escola do Recife e do seu principal líder, Tobias Barreto, seria realizado por este em 1882, para lente substituto. A leitura que hoje se faz dos depoimentos da época dá bem a indicação do que foi a presença do grande mestre, e o sucesso completo alcançado, conquistando a popularidade dos alunos, do público em geral e, pelo menos externamente, da própria Congregação.

Graça Aranha, em livro autobiográfico, descreve com o seu talento literário este episódio:

> Abria-se o concurso para professor substituto da Faculdade. Foi o concurso de Tobias Barreto. Eu já havia iniciado meus estudos na Academia. O que me ensinaram de Filosofia do Direito eu não entendia. Era superior ao meu preparo e professado sem clareza, sem o fluido da comunicação. José Higino, o pesado mestre spenceriano, nos enjoava e nós não o entendíamos. A outra matéria era o Direito Romano, mais compreensível, porém que professor calamitoso era o velho e ridículo Pinto Júnior! O concurso abriu-se como um clarão para os nossos espíritos. A eletricidade da esperança nos inflamava. Esperávamos inconscientes a coisa nova e redentora. Eu saía do martírio da opressão para a luz, para a vida, para a alegria. Era dos primeiros a chegar ao vasto salão da Faculdade e tomava posição junto à grade, que separava a Congregação da multidão dos estudantes. Imediatamente Tobias Barreto se tornou o nosso favorito. Para estimular esta predileção, havia o apoio dos estudantes baianos ao candidato Freitas, baiano e cunhado do lente Seabra. Tobias, mulato, desengonçado, entrava sob o delírio das ovações. Era para ele toda a admiração da assistência, mesmo a da emperrada Congregação. O mulato feio, desgracioso, transformava-se na argüição e nos debates do concurso. Os seus olhos flamejavam, da sua boca escancarada, roxa, móvel, saía uma voz maravilhosa, de múltiplos timbres, a sua gesticulação transbordante, porém sempre expressiva e completando o pensamento. O que ele dizia era novo, profundo, sugestivo. Abria uma nova época na inteligência brasileira e nós recolhíamos a nova semente, sem saber como ela frutificaria em nossos espíritos, mas seguros que por ela nos transformávamos. Estes debates incomparáveis eram pontuados pelas contínuas ovações que fazíamos ao grande revelador. Nada continha nosso entusiasmo. A Congregação, humilhada em seu espírito reacionário, curvava-se ao ardor da mocidade impetuosa. Prosseguíamos impávidos, certos de que, conduzidos por Tobias Barreto, estávamos emancipando a mentalidade brasileira, afundada na teologia, no direito natural, em todos os abismos do conservantismo. Para mim era tudo isto delírio. Era a alucinação de um estado inverossímil que eu desejava, adivinhava, mas cuja realização me parecia sobrenatural. Tobias Bar-

reto fez a sua prova de preleção oral. O orador atingiu para minha sensibilidade ao auge da eloqüência. Quando terminou, recebeu a mais grandiosa manifestação dos estudantes, a cujo entusiasmo aderiram os lentes unânimes. Foi então que, tomado de um impulso irreprimível, saltei a grade e por entre as aclamações dos estudantes e diante do assombro da Congregação, atirei-me aos braços de Tobias Barreto, que me recolheu comovido e generoso. "Já é acadêmico?", perguntou-me, admirado de minha pouca idade. "Sim, calouro". Abraçou-me novamente. "Pois bem, vá à minha casa esta noite". Que deslumbramento! Não voltei aos meus colegas. Fiquei por ali mesmo, metido em algum canto da sala da Congregação, e saí acompanhando, como uma pequenina sombra, o Mestre. À noite eu estava em sua casa em Afogados. Nunca mais me separei intelectualmente de Tobias Barreto.

São passados mais de quarenta anos desse grande choque mental e ainda ressinto em mim as suas inefáveis vibrações. Por ele me fiz homem livre. Por ele saí de uma falsa compreensão do universo e da vida. Por ele afirmei a minha personalidade independente e soberana. A lição de Tobias Barreto foi a de pensar desassombradamente, a de pensar com audácia, a de pensar por si mesmo, emancipado das autoridades e dos cânones. A sua principal ação foi destrutiva. Naturalmente. No Brasil há sempre muito o que destruir. Mas, ao mesmo tempo em que a sua crítica destruía, novas perspectivas surgiam para a cultura, novas bases para a inteligência se formavam. Para se avaliar o que foi a ação de Tobias Barreto, basta atender o que eram os estudos de direito antes dele e depois dele. Saíamos da disciplina de Brás Florentino, de Ribas, de Justino, para a lição de tantos mestres emancipados. O Código Civil Brasileiro, construção de Clóvis Beviláqua, se filia à inspiração de Tobias. A crítica se renova por ele. Sílvio Romero, Araripe e o próprio José Veríssimo são seus discípulos. A nossa mesquinha filosofia, o que tem de mais inteligente vem da libertação do grande mestre do pensamento livre. Ainda hoje se pode dizer, como se disse de Kant, que voltar a Tobias é progredir. As grandes alavancas com que combateu a velha mentalidade brasileira foram o transformismo, o monismo, o determinismo. Todas estas forças, por maiores que sejam as modificações das interpretações que receberam, estão vivas e zombam dos ataques inócuos e estafados dos teólogos [13].

Abelardo Lobo, também discípulo da Escola, deu o seu depoimento:

As teses impressas constituíam o objeto da argüição recíproca dos candidatos, dois a dois. Logo no primeiro dia, a sorte designou como argüente o Dr. Francisco Gomes Parente, como defendente o nosso Tobias, que já a este tempo era considerado um grande germanista e, assim, freqüentemente chasqueado pelos seus invejosos desafetos. O Dr. Gomes Parente pretendeu, logo no começo de sua argüição, pilheriar com o mestre ilustre, afirmando que todas as suas teses de Direito Marítimo estavam erradas e, para demonstrar que principalmente uma delas não resistia à crítica, pedia licença para dar exemplo. Tobias, calmo, sereno, disse: "Pois venha o exemplo, mesmo porque *exempla illustrant*".

Então, o Dr. Gomes Parente, certo de que ia esmagar o terrível adversário, começou: "Suponhamos que o navio parte da Alemanha..." Tobias corta-lhe imediatamente a palavra e replica: "Perdão, meu colega; suponhamos não é exemplo, é hipótese. Se o colega quer um exemplo, aqui o tem: parte o navio da Beócia,

carregado de asneiras e consignado ao Dr. Gomes Parente...
Conclua, meu colega".

Escusado é dizer que o golpe foi fulminante; os assistentes prorromperam em aplausos e o candidato procurou debilmente restabelecer-se do aturdimento em que ficara com a destreza do ataque.

Realmente, neste concurso, Tobias Barreto, a par da excepcional cultura que já adquirira, revelara as condições de uma inteligência aguda, de um espírito polêmico, penetrante, e de uma presença de espírito raramente encontráveis [15]. Nascido de família modesta, na cidade sergipana de Campos, era filho de um escrivão de órfãos e ausentes, de origem social humilde e mestiça. Só aos vinte e cinco anos de idade é que lograria ingressar na Faculdade de Direito do Recife. Dos quinze aos vinte e dois fora professor de Latim no interior de Sergipe e, neste último ano, tenta a vida em Salvador, onde teria oportunidade de estudar filosofia com Frei Itaparica, professor, na época, com fama de erudito. Fracassada a tentativa de radicar-se na capital baiana, regressa a Sergipe, para só em fins de 1862 transferir-se para Recife. Deve-se supor que tenha adquirido certa familiaridade com os problemas filosóficos ao longo da década de 60, graças à condição de aluno de Frei Itaparica, à necessidade de estudar para ganhar a vida e custear os próprios estudos e, finalmente, ao ingresso na tradicional academia pernambucana. Ainda estudante da faculdade de Direito, participa no curso para a cadeira de Filosofia do Ginásio Pernambucano, em 1867, e, em 1868, publica o seu primeiro artigo filosófico: "Guizot e a Escola Espiritualista do Século XIX". Como é habitual nos estudantes que passaram pelos cursos jurídicos de São Paulo ou do Recife, pouco se sabe de sua passagem pela faculdade [16]. E, na verdade, o grande período de formação intelectual de Tobias Barretos se processa quando se transfere, após a formatura, em 1871 para o município pernambucano de Escada, onde viverá até 1882. É fato também que não perde os vínculos com o movimento intelectual da capital, pois afirma Sílvio Romero que

> durante os dez anos seguintes, em que residiu na vizinha cidade de Escada, continuaram as lutas ainda mais renhidas nas duas cidades; pois Tobias ia, pode-se dizer, quinzenalmente, ao Recife. Colaborava a miúdo nos jornais desta capital. Freqüentava os teatros e os salões, era assíduo na tribuna do júri, foi ali deputado à Assembléia Provincial, onde fez inúmeros discursos, etc [17].

Ao ingressar na Faculdade de Direito do Recife, como lente substituto, não encontraria, evidentemente, Tobias Barreto, um ambiente inteiramente hostil às novas idéias, embora fosse ele o arauto do pensamento novo e, realmente, o divulgador dos princípios filosóficos que agitavam o meio científico europeu. Comentando o período, assim se refere Antônio Paim:

> A propaganda de novas doutrinas filosóficas iniciada no país na década de 70, favorecida pela crise de estrutura que punha em evidência a instabilidade da monarquia escravocrata, determinou que as posições aparentemente tão sólidas do espiritualismo se vissem irremediavelmente comprometidas. Lugar de primeira plana ia conquistando cada vez mais o positivismo. Ainda que levando em relação a este grupo grandes desvantagens, entre outros motivos por não se apresentarem à liça com um sistema homogêneo e de feição dogmática, única forma capaz de assegurar uma grande penetração em face do atraso do pensamento brasileiro e da ausência de produção filosófica, também os partidários do evolucionismo alcançavam certo êxito no país, em particular no Nordeste [18].

Aponta Paim especialmente duas figuras. A primeira a de José Higino Duarte Pereira, que passou a ensinar em 1876, dedicando-se ao magistério até à Proclamação da República, quando eleito deputado à Assembléia Constituinte, assumiu no Governo Floriano a pasta da Justiça, mais tarde fazendo parte do Supremo Tribunal Federal. Os trabalhos de José Higino são dedicados sobretudo ao Direito e ao estudo das guerras holandesas, e representava um pensamento positivista, adotando mais tarde o evolucionismo spenceriano, ao qual Tobias Barreto votava particular aversão, tendo, inclusive, no final da vida, travado singular polêmica com José Higino. A outra era João Vieira de Araújo, que entrou para o corpo docente da faculdade em 1876, e foi principalmente um jurista partidário do evolucionismo de Spencer e Ardigó. Especializou-se no Direito Criminal, segundo a orientação da Escola de Lombroso, cujas idéias Tobias Barreto foi o primeiro a combater em nosso país. João Vieira alcançou, contudo, grande penetração nos meios estrangeiros, sobretudo na Itália.

Diante desses antecedentes e da passagem de Tobias Barreto pela Faculdade de Direito do Recife, em 1882, como lente substituto, só alcançando o lugar de catedrático em 1888, já alquebrado e praticamente afastado do magistério, um ano antes de sua morte, caberia uma análise sobre o significado do movimento.

A vitória da Escola do Recife não foi tranqüila nem mesmo no seu local de origem. Redigindo a Memória Histórica da Faculdade, no ano de 1883, dizia Tobias Barreto:

> O grau de desenvolvimento das doutrinas do Curso, é duro e triste dizê-lo, mas é verdade, não esteve na altura do que era de se desejar... o mal não está na liberdade, nem mesmo no abuso dela, que é semelhante àquele dardo maravilhoso de que fala a mitologia grega, o qual curava — somente ele as feridas que fazia. O mal está na híbrida junção que parece às vezes estabelecer-se nesta Faculdade de liberdade extrema com o extremo obscurantismo [19].

Embora, no dizer de Antônio Paim, dos seguidores de Tobias Barreto "a grande maioria fez-se jurista" [20], também no campo do Direito a acolhida não foi tranqüila. E quando Artur Orlando se candidatou à cadeira de lente substituto da Faculdade de Direito do Recife, em 1885, apresentando um trabalho sobre o monismo, tão grande foi a resistência do corpo docente que desistiu do concurso. Daí o comentário de Paim e Mercadante:

> A espécie de cordão sanitário que se pretendia montar em torno da Faculdade, estendia-se também, como no passado, ao concurso para admissão de novos professores [21].

De qualquer modo, é inegável que no pensamento cultural brasileiro a influência da Escola do Recife foi realmente extraordinária. Ela teve, inclusive, efeitos em outros meios universitários e, no dizer de Antônio Paim,

> sob a égide dessa tendência (as idéias de Tobias Barreto) é que se organizariam mais tarde as Faculdades de Direito da Bahia (1892) e Ceará (1898) (sic), com as facilidades permitidas pela reforma Benjamim Constant [22].

A vida docente, como professor de Direito, de Tobias Barreto, revela dificuldades e problemas de toda ordem. No ano de 1884

> desenvolve intensa atividade tanto na faculdade, onde se lhe incumbe reger a cadeira de Direito Natural, como na imprensa. Mantém um curso particular, de que se valia não só para minorar-lhe as dificuldades financeiras, mas também para formar aquele núcleo de pensadores ao qual atribuiria a missão de dar continuidade à sua obra de emancipação intelectual [23].

Ministrava cursos particulares aos próprios alunos. Gumercindo Bessa e Oliveira Teles taquigrafaram e divulgaram um deles sob o título de *Preleções de Direito Constitucional*. O próprio *Traços da Literatura Comparada do Século XIX* teve por base aulas particulares. É difícil medir o alcance de sua obra de educador, afora a contribuição para a reforma dos cursos jurídicos e que ganhou expressão na corrente filosófica e jurídica denominada Escola do Recife.

O magistério de Tobias Barreto foi interrompido pela reforma de 1885, que facultou ao aluno prestar exame a qualquer momento, sendo responsável, portanto, pelo grande aumento das matrículas. No período em que foi responsável pela cadeira de Direito Natural, Tobias elaborara um programa calcado na idéia de que o Direito era um produto da cultura humana, e abrangendo temas que conduziam ao debate das principais doutrinas em voga: o positivismo, o darwinismo, a filosofia do Direito de Jhering. Em meio ao ano letivo de 1885, a direção da faculdade entregou a cadeira, cujo titular se achava ausente, a outro lente substituto, o Dr. Albino Vieira, mais tarde, sob a República, Governador de Pernambuco, que avocou a si a missão de reintroduzir as velhas doutrinas.

Ensina Economia Política, Filosofia do Direito, Direito Público e Processualística. Com a jubilação do Professor Bandeira de Melo foi nomeado catedrático, na condição de substituto mais antigo, incumbindo-lhe reger a cadeira de Teoria e Prática de Processo. O seu estado de saúde, porém, se agrava em fins de 1888, não se erguendo mais do leito até morrer, em 26 de agosto de 1889.

É desse período a contenda com José Higino sobre a doutrina de Gneist, a respeito do *self-government*. Esta polêmica serve para incompatibilizá-lo ainda mais com a Congregação, de que dá conta este trecho de sua correspondência:

> Doente pude conhecer, por exemplo, que na faculdade onde sou lente a simpatia de que gozo entre os estudantes tem raízes bem profundas; porém, ainda mais profundas são as raízes do ódio que me votam meus colegas... todos os sabedores do fato noticiado que a minha presença desmentia, procuraram falar-me, referir suas impressões e comentar o evento. Bem entendido: aqueles que não me querem mal. Entretanto, os doutores da Academia não se moveram. Ali indo eu, com o fim de apresentar minha licença, não encontrei um só colega que me tratasse do assunto; e eles não ignoravam. Apenas o Secretário, Dr. José Honório, ao ver-me, grelou os olhos com tal expressão que pude ler neles dois sentimentos contrários, ainda que igualmente religiosos, isto é, o desgosto de não ser exata a notícia de minha morte e o espanto de achar-me talvez vivo, com minha alma que ia pedir-lhe perdão de alguma ofensa [24].

Embora não tivesse jamais exercido a cadeira de Direito Criminal, a sua tese de concurso referia-se ao mandato criminal, e o seu trabalho *Menores e Loucos* é considerado monografia importante da literatura penal brasileira. Também pioneiro foi Tobias no estudo do direito autoral, tendo inclusive cunhado a expressão hoje corrente. Nas palavras de Clóvis Beviláqua,

> cabe, entretanto, a Tobias a honra de ter, pela primeira vez entre nós, colocado a questão em sua exata postura científica e a felicidade de ter encontrado uma expressão que obteve aceitação geral [25].

O germanismo de Tobias Barreto, tão denegrido, tem também de ser entendido no contexto da época e no contexto histórico. No comentário seguro de Mercadante e Paim:

> O germanismo de Tobias revela algo mais importante do que à preferência pessoal por uma cultura. Em nossos dias já é impossível compreendê-lo em seu sentido de renovação numa perspectiva que só a imparcialidade pode permitir. A pecha de alienação ouvida

aqui e ali parece procedente quando nos limitamos a analisar um trabalho seu tomado no acaso. Mas, se considerarmos a obra em sua totalidade, passamos a compreender a motivação nacional que se encontra no âmago de suas investigações. Percebendo o estado lastimável dos estudos filosóficos entre nós, procurou ele na crítica chamar a atenção para as tendências de seu tempo [26].

Na biografia que consagrou ao mestre da Escola do Recife, o Professor Hermes Lima dedicou um dos capítulos ao "Professor e Renovador dos Estudos Jurídicos". Nessa análise, bastante profunda, diz o professor Hermes Lima:

> Os sete anos de seu magistério foram excepcionalmente fecundos. Anos marcantes, inolvidáveis nos anais do ensino jurídico no Brasil. Nesse curto período, a produção intelectual de Tobias, atendo às dificuldades do meio e às dificuldades pessoais em que se debatia, foi prodigiosa. Revelava o professor uma ilustração, uma inteligência de primeira plana, à altura de repensar e criticar nestas plagas os costumes europeus [27].

E mais adiante:

> Juntamente com a mensagem espiritual inaugurara um novo estilo de professor. Rompe com a indumentária clássica do lente, sobrecasaca ou fraque preto e chapéu coco, para usar fraque cor de cinza, calça branca e chapéu de palha. Não ligava, aliás, muita importância à apresentação de sua pessoa. À primeira vista, dada a fama que tinha, não impressionava bem. A imaginação talhava um tipo e a realidade oferecia outro bem diverso. Afonso Dionísio Gama confessa que teve uma "decepção tremenda" ao conhecê-lo, em 1876: "Vi diante de mim um homem de cor, feio a valer, algo alquebrado, com os cabelos desgrenhados, dentes pouco cuidados, vestindo uma calça amarfanhada, com colete velho, paletó de alpaca preta, camisa desbotada, gravata de retrós escura, botinas de elástico bem maltratadas. A decepção não tardou, porém, que se seguisse uma impressão de encanto. Tobias fazia parte de uma banca examinadora. Ao chegar a sua vez de argüir, dissertou sobre o ponto. A sala estava repleta e não era, certamente, para ouvir exames de alunos: não mais me lembrei de seu relaxamento... saí maravilhado da sala... O comum era a "ilustrada cadeira" miando num tom de cantochão comentários fastidiosos. Ele aparecera cintilante, em aulas cheias de poesias, de anedotas, de cousas profundas ou que pareciam ser, uma exposição clara, com forte poder de raciocínio. As vezes falava pouco tempo. Outras vezes invadia a hora dos colegas, falando o tempo que quisesse, sem ninguém se mover dos bancos. Prendeu uma geração inteira à magia de sua palavra. Comunicou-lhe a magia da independência, do interesse pela cultura. Transmitiu aos mais capazes confiança na inteligência, certeza de que poderiam abrir caminho, fazer carreira, vencer dificuldades pelo estudo e pelo merecimento. Do alto de sua cátedra falou e foi escutado. Sua voz tinha som próprio, inconfundível. Ensinou Direito, orgulho, agressividade e, ao mesmo tempo, fé na Ciência e na Razão [28].

Na análise, porém, que se faz da obra de Tobias, só costuma ser apontado um trabalho único que, ao nosso conhecimento, representou a sua reflexão sobre o ensino de Direito e que é o estudo *As Faculdades Jurídicas como*

Fatores do Direito Nacional [29]. Nesse trabalho, em que inicialmente confessa ter haurido suas fontes no estudo do professor Rodolf Heinze, da Universidade de Heidelberg, ele reivindica para as faculdades de Direito uma parte ativa na formação do Direito,

> não decerto como tribunais que profiram sentenças, mas como corpos científicos que merecem ser ouvidos, quer no interesse da ciência mesma, quer para o fim de aumentar e desenvolver o capital jurídico das nações.

Tobias Barreto comenta a expressão *capital jurídico*, entendendo como tal o conjunto de questões elucidadas e problemas resolvidos nas múltiplas relações do Direito que acompanham a vida social. E, após citar o professor alemão, comenta:

> Eu não dou muito, já é supérfluo dizê-lo, pelas ciências das nossas faculdades; mas ainda de menos valor me parece o traquejo rude e grosseiro nessas tribunas onde Têmis e Minerva não se beijam, porém brigam e esbofeteiam-se. Um dos nossos professores de Direito, os quais, em regra pouco fértil de exceções, não são espíritos que tenham coragem de dar aos pobres, ou de sacudir pela janela toda a sua velha mobília científica e munir-se de outra nova, no gosto e altura do tempo, toma feições gigantescas, comparada com a maioria da magistratura, para a qual se recrutam de preferência os mais perfeitos exemplares da classe dos acefalóforos. E isto provém da espécie de muralha chinesa que os nossos hábitos lançaram entre os homens de ciência como tal e os homens de prática do Direito em ação.

Como meio de evitar esta divisão, sugeria Tobias Barreto

> ligar entre si, por um laço de cooperação para o mesmo fim, as corporações docentes e as corporações jurídicas; era dar às Faculdades, como órgãos pensantes, uma função nova, a de contribuir em forma de pareceres e consultas para as soluções das questões mais graves que fossem levantadas na esfera do Direito. E estes pareceres não seriam apêndices de luxo, mas elementos necessários e indispensáveis, logo que as partes interessadas os reclamassem, incumbindo então aos tribunais o imprescindível dever de solicitá-los e às faculdades o de expedi-los em prazos breves e improrrogável.

Mostra a diferença entre os pareceres pelos quais propugna daqueles dados pelos advogados em opinião particular, sem caráter legal, não por amor à causa, mas por amor à parte, remetendo-se à experiência romana. E, antes de concluir com uma lenda indígena, faz o seguinte comentário:

> Este assunto, eu o reconheço, prestava-se à mais larga explanação. Mas julgo-me satisfeito com o que aí vai dito. No meio em que vivo há perigo em dar-me qualquer aparência de estudo e aplicação, como há perigo em dar sinais de riquezas no meio de larápios. São atos de leviandade que raras vezes passam impunes.

Concluindo o capítulo sobre o "Professor e Renovador dos Estudos Jurídicos", escreveu Hermes Lima:

> Eram as faculdades de Direito em Recife e São Paulo, na época do professorado de Tobias, centros dominantes na fisionomia espiritual do país e principalmente no cenário de cada uma dessas províncias. Pelo tipo de ensino — exposição de teorias e resultados —, pelas ligações das doutrinas jurídicas com as doutrinas filosóficas, as faculdades fizeram as vezes de escolas políticas, jurídicas e sociais, onde se formavam futuros governantes, ministros, parlamentares, legisladores, em suma, a classe dirigente. Por isso mesmo, delas irradiava um prestígio singular, como núcleos representativos que eram da vida intelectual. Tobias não podia ter pregado de melhor tribuna. Para a ação da presença que ele exerceu, profunda e iluminadora, sobre a mocidade, a faculdade constituiu um ponto estratégico magnífico. O crescimento das cidades, o desenvolvimento e a dispersão da vida intelectual, a fundação de faculdades de Direito um pouco por toda parte, acabaram tirando das velhas academias a primazia espiritual que por certo tempo detiveram. O professorado de Tobias constituiu a derradeira expressão dessa primazia. A derradeira e mais brilhante [30].

Definindo, em síntese lapidar, o movimento da Escola do Recife, usou dessas expressões Clóvis Beviláqua:

> A Escola do Recife, na sua fase jurídica, segundo já foi observado, não foi uma escola fechada. Somente um princípio a dominava como base e orientação: o Direito, forma de coexistência humana, deverá ser estudado, objetivamente, como os fenômenos do Universo.

Para definir a ordem jurídica, aceitou a lição de Jhering:

> o complexo das condições de vida da sociedade, no mais amplo sentido do termo, coativamente assegurado pelo poder público.

E depois de discutir o problema das ciências antropológicas, conclui:

> Não pretendo que no Recife houvesse um preparo metódico desses elementos antropológicos, sociológicos, entre os que aceitaram e passaram a propagar a nova concepção do Direito. Mas lia-se D'Orbigny, Notte, Glidon, Pouchet, Quatrefages, Darwin, Huxley, Topinard, Tyler, Lyell, Hovelacque, Le-Tourneau, Spencer, Ardigó, Morselli, Buchner, Comte, Littré, Lubbock, Zaborovski, Haeckel, Teófilo Braga, etc., e estas leituras alargavam os horizontes dos estudantes e juristas, dando-lhes elementos para bem compreender o homem e a sociedade. Em filosofia preponderavam o monismo haeckeliano e o evolucionismo de Spencer e Ardigó, apesar da prevenção de Tobias contra o filósofo inglês.
> Esta era a base comum. Dela partiam os indivíduos, segundo as tendências de seu espírito, para as direções que mais os atraíam.
> Nesse meio, os livros de Hermann Post, depois dos de Rodolf von Jhering, deviam ter plena aceitação como satisfazendo a uma imperiosa necessidade mental.
> Acusaram alguns a Escola do Recife de pedantesca por ter introduzido na linguagem de Direito conceitos e palavras extraídas da

teoria evolucionista e, em particular, da técnica haeckeliana. Era muito natural esta assimilação. Processos novos, idéias novas, pediam termos que melhor os traduzissem. E, se nos primeiros momentos houve algum abuso, em breve a linguagem tomou o seu tom natural.

Outros não lhe quiseram reconhecer o valor. Mas um agrupamento de homens da estatura de Tobias, Sílvio Romero, Orlando Martins Júnior, Graça Aranha, Gumercindo Bessa, Fausto Cardoso, e quantos acima foram nomeados, não se formaria se um pensamento superior os não reunisse. E o movimento com a infiltração de idéias constitui um fato positivo que o historiador literário não pode suprimir [31].

NOTAS DO CAPÍTULO 5

1. *Apud* HERMES LIMA, *Tobias Barreto (A Escola e o Homem)*, São Paulo, Cia. Editora Nacional, 1939, p. 278.
2. *Apud* CB-HFDR, 2º v., p. 83.
3. *Ibid.*, p. 232.
4. *História da Literatura Brasileira*, 4. ed. Brasília, Editora Universidade de Brasília, 1963, p. 255-256.
5. Para uma visão completa das três fases, ver CB-HFDR, 2º v., p. 85-130.
6. *A Filosofia no Brasil*, Rio, Instituto Superior de Estudos Brasileiros, 1967, p. 33.
7. *Ibid.*, p. 38-39.
8. Rio de Janeiro, José Olympio, 1944, p. 39.
9. *Ibid.*, p. 40. O comentário final de Sílvio Rabelo torna-se, entretanto, bastante incompreensível: "outro excesso do crítico imoderado que foi Sílvio Romero. Não se compreende como a nova geração — a geração de Tobias Barreto e Sílvio Romero — poderia ter surgido sem o ambiente que lhe fosse propício em seus primeiros instantes. Ela não poderia ter surgido no ar, desligada das gerações que a precederam. Decerto que a tão malsinada faculdade teria sido o elo necessário entre elas". A verdade se encontra, entretanto, nos dois magníficos estudos sobre Sílvio Romero de Carlos Sussekind de Mendonça, *Sílvio Romero e sua Formação Intelectual*, 1851-1880, e *Sílvio Romero de Corpo Inteiro*, onde se vê claramente como o ilustre publicista fora na verdade um autodidata, que pouco adquirira nos cinco anos em que cursou a Faculdade de Direito do Recife, o que, aliás, foi reconhecido pelo próprio Sílvio Romero na resposta que deu ao inquérito promovido por João do Rio, no início do século, na *Gazeta de Notícias*. Tratando de sua formação intelectual, afirma Sílvio Romero: "No Recife, onde aportei em janeiro de 1868, e onde permaneci até 1876, levei os dois primeiros anos calado, no estudo das disciplinas que até os dias atuais me têm preocupado mais

As influências ali recebidas não fizeram senão desenvolver o que em mim já existia, desde os tempos do engenho da vila e da aula primária e dos preparatórios."

Destaca em seguida as três primeiras leituras que lhe serviram para abrir definitivamente o caminho: um estudo sobre a antiga poesia popular germânica, um ensaio sobre Goethe e um livro sobre os filósofos franceses, contemporâneos, deixando para o fim a influência exercida por Tobias Barreto "para ter o prazer de destacá-lo com mais força".

"Não recebi dele propriamente idéias. Aprendemos, por assim dizer, em comum", acentuando o que aproveitou do entusiasmo de combater, o calor da refrega e espírito de reação, a paixão das letras, o amor pela vida do pensamento e pelo espetáculo das idéias" (JOÃO DO RIO, *O Momento Literário*, Rio, Garnier, s. d., p. 45-47).

E, em outro trabalho:

"Pelo que me toca, há sido a minha vida intelectual uma constante e dolorosa luta para arredar da mente o que nela foi depositado pelo ensino secundário e superior, que me inocularam, e substituir tão frágeis e comprometedoras noções por dados científicos" (*A Filosofia no Brasil*, p. 82, apud CARLOS SUSSEKIND DE MENDONÇA, *Sylvio Romero (Sua Formação Intelectual)*, São Paulo, Cia. Editora Nacional, 1938, p. 112).

10. *Apud* CARLOS SUSSEKIND DE MENDONÇA, *Sylvio Romero de Corpo Inteiro*, Rio de Janeiro, Ministério da Educação e Cultura, 1953, p. 50.

11. A ata da sessão da Congregação está resumida em CB--HFDR, 1º v., p. 212. Foi também Sílvio Romero quem primeiro divulgou entre nós as obras de von Jhering, embora no prefácio de Lafayette ao seu volume *Direito das Coisas* (1877), já houvesse referência ao autor alemão.

12. Na capital federal, como professor de Filosofia do Direito da Faculdade de Ciências Jurídicas e Sociais, Sílvio Romero continuaria atuando no campo do ensino jurídico com grande proselitismo intelectual. Alceu Amoroso Lima, seu discípulo, assim descreveria o professor: "Passada essa primeira fase (de influência no ginásio de José Kopke), só muito mais tarde iria encontrar em Sílvio Romero outro grande professor. Era ele, antes de tudo, um homem que à cultura aliava um grande sentimento de humanidade. Vivo, cordial, pareceu-me desde logo um ser tipicamente brasileiro. Quem o via percebia nele imediatamente a negação do formalismo. Como professor, revelava-se, tanto na exposição da matéria como no trato com os alunos, o avesso da aridez com que se comportava a maioria dos mestres do meu tempo. Seu ensino era palpitante, vivo, inteligente, comunicativo, enquanto os outros professores, afastados, distantes, quase indiferentes à classe, limitavam-se a ler as apostilas, tal como em Coimbra. O professor era o lente, o que lia.

Lembro-me, a propósito, ter assistido a uma aula na Faculdade de Direito de São Paulo, em 1913. Não recordo o nome do professor. Sei apenas que era considerado um grande conhecedor do Direito Comercial, matéria que lecionava. Assisti a essa aula verdadeiramente aterrado, surpreso, impressionado. O professor chegou, subiu a um nicho e dali, como de um púlpito, leu suas apostilas para uma platéia de estudantes inteiramente passiva, calada, submissa.

Sílvio Romero era o grande professor que se colocava ao nível dos alunos conversando com eles antes e depois das aulas. Aceitava apartes, a que respondia com bom humor, sem nunca se irritar. Não se limitava, durante suas exposições, ao texto da matéria. Discorria para lá da Economia Política e da Filosofia do Direito, disciplinas ensinadas por ele na faculdade.

Kopke e Sílvio Romero me ensinaram aquilo que Gabriel Marcel chamaria de a *categoria da presença*. A presença humana, aquilo que faz descer as idéias do plano do abstrato para o plano da comunicação. Sílvio Romero era dotado dessa qualidade indispensável a qualquer professor que era o sentido da comunicabilidade, a empatia entre o que recebe e o que dá. Não tinha a preocupação de encher o aluno de conhecimentos. Pelo contrário, sua preocupação era despertar o gosto pelo conhecimento". E concluindo: "Encontrei em Sílvio Romero mais que um professor, um mestre, no sentido de orientador de idéias. Nele descobri também o brasileiro, como em *Os Sertões*, de Euclides da Cunha, encontrei a brasilidade literária" (*Memórias Improvisadas*, Petrópolis, Editora Vozes, 1973, p. 49-51).

Também Otávio Tarqüínio de Sousa, o renomado historiador, presta depoimento de que, "tendo sido bom estudante no curso secundário, na Faculdade de Ciências Jurídicas e Sociais, que funcionava no Colégio Pedro II, então Ginásio Nacional, faltaram-me maiores estímulos". Daí ter-se limitado a 'estudar o essencial para passar nos exames". Dos mestres que teve nessa época, destaca Sílvio Romero, "que me abriu o espírito para os estudos sociais". Estimulado por Sílvio, começou a "ler muito" (*Apud* GILBERTO FREIRE, *Ordem e Progresso*, Rio de Janeiro, José Olympio, 1959, 1º t. p. 175).

13. *O Meu Próprio Romance*, São Paulo, Cia. Editora Nacional, 1931, p. 147-152. E Graça Aranha concluía dizendo que "Tobias Barreto foi o maior homem do Brasil até hoje, não excedido, nem mesmo igualado, por nenhum outro" (*Ibid.*, p. 154).

14. Gumercindo Bessa, também discípulo de Tobias Barreto, em carta dirigida a Luís de Matos Freire, seu conterrâneo, aluno da Faculdade de Direito de São Paulo e mais tarde juiz de direito em Estância, registrou as impressões no próprio decorrer do concurso. Comenta que "avaliar-se em mais de mil as pessoas que tinham afluído à sala dos graus não é exagero. É um barulho enorme desde as sete horas da manhã, para achar-se lugar. As provas orais consistiam em argüições realizadas pelos próprios candidatos. Assim, no primeiro dia, coube a Lomelino Drummond inquirir a Tobias Barreto em matéria de Direito Eclesiástico. Este aproveitaria a oportunidade para defender algumas de suas idéias a propósito da religião, para escândalo da banca examinadora. No segundo, a argüição estaria a cargo de José Augusto de Freitas, da Bahia, e protegido do lente Seabra. Reuniu-se a baianada, em grupo, para aplaudir o jovem sábio. Os sergipanos e os maranhenses nos reunimos do outro lado para aplaudir a Tobias; e o negócio assumiu proporção de uma luta que ainda continua e terá graves conseqüências, por termos contra nós o Seabra, que se julgou desencantado pela nossa atitude a favor de Tobias. O Freitinhas empregou um termo que inaugurava para exprimir que era da velha escola da antiga filosofia. O Tobias ridicularizou-o sem piedade. A baianada retirou-se confusa e envergonhada e o sergipano levantou-se coberto de aplausos. No outro dia, argüiu Tobias por sua vez. Foi um dia para sempre memorável".

Indagando Tobias a José Augusto de Freitas que definisse o que entendia por entidade metafísica, este respondeu: "entidade metafísica é tudo que precede e fica independente da sociedade e de suas leis positivas". Então redargüiu Tobias: "A época terciária e quaternária mesmas precederam a sociedade e ficam independentes de suas leis positivas; logo, as épocas terciárias e quaternárias são entidades metafísicas" (gargalhadas gerais). Freitas empalideceu e disse: "Isto não é lógica". Tobias responde: "É muito boa lógica, Sr. Doutor; mas a lógica não entra em todas as cabeças, porque se ela entrasse em algumas produziria o mesmo efeito que o que havia de produzir um touro bravo que entrasse em armazém de vidros" (gargalhadas).

Chegando a vez do candidato Machado Portela de argüir Tobias, não se atreveu a fazê-lo. Limitou-se a pedir-lhe que explicasse a tese segundo a qual de todos os sistemas filosóficos só o monismo pode nos dar a verdadeira concepção do Direito. E prosseguiu Gumercindo Bessa: "Isto é uma verdadeira novidade entre nós e foi esta a razão pela qual todos aplaudiram a lembrança de Portela. Indaga por aí por São Paulo se há um só estudante, um só lente, que tenha ouvido falar em monismo. Ninguém te aparecerá. Se duvidar, atira aí no meio da academia a palavra simbólica. Suporão que tu a fostes arrancar da boca da esfinge, pois aqui não houve um doutor que a soubesse. Hoje todos sabem que existe um sistema filosófico chamado monismo e qual seja ele. Aprenderam de Tobias, o espírito mais adiantado deste país" (Carta transcrita no *Diário da Manhã*, de Aracaju, de 4 e 5 de novembro de 1924, constante da edição sergipana das *Obras Completas* de Tobias Barreto e reproduzida em MERCADANTE, ANTÔNIO PAULO e PAIM, *Tobias Barreto na Cultura Brasileira — Uma Reavaliação*, São Paulo, Goijalbo, 1972, p. 67-69).

15. *Apud* HERMES LIMA, *op. cit.*, p. 217-218.

16. Sabe-se que, não tendo obtido freqüência no 1º ano, foi obrigado a repeti-lo. Conta-se dessa época o episódio de que, assistindo Tobias a uma aula, foi o único a não rir de uma anedota contada pelo professor. Indaga-lhe um colega: "— Não achou graça? — Achei. — Por que não riu? — Porque já a ouvi no ano passado".

17. *Apud* ANTÔNIO PAIM, *A Filosofia da Escola do Recife*, Rio, Saga, 1966, p. 23.

18. *Ibid.*, p. 57.

19. *Memória Histórica da Faculdade de Direito do Recife*, de 1883.

20. ANTÔNIO PAIM, *op. cit.*, p. 61.

21. MERCADANTE e PAIM, *op. cit.*, p. 82. Sobre a figura de Artur Orlando, v. o livro de CHACON, VAMIREH — *Da Escola do Recife ao Código Civil (Artur Orlando e a sua formação)*, Rio, Simões, p. 357. No livro *Propedêutica Político-Jurídica* (Recife, 1904), Artur Orlando já mencionava o advento de um "Direito Econômico", dando mostra de um pensamento renovador.

22. PAIM, *op. cit.*, p. 62.

23. MERCADANTE e PAIM, *op. cit.*, p. 74.

24. *Ibid.*, p. 89.

25. CB-HFDR, v. II, p. 115.

26. MERCADANTE e PAIM, *op. cit.*, p. 157.

27. HERMES LIMA, *op. cit.*, p. 236.

28. *Ibid.*, p. 243. O Professor Joaquim Amazonas, na comemoração do cinquentenário do professorado de Tobias Barreto teve o melancólico comentário: "Nada pois existe nos livros desta Faculdade que relembre, que tenha fixado os traços indeléveis da passagem de Tobias Barreto pelas suas aulas, pela sua cátedra... Nada" ("Tobias Barreto e o Cinqüentenário de seu Professorado", *Revista Acadêmica*, XLI, 1933, p. 199).

29. Incluído no volume *Estudos de Direito*, publicação póstuma dirigida por Sílvio Romero; Rio, Laemmert, 1892, p. 250-254.

30. HERMES LIMA, *op. cit.*, p. 244.

31. CB-HFDR, p. 127-129.

6. O Ensino Jurídico no Império

Ao findar o Império o ensino jurídico continuava restrito às duas faculdades de São Paulo e do Recife [1]. A experiência da lei do ensino livre não propiciara, efetivamente, a criação de novas escolas, e mesmo a tentativa de Fernando Mendes, em 1881, de criar a Faculdade Livre de Ciências Jurídicas e Sociais do Rio de Janeiro, não lograra êxito [2]. Se, quantitativamente, o ensino jurídico permanecia na mesma posição de 1827, pode-se afirmar, com a consulta às fontes idôneas dos biógrafos e dos memorialistas, às Memórias Históricas e aos relatórios dos diretores de faculdades, aos depoimentos dos contemporâneos e às reminiscências dos estudantes, que qualitativamente a situação também não se modificara.

Phaelante da Câmara, ao apresentar à Congregação da Faculdade de Direito do Recife, em 1903, a famosa Memória Histórica, tenta fazer a periodização dessa escola, dividindo-a, do ponto de vista geográfico, em três fases: a primeira, de Olinda, inicialmente no claustro de São Bento, e depois no edifício do Patamar, da Ladeira do Varadouro; depois, em Recife, a fase da Rua do Hospício, o "glorioso pardieiro"; e afinal a fase do Pátio do Colégio, que ainda não terminara em 1903 e só findaria onze anos depois, com a conclusão do belo prédio da Praça Adolfo Cirne [3]. Do ponto de vista da estrutura orgânica, dividia a evolução em quatro períodos. O primeiro, de 1827 a 1854, até a reforma Couto Ferraz; o segundo, de 1854 até 1879, data do "decreto faustoso do ensino livre que foi, por assim dizer, a transformação da rede arterial por onde haveria de circular novo sangue"; o terceiro, de 1879 à reforma de Benjamim Constant, de 1891;

e o quarto de 1891 em diante [4]. Do ponto de vista psicológico, indica o memorialista duas fases principais: a da fundação da escola até a entrada de Tobias Barreto para o corpo docente e a segunda a partir dessa data.

Em São Paulo, não encontramos nenhum documento equivalente sobre uma tentativa de periodização que correspondesse à evolução psicológica aventada, inclusive porque, do ponto de vista geográfico, a faculdade de Direito se manteve até hoje no mesmo local [5].

O fato inegável é que, se considerarmos o decreto do ensino livre de 1879, responsável pelo grande rebaixamento do nível dos cursos jurídicos, e a entrada de Tobias Barreto, em 1882, para a Faculdade de Direito do Recife, com o concurso célebre que representou uma entrada de ar novo, de novas idéias, de novas concepções na mentalidade de então, a evolução do ensino jurídico se reduz a um arrolamento de fatos e acontecimentos sem maior expressão e sem nuanças.

Phaelante da Câmara aponta em Recife nitidamente os dois períodos marcados pelo concurso de Tobias:

um é a encarnação do velho espírito mazorro do ensino, das letras de leguleios em vez dos princípios filosóficos, dos processos antigos com um saibro coimbrão inconfundível, de genuflexões ortodoxas a Deus no céu e ao rei, nosso senhor, na terra, calafetando-se as frinchas das portas para que não entrasse, por elas, o vento da heresia e da insubordinação intelectual que reinava lá fora: é o período das apostilas, dos compêndios, dos representantes casmurros de seitas, que tinham uma bola preta, incondicionalmente, para os que discrepassem do *magister dixit,* da opinião vencedora no ambiente oficial.

O outro é caracterizado pelo descrédito das sebentas, pela tolerância, por esse sopro vivificante das novas idéias, pela sistematização do ensino, pelo batismo triunfal do Direito na corrente do monismo, que lhe despiu as vestes hieráticas e lhe deu apenas a toga patrícia com que se ornam as ciências congêneres.

E interroga, espantado, Phaelante da Câmara:

Pois bem: que nos ficou desses dois períodos nas Memórias Históricas? Lendo-as todas, sucessivamente, vós não podereis saber, a não ser por pequeninos incidentes caseiros e pelo nome dos autores, o ano a que se referem. Tão semelhantes são uma e outras, como as medalhas antigas a que a pátina do tempo usou os cunhos.

Menciona o memorialista que foram lentes da faculdade José Bonifácio, o Moço, e Zacarias de Góis, e, no entanto, na Memória de 1859, do primeiro só há referência de que

"por decreto do Governo Imperial foi removido para São Paulo o Dr. José Bonifácio de Andrada e Silva", enquanto que do segundo, além da notícia de jubilação, resta um retrato numa sala, que não se sabe se é homenagem ao professor de Direito ou ao Presidente do Conselho de Ministros do Império"[5].

Do concurso de Tobias Barreto, indaga, revoltado, Phaelante da Câmara:

> Que ficou daquele certame nos anais desta faculdade? A crônica do ano fez com certeza alusão ao fato, deu conta do apurado na votação dos lentes, de escolha imperial, mas não deixou o *compte rendu* das sessões, o resumo daquele torneio de inteligência, por onde se possa no futuro ajuizar das causas primordiais do predomínio que exerceu o valoroso teuto-sergipano no ânimo da juventude contemporânea [6].

A perplexidade de Phaelante da Câmara se justifica com toda a procedência, e dela só se pode dar conta realmente ao verificar-se que, na verdade, a passagem de José Bonifácio e Zacarias de Góis pela faculdade do Recife terá sido, em grande parte, a página em branco das Memórias Históricas. A vida deles se processou muito mais extramuros, fora dos umbrais do "pardieiro glorioso", do que ao ministrar aulas, no contato nas aulas entre professores e aluno, no ensino das matérias jurídicas. Quanto ao primeiro, de sua passagem por São Paulo, onde exerceu por mais tempo a sua atividade magisterial, dela se falando com muito mais entusiasmo, averigua-se que as homenagens que os estudantes, sobretudo os de 1868, lhe tributavam eram muito menos ao professor de Direito Civil do que ao grande líder liberal, arauto das idéias renovadoras, excluído dos Conselhos do Império por D. Pedro II [8]. A respeito de Zacarias de Góis, também é razoável pensar que a atividade docente foi mofina. A sua posição no campo jurídico se exerce muito mais pelo livro *Da Natureza do Poder Moderador* do que das lições que tenha ministrado em Olinda e Recife.

Do ponto de vista das instalações materiais, jamais o Império se preocupou efetivamente em oferecer às faculdades de Direito prédios condignos. Embora a academia de São Paulo permanecesse até hoje sempre no mesmo local, só há cerca de quarenta anos adquiriu o prédio do Largo de São Francisco condições condignas para abrigar uma escola superior. Em 1860 exclamava o Dr. Clemente Falcão Filho, na Memória Histórica do ano:

> O edifício em que trabalha a faculdade está em ruínas! Nos dias de chuvas encontram-se grandes lagoas sobre os assoalhos e nas paredes grandes manchas de água, que se coa pelos telhados.
>
> É, sobretudo, desolador que na própria sala da biblioteca assim aconteça, expondo-se a livraria que ali existe a uma completa deterioração. Este estado de coisas precisa pronto paradeiro. O Exmo. Sr. Conselheiro Diretor tem o reclamado e nada tem conseguido; — entretanto, a decência do estabelecimento o pede; — pensamentos econômicos o aconselham; — e a nossa própria dignidade, os nossos sentimentos de brio o exigem, porque, às vezes, senhores, revela-se nos estragos do corpo a deterioração do espírito: não vá

alguém, seguindo esta regra, olhar para esta casa velha, estragada pelo tempo e pelas chuvas — e formando um jogo de palavras — dizer "a Faculdade de Direito de São Paulo está em ruínas!" [9].

Em 1881, a situação não se alterara:

Acha-se o seu exterior, declara Vicente Mamede, em estado medonho, pelos estragos e sujeira, que os ostenta, e, no seu interior, não reúne as acomodações indispensáveis e convenientes à seriedade e regularidade do ensino. As salas de aula, no curso superior, não estão na altura do fim a que se destinam, principalmente pela falta de asseio e de mobília decente; e as do curso anexo, além de esburacadas e pessimamente mobiliadas, têm as paredes cobertas de dizeres e pinturas imorais.

A Faculdade não possui, para os atos e exames, os necessários utensílios: tudo falta-lhe: mesas, cadeiras, tinteiros, etc., etc.

O que fica escrito é absolutamente sem exageração [10].

Em Olinda e no Recife, através de várias mudanças, durante quase um século, a faculdade de Direito viveu sempre em instalações precárias, passando de um local para outro, sem entretanto encontrar instalações convenientes. Conta-se que, visitando o prédio de Recife em 1859, o Imperador Pedro II teria dito que a faculdade não deveria ser mostrada a estrangeiros; o presidente da província, em 1881, declarava mesmo que nem aos brasileiros deveria ser exibida, "pois é uma casa velha, suja, imunda e arruinada" [11].

Em 1879, o prédio se encontrava em tal estado de ruína que se cogitou da volta do estabelecimento para Olinda. Alguém sugeriu esta idéia ao governo e Paula Batista, então diretor, foi a Olinda examinar o prédio de onde saíra a faculdade em 1854 e que, apesar de nele estar instalada a Câmara, a população continuava a chamar de Academia. A Congregação opôs-se tenazmente à mudança, mostrando seus inconvenientes; mas Paula Batista se pronunciou favoravelmente nas informações dadas ao Governo [12].

Se formos, ainda, examinar o quadro de professores, o panorama não é mais alentador. Se é certo concluir que, na fundação, o país não poderia produzir uma geração mais expressiva de professores do que aqueles que passaram pelos umbrais das Faculdades de Direito de São Paulo e do Recife, é fato, igualmente, que a atividade magisterial era para poucos deles uma atividade importante, e, terminado o concurso para lente substituto, a maioria deles se voltava para as atividades da política [13], da magistratura ou da advocacia, apenas um reduzido número deixando uma obra importante às gerações de estudantes no campo do ensino do Direito [14].

Silveira da Mota, por exemplo, é nomeado lente de Direito Administrativo por ocasião da reforma de 1854, que criou a cadeira, e Ferreira de Rezende conta que usava, como compêndio, o "Jornal do Commercio" e o Orçamento do Império, levando os alunos ao protesto e, finalmente, à substituição pelo Conselheiro Ribas, que, este sim, começou a utilizar os apontamentos por ele especialmente preparados [15]. O mesmo memorialista se refere a Martim Francisco, lente substituto de Economia Política que,

> tendo nos ido lecionar Economia Política, mostrou-se tão inteiramente abaixo de sua posição que mais de um discípulo seria talvez capaz de fazer uma preleção muito melhor do que as dele [16].

Liberato Barroso, ilustre político do Império, responsável pela reforma de 1865, permanece no Rio depois de ter deixado o ministério e incorre na falta prevista nos Estatutos de ausência prolongada por seis meses, sem alegação de motivos que o justificassem. Após a audiência do Conselho de Estado, o Governo Imperial resolve declarar vago o lugar de substituto por ele ocupado na Faculdade de Direito do Recife [17].

De Antônio Carlos Ribeiro de Andrade Machado, filho do grande orador parlamentar, lente em São Paulo de Direito Comercial, se fala que, além de um extraordinário talento, era

> desajudado por inveterada vadiação. Censurado por um amigo pela falta de estímulo, referiu-se que inicialmente era estudioso, entregava-se ao preparo das preleções, ao afanoso trabalho. Mas que, sucedendo um dia dar aula sem o suficiente preparo, teve para isto de encher o tempo valendo-se de imagens retóricas e digressões oratórias. Com surpresa sua, agradou muito e, ao bater da hora, teve palmas dos seus discípulos. Este fato o convenceu de que, para agradar a um auditório acadêmico, não era necessário o estudo das preleções. Aí estava a razão pela qual ele não se matava a aprofundar as matérias.

Acrescenta Spencer Vampré:

> É força, entretanto, convir que abusava, por vezes, desse pretendido direito de não estudar. Assim, não raro, além de procurar comer tempo, prolongando os mínimos incidentes que interrompiam as preleções, ele empregava, para dissimular a sua falta de preparo, expedientes como este: dizia, por exemplo, que o assunto era suficientemente exposto por Masset (ou qualquer outro notável comercialista) e que a sua lição era clara e convincente, não se podendo dizer melhor nem tão bem; que por isto passava a reproduzi-lo textualmente. Outras vezes espirrava, depois assoava vagarosamente. Depois fazia, sobre a constipação, uma digressão médico-jocosa — que era coisa muito incomodativa, curável em trinta dias por meios terapêuticos, e em trinta e um à lei da natureza; a propósito referia a uma anedota sobre o espirro e depois, por fim, voltava ao fio da explicação... e seguia-o, até que viesse outro incidente obstrucionista [18].

Em 1865, os quartanistas, não lhe apreciando as primeiras preleções, fizeram deixar sobre a cátedra o seguinte aviso:

Queremos aprender Direito e nada de bagaceiras. V. Excia. estude, para nos ensinar, e não venha aqui encher lingüiça [19].

As práticas das "aulas lidas" eram, também, comuns. João Silveira de Sousa adotava esse sistema, segundo a testemunho pessoal de Clóvis Beviláqua:

> Ouvidas na aula, as preleções de Silveira de Souza eram, antes, monótonas do que atraentes porque, segundo testemunhei em 1878 e era o seu sistema, ele as levava escritas e as lia. Chegava envolvido na sua beca negra, tomava assento na cátedra e, erguido ao fundo da sala, levantava os óculos de presbita para a frente e punha-se a ler fluentemente, mas sem calor, sem interrupção, seguidamente até que a sineta dava o sinal de estar finda a aula [20].

Em 1871 um acontecimento inusitado ocorre na Faculdade de Direito de São Paulo. Na defesa de tese aparece um candidato que, ao contrário de seus colegas, falava pouco, entrando logo na matéria e expondo o argumento principal, secundado na lei.

Essa inovação produziu estranha surpresa, antes favorável ao doutorando, e obrigava os argüentes a voltarem à carga menos palavrosamente, enfrentando sem retórica o baluarte da defesa que assim ficava bem colocada no debate. O êxito de sua defesa de tese o animou a concorrer como substituto causando excelente impressão.

Tratava-se de Ernesto Ferreira França, filho do Conselheiro Ferreira França e que fizera os seus estudos de Direito Civil e Canônico em Leipzig, onde recebera o grau de doutor, mas que como professor se revelaria prolixo e difuso nas suas preleções [21].

De Leôncio de Carvalho, o autor da lei do ensino livre, comenta Spencer Vampré que,

> estimadíssimo dos discípulos, principalmente depois da lei do ensino livre, não se celebrizou, entretanto, como lente, parecendo preocupar-se mais em agradar pelo brilho da palavra elegante do que ensinar simplesmente as disciplinas jurídicas [22].

De Vicente Mamede, também professor de São Paulo, se conta que "ríspido e carranca" encarnava bem o tipo do professor antigo. Fazia questão fechada da assiduidade e marcava a lição de cada dia indicando o livro e a página de cada autor.

"Este ponto", dizia, "deve ser estudado em Maynz, do § tal ao § tal; no Conselheiro (Ribas), de página tal a página tal; no Conselheiro Lafayette, de página tal a página tal..."

E ai de quem não estudasse as lições pelos indicados autores.

Ultimamente, os alunos que mais apreciava era os que tinham excelente memória. Reproduzir *ipsis verbis* a palavra de um tratadista constituía a suprema perfeição para ele [23].

A atividade de professor, embora representando grande prestígio social [24], foi, desde o início, mal remunerada. Chichorro da Gama, presidente da província de Pernambuco, afirma em relatório de 1834 que a remuneração dos professores do curso jurídico é fraca demais e não convida a que prefiram os professores esse emprego à magistratura, que é mais lucrativa e oferece maiores perspectivas para o futuro [25].

Na Memória Histórica da Faculdade de Direito de São Paulo de 1858, José Bonifácio, o Moço, insistia na necessidade de remunerar melhor o professor, "com o fito de torná-lo independente de todo e qualquer trabalho estranho", para afirmar em seguida:

> Se se quer realmente conseguir a restauração dos estudos e o cortejo dos benefícios que ele traz consigo, é preciso erguer o magistério a toda à sua altura, dar prestígio ao professorado, liberdade e soberania à sua ação, independência à sua vida; em uma palavra, é preciso criar verdadeiras instituições nacionais cheias de viço, de força e de espontaneidade [26].

O ofício de professor era uma atividade auxiliar no quadro do trabalho profissional. A política, a magistratura, a advocacia, representavam para os professores, na maioria dos casos, a função principal. E aqueles que a ela só se dedicavam por vocação ou por desinteresse de outras atividades sofriam na própria carne a conseqüência de sua imprevidência.

Na Memória Histórica de 1870, Aguiar refere-se à morte de Brás Florentino e de Trigo de Loureiro, e comenta em relação a Brás Florentino que

> a não ser a munificência imperial solicitada pelo atual ministro do Império, o Conselheiro João Alfredo Correia de Oliveira, em favor da desprotegida família de seu finado mestre e nosso colega, o Dr. Brás Florentino Henrique de Sousa, a esposa e os filhos desse ilustre cidadão, que somente viveu para servir a ciência e o país, achar-se-iam em luta contra as principais necessidades da vida.

E a respeito de Trigo de Loureiro afirma que

> na idade de setenta e sete anos, depois de quarenta e dois de aturado ensino, o nosso colega de saudosa memória, o Conselheiro Lourenço Trigo de Loureiro, apesar de uma vida retraída e parcimoniosa, achou-se em seus últimos momentos em tal penúria que, a não ser os cuidados de seus amigos, os seus restos mortais ficariam a cargo da gélida caridade oficial [27].

Pode, assim, dizer Pedro Lessa na Memória Histórica de 1885 que com nosso inveterado hábito de imitar as leis e regulamentos franceses, preferimos, então, ter um número considerável de professores em país que tão difícil é recrutar pessoal habilitado para ter alta e honrosa função, a seguir o exemplo, dado pelas universidades alemãs e italianas, onde é muito limitado o número de lentes, incumbindo-se cada um de dois ou mais cursos.

É talvez por isso que, nessas escolas, há professores, alguns dos quais advogam. No Brasil, em regra temos advogados que lecionam.

Nem com os diminutos vencimentos que percebem os lentes das nossas faculdades é possível exigir e conseguir que eles se consagrem, como tanto conviria, com exclusivo labor a seu árduo ministério [28].

Dos professores dos cursos jurídicos do período imperial em Olinda e posteriormente em Recife, na fase que precede à aparição de Tobias Barreto, muitos nomes poderiam ser mencionados: Autran, Zacarias, Loureiro, Drummond, Brás Florentino, etc. Mas dois nomes, sobretudo, se destacam, a merecer uma referência especial: Paula Batista e Aprígio Guimarães.

Paula Batista nasceu em Recife a 4 de fevereiro de 1811, formando-se em Olinda em 1838, defendendo teses no ano seguinte, e em 1835 já era nomeado lente substituto. Por isso pôde dizer, com justeza, Phaelante da Câmara que era "um produto intelectual da academia, um filho das suas letras" [29]. Já no ano seguinte à sua nomeação, o diretor Lopes Gama, em relatório sobre o corpo docente da academia, se queixava de que a maioria dos lentes morava em Recife, exercendo a advocacia ali, deixando ficar esquecidos os seus deveres profissionais; "mas", prosseguia, "nenhum tão escandalosamente como o Dr. Francisco de Paula Batista, o qual, este ano todo, não chegou a dar mais de doze a quatorze lições" [30].

Embora não se possa assegurar que o ilustre jurista tenha perdido esses hábitos, é fato inegável que deixou nome na academia como um de seus mais ilustres professores. Também produziu duas obras clássicas da literatura jurídica: a *Teoria e Prática do Processo Civil,* livro fundamental do direito processual brasileiro no século XIX, e que, segundo Américo Lacombe, é a justificação teórica do maior monumento da processualística do Império, o Regulamento 737 [31], e a *Hermenêutica Jurídica,* que até hoje permanece como uma contribuição fundamental às letras jurídicas. Tão grande foi a fama desse último volume que se chegou a espalhar que a *Hermenêutica Jurídica* fora traduzida para o alemão e servia de compêndio na célebre Universidade de Heidelberg [32]. Conta-se que, por ocasião da defesa de tese de Liberato Bittencourt, sendo examinadores Autran, José Antônio Figueiredo, Trigo de Loureiro e Brás Florentino, vendo a banca que o candidato levava de vencida a todos os examinadores, foi chamado Paula Batista à sua presença para salvar o prestígio da congregação, fato desmentido por Phaelante da Câmara [33].

Comenta-se também que não discrepava na vaidade existente entre os professores do curso jurídico, e confrontando-se com outros colegas proclama-se a si mesmo "o astro de primeira grandeza" da academia, ora se supunha ver nos discípulos alguma desatenção, se lamentava por ter de viver a deitar pérolas a porcos. Mas, observa Odilon Nestor, "os estudantes não deixavam de ouvi-lo com a mais constante solicitude, e o admiravam cada vez mais. Não era ele realmente o 'grande luzeiro' da faculdade e a sua expressão mais brilhante na cadeira dos lentes?" [34]

Phaelante da Câmara, que o conheceu quando cursava o quarto ano, em 1881, no ano de sua jubilação transmite depoimento desfavorável ao professor, o que se compreende pela idade avançada:

> Era uma ruína inteira, bambo das pernas e arrastando os sapatos, com os bofes da camisa polvilhados de rapé que lhe rolava, em profusão, da barba branca. Não trazia caixa em que guardasse a pitada clássica do xabregas e afirmava-se, nas rodas acadêmicas, que acomodava as provisões do oleoso pó nos bolsos do colete, como outrora D. João VI nos régios bolsos dos calções de veludo [35].

Tinha, então, setenta anos quando de sua jubilação, ocorrida em janeiro. Segundo Clóvis Beviláqua "lecionara durante quarenta e seis anos e, como os cônjuges cujas almas sensíveis se penetrassem reciprocamente, na intimidade de um longo viver, não pôde resistir à separação" [36], faleceria quatro meses depois, em 25 de maio de 1881.

Aprígio Guimarães foi o

> professor que foi, por assim dizer, o ponto de intersecção entre o velho tipo acadêmico e o novo, o elo que liga os dois períodos. Foi ele quem, antes da revolução operada por Tobias, no terreno dos princípios, começou a modificar a feição moral deste Instituto, por suas idéias liberais e principalmente pelas simpatias que irradiavam de sua personalidade [37].

Nascido em Recife em 3 de janeiro de 1832, formou-se em Olinda em 1851 e em 1856 recebia o grau de doutor. Depois de quatro concursos consecutivos, entrou em 1859 para o corpo docente da faculdade de Direito. No dizer de Clóvis Beviláqua,

> como professor de Direito conquistou as mais largas simpatias entre os estudantes, que o idolatravam, porque Aprígio Guimarães foi um espírito profundamente liberal, tolerante e acessível, qualidades que o tornaram o guia dos moços. Seu vulto, iluminado por essa particular simpatia que emana das almas bem formadas e das inteligências consagradas à consecução de uma vida social mais digna dos altos destinos humanos, ficou gravado na memória dos que o conheceram [38].

Deixou vários livros publicados e destacou-se como professor de Economia Política, realizando, do ponto de vista político, a evolução de ultramontano conservador para adepto das idéias liberais. Entendia que em economia política se devia dar a convergência das idéias da sociologia, da moral e do direito, e, embora não publicando nenhum sistema completo de economia política, discutiu com proficiência as questões mais interessantes da ciência econômica, fazendo aplicações à vida social e política do Brasil. Foi grande orador e eleito várias vezes paraninfo pelos bacharelandos da Faculdade de Direito do Recife.

Segundo as palavras de Odilon Nestor, Aprígio Guimarães era

> uma figura assaz interessante de professor — misto de boêmia e cumprimento de dever —, um tanto medieval e ao mesmo tempo o mais expressivo modelo de professor da atualidade, eloqüente e cético, seguindo amoravelmente a tradição, mas livre sempre de poder tentar algumas reformas. Os seus discípulos o adoravam. Ele possuía realmente os dons com que poderia ser, e o foi de fato, um ídolo para a mocidade. Como os professores da Idade Média, recebia também em sua casa os rapazes, palestrava com eles e lhes contava anedotas; fazia, enfim a vida comum com os estudantes, revivendo, desta maneira, aquela solidariedade estreita que irmanava antigamente alunos e mestres e na qual residia a força mesma da vida universitária do passado [39].

E Phaelante da Câmara comenta no mesmo tom:

> Baniu por completo as cerimônias ridículas do ritual, dando piparotes na gravidade caricata de certos preconceitos que formavam a linha divisória entre mestres e discípulos. Abria as portas de seu lar modesto à convivência dos rapazes e, trocando com eles idéias, soltava as rédeas à sua ironia demolidora, fazendo a crítica das instituições e dos costumes num tom de camaradagem que era o orgulho dos discípulos.
>
> "Bom dia, meus jovens colegas" foi, invariavelmente, a saudação com que ele abria a aula do quinto ano, no meio do acolhimento carinhoso dos alunos entusiasmados. A esse tempo o seu procedimento assumia as proporções de um escândalo aos olhos de colegas circunspectos que se limitavam a repetir monotonamente as apostilas, fungando o rapé de xabregas, considerado então o complemento indispensável da sabedoria e do bom senso [40].

Mas Aprígio Guimarães entendia que um professor não deveria fiscalizar os alunos do curso, mesmo dentro da faculdade, tendo como princípio que um professor não devia ser um tutor. O professor que exigisse a assiduidade ou a explicação não é mais um professor. E acrescentava:

> Eu sou do ensino livre, mas também sou da força moral dos mestres, princípio útil não só à inteligência, mas ao coração dos discípulos [41].

Na política, sua popularidade foi enorme, e era muito estimado pelo povo e pela mocidade, razão pela qual sua morte, em 1880, foi profundamente sentida em Recife. Pediu que fosse escrita, na lápide de seu túmulo, esta frase, que resumia a sua ação: "Foi soldado da liberdade, a que faltou o braço mas nunca o ânimo...", acrescentando com um travo de melancolia que não correspondia à realidade: "Foi o homem que nada fez, desejando fazer muito pelo homem e pela pátria" [42].

Dentre os professores da Faculdade de Direito de São Paulo no século XIX, destaca-se uma trindade expressiva de conselheiros: Crispiniano, Ramalho e Ribas. João Crispiniano Soares nasceu em 1809, filho natural do major José Soares de Camargo e Da. Inês Joaquina de Oliveira; teve uma mocidade muito difícil, exercendo, durante o tempo que cursou a academia, o lugar de porteiro do Conselho Regional da Província, de onde passou a porteiro da Secretaria do Governo. Bacharel em 1834, no ano seguinte recebe o título de doutor e logo em seguida é nomeado lente substituto.

Com a inclusão no curso jurídico da cadeira de Direito Romano, é nomeado lente catedrático desta cadeira. Nesta disciplina ganhou renome em todo o país. O seu discurso inaugural ficou registrado na tradição acadêmica como verdadeiro monumento de eloqüência e erudição [43]. Ensinou Direito Romano durante vinte e seis anos e professava as doutrinas da escola histórica, seguindo Savigny, seu autor predileto. Almeida Nogueira comenta que era um poço de orgulho. Mas, coisa raríssima, o amor próprio não lhe cegava o espírito, sempre inclinado ao estudo e que não desconhecia as mais nobres qualidades morais. O anedotário a seu respeito é muito grande. Conta-se que, sabendo dos comentários do Dr. Furtado, que lecionava na sala contígua e se queixava do barulho de sua voz, respondeu Crispiniano orgulhosamente: "Eu ergo a voz porque tenho confiança no que digo. Não receio errar. Não temo que o mundo inteiro me ouça". E era habituado a expressões tais como "Donellus, Cujacius e a corrente dos comentadores são desta opinião; eu, porém, entendo que eles erraram e penso diversamente" [44]. Apaixonava-se pelo assunto de tal modo que erguia estentoricamente a voz, que ressoava estridente por todos os recantos da academia e chegava até o meio do Largo de São Francisco: "indubitavelmente", vociferava ele, "Papiniano er... rou!" [45]. Nada deixou publicado em matéria doutrinária, embora Sacramento Blake faça referência ao *Tratado sobre as Fontes do Direito Pátrio,* obra inédita, feita de colaboração com Ramalho, e se fale num compêndio de Direito Romano, para uso dos estudantes [46].

Joaquim Inácio Ramalho, o futuro Barão de Ramalho, nasceu em 1809, filho do licenciado em cirurgia José Joaquim de Sousa Saquethe, de nacionalidade espanhola, foi logo entregue aos cuidados da família Ramalho e formou-se pelo curso jurídico de São Paulo em 1834, destacando-se como aluno brilhante, de méritos inegáveis. Ainda nesse ano foi nomeado professor substituto de Filosofia Racional e Moral do curso anexo, tornando-se mais tarde o proprietário desta cadeira em 1836. Defendeu tese em 1836, mas não se saiu brilhantemente. A timidez do candidato ou a rispidez dos mestres da época serão responsáveis pelo grau obtido — simplesmente. No ano seguinte é provido por concurso no cargo de lente substituto.

Só dezoito anos após o concurso para lente substituto alcançou a cadeira de Processo e Prática Forense, substituindo a Silveira da Mota, transferido em 1859 para a cadeira de Direito Administrativo, lecionando-a até jubilar-se em 1883.

Segundo Spencer Vampré

> Ramalho explicava o processo pelas suas Postilas de Prática que correm impressas, lendo-as e comentando-as, aqui e ali, com breves explicações e com sotaque acentuadamente provinciano, martelando as vogais com um falar descansado da antiga gente paulistana. Todas as manhãs vinha da sua chácara da Consolação para a aula montado num burrinho. Amarrava-o a uma argola pregada na parede da academia, e lá o esperava a mansa alimária durante todo o tempo da lição [47].

Exerceu a direção da faculdade por duas vezes, em 1882, de abril até agosto do mesmo ano, e a segunda de 25 de abril de 1891, em substituição ao Conselheiro Fleury, até 15 de agosto de 1902, data em que fechou os olhos para a posteridade, com a idade de noventa e dois anos. A sua figura adquiriu halo de santidade. Daí a explicação para o comentário de Spencer Vampré de que

> os grandes homens, como Ramalho, têm alguma coisa dos anjos e quando morrem encontram as asas perdidas, e abrindo-as, brancas e imaculadas ao sol da eternidade, galgam encantando o azul e se abismam no seio do Senhor [48].

Ramalho publicou as *Instituições Orfanológicas*, a *Praxe Brasileira* e os *Elementos do Processo Civil*, que, segundo Spencer Vampré,

> são verdadeiras consolidações do que mais seguramente haviam afirmado os jurisconsultos nacionais e portugueses, sobretudo portugueses porque português era o nosso Direito de então, como continuaria português por quase meio século ainda o Direito e o Processo Civil. Há quem desdoure da obra de Ramalho; há quem, co-

mo Teixeira de Freitas, o averbe de demasiado propenso ao antigo. Não somos deste número. Se lhe falta a intuição genial de Paula Batista, se o pensamento filosófico não lhe enfeixa num princípio superior todas as regras parciais que investiga, ninguém lhe supera na exatidão das fontes, na compreensão da regra consolidada, na conciliação prudente entre o espírito do passado e as novas necessidades do futuro [49].

A amizade entre Crispiniano e Ramalho há de ficar gravada em nossa história literária. Por ocasião da publicação das *Instituições Orfanológicas,* Ramalho dedicou-as a Crispiniano nos seguintes termos:

> É este pequeno trabalho que dedico e ofereço a V. Excia., exercitando assim o sentimento particular de estima e consideração que tenho para com o jurisconsulto consumado, o amigo desde a infância, o companheiro de estudo e fadigas literárias e o colega de magistério por tanto anos.

Recebeu Ramalho a seguinte resposta de Crispiniano:

> Aceito, pois, de todo meu coração mais esta prova de amizade de V. Excia. e por ela já me considero alcançado em grande dívida que, por certo, não contraíra se não nutrisse a convicção de que V. Excia. aceitará, como princípio de pagamento, a confissão real e verdadeira de meu reconhecimento sem limites [50].

Antônio Joaquim Ribas, nascido na cidade do Rio de Janeiro em 1818, formou-se bacharel pelo curso jurídico de São Paulo em 1839, levando uma grande vantagem em relação a todos os seus colegas, pelo excelente preparo humanístico que adquirira como discípulo direto de Julio Frank. No ano seguinte defende tese, obtendo a aprovação "simpliciter", tendo deixado de comparecer dois dos lentes sorteados para o argüirem, Crispiniano e Ramalho, que se deram por enfermos. Tal ausência foi considerada por todos, inclusive pelo candidato, como hostilidade a ele dirigida.

Com a morte de Julio Frank, vaga-se a cadeira de História Universal, do curso anexo à faculdade, e Ribas se oferece para regê-la interinamente, sendo nomeado no ano seguinte professor catedrático. No dizer de Almeida Nogueira,

> brilhantes foram as suas explicações. O talentoso discípulo manteve-se na altura do ilustre mestre e, como ele, segundo atestam cronistas contemporâneos, fez da história um estudo verdadeiramente científico, contribuindo com muita eficácia para o progresso da mentalidade brasileira [51].

Em 1854, com a reforma dos cursos jurídicos, é nomeado para a Faculdade de Direito de São Paulo e logo em seguida designado para substituir Silveira da Mota, a quem fora confiada a cadeira de Direito Administrativo, que dela não estava se desempenhando a contento. Tendo em vista o vezo dos rapazes das academias de tomarem o pulso dos nossos professores, preparou-se com afinco para o ensino e logo recebia a admiração de todos. Em 1860 torna-se lente catedrático de Direito Civil, sendo considerado por Almeida Nogueira "astro de primeira grandeza na Congregação da Faculdade de São Paulo". Acrescenta Almeida Nogueira:

> no exercício do magistério, não se contentava o Dr. Ribas com o explicar bem: fazia empenho em ser bem compreendido. Era afeito por isso a exigir dos discípulos noções claras e definições precisas. Quando, por vagas ou incompletas, não lhe satisfaziam as respostas, formulava outras em seguida [52].

Dentre suas obras podem-se apontar o *Direito Administrativo Brasileiro*, o *Curso de Direito* e a *Consolidação das Leis do Processo*.

Fazendo uma síntese a respeito do corpo docente da Faculdade de São Paulo no final do Império, o Professor Afonso Arinos de Melo Franco traça perfil primoroso e exato:

> Antes da reforma republicana os estudos de Direito na faculdade de São Paulo ainda se processavam mais ou menos dentro do velho espírito rotineiro e canônico. Os lentes, para começar, eram sombras do passado. No tempo em que Afrânio (de Melo Franco) foi aluno (1887-1891), a faculdade ostentava um grupo de senectudes militantes. O velho Ramalho excedia a todos em tempo de serviço. Era professor desde 1836, havia, portanto, mais de meio século, quando Afrânio se matriculou e, embora jubilado na cátedra, foi ainda o diretor que entregou ao jovem mineiro o seu diploma de bacharel em 1891. O famoso Justino, Francisco Justino Gonçalves de Andrade, aposentado compulsoriamente pela República, pelo seu ferrenho e teimoso amor à causa monárquica, fora nomeado em 1859. Sá e Benevides, irmão do Bispo de Mariana, muito querido dos rapazes, professava desde 1965.
>
> ....
>
> As transformações de fundo econômico, da lavoura cafeeira e a luta intrépida dos grandes paladinos tinham virtualmente derrotado a escravidão, dentro da esmagadora maioria da opinião nacional. A reação contra a avalanche da liberdade era impotente. Bastaria a assinatura de uma mulher frágil para derrubar o infame instituto, sem que os reacionários tivessem elementos nem talvez interesse em se opor de armas na mão, tal como acontecera nos Estados Unidos.
>
> Esta situação se refletia no Direito, que progredira imensamente com Teixeira de Freitas, Lafayette, Tobias. Se, como dissemos, os novos métodos, os mais largos horizontes ainda não iluminavam as ronceiras faculdades, cujo professorado, composto na maioria de velhos mestres, teimava em se alimentar com o mingau digestível dos praxistas e com prudentes, agasalhados avisos dos Melo e dos Lobão, sem dúvida já a claridade objetiva do pensamento francês, a especulação ainda nova da doutrina alemã, as convincentes experiências do constitucionalismo americano tinham, fora do ensino, conquistado os melhores espíritos jurídicos e não tardariam a se impor como elementos de estudo e de construção para o nosso Direito público e privado [53].

Se era esse o quadro geral do corpo docente, também críticas severas eram feitas ao nível dos alunos. A primeira lamentação, via de regra, se referia ao nível de conhecimentos dos que ingressavam nos cursos jurídicos. De fato, também o ensino secundário da época era deficiente e, assim, alguma razão havia nesses protestos continuados. Entretanto, já a própria educação secundária sofria de uma distorção porque, sem ter qualquer caráter finalístico, apresentava um sentido eminentemente propedêutico, de preparação às carreiras do ensino superior. Gonçalves Dias, o célebre poeta, que também se dedicou aos problemas de educação, em relatório famoso declarava que

> o grande inconveniente da nossa instrução secundária é de não se ocupar de outra coisa senão de preparar moços para a carreira médica e jurídica. Os nossos liceus são escolas preparatórias das academias [54].

E o Visconde de Ouro Preto expunha, com referência à reforma dos estudos secundários:

> Continuando a receber em seu seio alunos mal preparados nesses estudos, as faculdades, quando muito, só poderão educar mediocridades [55].

E o grande mal talvez decorresse da falta de interesse da maioria dos estudantes pelos estudos jurídicos, a que tinham ido se consagrar por falta de outras oportunidades. Na Memória Histórica de 1864 da Faculdade de Direito do Recife, comentava José Bento da Cunha Figueiredo que

> pode ser que o mau sucesso escolar de alguns moços provenha da falta de muitas e diversas academias em que possam ser bem empregadas as inteligências que não tiverem pendores para a jurisprudência. Este fato é, na verdade, desanimador, e tem assaz concorrido para o descrédito da faculdade de Direito; assim como para formar miríades de bacharéis que, sem emprego público, que não chega para todos, vão se amontoando nas capitais mais populosas, trocando as pernas por falta de trabalho e carpindo, sem remédio, o tempo perdido que poderia ter sido aproveitado em outra profissão que, com mais segurança, lhes desse o pão de cada dia e a independência.

E concluía

considerando excessivo o número de bacharéis em Direito [56].

Mas se este era o quadro então existente, haveria necessidade de que um esforço sério fosse realizado nos cursos jurídicos a fim de que, ao cabo de cinco anos, deles saíssem bacharéis preparados para as tarefas que os aguardavam. Entretanto, não era esta a situação. Num tipo de estudo como esse, sem trabalhos sérios periódicos e sem um contato maior entre professores e alunos, os exames finais seriam o instrumento que melhor demonstraria a capacidade para os estudos jurídicos. Mas a constante foi sempre a extrema benevolência nos exames.

Sá e Benevides, na Memória Histórica da Faculdade de São Paulo de 1865, comentava que, dos trezentos e trinta e nove alunos que compareceram ao exame foram aprovados trezentos e dezesseis, e conclui:

> o que prova, ou o talento e aplicação por parte dos examinados ou a excessiva benevolência dos julgamentos. Parece-me que a verdadeira causa desse resultado foi a benevolência dos julgamentos. No nosso país somos benévolos e condescendentes por natureza; essas qualidades, porém, tomam elastério excessivo quando a prática da justiça custa só desgostos e sacrifícios, como sucede atualmente, sem a menor compensação. Só os espíritos fortes satisfazem-se com a paz da consciência, e vão seu caminho indiferentes à censura dos homens [57].

Comentando os resultados de 1867, também em São Paulo, expõe Spencer Vampré que dos trezentos e nove estudantes matriculados foram plenamente aprovados duzentos e quarenta e um; simplesmente cinqüenta e dois perderam o ano sete e um deixou de fazer o ato. E finaliza: "Quer isto dizer que houve a maior indulgência que se possa imaginar" [58]. No ano de 1870, dos estudantes matriculados só foram reprovados cinco no terceiro ano, as únicas reprovações de toda a academia, o que levou a comentar Spencer Vampré a notável frouxidão existente. A praxe inclusive era de que no quinto ano nenhum aluno era reprovado. Quando, em 1851, Furtado, lente do quinto ano, simplificou dez estudantes, sendo que um simplesmente, o que se considerava "borrão de tinta sobre a carta de bacharel", os alunos levantaram um protesto e elegeram, como orador de turma, o aluno aprovado simplesmente [59].

Sá e Benevides, na Memória Histórica já citada, aduz:

> A história da academia (de São Paulo) prova que, sempre que nos atos do quinto ano há simplificações ou reprovações, há sinais de censura e manifestações inconvenientes contra os julgadores.
> Supõem os estudantes que a aprovação plena é um direito, e que os lentes devem ser meros signatários de seus diplomas, pondo à margem sua consciência e sua responsabilidade social. Em geral, desde a fundação da academia, o quinto ano passa todo, plenamente aprovado; numerosas, porém, têm sido as exceções.
> Não há lei nem inconveniência alguma que tolha o lente de ser perfeito juiz no quinto ano, reprovando ou simplificando aqueles que o merecerem, por falta de talento ou de estudo. Em geral, os estudantes do quinto ano não estudam, confiados na imunidade que julgam ter.
> É preciso banir semelhante crença, prejudicial à disciplina na academia.
> A benevolência que deve ter o lente para o quinto ano, por ser o último da vida acadêmica, não exclui sua responsabilidade, nem lhe dá o direito de fazer graças [60].

O protecionismo, o pistolão ou o patronato, como se chamava na época, é também uma constante em todas as informações e depoimentos. O caso de Francisco Otaviano de Almeida Rosa, que chega em 1841 a São Paulo sem nenhuma carta de recomendação, é considerado um fenômeno extraordinário. Brotero se dirige ao diretor: "Sr. Diretor, aqui lhe trago uma *avis rara*; é um examinando sem carta de recomendação para o diretor da academia" [61].

Como antídoto a esse regime de benevolência, João Teodoro, na Memória Histórica da Faculdade de São Paulo em 1862, chegou a propor a publicação das provas escritas, pagando o estudante para isto uma taxa, e assim justificava a medida:

> Nenhum membro das comissões julgadoras, por mais solicitado pelas inspirações de uma caridade mal entendida, terá coragem de lançar nota — boa ou — sofrível, em um escrito de duas linhas, em uma prova péssima ou sombreada por muitos borrões ou emendas. Os próprios estudantes, suas famílias, disseminados por todo o Império, seus protetores e amigos se apressarão a lerem, confrontarem e avaliarem os méritos dessas provas, ou a consultarem sobre elas pessoas entendidas.
>
> Teremos, então, senhores, esta influência tão desejada, pacífica e sempre salutar das sociedades civilizadas sobre a instrução pública [62].

O sistema iria continuar da mesma forma; em 1886, a excessiva benevolência dos lentes nos exames extraordinários é causa de debate na Câmara dos Deputados [63]. No ano anterior, atraídos pela excessiva complacência dos examinadores do Recife, vieram de São Paulo noventa e quatro estudantes [64].

E, no entanto, algumas vezes se manifestavam rebeliões dos estudantes contra o esporádico rigor dos professores. Na formatura de 1864 da Faculdade de Direito do Recife, o bacharel Francisco Prisco de Sousa Paraíso, que mais tarde seria Ministro da Justiça no gabinete de Lafayette, distribui, após o recebimento de grau, um folheto injurioso à Congregação. Os lentes não deram ao estudante o grau de aprovação a que ele se julgava com direito e, irritado, chamou-lhes ignorantes, injustos e despóticos [65]. As críticas dos estudantes não se limitavam ao rigor nos exames, mas também à qualidade do ensino; em 1873, o bacharel Benilde Romero, irmão de Sílvio Romero, quando assomou à tribuna para agradecer a concessão do grau de bacharel, disse que nada tinha que agradecer pois nada havia aprendido, desde a filosofia soriânica até às apostilas sebentas, recheadas de carolices, sucedendo aos que saíam graduados levar quinau de qualquer oficial de justiça [66].

Se era esse o nível dos professores, se era esse o interesse dos alunos, se era esse o rigor dos exames, o que se poderia concluir em relação ao estudo do Direito?

Rui Barbosa, ao chegar em São Paulo para cursar o quarto ano, em 1864, escreve a seu primo Albino José de Oliveira estar "engolfado na vida acadêmica" [67]. Parece ser a caracterização de "vida acadêmica" a melhor descrição do ambiente dos cursos jurídicos e das atividades que desempenhavam os estudantes nos cinco anos que eram, por assim dizer, o *cursus honorum* da vida política do século XIX.

O Professor Edgardo de Castro Rebelo, por ocasião do centenário do nascimento de Pedro Lessa, assim definiu, de maneira lapidar, essa vida acadêmica:

> Cindida a sociedade pela escravidão, era entre os filhos dos antigos senhores, ou de sua progênie imediata ou distante, entre os filhos de proprietários rurais, ou na próxima burguesia das cidades, que as academias tinham sua reduzida clientela. Ainda oito anos depois da chamada Lei de Emancipação, em 1879, quando verdadeiramente começa a campanha abolicionista, há, no país, em uma população inferior a três milhões de habitantes, dois milhões de escravos, não computados os ingênuos, descendentes seus, que, praticamente, viviam também no cativeiro.
>
> Não é, assim, de admirar-se que, ainda nesse tempo, as faculdades de ensino superior particularmente as de direito, fossem, para muitos, ante-salas do parlamento. O brasileiro que lograva concluir o curso de humanidades, transposta a adolescência, passava, quase infalivelmente, a uma das quatro escolas civis de ensino superior, ou às militares de onde sairia em grande parte para a carreira política ou o serviço do Estado. Rico ou remediado, se vinha de longe e trouxesse ou não da casa dos seus para a república, onde havia de alojar-se, o pé-de-meia recheado, recebido entre os soluços e bênçãos de despedida, achava na hospedagem de parentes, de amigos que o acolhiam ou mesmo na do correspondente, a continuação da vida de família em que fora criado. Seu caso era, em regra, o mesmo dos outros, em companhia dos quais teria de freqüentar a Academia. De academia podia-se realmente falar. De academia era a atmosfera das pugnas intelectuais em que se havia de empenhar ainda quando de natureza política, o vivo debate que dividia os lutadores. Estes mesmos diziam-se acadêmicos, e o nome perdura, a despeito do contra-senso que hoje exprime [68].

Na verdade, esta vida acadêmica transcendia, por certas vezes, o próprio âmbito do local da escola, para se espraiar pelo burgo em que estava situada, como foi o caso até 1854 em Olinda, tornando-se menos importante em Recife a presença dos estudantes, mas como ocorreu em São Paulo durante todo o século XIX. Visitando a capital paulista, em 1860, assim a descreve Emílio Zaluar:

> Apesar da majestosa natureza que a circunda, da suave elevação em que se acha colocada e do ameno clima que a bafeja, a cidade de São Paulo é triste, monótona e quase desanimada.

Quando os estudantes da faculdade de Direito vão às férias, então é que se reconhece melhor o que acabamos de dizer — e tivemos ocasião de verificar. A mocidade acadêmica imprime à povoação, durante a sua residência nela, uma espécie de vida fictícia que, apenas interrompida, a faz recair, por assim dizer, no seu estado de habitual sonolência. A antiga cidade dos jesuítas deve ser considerada, pois, debaixo de dois pontos de vista diversos. A capital da província e a faculdade de Direito, o burguês e o estudante, a sombra e a luz, o estacionarismo e a ação, a desconfiança de uns e a expansão muitas vezes libertina de outros, e, para concluir, uma certa monotonia da rotina, personificada na população permanente e as audaciosas tentativas de progresso, encerradas na população transitória e flutuante [69].

A vida, numa cidade ou em outra, se passava nas *repúblicas,* cuja descrição em São Paulo nos foi deixada por Almeida Nogueira:

Havia outrora, na vida doméstica do estudante em São Paulo, um quê de particular e característico que algures não se notava: a moradia em comum e autônoma. Constituíam-se em grupos de três a cinco (raramente seis), alugavam a casa, nela organizavam sumariamente todos os serviços domésticos e ali conviviam alegres, descuidosos, em perfeita harmonia, sob o regime democrático. Estas casas eram, por isso, denominadas *repúblicas.*

Ao ocuparem os inquilinos a casa alugada, distribuíam-se, por acordo tácito, nos diversos cômodos. Reservados os de serventia geral — a saber, unicamente a sala de jantar e cozinha — os demais eram ocupados de modo a acumularem para cada estudante as funções de quarto de dormir, sala de visitas, gabinete de estudos, gabinete de toalete, etc.

Em geral, os melhores cômodos competiam aos veteranos e os menos confortáveis aos *calouros* e aos *bichos.*

A mobília comum não excedia de uma peça: a mesa de jantar, e a privativa de cada inquilino — de cama e mesa de estudo e uma cadeira. A estas peças acrescentavam os mais estudiosos uma estante e os mais comodistas alguma cadeira preguiçosa ou de balanço. Ninguém estava proibido — já se deixa ver — de prover-se de divãs, tapetes, guarda-roupas, etc.; mas este luxo era o apanágio dos nababos por tão pouco assim qualificados na boêmia acadêmica.

O preço do aluguel da casa regulava por trinta a cinqüenta mil réis, pagos com igualdade pelos moradores.

O ordenado da cozinheira não passava geralmente de vinte ou no máximo vinte e cinco mil-réis. Esta era sempre uma preta liberta, afeiçoada aos serviços dos estudantes e que rejeitava empregos noutras casas. Preparava regularmente o trivial, menos o saboroso *picadinho,* que preparava com mestria.

Além da cozinheira, que não "dormia no aluguel", segundo o estilo pitoresco das secções de anúncio, contavam as *repúblicas* um ou mais criados. A expressão corrente *criado de estudante* era, naquele tempo, um eufemismo. Tais fâmulos eram escravos dos tais rapazes que **faziam parte da** *república.* Acompanhando a São Paulo o senhor-moço para servi-lo, eles acumulavam a tarefa de copeiro camareiro e outras mais de toda a casa e, se não pagamento, recebiam espórtulas espontâneas que lhes davam os estudantes. Eram amigos dos brancos a quem serviam e dedicadíssimos ao senhor-moço. Identificavam-se com eles e formavam entre si uma espécie de subclasse acadêmica, à sombra de seus senhores. Eram, como eles, *calouros* ou *veteranos*, e à medida que aqueles gradualmente subiam ao ano superior, também os seus *criados* passavam ao ano equivalente entre seus pares ou seus colegas, chamavam-se entre si calouros ou quintanistas e os de ano superior mandavam os outros *medir a distância que os separa.*

Em geral, quando o estudante recebia a sua carta de bacharel, outorgava ao seu fiel criado a carta de liberdade. Perdia o escravo, mas conservava o amigo.

A lavagem de roupas dos estudantes constituía-se numa das principais indústrias da economia doméstica das famílias paulistanas. Havia empenhos para se obter a freguesia dos rapazes e a constância desta era premiada com profusão de flores e alguns presentes e doces. O preço da lavagem era de um mil-réis por dúzia, contando-se indistintamente todas as peças do vestuário, roupas de cama, toalhas, etc. Este serviço era feito com suficiente cuidado [70].

Emílio Zaluar também nos dá uma descrição interessante das *repúblicas*:

Sem perder nada de típico, característico e particular de que geralmente é conhecida em toda parte do mundo, esta tribo de boêmios do estudo a que se chama estudantes, os da Faculdade de Direito de São Paulo têm suas feições que lhes são próprias e especiais. A maior parte deles habita dividida em grupos mais ou menos numerosos, constituindo um certo número de famílias em casas e aposentos a que dão o nome de república. Estas repúblicas são formadas ordinariamente pelos filhos de uma mesma província, conservando-se, deste modo, no meio da promiscuidade de suas relações gerais, o espírito do provincianismo que sempre distingue os diversos ramos da população. É sobretudo entre os filhos da província de Minas que este espírito de fraternidade local se torna mais digno de atenção. Os mineiros são geralmente inteligentes, e vivem mais concentrados que a maior parte de seus colegas, entregando-se ao estudo com dedicação e até muitas vezes com excesso. Esta, a província do Rio de Janeiro e a de São Paulo são as que fornecem o maior contingente ao curso jurídico estabelecido na capital. Os rio-grandenses seguem-se-lhe depois em número e os das outras províncias do Império são em muito menor quantidade, especialmente os do norte, o que facilmente se explica lembrando-nos que lhes fica mais próxima a academia do Recife. Os estudantes de São Paulo não vivem já nessa cínica miséria de que lhe falam as curiosas tradições da antiga Coimbra. Hoje pecam talvez pelo extremo oposto. Além das comodidades indispensáveis a uma existência modesta, grande parte dos estudantes adorna as suas confortáveis habitações com muitos objetos de luxo, de gosto, não lhes faltando quase nenhum dos regalos que tornam a vida amena e aprazível. A cadeira sem fundos, a mesa de pés quebrados, a velha garrafa servindo de castiçal caíram completamente em desuso entre os estudantes de agora. Não sei se o drama e o romance perderam nisso. Mas o que posso afirmar é que o asseio e os hábitos de regularidade doméstica ganharam muito [71].

Tomás Pompeu de Sousa Brasil, que estudou em Recife de 1868 a 1872, descreve ali a vida estudantil de seu tempo em cores pouco animadoras:

vida sem conforto, rudimentar, um tanto boêmia, e que mais se apertava à proporção que os recursos financeiros enfraqueciam ou se esgotavam para os últimos dias do mês, o que sucedia em muitos agrupamentos; tornava-se, então, incômoda, mesmo penosa, obrigando, às vezes, os moços a lançar mão de expedientes comprometedores. As relações contraídas nesse meio reproduziam a instabilidade dessa vida acidentada. A menos que laços provincianos, de família, os prendessem, a solidariedade, entre eles, era mais para o prazer do que para os estudos. Verdade seja que a necessidade de preparar as lições de alguns lentes levava muitos moços estudiosos a se reunirem, depois das aulas, e, em comum, procurarem, com os apontamentos tomados, reconstruir a lição. Era este o aspecto mais sério e mais propriamente acadêmico dessa existência, salteada, por um lado, pela desordem nos gastos, ou pela escassez dos recursos, por outro pelo duende das sabatinas e dos exames. No intervalo desses extremos, a existência corria álacre, descuidosa, às vezes bulhenta, ou romanceada por episódios amorosos que, não raro, terminavam, como nos dramas morais, pelo casamento. Em algumas repúblicas, o espírito juvenil manifestava-se pelo canto, seguida da música de violão, em outras por truanices, farsas espirituosas, jogos de espírito entre os colegas e até com vizinhos. À noite a insipidez do lugar obrigava os rapazes pundonorosos, que se não queriam expor às notas baixas de lição, a estudar; outros, menos cuidadosos, jogavam cartas, vício comum, e que ainda perdura, em muitos agrupamentos estudantis [72].

O tipo do estudante era assim uma figura exemplar. Daí a inteira procedência do comentário de Sá Viana de que

> os estudantes de direito são todos os que diariamente vão ao convento, ou mesmo os que lá não vão, mas que pagam a competente matrícula à Fazenda Nacional. Estes (os que têm interesse pelo estudo do Direito e que durante o curso acadêmico dirigem exclusivamente as letras jurídicas), porém, são poucos. A aridez e a força do estudo fazem recuar grupos numerosos que se limitam a adquirir conhecimentos gerais em base de idéias que só mais tarde serão desenvolvidas pela prática [73].

Se se quiser examinar uma geração acadêmica, pode-se escolher a geração que passa pela Faculdade de Direito de São Paulo no período de 1866 a 1870, uma das mais ilustres a assinalar, nela havendo figuras que se destacariam na vida jurídica, na política, nas letras, como, entre outros, Rui Barbosa, Joaquim Nabuco, Castro Alves, Rodrigues Alves, Afonso Pena. Entretanto, se se pesquisar nas biografias, nas recordações, nas reminiscências, nas memórias, ver-se-á que o brilho desta geração se exerceu muito mais fora dos umbrais das Arcadas do que no estudo do Direito e no comparecimento às preleções dos professores da casa.

Sobre Rui Barbosa, além de vários volumes biográficos, há dois trabalhos especiais, a conferência de Batista Pereira, pronunciada na Faculdade de Direito de São Paulo em 5 de novembro de 1924 [74], e o estudo, feito com a devoção que lhe era peculiar, de Antônio Gontijo de Carvalho, prefácio ao volume I, tomo I das Obras Completas de Rui Barbosa [75]. Cabe apontar que esta geração, como foi comum no Império, mantinha a peculiaridade de se transferir de uma escola para outra, tendo uns, como Rui Barbosa, começado o curso em Recife e terminado em São Paulo, e outros, como Joaquim Nabuco, iniciado em São Paulo para concluí-lo em Recife [76].

Rui Barbosa, aponta Batista Pereira, já no segundo ano adquiria no livreiro Lailhacar a *Constituição dos Estados Unidos,* de Story, o livro de Tocqueville, *La Démocratie en Amérique,* a obra de Cherbuliez, *Démocratie en Suisse,* e o estudo de Bertauld, *Liberté* [77].

O abandono por Rui da faculdade do Recife no final do segundo ano esteve ligado a uma nota simplesmente, obtida em exame, e dada pelo lente Drummond. Batista Pereira aventa a hipótese de ter sido a nota uma represália do professor ao parente de seus adversários em Pernambuco [78]. Ulisses Brandão apresenta uma outra explicação para o fato: Drummond professava idéias arcaicas e era fanático por Taparelli, enquanto o aluno era já adepto das doutrinas liberais [79].

Da passagem por São Paulo, além da referência a José Bonifácio e à famosa aula sobre a retroatividade das leis, que se pode considerar seja mais um tributo oferecido ao orador e ao ilustre chefe liberal do que realmente ao professor de Direito, as referências são muito mais a atividades extra-acadêmicas. Gontijo de Carvalho assinala ainda que os lentes da Faculdade de Direito de São Paulo timbravam sempre em apertar os alunos transferidos de Recife. E assim Rui Barbosa, tão logo chega a São Paulo, é argüido pelo lente Manoel Dias de Toledo, que externou a José Bonifácio a sua impressão: "Senti-me à frente de um pró-homem do futuro" [80]. A atividade de Rui Barbosa exerceu-se muito mais no jornalismo acadêmico, na política, na luta abolicionista, na participação nas sociedades maçônicas, na oratória e mesmo na poesia. Ele mesmo diria, referindo-se à atividade política, que foi a preponderante:

> Nesse triênio, de 1868 a 1870, em que inteirei aqui os meus estudos, encetados no Recife, o mundo acadêmico e o mundo político se penetravam mutuamente [81].

No Radical Paulistano, folha na qual teria um dos lugares principais, com Américo de Campos, Luís Gama, David Elói, Benedito Otoni e Bernardino Pamplona, dizia ele que

> contribuíam os estudantes talvez com contingente mais ativo, se bem que, no valor, nos fizessem vantagem considerável os nossos auxiliares. Episódio assaz expressivo da comunhão em que a sociedade política e a sociedade escolar se entremeavam nesses dias, para mim tão repassados de saudade [82].

Também participou intensamente das conferências populares no salão São Joaquim Elias, na rua São José, como também da Loja América, assinalando que

> tive parte assinalada (na Loja América). Nenhum de nós alimentava a superstição da maçonaria. Nenhum lhe simpatizava com o caráter de segredo. Nenhum se encantava no mistério das suas fórmulas. Toda a nossa traça era de reação às claras, exterior a todo o objeto de nossas atividades, tendentes à luz todos os nossos intuitos [83].

É também desse período a discussão dentro da Loja com o Professor Antônio Carlos, obrigando os membros da casa a libertarem os nascituros das escravas, e pondo tal condição como compromisso aos futuros iniciados.

Na mesma época participa intensamente das atividades do Clube Radical, com os mesmos membros do Radical Paulista [84]. E Batista Pereira transcreve várias produções poéticas do jovem estudante, de sentido épico, grande parte delas ligadas ao movimento da Guerra do Paraguai [85].

Joaquim Nabuco, que percorrera itinerário inverso ao de Rui Barbosa, diria no seu tempo de velhice, referindo-se à fase da vida acadêmica, que "no nosso tempo, a boêmia e as rapaziadas não eram mais de moda; predominavam o prestígio intelectual e o da elegância" [86]. Sancho de Barros Pimentel, recordando o período, diz que Nabuco

> desde os seus primeiros anos de Academia revelou-se um talento feito para a vida exterior, para a política, destinado a ser um homem de ação, para viver num meio que o aplaudisse e o elevasse. Naquele tempo, tomava-se de muito interesse pelo que se passava na vida política e na Academia havia liberais e conservadores. Se houve partidos, foram estes. Ora, logo no primeiro ano, Joaquim Nabuco apareceu na imprensa e na tribuna das associações acadêmicas, como líder dos primeiros, se posso me servir da expressão que à força de usada já passou o cunho. Dois jornais ele criou: a *Tribuna Liberal* e a *Independência*, ambos políticos. A iniciativa do jantar oferecido a José Bonifácio, depois de 16 de julho, foi toda sua. Foi ele que reuniu no salão da Concórdia não somente os liberais da Academia como as grandes figuras do partido em São Paulo [87].

E comenta o biógrafo:

> Como estudante não era (Nabuco) dos mais assíduos, mas além dos seus trabalhos nos jornais e à testa do Partido Liberal Acadêmico, estreava no panfleto, com uma defesa do crime político, a propósito de Charlotte Corday, e colaborava no *Ypiranga*, que não era como os outros folha acadêmica, mas o principal jornal da cidade. Era dirigido por Salvador de Mendonça e por Ferreira de Menezes que, embora não fosse mais estudante, continuava um dos chefes da mocidade [88].

A partir do quarto ano, Joaquim Nabuco realiza seus estudos em Recife. E comparando os professores da faculdade do Recife em relação aos de São Paulo, escreve, ressalvando algumas honrosíssimas exceções:

> A mocidade pertence ao partido da liberdade. Eles (os professores) ao do Poder. A mocidade tem sede de ciência, da eloqüência e eles são poços de água estagnada da Idade Média, e como poços têm eco mas não têm voz [88].

No belo volume de memórias de Joaquim Nabuco, *Minha Formação*, o capítulo "Colégio e Academia" é quase todo dedicado, com relação ao curso jurídico, à atividade política e às leituras feitas, com uma simples referência a que "nesse tempo dominava a Academia, com a sedução de sua palavra e de sua figura, o segundo José Bonifácio". E o capítulo segundo, com o título de "Bagehot", é todo consagrado à influência que exerceu no seu espírito a obra do autor inglês da Constituição inglesa, dizendo ele expressamente que "não sei a quem devo a fortuna de ter conhecido a obra de Bagehot, ou se a encontrei por acaso entre as novidades da livraria Lailhacar em Recife" [90].

Na magnífica biografia que Afonso Arinos de Melo Franco dedicou a Rodrigues Alves, nas vinte páginas em que cuidou do curso acadêmico do ilustre Presidente da República, só pôde fazer referência às duas dissertações, das sete que se dizia existir na faculdade e às notas de aprovação [91].

Ser estudante de Direito era, pois, sobretudo, dedicar-se ao jornalismo, fazer literatura, especialmente a poesia, consagrar-se ao teatro, ser bom orador, participar dos grêmios literários e políticos, das sociedades secretas e das lojas maçônicas.

O jornalismo acadêmico, seja na sua feição literária, seja na sua feição política, despertou sempre o maior interesse entre os estudantes dos cursos jurídicos. Durante muito tempo atribuiu-se como primeiro jornal acadêmico publicado no Brasil o *Eco de Olinda,* fundado em 1831 pelos alunos do curso jurídico, tendo como principal redator José Tomás Nabuco de Araújo, e como colaboradores o seu conterrâneo baiano Ângelo Munis da Silva Freire e José Luís Cansansão de Sinimbu. No mesmo ano os irmãos Sérgio e Álvaro Teixeira de Macedo fundaram o *Olindense*. O jornal era, a princípio, manuscrito, saindo alguns números para satisfazer a curiosidade dos colegas. Depois, passou a ser impresso em formato pequeno, em duas páginas. Poucos números foram publicados, sendo que o último em meados de 1832 [92]. No dizer de Joaquim Nabuco, estes primeiros jornais eram folhas exclusivamente políticas, contendo apenas dissertações retóricas sobre teses profissionais e, às vezes, em "parágrafos" soltos, à moda norte-americana, pequenas verrinas condensadas. A época era revolucionária e apenas os jovens escritores naturalmente desprendiam chispas. Por isso, não se encontra ainda na produção acadêmica a mais leve preocupação desse talento puramente literário que mais tarde se tornará, falsamente nas academias, a medida intelectual por excelência [93].

Pesquisas mais recentes, porém, revelam que o primeiro jornal acadêmico foi *Um Amigo das Letras,* editado em São Paulo por Josino Nascimento da Silva; o primeiro número é de 4 de abril de 1830, e o 24º número, o último provavelmente, de 29 de setembro do mesmo ano [94].

Assinala Clóvis Beviláqua que

o movimento social, como o físico, é ondulatório. O surto de idealismo político, depois de culminar em 1817 e 1824, foi seguido de um período de esgotamento e depressão. Preponderam, então os intuitos práticos. Quem vai a Olinda quer somente habilitar-se a exercer uma profissão de juiz ou de advogado, talvez de professor. E, como qualquer delas dependia da política partidária, todos se alinhavam sob a bandeira de um partido. Ainda era cedo demais para pensar-se na ciência desinteressada. Por isso, o jornalismo acadêmico em Olinda pouco se preocupava, nos primeiros tempos, com as altas questões da filosofia ou ainda com a literatura, no sentido restrito do termo, mas tinha a sua retórica de ênfase e declamações [95].

Em 1833, Nabuco de Araújo inicia a publicação de um outro jornalzinho, *O Velho de 1817,* já apresentando uma mudança radical das idéias e um caráter nitidamente conservador. Seguem-se, entre outros, *O Povo Pernambucano* e, em 1834, o *Censor Brasileiro;* em 1836, a *Constituição de D. Pedro II; O Velho Pernambucano,* de Sinimbu, que vinha já de tempos anteriores, o *Aristarco, Despertador da União e da Ordem,* também de Nabuco de Araújo, que já se formara, no ano anterior; em 1838, *O Argus Olindense,* sob a direção de Furtado, Antônio Borges Castelo Branco e Casimiro José Morais Sarmento, onde colabora Carvalho de Moreira, futuro Barão de Penedo. As críticas publicadas no jornal a alguns lentes de Olinda provocam uma reprovação e a conseqüente transferência do grupo, o chamado "grupo olindense", para a Faculdade de Direito de São Paulo.

"No segundo reinado", acrescenta Clóvis Beviláqua, "apaziguados os ânimos, entrando o país em vida normalizada, vão os moços se alheando da política para se consagrar à literatura que, afinal, os empolga até, muitas vezes, com prejuízo da ciência que vêm procurar na Academia" [96].

São desse período o *Fileidemon,* o *Polimático* e o *Progresso,* de Antônio Pedro Figueiredo, que, apesar de não ser jornal acadêmico, grande influência exerce sobre os acadêmicos.

Prosseguindo em sua análise, adita Clóvis Beviláqua que as publicações periódicas da Academia de Direito de Olinda e Recife

> são ensaios juvenis, alguns denunciadores de aptidões que se afirmaram mais tarde, ou que apenas significam veleidades literárias, incapazes de frutificar. Lista enfadonha e forçosamente incompleta, a que se desdobraria sem utilidades para o conhecimento da vida mental da mocidade do tempo, ou da influência da Faculdade sobre a evolução das idéias se se tentasse nomear as publicações redigidas por alunos da Escola de Direito do Recife [97].

O decênio de 1849 a 1859 é assinalado pela nota do romantismo sentimental, com *A Aurora* (1849) onde escrevem Moreira Brandão Castelo Branco, Benício Fontenelle, Pedro Leão Veloso e Inácio de Barros Barreto Júnior; o *Álbum dos Acadêmicos Olindenses* (1849-1850), escrito por Lino Reginaldo Alvim, Leandro Bezerro Monteiro e Olímpio José Meira; *A Estrela* (1854), com a colaboração de Ayres Gama, Franklin Dória e Agrário de Menezes; *O Clarim Literário* (1856-1857), de Joaquim José de Campos, Américo Gitaí, Gentil Homem e Carlos Autran; o *Atheneu Pernambucano* (1856-1863), órgão da sociedade do mesmo nome, presidida pelo professor Joaquim Vilela, onde surgem os nomes de Lucena, Gama Lobo, Antônio Muniz, Prado Pimentel, Frederico José Correia, Franklin Távora, Teodoreto Souto; o *Ensaio Filosófico Pernambucano* (1857). Nesse período se exercem as influências de Byron e Musset através de Álvares de Azevedo e, em 1861, Franklin Távora publicava a *Trindade Maldita,* inspirada na *Noite da Taverna.* Em 1862, começa a aparecer outro sol: Victor Hugo.

O Futuro (1864) é periódico literário redigido por Castro Alves, Maciel Pinheiro, Aristides Milton e Alves de Carvalho, e também o jornal literário *O Acadêmico* (1868) de Tobias Barreto, Jansen Ferreira Júnior, Casimiro Borges e outros; no *Lidador Acadêmico,* redigido sob a orientação do lente Tarqüínio Bráulio de Sousa Amaranto, colaboraram Catão Guerreiro de Castro, C. Guerra da Silva Melo, Firmino Soares e outros acadêmicos, publicando Castro Alves nesse jornal a célebre poesia *O Século* [98].

Em 1870 Sílvio Romero publica seus primeiros ensaios de críticas literárias na *Crença* e continua a se afirmar, em 1872, com *O Movimento.* Celso Magalhães e Lagos Júnior aparecem no *Trabalho* (1873), no *Lábaro* (1873) e no *Culto às Letras* (1873-1875). Artur Orlando, Clodoaldo de Freitas, entre 1875 e 1878, revelam-se na *Idéia Nova,* na *Revista Acadêmica* e na *Revista Ilustrada* [99].

Em São Paulo também o jornalismo literário e político alcança grande expressão; cabe mencionar, na primeira fase, como principais periódicos, os *Ensaios Literários,* entre 1847 e 1852, fundado por José de Alencar, sendo um dos redatores Bernardo Guimarães; o *Ensaio Filosófico* (1848-1850), fundado por Álvares de Azevedo, Francisco Ribeiro Escobar, Antônio Ferreira Viana, Paulino José Soares de Sousa, José Maria de Sá e Benevides, Antônio Carlos Ribeiro de Andrade II e José Maria da Costa Ferreira; o *Ipiranga* (1849), redigido por João da Silva Carrão e Antônio Ferreira Viana; a *Revista Literária* (1852), onde Antônio Ferreira Viana publica o seu discurso em memória ao bacharelando Álvares de Azevedo.

Numa outra fase, *O Acaiaba* (1852-1854), redigido por Félix Xavier da Cunha e Quintino Ferreira de Sousa, que adotaria em seguida o sobrenome Bocaiúva; a *Academia* (1856), revista filosófico-literária, redigida por João Vieira Couto Magalhães, pugnando pelo abolicionismo; o *Guianá* (1856), também de orientação abolicionista; a *Revista Mensal de Ensaio Filosófico-Literário* (1857-1859); a *Revista Acadêmica*, depois *Revista da Academia de São Paulo* (1858-1859), sob a direção de José Vieira Couto Magalhães e J. A. de Camargo.

O período entre 1860 e 1870 é a fase áurea dos periódicos, devendo ser mencionados *O Timbira* (1859-1861), com Rodrigo Otávio, José Roquete Carneiro de Mendonça e Paiva Tavares, dirigido a partir de 1861 por Florêncio de Abreu e Rangel Pestana; o *Foro Literário* (1861), redigido por Antônio Joaquim de Macedo Soares e Américo Lobo; o *Futuro* (1862), dirigido por José Cesário Faria Alvim, Teófilo Carlos, Benedito Otôni e Francisco Martins Santos; *A Razão* (1862), sob a direção de Campos Sales, Quirino dos Santos e Francisco de Paula Belfort Duarte; o *Ipiranga* (1864), redigido por Salvador de Mendonça; a *Palestra Acadêmica*, revista científico-literária, redigida por Cunha Leitão, Dídimo da Veiga e Leôncio de Carvalho; a *Revista da Imprensa Acadêmica* (1864), fundada por Ramos Figueira e na qual colabora Machado de Assis [100]; a *Tribuna Liberal* (1867), sob a direção de Salvador de Mendonça e Leôncio Correia, com a colaboração de Martim Cabral e Fernando Osório e fundada por Joaquim Nabuco para defender as novas aspirações sociais.

Rui Barbosa, no período de três anos na Faculdade de Direito de São Paulo colabora no *Ipiranga,* na *Independência* e na *Imprensa Acadêmica.* Castro Alves colaborou no primeiro e no terceiro, redigindo o segundo.

Com as idéias políticas republicanas, merece atenção a *República* (1876-1881), órgão do Clube Republicano Acadêmico, tendo como redatores Alcides Lima, Manhães Campos, Pelino Guedes, Sampaio Ferraz, Caio Prado, Assis Brasil, tendo colaborado em outra fase Lúcio de Mendonça e Manoel Inácio Carvalho de Mendonça. *O Federalista* (1880), considerado por Edmundo Lins "o mais brilhante periódico da imprensa acadêmica republicana", teve como redatores Alcides Lima, Pedro Lessa e José Alberto dos Santos. No campo literário deve ser mencionada a *Comédia* (1881), diário de propriedade de Valentim Magalhães, Gustavo Pinto Paca, Silva Jardim e Adolfo Carneiro de Almeida Maia, contando com a colaboração de Raimundo Correia, Eduardo Prado, Raul Pompéia, Afonso Silva Júnior, Assis Brasil e Fontoura Xavier. Convidados do Rio mandavam colaboração, como Machado de Assis e Filinto de Almeida, nele também colaborando Augusto de Lima e Luís Murat [101].

O teatro foi outra atividade a que se dedicaram, como derivativo, os estudantes no Norte e no Sul. Olinda, durante cerca de dois decênios, teve o seu teatro acadêmico funcionando numa rua paralela à rua de São Bento, com cenário regular e um número razoável de cadeiras nas platéias e nos balções. Nele se levou à cena, em 11 de agosto de 1846, o *Elogio Dramático,* escrito por Antônio Rangel de Torres Bandeira, peça alusiva à criação dos cursos jurídicos. Vários outros dramas, alguns muito difíceis, chegaram a ter aí uma correta interpretação. Eram principais autores os acadêmicos Buarque de Nazaré, Nunes Gonçalves, Agnelo Ribeiro, Ferreira Franco, Sousa Reis, Sebastião Braga e Fernando da Cunha.

Com a transferência do curso jurídico para Recife, "os acadêmicos trocaram a cena pela platéia". Mas ainda aí eles procuravam conquistar não só o amor das atrizes, como o aplauso dos outros espectadores. Alguns deles, como Alfredo Pinto e Aníbal Falcão, se tornaram atores teatrais. A maioria de suas obras dramáticas ou não chegou a ser representada ou o foi por estranhos à academia, havendo o teatrinho acadêmico desaparecido. Os estudantes do Recife, entretanto, tomaram parte em algumas representações, impelidos por motivos de caridade. Em 1878, os acadêmicos Pepes de Vasconcelos e Moncorvo figuraram na representação no Teatro Santa Isabel, de gloriosas tradições, num drama extraído de *Os Miseráveis,* de Victor Hugo. E seis anos mais tarde um grupo de acadêmicos abolicionistas levou à cena, no mesmo teatro, em benefício da sociedade Aves Libertas o drama de Castro Alves *Gonzaga ou a Revolução de Minas.* Eram eles Giridião Durval, Pedro Vergne, Cardoso de Castro, Adalberto Guimarães e outros [102].

Em São Paulo o mesmo movimento se observa; já em 1830, os estudantes fundavam o Teatro Acadêmico, constituindo para isso uma sociedade, a cuja frente estavam Fernando Sebastião Dias da Mota, José Maria de Sousa Pinto, Bernardo de Azambuja, Josino Nascimento e outros. No dia da abertura, comparecia em peso a academia, recitavam-se discursos e poesias, e muitos se dispuseram logo a escrever peças. Dias da Mota representava papéis trágicos; José Maria, os cômicos, cabendo a Josino Nascimento, vestido de mulher, o de ingênuo. Foram representadas *O Filantropo, O Triunfo da Natureza, Sganarelo, O Juiz de Paz da Roça, Manuel Mendes, Euxindiá* e outras peças cômicas da época. Os periódicos oposicionistas começaram a escrever artigos contra este relaxamento dos costumes, cobrindo Rendon de censuras. Afinal este consulta o Governo, que resolve proibir, em aviso, a continuação das representações durante o período letivo, quer em teatros públicos, quer em particulares [103]. Há referências, em 1856, ao teatrinho do Pátio do Colégio, cuja platéia era constituída exclusivamente de estudantes, somente realizando-se espetáculos às quartas-feiras, por ser quinta-feira o dia de folga na academia, e aos sábados e nas vésperas dos feriados. Os costumes acadêmicos não permitiam divertimentos em outros dias, e quem infringisse tal regra dava logo mostra de indisciplina e humilhação, e como a cidade era pequena e todos se conheciam, corria-se o risco de ser chamado à lição no dia seguinte ou ser reprovado no fim do ano [104].

Na década seguinte, o Teatro São José, no Largo de São Gonçalo (Praça João Mendes), seria também local das grandes representações e da participação ativa dos estudantes, inclusive na época em que ali esteve Eugênia Câmara, a grande paixão de Castro Alves [105].

A participação dos estudantes na vida política é também uma constante durante o Império. Não caberia aqui uma análise pormenorizada dessa participação, mas apenas algumas indicações exemplificativas. Em 1831, quando soldados insubordinados se apoderaram da cidade do Recife e saquearam as lojas e armazéns praticando violências, os estudantes de Olinda, entre os quais se destacava Nunes Machado, puseram-se a postos, prestando seus serviços. E tão relevantes foram tais serviços que o comandante militar da praça a eles se referiu em termos elogiosos [106]. Com o rompimento da revolução praieira de 1848, teve Olinda como um dos seus centros; a academia foi invadida, arrancando das cogitações científicas os professores e alunos. Jerônimo Vilela Tavares, lente da academia, foi um dos signatários do manifesto de 25 de novembro de 1848 e esteve sempre ao lado de Nunes Machado. Sofreu desterro para Fernando de Noronha, perdendo a cadeira de lente, à qual seria mais tarde restituído [107].

Rebentando a Guerra do Paraguai, o entusiasmo patriótico sacudiu os estudantes do Recife e alguns, no dizer de Tobias Barreto, "deixavam dobrada a folha do livro enquanto iam morrer". João Batista da Corte Real e José

Joaquim Ramos, quintanistas de 1865, interromperam o curso, prestes a terminar, para fazer a Guerra do Paraguai. Maciel Pinheiro, que fora preso por três meses na prisão escolar, no Colégio das Artes, em virtude de umas frases irreverentes, foi um dos mais entusiásticos combatentes. Outros estudantes, tendo à frente o Dr. Trigo de Loureiro, apresentaram-se ao presidente da província, prontos para se incorporar às hostes que partiam para defender a pátria em perigo. O Governo dispensou o generoso oferecimento, mas os rapazes o mantiveram e marcharam para o Sul [108].

Em São Paulo vibrava o mesmo sentimento patriótico. Já em 1830, o assassínio do líder liberal jornalista Líbero Badaró provoca movimento dos acadêmicos de repulsa mais veemente [109]. A Faculdade de São Paulo também ofereceu seus voluntários para a Guerra do Paraguai: Martinho Prado, Antônio Ribas, Lupércio Rocha Lima, Leopoldino Cabral de Melo são alguns dos nomes que a crônica registra. E quando, em 25 de abril de 1870, as tropas paulistas regressam, a cidade se engalanou para recebê-las, a academia em peso se associou à homenagem, falando em nome do corpo acadêmico o quintanista Rodrigues Alves, ofertando-lhes uma coroa de prata [110].

Mas a atuação maior se processaria na Abolição e na República. Já em 1856, Couto de Magalhães fundava uma sociedade de liberação dos escravos, composta de estudantes [111] e a batalha libertadora de Rui Barbosa e Joaquim Nabuco, na Loja América, bem como todo o movimento republicano, que levou um historiador do movimento a chamar a faculdade de São Paulo de "uma fortaleza do republicanismo" [112], são o testemunho dessa intensa participação cívica.

A literatura foi outro setor onde alcançaram grande relevo os acadêmicos de Direito no Império. Em percuciente análise, Fernando de Azevedo apontou que "na preferência dos filhos de famílias pobres ou abastadas pelo estudo das leis não se deve, pois, reconhecer apenas o gosto pelo título de bacharel em Direito com que se reatou a tradição do bacharelismo colonial, nem somente um número crescente de vocações para os estudos jurídicos que se difundiram por todo o país, mas também a aspiração de uma cultura geral, desinteressada, para jovens que não podiam adquiri-las senão nesses cursos penetrados de filosofia e de letras. Nenhuma instituição de ensino superior estava mais predestinada do que as escolas de Direito a exercer esta função supletiva, não só pelo caráter mais filosófico de seus estudos e pela maior aplicação das letras às atividades de carreira, como ainda porque de todas as faculdades de preparação profissional, são as de Direito, pela própria natureza de seus cursos, que põem a sua razão de ser, de preferência, no elemento cultural e não no elemento econômico e técnico, e desenvolve uma fé mais robusta no poder espiritual, na virtude unificadora da inteligência e nos valores morais. As faculdades de Direito foram, pois, o viveiro de uma elite de cultura e urbanidade, em que recrutaram numerosos elementos a administração e a política, o jornalismo, as letras e o magistério (e até mesmo o teatro), infiltrados de bacharéis, desertores dos quadros profissionais e que guardaram, com a ilustração, apenas o título e o anel de rubi no dedo, como sinais de classe e de prestígio" [113].

Na mesma linha de pensamento, Antônio Cândido relacionou a supremacia dos estudos de Direito com o longo predomínio da literatura no Brasil:

> Aos problemas coloniais de estabelecimento de fronteiras e consolidação do território, sucederam no século XIX os graves problemas do estabelecimento e consolidação do Estado, inclusive a ordenação de uma sociedade pouco organizada, além dos limites paternalistas da família. É, pois, compreensível que se tenha propiciado a cultura jurídica (provida desde logo de bases universitárias) com toda a sua tendência para o formalismo, como orientação, através da retórica, como técnica. Se lembrarmos que o discurso e o sermão (sobretudo este) foram os tipos mais freqüentes e prezados de manifestação intelectual no tempo da Colônia, veremos quanto a sua difusão no campo da jurisprudência importa em triunfo do espírito literário, como elemento de continuidade cultural [114].

E a incorporação da literatura a públicos mais amplos é vista pelo mesmo e competente crítico através de sua aceitação pelas instituições governamentais com a decorrente dependência em relação às ideologias dominantes, nesse sentido avultando três fatores: o freqüente amparo oficial de D. Pedro II, o Instituto Histórico e as academias de Direito (Olinda, Recife e São Paulo).

> Tal função, prossegue Antônio Cândido, consistiu, de um lado em acolher a atividade literária como função digna; de outro, a de podar as suas demasias pela padronização imposta ao comportamento do escritor, na medida em que era funcionário, pensionado, agraciado, apoiado de qualquer modo. Houve, nesse sentido, um mecenato por meio da prebenda e do favor imperial que vinculavam as letras e os literatos à administração e à política, e que se legitima na medida em que o Estado reconhecia desta forma (confirmando-o junto ao público) o papel cívico e construtivo que o escritor atribuía a si próprio, como justificativa de sua atividade. À medida, porém, que o século correu, foi-se vendo outro aspecto dessa realidade, que a completa e é, em parte, devida às próprias faculdades jurídicas: a reação ante essa ordem excessiva por parte do boêmio e do estudante, que muitas vezes era um escritor antes da idade burocrática. Este elemento renovador e dinamizador acabou por ser parcialmente racionalizado pelas ideologias dominantes, esboçando-se nos costumes certa simpatia complacente pelo jovem irre-

gular que antes de ser homem grave quebrava um pouco da monotonia de nosso Império encartolado, mas nem por isso perdia o benefício de seu apoio futuro [115].

Na atividade literária, predominava a poesia, a que todo jovem se arrogava o direito de praticar, considerando-se desprestigiado quem não o fizesse. Assim, "nas Faculdades de Direito", comenta Cassiano Ricardo,

> nascem, pois, muitos poetas do Brasil. Nascem misturando códigos parnasianos com os códigos do processo civil e comercial. Um deles chega mesmo a reduzir o regulamento 737 a versos alexandrinos, talvez obedecendo ao capricho de algum destino mágico que faz jurista e poeta dois irmãos tão parecidos [116].

É examinando essa questão que o mesmo autor fala na predestinação que levou mais tarde a Faculdade de Direito de São Paulo a inscrever no frontispício de suas arcadas não o nome de três jurisconsultos, mas o nome de três poetas: Álvares de Azevedo, Castro Alves e Fagundes Varela [117].

Pedro Lessa, escrevendo a respeito dos tempos acadêmicos de Lúcio de Mendonça (1873-1877), retratados em *Horas do Bom Tempo,* assim se expressa:

> Na cidade acadêmica daquele tempo, toda impregnada das tradições românticas de obras de Álvares de Azevedo e seus companheiros e das glórias alvorescentes de Castro Alves e Fagundes Varela, ser poeta era a primeira das distinções da aristocracia intelectual [118].

Nesse aspecto, em nenhuma fase da literatura brasileira a influência das faculdades de direito terá sido tão marcante como na do Romantismo, o mal romântico de que falava Paulo Prado:

> Nesse organismo precocemente depauperado (o Brasil), exposto às mais variadas influências mesológicas e éticas, ao começar o século da independência manifestou-se como uma doença, o mal romântico.

E acrescentava:

> colheram-no dois centros intelectuais que eram as escolas de direito fundadas em 1827, em Olinda e em São Paulo, em que se formaram, sobretudo na última, os dois focos de infecção romântica. São Paulo, pelas condições especiais do meio e geográficas, teve influência mais intensa na formação social e intelectual. Foi o grande centro romântico. A própria cidade, no seu tradicional isolamento de serra acima, oferecia um aspecto romanticamente melancólico e espanhol entre pinheiros e casuarinas, com suas tardes cinzentas [119].

Já em 1833 fundava-se a Sociedade Filomática, cinco anos após a criação da faculdade, configurando-se no fato observado por Antônio Cândido da convivência acadêmica propiciar a formação de agrupamentos caracterizados por idéias estéticas e manifestações literárias. Compunham a Sociedade Filomática jovens professores e alunos, entre os quais Francisco Bernardino Ribeiro, Justiniano José da Rocha, Francisco Pinheiro Guimarães, Antônio Augusto Queiroga, José Salomé Queiroga, assinalando o crítico que nenhum deles era nascido em São Paulo, para depois afirmar:

> publicaram seis números de uma revista, esboçaram uma atitude bastante ambivalente de reforma anticlássica, promoveram reuniões e representações — agitaram, numa palavra — a pequena cidade de então, estabelecendo nela a literatura como atividade permanente, por meio de seu corpo estudantil. Quando mais não fosse, esse feito bastaria para consagrá-los, a despeito da pobreza quantitativa e qualitativa de sua produção. Há mais, todavia: desse agrupamento de amigos, tomados pelo entusiasmo da construção literária (que foi, no Brasil, a mola patriótica do Romantismo, a sua motivação consciente) surgiria, como breve fogacho, uma intuição poética que iria iluminar a posterior evolução das letras de São Paulo e abrir caminho para uma das suas mais típicas manifestações. O caso foi que, em 1837, falecia Francisco Bernardino, aos vinte e três anos, já lente da Faculdade, guia da Filomática, grande esperança do tempo. O moço jurista protegia e orientava, nos estudos, um conterrâneo, Firmino Rodrigues Silva, já no fim do curso, e que podemos considerar rebento, o primeiro produto do mencionado grupo literário. A amizade entre ambos era grande e o mais moço nutria, pelo mentor, uma exaltada admiração. Morto este, a dor inspirou-lhe alguns belos poemas (quase os únicos que fez) entre os quais, e sobretudo, a Nênia [120].

O costume das sociedades literárias vai perdurar, na década seguinte, com a Sociedade Epicuréia, tentativa frustrada de se criar, em São Paulo, movimento da escola byroniana

> Agrupados numa cidadezinha provinciana, que os situava à margem da vida corrente os estudantes de Direito de São Paulo formaram um ambiente favorável aos aspectos de negação contidos no Romantismo, e que se manifestaram principalmente pelas diversas formas de humor — do humor leve ao humor negro — com que sublinhava a sua singularidade e se adequava à moda do satanismo, sob a influência direta ou indireta de Byron, conhecido principalmente nas traduções francesas [121].

Manoel Inácio Álvares de Azevedo, que uma lenda sem fundamento dá como nascido num salão da Faculdade de Direito, foi o representante máximo desse "byronismo" literário que tomou conta da Faculdade de Direito de São Paulo e despertou uma longa falange de adeptos, retratado por Pires de Almeida o quadro dos excessos e orgias a que o grupo se dedicou [122].

Dessa atmosfera romântica em que os estudantes "se distinguiam mais pela vida desregrada do que pelo mérito dos seus trabalhos poéticos" [123], surge no decênio seguinte uma nova figura da poesia romântica, também ligada à Faculdade de Direito de São Paulo — Manoel Inácio Fagundes Varela, neto de um dos primeiros lentes do curso jurídico de São Paulo. Transferindo-se para Recife, no quarto ano, segundo Spencer Vampré, "o viver não se lhe mudara em Pernambuco: estudos jurídicos pouquíssimos, vida folgazã e dissipações boêmias" [124].

É o mesmo espírito romântico que permanece, mostrando Antônio Cândido que, dentre os poetas mais significativos que formam o segundo plano no decênio de 1850, estavam estudantes de Direito de São Paulo e Recife, girando em órbitas mais ou menos afastadas à volta de Gonçalves Dias e Álvares de Azevedo [125].

Phaelante da Câmara acentuou a distinção entre os poetas paulistas e pernambucanos; enquanto os poetas da Paulicéia foram subjetivos e descrentes, ostentando com exagero as mais das vezes o gosto pelas esquisitices geniais de Byron, os de Recife, bem ao contrário, foram objetivos, procurando os temas nos quadros campestres, nas lendas, nos costumes, o que deu a seus versos os tons quentes da cor local [126].

Esse espírito romântico perpassa toda a vida acadêmica; nenhum exemplo mais expressivo do que a carta escrita por Francisco Otaviano, ilustre parlamentar do Império, que fora poeta em São Paulo, referindo-se ao seu tempo de estudante:

> Os passeios à luz eram passeios ao Rio Tietê, onde realizaram até serenatas em barcos a remo, em noites de luar, tentativa de reprodução da noiva do Adriático, a romântica Veneza, de Byron, Musset e George Sand [127].

Antônio de Castro Alves foi outro grande poeta romântico que marcou profundamente a sua época, tanto na Faculdade de Direito do Recife como na de São Paulo, permanecendo em ambas o sinete bastante expressivo de sua passagem. Em Recife ficaram célebres as suas polêmicas com Tobias Barreto, no auge da escola condoreira, quando o movimento da Escola do Recife ainda era mais literário [128]. Dizia o primeiro:

> Sou grego, pequeno e forte
> Das forças do coração.
> Vi de Sócrates a morte
> E conversei com Platão...
> Sou grego, gosto das flores,
> dos perfumes dos rumores,
> Mas minha alma inda tem fé...
> Meus instintos não esmago
> Nem sonho, nem me embriago
> Nos banquetes de Friné!...

E respondia **Castro Alves**:

> Sou hebreu, não beijo as plantas
> da mulher de Putifar...[129]

Viana Moog, numa interessante interpretação da literatura brasileira, vista através do caráter regionalista de ilhas culturais, afirma que

> desse núcleo cultural (Bahia) surge um Castro Alves que parece mais um filho espiritual do Nordeste e particularmente de Recife, do que propriamente da Bahia, como Tobias Barreto o é do eruditismo baiano [130].

A vida escolar de Castro Alves, em Recife, seria mofina. Descreve ele a academia como "edifício com semelhança de convento, feio e tosco", referindo ainda que "eu tinha adormecido desde que olhara para os expositores do Direito Romano que (não passe adiante), dispensam a cultura do ópio no Brasil" [131]. Em São Paulo [132], participaria tanto dos grandes movimentos liberais, especialmente após a sessão parlamentar de 1868, quando da caída de José Bonifácio, o ídolo dos estudantes da época, quanto das lutas abolicionistas. Mas os estudos jurídicos continuam em segundo plano: pouca freqüência às aulas, esforços apressados nas vésperas dos exames, condescendência dos lentes. E quando publica o seu volume de poesias *Espumas Flutuantes*, assinala abaixo de seu nome a qualidade de "estudante do 4º ano da Faculdade de Direito de São Paulo".

José de Alencar relatou também o período de sua formação na academia de São Paulo (1843-1844):

> Os dois primeiros anos que passei em São Paulo foram para mim de contemplação e recolhimento de espírito. Assistia retraído ao bulício acadêmico e familiarizado de perto com esse viver original, inteiramente desconhecido para mim, que nunca fora pensionista de colégio nem havia, até então, deixado o regaço da família. As palestras à mesa de chá; as noites de conversa até o romper d'alva entre a fumaça dos cigarros; as anedotas e as aventuras da vida acadêmica sempre repetidas; as poesias clássicas da literatura paulistana e as cantigas tradicionais do povo estudante; tudo isto sugava o meu espírito adolescente, como a tenra planta que absorve a linfa para mais tarde desabrochar a talvez pálida florzinha.
> Depois vêm os discursos recitados nas solenidades escolares, alguma nova poesia de Otaviano, os brilhos do banquete de estudantes; o aparecimento de alguma obra recentemente publicada; e outras novidades literárias que agitavam a rotina do nosso viver habitual e comoviam um instante a colônia acadêmica [133].

Couto de Magalhães assinalava a brusca passagem dos estudantes ainda na adolescência, do regime familiar para a liberdade na cidade, que não primavam pela pureza dos costumes, e onde iriam constituir a classe social dominadora pelo número e pela exuberância da mocidade. São Paulo, na segunda década do século XIX e até a inauguração da Estrada de Ferro Santos-Jundiaí — coincidindo com o surto de café —, viveu em função da faculdade de Direito. Além de dominar pelo número, era a classe estudantil que carreava maiores recursos econômicos. Da sujeição paterna e familiar passavam os rapazes para a liberdade plena, sem preparo, sem transição. Uma das conseqüências que freqüentemente se verificava era o abandono das crenças, da religião [134].

E a vida social dos acadêmicos abarcava de tal modo a cidade que o baile acadêmico comemorativo da fundação dos cursos jurídicos era um dos grandes momentos sociais da pequena vila paulistana. Ouça-se a descrição do baile de 1849 por Francisco Otaviano:

> A Condessa de Iguassu e a Belisária eram as rainhas do baile, com a diferença que a Belisária, com a simplicidade de seu traje, estava mais bonita que a Bella, com a sua riqueza de jóias e sedas... Estava com seu penteado de crespos, grandes, dois dos quais, e de cada lado lhe caíam no meio dos ombros e quatro ou seis ou oito sobre o colo. O seu vestido era de finíssima fazenda branca, toda bordada de flores verdes. Simples, porém bem vestida, realizando inteiramente a essas criaturas mimosas de fábulas que não apareciam sobrecarregadas de pedrarias, porém ricas e ufanas da própria beleza ela era a rainha indiscutível, a senhora soberana, a sultana soberba, ante a qual as outras todas eram apenas múmias, odaliscas, sombras de uma beleza sem par, era rosa sobressaindo entre lírios e violetas [135].

A música também mereceu a atenção dos estudantes de Direito, sobretudo em São Paulo [136]. Carlos Gomes, o grande compositor do século XIX, teve o maior apoio dos estudantes de São Paulo, que o convidam a visitar a capital, hospedam-no numa de suas repúblicas, organizam um concerto em salão improvisado em teatro e distribuem os convites. Carlos Gomes retribui a afeição, compondo o *Hino Acadêmico,* uma das relíquias da Faculdade de São Paulo [137].

A atividade das sociedades estudantis ocupa também um papel relevante na vida acadêmica. Entre as sociedades estudantis criadas na Faculdade de Direito de São Paulo, destaca-se pela sua posição singular a Burschenschaft, ou mais popularmente conhecida como a "Bucha". Suas origens estão ligadas à figura estranha de Julio Frank, o alemão que apareceu em Sorocaba, e mais tarde, em 1834, se torna lente de História do curso anexo da faculdade de Direito. O caráter secreto da "Bucha" impede um maior conhecimento de sua existência e de suas atividades [138]. A sociedade teria surgido por volta de 1830 e destinava-se, essencialmente, a ser uma sociedade para auxiliar os estudantes pobres, conforme comentários da época de Pires da Mota [139]. Segundo Paulino José Soares de Sousa, seu pai, o Visconde de Uruguai, relatava que, quando estudante em São Paulo, fora muito ligado a Julio Frank e que fundara com este uma sociedade secreta da qual fizera parte. O Conselheiro Paulino, filho mais velho do visconde, também pertenceu à mesma sociedade [140].

Segundo Afonso Arinos,

> a seleção dos membros da sociedade era feita por cooptação, sendo escolhidos à revelia os que apresentassem as melhores qualidades de inteligência e caráter. O chefe principal era sempre o aluno do último ano, distribuindo-se entre os demais os vários postos de hierarquia. A sociedade auxiliava economicamente os estudantes pobres (João Pinheiro e Cândido Mota, por exemplo, tiveram seus cursos total e parcialmente sustentados por ela) mas, por outro lado, constituía uma espécie de grupo destinado a funcionar na vida pública depois de terminados os estudos.

E acrescentava:

> neste sentido, seria altamente interessante a pesquisa que comprovasse as ligações entre a Burschenschaft paulista e o acesso aos mais altos postos políticos desde o Império [141].

As reuniões da sociedade se realizavam à noite, com todo o ritual das sociedades secretas. O acontecimento mais importante da sociedade era a festa da chave que, segundo João Mendes Júnior, "é a festa simbólica da atenção, porque a atenção é a chave das operações da mente". E comenta Francisco Pati:

> Entre os estudantes da Faculdade de Direito de São Paulo, a chave substituía o facho sagrado. Ficava em poder dos bacharelandos, à mão dos membros mais ilustres da turma. No fim do ano, que era para os bacharelandos o fim do curso, o guardião a transmitia a seu colega do ano anterior. Ela assinalava, sobre as arcadas, o eterno revesamento das gerações. Estas iam-se embora, mas o símbolo permanecia na escola [142].

À "Bucha" pertenceram no Império e na República figuras das mais ilustres no cenário da política e das letras, como Francisco Otaviano, Ouro Preto, Rui Barbosa, Assis Brasil, Rodrigues Alves, Afonso Pena, Rio Branco, Pinheiro Machado, Campos Sales, João Pinheiro, Afonso Arinos, Pedro Lessa, Venceslau Brás, Bernardino de Campos, David Campista, Washington Luís, Afrânio de Melo Franco, Antônio Carlos, Altino Arantes, Artur Bernardes, Vergueiro Steidel, Macedo Soares, entre outros. A "Bucha" também serviu como sustentáculo da idéia republicana, e que era inclusive característica das sociedades secretas européias. E, segundo Afonso Arinos, "existe uma relação muito estreita entre a

Burschenschaft paulista e a ideologia republicana" [143]. Vale assinalar que as sociedades secretas não se cingiam à faculdade de Direito. Na Escola Politécnica de São Paulo existia a Landmanschaft, com ligações estreitas com a "Bucha", presidida por Francisco Paula Sousa, e depois por Ramos de Azevedo e Rodolfo Santiago, e na Faculdade de Medicina de São Paulo, a Jugendschaft, que foi presidida por Arnaldo Vieira de Carvalho.

Em Pernambuco, uma sociedade semelhante à "Bucha" — embora sem alcançar o mesmo prestígio e repercussão — a Tugendbund, foi fundada pelos estudantes, imitação das Tugentbund, associações de virtude, criadas pelos estudantes alemães durante as guerras napoleônicas. A Tugendbund pernambucana tinha um cerimonial curioso, de rito maçônico e um tanto cabalístico mas, com algumas expressões "ditas em latim macarrônico que lhe davam muita graça". Phaelante da Câmara descreve, em diálogo, o cerimonial prescrito para admissão dos sócios, do qual se transcreve um trecho:

> O irmão Cangrófita recebe na sociedade um novo membro.
> — Cangrófita: "Queres pertencer à Tugendbund?"
> — Neófito: "Quero".
> — Cangrófita: "Não temes?"
> — Neófito: "Só se teme o mal e a Tugendbund é o bem".
> — Todos (depois de três pancadas simbólicas na mesa): "Alfa-Ômega!"
> — Cangrófita: "Sabes que ao entrares no recinto deste augusto templo fazes tacitamente a renúncia do teu eu e da tua liberdade em nosso proveito e segurança?"
> — Neófito: "Sei".
> — Cangrófita: "Sabes a que te obrigas?"
> — Neófito: "Não".
> — Cangrófita: "E tens a coragem de te entregar assim em nossas mãos, ignorando os nossos fins e os nossos meios?"
> — Neófito: "Tenho" [144].

Segundo Odilon Nestor, a Tugendbund viveu dois grandes períodos; o primeiro, inicial, do qual foram seus criadores Carneiro Vilela, Domingos Pinto, José Higino, Gonçalves Ferreira e Feliciano Pontual, que foi irmão Cangrófita. Foi grande a sua influência nesse período, dizendo-se que dos seus estímulos partiu a idéia do Corpo Acadêmico para combater na Guerra do Paraguai. Para o mesmo memorialista,

> a academia do Recife foi uma da primeiras a chamar às armas, para a desafronta da honra nacional ultrajada. Como Kieser, na famosa Universidade de Viena, aqui o nosso antigo professor de Direito Civil (Trigo de Loureiro) entrava também na lista dos voluntários e se lançava com seus discípulos na onda do entusiasmo

geral, entoando igualmente os cantos dos nossos poetas. Castro Alves declamava, entre os mais vivos aplausos, no Teatro Santa Isabel, o seu vibrante hino aos acadêmicos voluntários e do qual só alguns versos, que ficaram na memória de seu amigo e também poeta Nogueira da Costa, nos são hoje conhecidos [145].

Na segunda fase foram figurantes notáveis José Carrilho, Amorim Garcia, Sancho Pimentel, Gonçalo Faro, Fiel Grangeiro, que exerceu a função de venerável, e Brás Florentino, a de irmão Terrível. Funcionava então à Rua dos Prazeres, e de sua parte literária, órgão de imprensa, a Ilustração Acadêmica, da qual foram publicados dois números. Além disto, a Tugendbund foi promotora de torneios literários do Outeiro, composto de oradores e poetas ambulantes que discursavam e faziam versos a propósito de tudo, e até mesmo sem propósito, havendo cenas no Café da Imperatriz em que os membros da corporação tiveram que se haver com a polícia [146].

O movimento de idéias nas faculdades de Direito não pode deixar de ser mencionado. Deixando de lado o praxismo dos primeiros anos, de influência tipicamente portuguesa, e colocando à parte o movimento da escola do Recife, que pela sua importância mereceu capítulo especial, pode-se destacar na segunda metade do século XIX, em São Paulo, a influência da Escola de Savigny. Roque Spencer Maciel de Barros assinala que "a concepção histórica do Direito, em termos positivistas, se acrescentava como um desenvolvimento à aceitação, já comum na academia, das idéias da 'escola histórica' de Savigny e Hugo". Em 1880, por exemplo, falando nas cerimônias de comemoração do 53º aniversário de fundação dos cursos jurídicos, o Prof. Duarte de Azevedo mostrava-se partidário irrestrito das concepções de Savigny, comparando a evolução do Direito com a da linguagem. Na sua obra *O Positivismo Republicano na Academia,* Antônio Luís dos Santos Werneck, em quem se colheu a informação anterior, acrescenta que

> esta compreensão do Direito desenvolvida pelo gênio fecundo de Savigny, um dos chefes da Escola Histórica, não é de afirmação recente na academia; de há muito predomina no geral dos espíritos e nos tem sido ensinada desde os princípios do curso.

E, como que a demonstrar a transição das idéias da escola histórica para as concepções de Comte, Santos Werneck, que é positivista, acentua que "Comte está com Savigny, a filosofia positiva sanciona a escola histórica". Logo vários outros acadêmicos, imbuídos da idéia de Comte, passariam também das lições de Savigny para as do positivismo. Hinckmar, pseudônimo de João Tomás de Melo Alves, informa-nos em 1882 da existência de uma obra de Hermenegildo

Militão de Almeida, *Estudo do Direito,* em que o autor desenvolvia uma concepção positivista do Direito, o que parece a Hinckmar, ferrenho kraucista, um tremendo erro. O mesmo autor nos dá conta também da existência dos *Ensaios Filosóficos,* de outro estudante positivista, Josefino dos Santos [147].

A influência do positivismo foi, aliás, extensa na faculdade de São Paulo, como assinala João Camilo de Oliveira Torres:

> Como seria natural, o positivismo teve grande repercussão aí (na Faculdade de Direito de São Paulo) mas, graças às condições sociais peculiares a uma escola de direito, dominou ali o positivismo dissidente, que se apresentou caracterizado por um acentuado criticismo no plano lógico e um republicanismo de aspecto nitidamente revolucionário, no plano das realidades políticas e sociais. Desta escola sairiam Silva Jardim, Demétrio Ribeiro, Júlio de Castilhos, José Leão, Américo Campos... Como de lá saiu Lafayette, o kantiano de "Vindiciae" [148].

Entretanto, não pôde o historiador mineiro citar nenhum professor da faculdade de São Paulo que se tivesse imbuído desse espírito, fazendo referência, apenas, a alunos que nela passaram na década de 1870/1880. Contudo, aponta, citando José Maria dos Santos, que Afonso Celso Júnior, na tese de doutorado nessa faculdade, chegou a conferir ao autor da *Síntese Subjetiva* o grau prestigioso de "Cristo do Século XIX" [149].

Segundo o mesmo João Camilo de Oliveira Torres,

> a Escola de Direito do Recife não poderia deixar de acompanhar a marcha do pensamento ocidental e seguir o desenvolvimento das idéias novas. E nos meados do século XIX, o positivismo de Comte era o que se poderia chamar de uma "idéia novíssima". E temos Tobias Barreto a pregar, com sua eloqüência rebarbativa, os ensinos do fundador da sociologia, por volta de 1868. E, como sempre Sílvio Romero a secundá-lo nas brigas. Foi rápida a passagem de Tobias pelo positivismo. Espírito indagador e crítico, ocultando uma verdadeira vocação filosófica debaixo das espécies de oradores de comício do sertão e polemista lítero-político do romantismo, o comtismo não lhe satisfez à razão. Daí por que passou a pregar o monismo alemão, com a mesma energia e disposição com que pregara o comtismo anteriormente, justificando a afirmativa de Virgílio de Sá Pareira de que "o germanismo de Tobias preservou o norte do positivismo". Segundo o autor, a ação religiosa do futuro constituinte da República Aníbal Falcão seria representativa de um tipo de positivismo religioso, mas dentre os professores da faculdade de Direito, o único nome que se pode mencionar é o de Martins Júnior [150]

Machado Neto, referindo-se ao esforço pelo fundamentação científica do Direito, fala na notória má consciência dos juristas nos fins do século passado em face do desenvolvimento das ciências exatas, e explica a busca de títulos de cientificidade do saber jurídico por parte do paulista Paulo Egídio de Oliveira Carvalho na sociologia, filha dileta do positivismo de Augusto Comte [151].

É curioso transcrever a respeito um trecho da Memória Histórica da Faculdade de Direito do Recife, de 1868, de autoria de Tarqüínio Bráulio de Sousa Amarante, traduzindo um pensamento de resistência às novas idéias:

> Em um país novo como o nosso, em que faltam incentivos para trabalhos científicos e a classe letrada não pode aspirar mais que a indigência, com todas as desconsiderações que lhe estão anexas, não admira, por certo, que a ciência do Direito não apresente os mesmos progressos que se observam nos velhos países da culta Europa, especialmente na douta Alemanha e na propagadora França.
> Não me parece fora de propósito assinalar, neste lugar, que na parte filosófica do Direito tem havido alguma alteração nas doutrinas professadas nesta Escola, assim como nos anos anteriores, como quando entraram, como no ano proximamente findo.
> A escola de Kant e seus sequazes, Zeiller e Ahrens e outros, que por tanto tempo dominou exclusivamente entre nós, se não tem sido completamente substituída vai ao menos sendo contrabalançada pelas doutrinas da escola a que chamarei cristã, e a cuja frente tem estado em um mesmo século o douto Taparelli, de saudosa memória, Liberatori, Benzer, e ultimamente o modesto anônimo autor das excelentes instituições do direito natural privado e público e do direito das gentes.
> E nem cause estranheza aos partidários da filosofia moderna que por acaso lerem esta memória, o ingresso que vão tendo, nessas faculdades, as doutrinas dos padres da Igreja e dos escolásticos, dos quais dizia o próprio Grócio, inculcado fundador do Direito Natural que, quando estavam de acordo na decisão de algum ponto imoral quase nunca se enganavam por serem muito esclarecidos e engenhosos em descobrir os erros e idéias falsas dos outros [152].

A influência dessas idéias, em certos casos, ainda mais aumentava o dissídio entre professores e estudantes. Manoel Inácio Carvalho de Mendonça, no prefácio a um de seus livros, deu conta dessa situação:

> A cultura positiva fornecia à mocidade republicana uma base sólida e demonstrável para suas crenças políticas.
> Em todas as escolas superiores do país formava-se, paralelamente à ciência oficial, uma cultura independente a que a mocidade se dedicava com ardor, como base e medida de sua ação política na vida real.
> O Governo Imperial conservou-se estranho a todo este movimento e não favorecia senão à *entourage* pedantocrática do ensino oficial [153].

Em 1870, Peçanha Póvoas falava que

> entre nós, cada ano traz-nos uma glória nova. A mocidade acadêmica, até o ano de 1856, tinha sido historiadora. Na imprensa e na tribuna, o seu gênio se consagrava ao estudo da História. Estavam em voga Cesare Cantu e Lamartine. Antes, tinha sido filo-

sófica. A Alemanha era-lhe um salutar modelo. Fez-se uma geração espiritualista. Hoje, trata-se de saber o que fomos em 1856, 1857, 1858. Cansada da História, a mocidade passa para a poesia [154].

Em 1873, entretanto é o Alarma e Protesto contra a academia de São Paulo, sob o pseudônimo de Fígaro Júnior, que é publicado na capital paulistana. No aviso prévio já se diz que

> a academia, em vez de templo, é um quartel de ciganos; em vez de ilustração, uma charneca aborrecida; em vez de ensino, um casebre de togados.

E, voltando-se para o seu passado, exclama:

> Fostes Atenas, com Álvares de Azevedo e sua plêiade; fostes Roma, com Teodomiro e os jornais acadêmicos; fostes jovem, com Joaquim Nabuco, Ferreira de Menezes e Salvador Mendonça; fostes Paris, com Castro Alves, Joaquim Nabuco, Sá Ferreira, M. Cabral e O. Belo; agora és... uma *conciergerie*... cheia de parva disciplina, governada pelos cossacos de hábito negro e profanada pela guarda.

E mais adiante:

> no Brasil, a academia de São Paulo, irrisório núcleo do pedantismo real, que se enroupa com a ciência hipocritamente, diz ao Governo: diz o quê? Um absurdo, um desconchavo diante das leis que o século impõe.
> É preciso decrescer o número de estudantes com rigor, porque há muitos bacharéis no país. Mais dificuldades no sentido para eles apresentarem-se; jesuitismo doutrinário e imbecilidade no professorado; rigor perversíssimo; lei de mentecaptos estatutos e expulsões.
> Em São Paulo ensina-se os compêndios, aprende-se os parágrafos e digere-se as bolorentas apostilas, as arengadas dissertações da chicana, o defeituoso roubo dos expositores, o amalgamado ranram das parvas sensaborias, o pernicioso pandemórico de todos os anos, infalível, imutável e imóvel, sempre viciado por ser o mesmo [155].

Em 1880, Sá Viana, nos seus Esboços Críticos, procura reagir contra o desânimo que lavra nas arcadas do velho convento. E combate a idéia de que a atual geração decai, que não sabe guardar os nomes de Azevedo e Varela.

> A mocidade acadêmica de São Paulo é sempre a mesma, grande em suas concepções, generosa em seu proceder, conscienciosa em seus aplausos e severa no reconhecimento do talento.

Mas, confirmando a tese da extensão que tomava a "vida acadêmica", o livro é dedicado quase praticamente ao jornalismo acadêmico, ao teatro, aos clubes, pouco se falando a respeito do ensino do Direito [156].

A última década do Império ainda veria surgir um importante documento sobre a educação nacional cuidando, também, do ensino jurídico [157].

No mesmo ano (1882) em que Tobias Barreto realizava o célebre concurso para a Faculdade de Direito do Recife, uma voz nova se fazia ouvir no Parlamento, cuidando das questões de instrução pública. Os pareceres de Rui Barbosa podem ser considerados como um dos marcos mais importantes da literatura pedagógica brasileira. Na síntese do Prof. Lourenço Filho

> a primeira (razão) está em que Rui, como em tanta outra coisa, aí figura como precursor. Foi, sem dúvida, no Brasil, o primeiro a tratar da pedagogia como problema integral de cultura, isto é, problema filosófico, social, político e técnico a um só tempo [158].

Nas palavras do Prof. Thiers Martins Moreira,

> como aconteceu com tantos outros trabalhos de Rui Barbosa, a tradição fixou e ampliou a ressonância com que seus estudos foram ao tempo recebidos e lhes atribuiu virtudes de sabedoria a que talvez nunca ambicionara seu próprio autor. Concorreram para isso a maneira pela qual Rui Barbosa encarou ali as questões de ensino, usando de uma cultura especializada e técnica até então desconhecida entre nós, a opulência da fundamentação bibliográfica, aquele luxo de sempre na literatura dos temas que versava e que, invariavelmente, provocava nos seus contemporâneos, admiradores ou não, um sentimento de desproporcionalidade ora em relação ao próprio objeto do trabalho, ora no confronto com o modo por que outros nomes tratavam, no seu tempo, de igual matéria. E também a forma, rica, farta, abundante, certo barroquismo verbal que lhe emprestava aos escritos, ainda os mais humildes, uma força tumultuária e persuasiva e à prosa, com que discorria os assuntos, uma arquitetura sempre monumental [159].

Os pareceres de Rui Barbosa espelham com fidelidade esse novo ambiente cultural, onde predomina o primado da ciência, onde se ergue a ciência e o método experimental contra o ensino excessivamente literário e livresco e se evidencia a necessidade de a exeqüibilidade do ensino positivo e integral desde a escola primária. Nas expressões de Miguel Reale, "significativa nos pareceres sobre o ensino é a preocupação de Rui de fundamentar seus pontos de vista nos mentores do positivismo" [160]. E segundo Lourenço Filho,

> nos pareceres sobre ensino, Rui considera a educação como um problema integral de cultura. Quer dizer, examina-a tanto pelos aspectos técnicos mais simples quanto por outros de complexa análise de feição política e moral. Só por essa forma é que a educação vem se tornar como um processo social, inteligível, portanto suscetível de ordenação racional e prática. Ao tempo dos pareceres, esse modo de ver não se achava generalizado ainda, em desenvolvidos países. Rui deveria sentir por isso mesmo a necessidade de justificá-lo, apoiando-se em documentos muito numerosos, uns de cunho meramente informativo e outros que lhe permitissem evidenciar a coerência das próprias concepções [161].

Os pareceres sobre matéria de ensino secundário e superior, que aliás eram tratados, até 1930, em conjunto, são precedidos por uma introdução de caráter geral, em que estuda problemas preliminares a esses ramos do ensino.

É de se destacar inicialmente a justificativa dada por Rui Barbosa ao atraso no exame pela Câmara do parecer em virtude da atenção dispensada à reforma eleitoral, pois na sociedade política da época os problemas eleitorais tinham uma prioridade muito maior do que as questões do ensino público [162].

O parecer é de encômios ao decreto de 19 de abril; embora apontando-lhe erros afirma que

a reforma esboçada nesse ato reúne traços notáveis de uma constituição liberal do ensino público e está, em geral, na altura das maiores verdades e das mais inteligentes aspirações contemporâneas [163].

Logo em seguida, discute o parecer o problema das despesas, mostrando como, sem consideráveis sacrifícios pecuniários, nada se leva a efeito, para concluir, em afirmação ousada para a época, que

a influência da instrução geral sobre os interesses econômicos, sobre a situação financeira e, até, em um grau pasmoso, sobre a preponderância internacional e a grandeza militar dos Estados, é, presentemente, uma dessas verdades de evidência excepcional, que a história contemporânea atesta com exemplo admiráveis e terríveis lições [164].

E mais em seguida afirma:

Não enunciamos paradoxo nenhum confessando a opinião que nos domina de que as necessidades do ensino estão perfeitamente no mesmo pé que as da defesa nacional. Não o dizemos só no sentido inegavelmente verdadeiro de que o povo mais instruído vencerá sempre o que menos o for. Dizemo-lo também para estabelecer a regra de que os sacrifícios com a reforma e o custeio do ensino são, pela sua inevitabilidade, estritamente incomparáveis aos sacrifícios da guerra; de que assim como não encurtareis ensanchas à despesa, para salvar no campo de batalha a honra nacional, não menos obrigados estais a ser generosos quando se trata de fazer da honra nacional uma realidade poderosa, criando pelo ensino uma nação consciente e viril [165].

O ponto fundamental da Reforma Leôncio de Carvalho, a introdução da liberdade de ensino superior, é mantido no substitutivo da Comissão em toda a sua plenitude. Críticas entretanto são feitas aos excessos do decreto, afirmando textualmente que "não podemos subscrever a essa temeridade injustificável" [166].

Em matéria, porém, de criação de novas escolas, o substitutivo também se mostra favorável ao decreto e declara que

> a nosso ver, essa difusão de ensino superior, preservada na decadência pela inspeção vigilante dos Estados, não pode gerar senão bens, e naturalmente mereceram o voto não só de todos os amigos da propagação da ciência, como de todos os entusiastas das idéias descentralizadoras que, felizmente, já vão encontrando adeptos no seio da própria escola onde o grande princípio liberal sofreu sempre hostilidade.
>
> Multiplicar pelas províncias que já estiveram na altura desse benefício os centros científicos de estudos superiores é uma aspiração por hora inacessível ao tesouro nacional. Mas, se a iniciativa provincial despertar em alguns, cuja vitalidade começa a afirmar-se por sinais expressivos, inequívocos, o Estado não tem senão interesse em dar-lhes a visão, esforçá-la e subsidiá-la com o seu concurso [167].

No que se refere aos preparatórios, a grande ênfase do parecer é na introdução da ciência na instrução popular, como aliás já fora apontado no parecer acerca do ensino primário e que seria na verdade uma constante no pensamento educacional de Rui Barbosa; aliás, para mais destacar esse aspecto, o parecer condena o vício essencial de considerar a instrução secundária na sua espécie quase exclusivamente literária. Em seguida são discutidos os principais problemas do ensino superior, as taxas de inscrição, a liberdade científica, os programas, a duração dos cursos e os exames, propondo a Comissão em matéria de programas a maior severidade. Diz, textualmente, o parecer:

> A liberdade, a autonomia universitária não se compadecem com a desídia, a relaxação habitual, o esquecimento ordinário do dever. A esse respeito, os tetos das nossas faculdades cobrem abusos inéditos, escândalos tradicionais, quebras intoleráveis da lei, perpetuadas pela incúria de uns e legitimadas pelo silêncio de outros. Há academias nossas onde a mor parte das disciplinas inscritas no elenco dos cursos não se ensina, em grande parte, senão no papel [168].

Quanto à liberdade de freqüência, a matéria é tratada com ampla remissão à experiência dos países estrangeiros, cuidando-se no capítulo final da parte geral das nomeações, acessos, acumulações e concursos. O parecer aponta algumas objeções ao sistema de concurso, referindo-se também à legislação e experiência estrangeiras para, após a sua análise, assim concluir:

> Eis aí modelos que assaz nos devem desiludir desse prestígio infundado que circunda entre nós a idéia de concurso, apesar dos gravíssimos abusos que essa instituição tem alimentado. Por toda parte, nos países que acabamos de percorrer, encontramos o profundo sentimento de falibilidade extrema desse processo de verificação de capacidade; por toda a parte, a função de eleger, de

propor os candidatos, entregue à consciência de um corpo eminente de eleitores profissionais, em que nem sempre participam as congregações; por toda a parte enfim, a intervenção prudencial do Estado estabelecendo a preferência entre os apresentados, mas nem sempre adstrito às candidaturas propostas [169].

A análise do ensino do Direito é feita no parecer em apenas onze páginas, num total de cento e noventa e cinco páginas, mas atestando o mesmo pensamento renovador em tantos campos observado, e que trouxe também nessa matéria uma contribuição de valia, infelizmente não ouvida nem na época, nem por seus pósteros. Em relação ao número de cadeiras e das matérias a serem ensinadas, acolhia Rui Barbosa com agudeza pontos de vista e assertivas que até hoje merecem ser lidas, pois ainda não foram objeto de aplicação. Em primeiro lugar, cabe destacar a sua crítica à adoção da cadeira de higiene pública, nos termos seguintes:

> Sem dúvida, é considerável a importância da higiene que não seríamos capazes de depreciar, e que só ignorantes desconhecerão. Mas a questão aqui é outra. A questão consiste em saber até que ponto cabe essa disciplina nos cursos jurídicos e sociais, e se requer, no seio dos estabelecimentos superiores dessa categoria, lugar especial e independente. Temos para nós que não [170].

Também critica, com veemência, a cadeira de Direito Eclesiástico, por ele considerada

> sem utilidade real, sem caráter de necessidade, pesando indevidamente no curso jurídico em detrimento de estudos que importava adicionar-lhe ou desenvolver [171].

As observações, porém, mais significativas referem-se à supressão da cadeira de Direito Natural e à sua substituição pela cadeira de sociologia, matéria que só oitenta anos depois passou a ser incluída nos currículos das faculdades de Direito. No seu entender

> o pensamento da Comissão, em todo o seu trabalho, está em substituir a ideologia, isto é, o culto da abstração, da frase e da hipótese, pelos resultados da investigação experimental do método científico.

E mais adiante:

> Ao direito natural, pois, que é a metafísica, antepomos a sociologia, ainda não rigorosamente científica, é certo, na maior parte de seus resultados, mas científica nos seus processos, nos seus intuitos, na sua influência sobre o desenvolvimento da inteligência humana e a orientação dos estudos superiores [172]

Outra matéria a respeito da qual a mesma acuidade se observa é no que se refere ao desdobramento da cadeira de Economia Política em duas, reservando uma para a especialização de crédito, moeda e bancos que, no seu dizer, era "assunto imenso que em um curso desenvolvido e completo de Economia Política, tal qual pede o caráter das faculdades de Direito, carece de lugar seu, onde esse ensino se aprofunde", citando em seu abono a experiência alemã nos cursos técnicos e nas escolas de engenharia [173].

E ainda sugere a adoção da cadeira de Direito Nacional, por ele considerada

> matéria de primeira ordem, que contém, por assim dizer, a história das origens, dos monumentos e da evolução das instituições do país. É curso que encontramos estabelecido em quase todas faculdades de direito bem organizadas [174].

No campo do magistério Rui também está atento à questão; e a sua ênfase no papel dos professores substitutos dá a entender, implicitamente, a importância por ele dada ao problema da renovação no magistério.

Deixando de lado, entretanto, as considerações puramente doutrinárias, Rui Barbosa encara a realidade do ensino jurídico da época, transcrevendo nos Anexos uma lição de Direito Romano do lente da academia de São Paulo, Prof. Sá e Benevides. E acrescenta a seguinte nota:

> A lição de Direito Romano (!) que aqui se transcreve, é o corpo de delito da falta de seriedade que lavra em grande escala no ensino superior, entre nós. Não qualificamos a *filosofia*, a *ciência* e a *crítica* de que esse documento é revelação. O fim da publicidade que ora se lhe dá é expor ao país a incrível amostra de um *ensino*, em que se trata de tudo menos do assunto que corre ao lente o dever de professar. Uma lição de *direito romano* em que ao direito romano nem remotamente se alude! Este método de ensinar as Pandectas, endeusando o Syllabus e caricaturando a ciência moderna, devia vir a lume, para que os bons espíritos toquem a chaga que denunciamos e contra a qual propomos severas medidas. Fazemos justiça aos lentes de mérito, que as nossas Academias contêm; mas o ensino em geral tem descido de um modo incalculável. Parece impossível baixar mais.
> Costumam os estudantes de São Paulo reproduzir pela litografia as lições professadas ali. É de uma dessas litografias que trasladamos na íntegra essa inimitável lição de *direito romano*.
> Note-se que ela é a trigésima nona no curso, e que alude a outras nas quais o professor se ocupou tanto das Institutas, do Digesto e do Código quanto nesta [175].

Em relação à freqüência, Rui adota uma posição bastante liberal, decorrência, em grande parte, da reivindicação do ensino livre, dando ênfase aos exames nos quais se aferirá o aproveitamento dos alunos, mas nesse ponto também a sua lição renovadora se observa na proposta de extinção das sabatinas, por ele consideradas

> puros exercícios de argúcia, de sutileza escolástica, para as quais o aluno não cogita em se preparar senão engenhando "perguntas de algibeira", forjando sofismas pueris, esmerando-se no que academicamente se chama "arranjar objeções" [176].

E sua reflexão final é advertência que deveria ainda hoje inspirar as nossas autoridades de ensino:

> Acreditando não ser do barateamento, da facilitação, da multiplicação crescente dos diplomas de doutor que advirão ao país os bens esperados na reorganização do ensino, a Comissão entendeu manter esse título numa altura acessível a poucos, não o permitindo senão aos que sustentaram tese, depois de vencerem ambos os cursos: o de ciências jurídicas e o de ciências sociais [177].

Os pareceres de Rui Barbosa, tanto na sua parte geral, como em matéria de ensino jurídico, não encontraram eco. Embora permaneçam até hoje como um dos monumentos mais importantes da literatura pedagógica brasileira, as suas lições não foram seguidas e os que lhe sucederam pouco se inspiraram nas suas lições. O que ocorreu em matéria da educação sucedeu também em matéria de ensino jurídico. E o próprio Rui pouco voltaria a tratar da matéria [178].

O Império iria, ainda, tentar realizar uma última reforma do ensino, a Reforma Franco de Sá, aprovada pelo decreto 9360, de 17 de janeiro de 1885. Embora de vigência efêmera, porque logo depois era suspensa a sua execução, o referido decreto inovava em vários pontos, posteriormente acolhidos pela Reforma Benjamim Constant no início da República. Assim, era bifurcado o curso da faculdade de Direito: um de ciências jurídicas e outro de ciências sociais, criando-se novas cadeiras, como a de História do Direito Nacional, Ciência das Finanças e Contabilidade do Estado, e noções de legislação comparada sobre o Direito Privado. Determinava ainda o decreto que o estudo do Direito Constitucional, Criminal, Civil, Comercial e Administrativo seria sempre acompanhado da comparação da legislação brasileira com a de outras nações cultas, e para a colação de grau não se exigiria dos acadêmicos o exame de Direito Eclesiástico. O decreto previa também, como inovação, concurso para o lugar de professor catedrático, constando de defesa de tese e dissertação, prova escrita, prova oral estudada e prova oral de improviso, e facultava, também, a abertura de cursos livres de ciências jurídicas e sociais nas faculdades, a serem ministrados por doutores e bacharéis em ciências jurídicas. Esta medida provocou grande reação na Faculdade de Direito de São Paulo, propondo Américo Brasiliense que fossem tais cursos suspensos, pois criavam novas obrigações a que não deveriam estar sujeitos os lentes e os estudantes, até que o Poder Legislativo as aprovasse [179].

O decreto previa, em matéria de exames, que o aluno poderia requerer a inscrição do exame para uma ou mais séries, ou para qualquer matéria da mesma série, e criava as *propinas,* pagamento a ser efetuado pelo examinando por exame, sendo trinta mil-réis a serem divididos pelos lentes que tomassem parte no exame, e cinco mil-réis para o secretário. Esta matéria foi objeto da maior controvérsia; em São Paulo, Américo Brasiliense e Falcão Filho foram adversos ao recebimento, bem como a maioria dos lentes, ficando afinal na secretaria a importância de quinhentos contos de réis, que ninguém desejava aceitar, sendo comunicado ao Governo tal decisão a fim de dar ao dinheiro o destino conveniente [180]. Afinal, o decreto 9522, de 28 de novembro de 1885, referendado pelo Barão de Mamoré, suspendeu a execução dos novos Estatutos. Segundo Clóvis Beviláqua, "a razão principal dessa suspensão foram as facilidades dos exames que, incentivados pelas propinas, estavam desorganizando o ensino" (Aviso nº 23, de 19 de março de 1886) [181].

Ao final do Império, entretanto, o ensino jurídico ainda ocupava posição de primeira plana. A expansão da sociedade, os novos problemas administrativos, tudo isto criara novas oportunidades para o bacharel de Direito. Em síntese primorosa, assinala Raymundo Faoro que

> o estabelecimento burocrático, no segundo reinado, medrou em virtude da expansão onipotente do Estado. Continuou a tradição colonial com a mesma estrutura e as mesmas bases econômicas, absorvendo das sociedade as contínuas fornadas de letrados que esta lhes fornecia. O Governo preparava escolas para criar letrados e bacharéis que se incorporavam à burocracia, regulando a educação de acordo com os seus fins. Está para ser escrito um ensaio acerca da *paideia* do homem brasileiro, amadurecido na estufa de um "Estado" de funcionários públicos [182].

Em 1887, ao findar o Império, Marques Perdigão fazia as seguintes considerações:

> Desde que entre nós foram criadas as escolas de direito, há sessenta anos decorridos, nunca, em tão longo intervalo, a inteligência de qualquer novo legislador veio meditar e pronunciar-se com eficácia sobre a situação desses estudos e sobre a necessidade dos tempos modernos; e assim, tem ficado quase estacionário este ensino, se é que não tem ficado pior com a série de disposições dadas pelo Poder Executivo, cada uma mais incompreensível do que a outra, e, desse modo, desamparado assunto de tanta magnitude, oferecendo as conseqüências depressoras e vergonhosas já assinaladas.
> Ao sair o Brasil do estado de colônia, a lei de nossa primeira organização jurídica era e não podia ser senão o ensaio entre a imperiosa necessidade do futuro e a insuficiência de velhos conhecimentos; e ainda essa lei não tinha sido executada por inteiro, quando novas leis regulamentares e quase sempre contraditórias sobre o modo de ensino, vieram ainda mais torná-la incapaz de dar frutos.
> Assim, simples decretos desordenados, avisos ministeriais mais caprichosos e mais móveis ainda, têm regido sem exame e sem censura e continuado a governar arbitrariamente, apesar da promessa da Constituição política, todas as partes do ensino superior.

sem que haja visto de qualquer lado a opinião pública excitar-se e os representantes da nação inquietarem-se a respeito [183].

E a mesma análise é feita por Tavares de Lira:

E a legislação sobre o ensino superior continuou a ser feita, como desde 1854, por decretos, decisões e avisos; mas, nessa ocasião, com tendências francas e manifestas de regresso ao passado [184].

Todas essas deficiências não podem fazer esquecer a contribuição das faculdades de Direito, como apontou Oliveira Viana: "Desses centros de idealismo político nacional, os mais importantes por serem justamente os focos de sua elaboração, eram as academias superiores. Fundadas em 1827, nelas se educaram e formaram os representantes dessa geração que sucedeu à da Independência, e cuja ação começou a se fazer sentir nos primeiros decênios do II° Império. Essa segunda geração teve, porém, por mestres os representantes da geração anterior, educada, como vimos, no espírito da velha universidade peninsular. Herdou-lhe, portanto, seu idealismo, que era do tipo utópico e não orgânico.

Daí por diante a tradição estava criada, o costume estava formado; esses centros de cultura nacional tornaram-se os mais legítimos focos dos ideais europeus neste recanto livre da América. Durante todo o Império, as gerações que dele saíram para as lutas da vida pública vinham inteiramente embebidas desse idealismo de origem, do tipo europeu, e o pregaram, em todos os tons, pela imprensa, pelo livro, pelos comícios, nos debates parlamentares, batendo-se por todas ou por algumas das grandes idéias de que ele se compunha: o Liberalismo, o Parlamentarismo, o Federalismo, a Democracia, a República.

São Paulo e Recife, principalmente nos últimos decênios do Império, foram, através das suas academias, centros de um admirável movimento intelectual, inteiramente idealista, inteiramente tendente a realizar, no Brasil, a "Idéia Nova". Deles é que saíram os nossos mais ardentes abolicionistas, os nossos mais convencidos federalistas, os nossos mais impetuosos republicanos. Houve um momento em que a Escola do Recife culminou em brilho, em força, em esplendor mental: foi o momento daquela geração de agitadores e idealistas de talento a que pertenceram Tobias Barreto, Castro Alves, Sílvio Romero e outros. São Paulo secundou o movimento abolicionista e foi também um dos centros mais vivazes do ideal da República e da Federação.

O papel exercido pelas academias em nossa evolução política não tem sido, porém, apenas esse, que resultou do fato de serem elas aqui os centros principais da elaboração do idealismo europeu: também atuaram — naquela época incomparavelmente mais do que hoje — como agentes da disseminação desse idealismo, tal como o periodismo e a publicística. E isto porque, dado o seu número limitado, para elas confluíram os melhores elementos das nossas novas gerações provincianas, egressos dos recessos das propriedades rurais e afluídos de todos os pontos do país.

Mergulhados nos ambientes dessas escolas, esses rapazes bisonhos como que se despiam do que neles havia de cunho especificamente nacional: a sua mentalidade ruralizada se transfigurava inteiramente. Formados, retornavam a seus lares, à sua província ou à sua aldeia natal — e eram ali outros tantos focos irradiadores do velho idealismo utópico, aprendido nas academias de onde tinham saído.

Destarte, sob a ação infiltrante do "doutor", remergulhando com o seu diploma no seu primitivo meio provinciano e rural, a área de influência das nossas academias se fez, durante todo o período imperial, comparavelmente mais vasta do que pode parecer à primeira vista. O campo das utopias exógenas, de que elas eram o centro gerador, se estendeu com isto desmedidamente, abrangendo não apenas as capitais das províncias, mas mesmo os mais obscuros núcleos urbanos do sertão ou da mata.

Essa particularidade é que facilitou, num país de estrutura social inteiramente fragmentada pelo regime de clã, a formação dos dois grandes partidos nacionais, agindo em prol de programas gerais.

....

O fato de vermos, durante o Império, os nossos clãs rurais arregimentados dentro dos quadros do Partido Conservador ou do Partido Liberal, só encontra explicação razoável na presença no seio dessas comunidades locais desse elemento intelectual que é o "doutor", ponto de ligação do espírito de clã que só compreende a sua aldeia e o ideal do liberalismo que seria a bem-aventurança universal [185].

NOTAS DO CAPÍTULO 6

1. Pedro Lessa, em discurso de paraninfado na colação de grau dos bacharéis de São Paulo, em 1896, afirmou: "Apague-se a história das academias jurídicas do Brasil e a história do Brasil será um enigma" (Discurso e Conferências, *Jornal do Commercio,* Rio, 1916, p. 16). Um autor contemporâneo, Miguel Reale, escreveu recentemente: "Foi em torno dessas duas casas de jurisprudência (São Paulo e Olinda, depois Recife) que se desenvolveu toda a vida cultural humanística do País, não apenas no que se refere ao Direito, mas também em outros campos das ciências humanas, desde os estudos filosóficos até à criação literária, o que se explica pela inexistência de faculdades de Filosofia e Letras, somente constituídas a partir deste século" (*100 Anos de Ciências do Direito no Brasil,* São Paulo, Saraiva, 1973, p. 3).

AMÉRICO JACOBINA LACOMBE, no estudo *A Cultura Jurídica* (no Império), após citar a frase do Pe. Lopes Gama sobre o descalabro dos cursos jurídicos, afirma: "Não obstante, alguns anos depois essas faculdades tornaram-se núcleos notáveis de cultura jurídica. Os grandes nomes da ciência jurídica no período imperial vão sair desses centros modestos, sempre pobremente providos, mas que vão elevar-se a focos de primeira grandeza". Em *História Geral da Civilização Brasileira* (sob a direção de Sérgio Buarque de Hollanda), tomo II: *O Brasil Monárquico,* 30. v.: *Reações e Transações,* São Paulo, Difusão Européia do Livro, 1967. Instado pelo autor, que argüiu a validade da assertiva, o Prof. Américo Lacombe, em carta de 23 de março de 1967, assim replicou: "Quanto à segunda objeção (a citação acima mencionada) fui infeliz na expressão ou a língua não ajudou. Que as faculdades foram focos de culturas é verdade, como se vê pela "Escola do Recife", que é um fato. Mas nunca *ensinaram,* o que é outra coisa". E remete-se ao artigo por ele publicado no *Digesto Econômico,* "A verdadeira Crise do Ensino Superior", nº 86, jan. 1952.

A rivalidade entre as duas faculdades era também grande. Waldemar Ferreira, professor da Faculdade de Direito de São Paulo, no discurso de abertura do Congresso Jurídico Nacional Comemorativo do Cinqüentenário da Faculdade de Direito de Porto Alegre, em 1950, afirmou: "A (escola) do Recife foi a grande escola dos filósofos; a de São Paulo, a escola dos políticos." Em *Anais do Congresso Jurídico Nacional Comemorativo do Cinqüentenário da Fundação da Faculdade de Direito de Porto Alegre*, Porto Alegre, 1951, 1º v., p. 14. O brilho da frase não consegue esconder o impressionismo e a inexatidão do conceito. É surpreendente que o ilustre professor não aponte qual foi a escola dos juristas.

Rui Barbosa, no seu estilo retórico e abundante, assim comparou as duas escolas: "Não há nada mais relevante para a vida social que a formação do sentimento de justiça; e este resultado é, na sua maior parte, em função da cultura jurídica, distribuída nos grandes estabelecimentos de ensino superior. Cedendo, provavelmente, à intuição de que nela reside o eixo de toda a civilização cristã, o regime imperial, quase logo após a nossa independência, consagrou ao direito duas faculdades, uma ao norte, outra ao sul, como situações polares dominantes no movimento do nosso mundo moral. Sem desfazer, porém, da realeza de Olinda, a pérola do Norte, amortecida, talvez, mas não desluzida jamais no seu oriente, não se poderia seriamente duvidar que o magistério de São Paulo exerceu sempre de um grau mais alto, com influência muito mais poderosa e muito mais larga amplitude, a sua missão nacional. Bolonha, famosa outrora entre as cidades letradas pela sua *universitas scholarium*, pelos seus *doctores legentes*, se chamava, por antonomásia, a um tempo, "a douta e a livre", associando, nas suas antigas moedas, à legenda solene dos seus direitos, *Libertas*, o foro por excelência de mestra: *Bolonia docet*. A São Paulo, indisputavelmente, lhe cabem os dois títulos no mesmo brasão: "Professa a liberdade e ensina a justiça".

O estudo aqui nunca foi livresco, egoístico, indiferente à vida social. Nunca o direito se regulou aqui em textos estéreis e mortos. O seu tirocínio escolar, nesta cidade, sempre se animou ardentemente do espírito de luta, de civismo, de reação liberal.

Já então a nascente Academia era um meio habitado pelas reivindicações do futuro. Os inauguradores da nova instituição formavam reparo e se escandalizavam de encontrar na juventude brasileira certa resistência à disciplina de Coimbra, onde as nossas primeiras autoridades escolares haviam bebido os estilos do respeito nos moldes coloniais". (Discurso pronunciado na Faculdade de Direito de São Paulo, em 17-12-1909.) Em *Novos Discursos e Conferências*. São Paulo, Saraiva, 1932, p. 272-273.

A disputa entre as duas escolas chegou aos nossos dias, como se pode ver do trabalho do Prof. Braz de Souza Arruda o *Estudo do Direito no Brasil — As Duas Faculdades Oficiais*, publicado na *R.F.D.U.S.P.*, XXXII, fasc. 1, em 1936: "Afirma-se que a Faculdade de Direito do Recife contribuiu muito mais do que a de São Paulo para o desenvolvimento das letras jurídicas no Brasil. É um asserto inteiramente destituído de fundamento e que, por muito que seja repetido, não passa a ser verdade".

2. PEDRO CALMON, *História da Faculdade Nacional de Direito (1891-1920)*, Rio. Coelho Branco, 1945, p. 22-27.

3. PHAELANTE DA CÂMARA, *op. cit.*, p. 5.

4. *Ibid.*, p. 24.

5. O ambiente do velho prédio do convento, adaptado para a escola, foi evocado com graça por Rui Barbosa: "Ao acercar-me, ainda há pouco (1909), deste recinto, ressurgia aos meus olhos a academia de 1870. O próprio aspecto do prédio guarda a sua fisionomia de outrora, como eu mesmo, através dos cabelos brancos, os traços do semblante da minha juventude. A moldura do quadro

sobredourou-se, cresceu, ataviou-se com arte; mas não mudou o jeito, a feição, o modelo. Eu vejo vivamente visto o mosteiro daqueles tempos com o gesto de sua velhice hospitaleira, acolhendo com riso todas as manhãs a revoada chilreante da vida, que é o aroma do primeiro viver. Dentro as renovações que lhe não desfiguraram a austeridade gasalhosa do rosto, a boa sombra com que nos recebia no seu lar de estudo e silêncio, cortado, a espaços, do rumor de nossas travessuras". Discurso proferido na Faculdade de Direito de São Paulo em 17 de dezembro de 1909. Em *Novos Discursos e Conferências,* São Paulo, Saraiva, 1933, p. 268-269.

6. *Ibid.,* p. 22-24.
7. *Ibid.,* p. 26.
8. Rui Barbosa traçou-lhe o perfil em discurso célebre: "Poeta, orador, mestre, estadista, lidou com a sociedade do seu tempo pelos órgãos de relação mais sensíveis que ligam o homem à vida intelectual na civilização coetânea: — pelo ideal, na lira; pela eloqüência, na tribuna; pela mocidade, na cátedra; pela controvérsia, na imprensa; pela política, no parlamento. Todos os lugares que ocupou rutilam, ainda hoje, da luz deixada por ele. Assim, essas radiosas povoadoras do espaço etéreo, cujas distâncias se medem por milhares, ou milhões de raios terrestres, se um cataclisma da criação inteira pudesse apagá-los, afogando em noite imperturbável o céu e a eternidade, continuariam, todavia, depois de extintas, a ser vistas por nós durante miríades de gerações.

"Discípulo, como fui, de José Bonifácio, seria orgulho se não fosse ingratidão, vaidade, se não fora dever, dar-vos aqui testemunho do seu magistério

"Foi em 1868, quando comecei a ouvi-lo. Vinha ele dessa memorável sessão parlamentar, em que a onipotência da Coroa, pelo imperscrutável mistério de sua graça, houve por bem, depois de Humaitá, vitimar, à reabilitação de *Timandro,* o partido, de cujas simpatias populares o dinasta se valera para a Campanha do Prata.

Quando José Bonifácio assomou na tribuna tive, pela primeira vez, a revelação viva da grandeza da ciência que abraçávamos.

"A modesta cadeira do professor transfigurava-se; uma espontaneidade esplêndida, como a natureza tropical, borbulhava dali nos espíritos encantados; um sopro magnífico animava aquela inspiração caudal, incoercível, que nos magnetizava, de longe na admiração e no êxtase.

"Lembra-me que o primeiro assunto do seu curso foi a *retrotividade das leis.*

"Nas suas preleções que a hora interrompia sempre inopinada, como dique importuno, a suma filosofia jurídica, a jurisprudência romana, os códigos modernos, a intrepretação histórica, o direito pátrio, passavam-nos pelos olhos translumbrados, em quadros incomparáveis, inundados na mais ampla intuição científica, impelidos por uma dialética irresistível.

"E uma memória miraculosa — uma dessas memórias capazes de reconstruir, como a de Scaligero, a *Ilíada* e a *Odisséia,* como a de Macaulay, *O Paraíso Perdido,* como a de Pascal, tudo que ele tivesse lido uma vez — arrastava, em catadupa, leis, datas, fatos, brocardos, algarismos, idéias, fragmentos mínimos de minérios preciosos, e enormes massas aluviais de saber, que não se imagina como aquela Niágara pudesse carrear sem alteração de sua majestade, nem prejuízo da sua limpidez".

Álvaro Lins, escrevendo a biografia do Barão do Rio Branco, comenta a sua passagem pela faculdade de São Paulo, dizendo que "dos lentes de então, guardou sempre lembrança especial das aulas e da figura de José Bonifácio, o Moço, professor de direito civil no terceiro ano", segundo transcrição no caderno de notas existente no Arquivo do Itamaraty (*Rio Branco,* Rio, José Olympio, 1945, p. 35). Apesar das laboriosas pesquisas realizadas a pedido do autor pelo competente funcionário Sr. Armando Ortega Fontes, não foi possível encontrar a indicação.

Castro Alves, chegando a São Paulo em 1868, escreve a seu amigo Luís Cornélio dos Santos: Devo dizer-te que aqui chegamos (Eugênia Câmara e o poeta) com felicidade. Estou na Academia, ouvindo o grande José Bonifácio" (*apud* PEDRO CALMON, *Castro Alves,* Rio, José Olympio, 1973, p. 178). Pelo que revela a mesma biografia, Castro Alves foi um estudante pouco assíduo, e a audiência a José Bonifácio seria mais ao poeta, ao líder liberal do que ao professor de Direito Civil. O mesmo biógrafo comenta aliás que, fazendo um exame da matéria com José Bonifácio sobre o ponto poder marital, Castro Alves estendeu-se em eloqüência, condenando essa forma de despotismo. José Bonifácio ouviu-o calado e sorridente e ao final, dando a nota plena, afirmou: "Sr. Antônio de Castro Alves, meu prezado colega, admiro muito seus versos; mas de Direito o senhor não sabe nada". E conclui o biógrafo: "Importante é que estava quartanista" (*Ibid,* p. 205).

Almeida Nogueira assim traça o perfil do professor: "O conselheiro José Bonifácio era grande orador, inteligência privilegiada, mas não passava, talvez por isso mesmo, como lente notável.

"Em primeiro lugar, tinha pouca assiduidade; depois, as suas preleções ressentiam-se em demasia do estilo oratório, sacrificando pelas galas da roupagem a clareza da exposição e a inteligência da matéria.

"Era freqüente a presença de assistentes, não-acadêmicos, na aula de José Bonifácio. Compareciam, por vezes, pessoas qualificadas, por exemplo, desembargadores da Relação.

"Nessas ocasiões, a sua palavra revestia-se de maior fulgor. Eram as preleções mais brilhantes, porém menos proveitosas para os alunos. Quando não havia na sala pessoas estranhas, tornava-se ele outro homem. Menos orador e mais professor" (AN-TR-4ª p. 272).

A série de excertos revela mais uma vez que a personalidade de José Bonifácio, notável sob tantos aspectos, seria menos a de um professor voltado para a sua matéria do que de um líder político, inspirador da carreira pública de seus discípulos. É a mesma linha da análise de Álvaro Lins: "Era bem pouco professor, na verdade, e colocava as suas aulas fora de qualquer espécie de didatismo. Aulas que eram conferências — com a sala como de espetáculo, cheia de estudantes de outras turmas, de pessoas estranhas à Faculdade, advogados, políticos, intelectuais, toda uma assistência extraordinária perante a qual ele jogava com os seus elementos de oratória e poesia. Os temas mais duros e frios de direito civil ficavam transformados pela imaginação e pela eloqüência de José Bonifácio. Ele era poeta e homem de letras, acima de tudo, e essa mesma sensibilidade artística isolava-o na política partidária, colocava-o no círculo de quase permanente individualismo, o que é sempre aos olhos dos moços um sinal de superioridade, ao qual José Bonifácio acrescentava o idealismo, o desinteresse, a fidelidade aos princípios e idéias. Talvez o fato não tenha com isso ligação direta, mas o certo é que muitos dos seus alunos, os discípulos do seu liberalismo, seriam depois propagandistas e construtores da República. A partir de 1859 — turma acadêmica de Prudente de Morais, Campos Sales e Bernardino de Campos — principiam a aparecer na história da Academia de São Paulo nomes de figuras ilustres, que não irão mais formar-se para estadistas do Império. São as gerações do regime republicano que entram a surgir nessa época" (ÁLVARO LINS, op. cit., p. 36).

Para uma síntese da vida de José Bonifácio, o Moço, ver introdução de AFRÂNIO PEIXOTO no volume da Antologia Brasileira — José Bonifácio (o Velho e o Moço), Rio, Francisco Alves, 1920, p. 185-192. Cf tb. a introdução de FRANCISCO DE ASSIS BARBOSA ao volume Perfis Parlamentares, (13) José Bonifácio o Moço, Brasília, Câmara dos Deputados, 1978, p. 15-16.

9. Apud SV-MHASP, 2º vol. p. 79-80.

10. Memória Histórica para o ano de 1822, apud SV-MHASP, 2º vol. p. 445.

11. Ofício do Presidente da Província Liberato Barroso ao Ministro do Império m 5.4.1881, apud CB-HFDR, 1º v., p. 242.

12. CB-HFDR — 1º v., p. 228.

13. Spencer Vampré destaca a absorção de Couto Ferraz pela política, abandonando o magistério, e acrescenta: "Como professor de direito, Ferraz deixou apenas a lembrança de seu nome. A sua vocação o inclinava à política, antes que ao magistério, e a confiança dos contemporâneos não lhe permitiu a tranqüilidade de espírito, que é condição primária ao docente.

Podemos dizer, sem amargor, que a política absorveu mais um lente, que encheria de glória a Academia. Quantas vezes não o tinha feito antes! Quão freqüentemente o fez depois, e o está fazendo hoje!" (MHASP — 1º v., p. 326).

14. A escassa produção científica dos professores das faculdades de Direito provocou o comentário de Teixeira de Freitas, que se referiu "a pessoas que passam por Papinianos, mas de ciência guardada, só atestada por discípulos que adoram seus mestres e juram suas palavras" (Nova Apostila sobre o Projeto do Código Civil Português, Rio, 1859, p. 215).

A respeito do comentário, aditou Miguel Reale: "O pior é quando nem sequer exige o testemunho favorável dos alunos..." (Avelar Brotero ou a Ideologia sob as Arcadas, RFDUSP, 1955, p. 133). É provável que a referência de Teixeira de Fritas fosse para Crispiniano, que em suas aulas se comparava a Papiniano e que deixou pequena obra escrita. Almeida Nogueira faz referência à frase como "Papinianos de ciência engarrafada", mas adita que "não havendo encontrado nos seus escritos (de Teixeira de Freitas) essa invectiva, ignoramos a confiança que deva merecer a sua pretendida autenticidade", demonstrando assim desconhecer o pequeno opúsculo do notável jurisconsulto, (AN-TR, 7ª série, p. 21).

15. FRANCISCO DE PAULA FERREIRA DE REZENDE, Minhas Reminiscências, Rio, José Olympio, 1944, p. 288.

16. Ibid., p. 285.

17. CB-HFDR, v. 1, p. 183.

18. SV — MHASP, v. II, p. 46.

19. AN-TR — 2ª série, p. 179.

20. CB-HFDR, v. II, p. 46.

21. AN-TR, 1ª série, p. 263.

22. SV — MHASP, v. 2, p. 325.

23. Ibid., p. 468.

24. A obtenção de um lugar de lente numa faculdade de Direito era, entretanto, uma pretensão bastante almejada. Assim falou Aprígio Guimarães aos estudantes no primeiro dia de aula, depois de realizar quatro concursos consecutivos: "Cheguei, senhores. Cheguei, porém, feitas as contas, como a Sílvio Pelico, de volta de suas prisões: a fadiga ia consumindo-me o corpo, o

ceticismo ia devastando-me o espírito... Mas Deus quis que eu chegasse e eu cheguei... Esta cadeira, que era meu sonho dourado, este dia, que eu pretendia fazer o marco miliário de minha vida literária, este momento, que eu esperava como um dos mais jubilosos da minha vida, tudo agora me aterra e me confunde. Assim são as pobres aspirações terrestres; no cabo, sempre a desilusão; a realidade, só no seio de Deus" (*Discursos e Diversos Escritos*, Recife, 1972, p. 41-42, *apud* CB-HFDR, v. I, p. 51).

J.J. Seabra, grande político da República, relatou as peripécias em que se envolveu, apelando inclusive para o Imperador Pedro II, para obter um lugar de lente substituto na faculdade do Recife, depois de ter realizado o concurso. Entrevista ao jornalista Francisco de Assis Barbosa, em *Os Homens não falam demais* (em colaboração com Joel Silveira), Rio, Leitura, 1945, p. 117.

25. *Apud* PIRES DE ALMEIDA, *L'Instruction Publique au Brésil*, Rio de Janeiro, Leuzinger, 1889, p. 188. É interessante assinalar que a lei de 11 de agosto de 1827 determinava que os lentes dos cursos jurídicos teriam o mesmo ordenado dos desembargadores das relações; sete anos depois, já se observava o desrespeito dessa norma.

26. *Memória que em cumprimento ao art. 164 dos Estatutos apresentou no ano de 1859 à Faculdade de Direito de São Paulo o Dr. José Bonifácio de Andrada e Silva*, São Paulo, Tip. Imp., 1859, p. 5.

27. *Apud* CB-HFDR, v. 1, p. 189.

28. *Memória Histórico-Acadêmica do ano de 1888 da Faculdade de Direito de São Paulo*, São Paulo, 1889, p. 3.

LAFAYETTE RODRIGUES PEREIRA, no prefácio de seu primeiro livro — obra magistral — *Direitos de Família* em 1869 afirmava, com um certo travo de melancolia, que "entre nós brasileiros não há muito gosto para o estudo do Direito Civil.

"A política atrai os grandes talentos. A glória modesta do civilista se ofusca diante dos fulgores da glória do orador parlamentar e do jornalista. Só uma vocação enérgica e decisiva pode afastar a inteligência das lutas brilhantes e estrondosas da carreira pública para concentrá-la nos estudos solitários do Direito Civil, estudos tão difíceis e trabalhosos, mas tão pouco estimados" (edição de 1918, com anotações e adaptações ao Código Civil — Editores Virgílio Maia & Comp., p. 17-18).

O próprio Lafayette sentiria na própria carne as competições e rivalidades que se digladiavam no meio do magistério jurídico. Escrevendo, em 7 de dezembro de 1869, a seu irmão Washington, diz:

"Tem sido unânime a aprovação do meu livro. Nabuco, Freitas, Perdigão Malheiro, Viana, Visconde de Sapucaí, o têm julgado de maneira mais lisonjeira para mim.

"Muitos o consideram o melhor livro que sobre Direito se tem publicado no Brasil.

"Em São Paulo creio que a impressão não será a mesma.

"Os lentes não podem ver com bons olhos um livro que não sai de seu círculo — eles que ainda não escreveram nada que valha.

"Mandei um exemplar ao Crispiniano, ao Ramalho e a José Bonifácio. Veremos o que eles dizem.

"O Ribas, que aqui está e que muito se descontentou de eu não tê-lo incluído entre as grandes letras do Brasil, já tem feito as suas murmurações".

Os professores de São Paulo nada disseram. E comenta João Camilo de Oliveira Torres: "Lafayette temia, porém, os mestres paulistanos. Esta nota é um expressivo flagrante do meio jurídico brasileiro de 1869" (LAFAYETTE RODRIGUES PEREIRA, *Carta ao Irmão*, São Paulo, Cia. Editora Nacional, 1968, p. 74-75).

De seu outro livro, *Direito das Coisas*, publicado em 1877, depunha Gilberto Amado, rememorando as suas lembranças de estudante da Faculdade de Direito do Recife no início do século: "Na ânsia de esclarecer pontos, adquiri o *Direito das Coisas*, de Lafayette, citado na cátedra. Neste volume, a que tantas vezes voltei, vi pela primeira vez um livro nacional dispensar o estudante de procurar livro estrangeiro. Pela primeira vez em livro de Direito, nossa língua servia ao propósito de dizer o que era preciso, de maneira insubstituível. A afirmação tem importância extraordinária e transcende o plano jurídico de que parte. O *Direito das Coisas* talvez seja (não o leio há muitos anos) uma das mais perfeitas obras do ponto de vista literário do nosso idioma no Brasil. O efeito deste livro, o encontro com um espírito decente e nítido, marcou data na minha vida e na minha formação.

"A biblioteca da Faculdade não me poderia fornecer entre os autores franceses a que eu era obrigado a recorrer nas outras matérias, sobre o Direito das Coisas, nada, nada que de longe se pudesse comparar com o admirável monumento de linhas gregas que era o tratado de Lafayette. O Direito começou a atrair-me. Só então vi que podia tornar-me um jurista. Graças a ele é que fui procurar Teixeira de Freitas, isto é, galgar um Himalaia e ver a que alturas podia subir o Brasil. Ele me deu o gosto de ler Direito em português. Graças a ele desde logo entrei no grande edifício erguido pela Monarquia, o Regulamento 737. Graças a Lafayette o Brasil se engrandecia a meus olhos" (*Minha Formação no Recife*, Rio, José Olympio, 1953, p. 244-245).

29. PHAELANTE DA CÂMARA, *Memória Histórica do Ano de 1903*, p. 10.

30. CB — HFDR, v. 1, p. 61.

31. AMÉRICO JACOBINA LACOMBE, "A Cultura Jurídica", em *História Geral da Civilização Brasileira*. Tomo II: — *O Brasil Monárquico*, v. 3, *Reações e Transações*, São Paulo, Difusão Européia do Livro, 1967, p. 365.

32. CB — HFDR, v. 2, p. 18.

33. PHAELANTE DA CÂMARA, Paula Batista, *A Cultura Acadêmica*, Recife, 1 (1), fev. 1905, p. 12-13.

34. ODILON NESTOR, *op. cit.*, p. 66.

35. PHAELANTE DA CÂMARA, *op. cit.*, p. 15.

36. CB — HFDR, v. 2, p. 19.

37. PHAELANTE DA CÂMARA, *Memória Histórica*, p. 25.

38. CB — HFDR, v. 2, p. 51.

39. ODILON NESTOR, *op. cit.*, p. 67.

40. PHAELANTE DA CÂMARA, Aprígio Guimarães, *A Cultura Acadêmica*, Recife, nº 2 out. 1904, p. 100.

41. *Apud* ODILON NESTOR, *op. cit.*, p. 69. O que foi o ensino livre, sem a força moral dos mestres, foi visto no capítulo dedicado ao ensino livre... (cap. IV).

42. CB — HFDR, v. 2, p. 55.

43. SV — MHASP, v. 1, p. 285.

44. *Ibid.*, p. 286.

45. AN-TR, 6ª série, p. 72.

46. *Ibid.*, p. 73.
47. SV-MHASP, v. 1, p. 301.
48. *Ibid.*, p. 302.
49. *Ibid.*, p. 297.
50. *Ibid.*, p. 290. Ramalho e Crispiniano contenderam-se, como advogados, na célebre ação que o Barão de Mauá moveu à São Paulo Railway. A Biblioteca da Faculdade de Direito de São Paulo possui um volume com os arrazoados dos dois advogados, que lhe foi doado pelo Prof. Spencer Vampré, e que tem o título de Questão Mauá. Cf. tb. o prefácio de CLÁUDIO GANNS à *Autobiografia do Barão de Mauá*, 2. ed., Rio de Janeiro, Zélio Valverde, p. 64-65.
51. AN-TR, 9ª série, p. 23.
52. *Ibid.*, p. 25.
53. AFONSO ARINOS DE MELLO FRANCO, *Um Estadista da República*, Rio, José Olympio, 1955, v. I, p. 132-134.
54. Apud PRIMITIVO MOACIR, *A Instrução e as Províncias*, São Paulo, Cia. Editora Nacional, p. 502.
55. Reforma das Faculdades de Direito. RIHGB. Tomo 103, V. 157, 1928, p. 301. É fato que nem todos conseguiam ingresso nas faculdades de Direito. Relata Francisco de Assis Barbosa que João Júlio dos Santos e João Nepomuceno Kubitschek, de Diamantina, passaram três anos em São Paulo, sem entrar nas Arcadas (*JK, Uma Revisão na Política Brasileira*, Rio, José Olympio, v. 1, 1960, p. 90). E Almeida Nogueira nos fala dos *bichos crônicos*, que não conseguiam, no prazo normal, habilitar-se aos preparatórios, exemplificando com os tipos clássicos de Faustino Xis, que jamais se matriculou, e Barnabé Vincent, que se bacharelou em 1876, depois de levar dezesseis anos para completar os preparatórios (AN — TR, 8ª série, p. 230).
56. *Memória Histórica dos Acontecimentos Notáveis da Faculdade de Direito do Recife no ano 1864*, p. 4.
57. Apud SV-MHASP, v. 2., p. 206.
58. *Ibid.*, p. 293.
59. *Ibid.*, p. 3-5.
60. *Ibid.*, p. 210.
61. *Ibid.*, v. 1, p. 334.
62. *Ibid.*, v. 2, p. 176.
63. CB-HFDR, v. 1, p. 282.
64. *Ibid.*, v. 1, p. 270. A reforma do ensino livre foi também fator preponderante na facilitação dos exames. De um lado, em São Paulo, os professores ensaiaram um esforço de maior rigor, o que provoca o êxodo para Recife, onde a benevolência imperava. Alberto Torres, por exemplo, pôde fazer em Recife mais da metade do curso em dez meses, o que provocou a observação de seu pai: "Gestação de uma besta". BARBOSA LIMA SOBRINHO, *Alberto Torres*, Rio, Civilização Brasileira, 1968, p. 52. Ver tb. os excelentes capítulos desse volume — "As Arcadas", p. 29-41 e a "Ida para o Recife", p. 43-55. Barbosa Lima Sobrinho conclui esse último capítulo concordando com a assertiva do historiador pernambucano Luís do Nascimento: "Nada consta através dos jornais e periódicos da época — diários ou não — da temporada acadêmica de Alberto Torres e Raul Pompéia. Os dois grandes nomes passaram em branco pelo Recife".
65. CB-HFDR, v. 1, p. 162.
66. *Ibid.*, p. 250.

67. Carta de 17 de março de 1869, publicada em *Correspondência: Primeiros Tempos, Curso Jurídico, Colegas e Parentes* (III). In: Fundação Casa de Rui Barbosa, 1973, p. 74.
68. EDGARDO DE CASTRO REBELO, Pedro Lessa, *RIHGB*, 245, out/dez. 1959, p. 13-15.
69. EMÍLIO ZALUAR, *Peregrinação pela Província de São Paulo*, Rio, Garnier, s. d., p. 194-195.
70. AN-TR, 6ª série, p. 166-169.
71. EMÍLIO ZALUAR, *op. cit.*, p. 201-203.
72. TOMÁS POMPEU DE SOUSA BRASIL, *O Ensino Superior no Brasil*, Fortaleza, Minerva, 1913, p. 309-311.
73. SÁ VIANA, *Esboços Críticos da Faculdade de Direito de São Paulo em 1879*, Rio, Tip. Bras. Católica, 1880, p. 123.

Fagundes Varela a si mesmo se pintou estudante, encarnando-se na figura de Marco Marques na "Poesia Mimosa":

> Perdoa-me, leitor, se até agora
> Nada tenho dito a meu respeito.
> Quando esta história passa-se, era moço
> E estudava a ciência do direito.
>
> Pode bem ser que livros não abrisse
> Que não votasse amor à sábia casta,
> Mas tinha o nome inscrito entre os alunos
> da escola de São Paulo, e é quanto basta.

(*apud* SV-MHASP, v. 2, p. 143).

Rodrigo Otávio transcreve uma canção dos estudantes de São Paulo:

> "Nós somos da Paulicéia
> Os filhos da vadiação
> Que andamos pregando a idéia
> Das ceias e de pifão:
>
> "Que há lentes na Academia
> Sabemos por tradição
> Já ouvimos falar um dia
> Das obras de um tal Lobão.
>
> "Se acaso algum dos nossos
> Estoura a reprovação
> A bomba não quebra os ossos
> Dos filhos da vadiação".

Foi um dia um convento... RFDUSP, XXXI — Fasc. 2, 1935, p. 407.

Por outro lado, os resultados escolares não guardavam sintonia com a atuação após a formatura. Almeida Nogueira já se dava conta dessa discrepância entre a atividade pública do formando pela academia de São Paulo e o seu passado acadêmico, ao mencionar os alunos da turma de 1838: "teremos, em relação aos estudantes de 1838, que conjecturar o que então eles teriam sido pelo que posteriormente revelaram ser, no grande cenário da vida prática.

"É que, no presente caso, a incógnita, para nós, é o passado, o passado mais remoto e de menor notoriedade, que é exatamente o período acadêmico.

Querem um exemplo?

"Não há quem ignore a vida pública do Visconde do Bom Retiro. Quem é, porém, que sabe o que foi no seu curso acadêmico o estudante Luís Pedreira do Couto Ferraz?" (AN-TR, 1ª série, p. 55).

E no mesmo sentido comenta Clóvis Beviláqua: "Neste ano (1869) formaram-se rapazes de valor excepcional: Tobias Barreto, Araripe Júnior, Guimarães Júnior, Anfilófio de Carvalho, por exemplo. Destes, somente o último alcançou, nas informações fornecidas pela Faculdade, a nota de aproveitamento mais que regular. Os outros não excederam a craveira comum do regular. Que ilação tiraremos? Que as notas escolares não são índice seguro da capacidade mental dos estudantes? A opinião dos contemporâneos, dos colegas da mesma geração acadêmica, aproxima-se mais da verdade" (CB-HFDR, I, p. 183).

74. *Rui Estudante*, São Paulo, Centro Acadêmico XI de Agosto, 1924, 68 p.

75. *Rui Estudante* (separata), Rio, Casa de Rui Barbosa, 1949, 44 p.

76. O insucesso nos exames, a busca de examinadores mais benevolentes ou a idiossincrasia de algum professor, apontados como causas mais freqüentes, não parece revelar toda a verdade. Dentro das premissas estabelecidas nesse trabalho, essa mobilidade, que parece ter sido extremamente útil para dar um caráter nacional à formação dos jovens bacharéis, deve ser resultado de uma insatisfação com o ensino numa escola e à busca infrutífera de um ambiente mais estimulante na outra. É de assinalar, afinal, que o problema não preocupou os que têm se ocupado do tema.

77. BATISTA PEREIRA, *op. cit.*, p. 33.

78. *Ibid.*, p. 35.

79. A. GONTIJO DE CARVALHO, *op. cit.*, p. 10.

80. *Ibid.*, p. 13. O depoimento escrito do professor parece contradizer essa opinião. O Prof. Manuel Dias de Toledo, em ofício de 24 de novembro de 1868 ao diretor Vicente Pires da Mota, comentava: "Quanto ao mais, posso dizer em geral que eles (os estudantes) são muito pouco aplicados às matérias do ensino; e por isso pouco freqüentes; ou porque se dedicam a outros estudos de sua escolha ou se distraem em objetos alheios à sua carreira contando, no fim do ano, com a bonomia dos lentes. Foram aprovados simplesmente doze alunos, todos os mais plenamente. Entre estes, cujo maior número se compõe de mediocridades, aparecem moços talentosos e que podem figurar no futuro, se continuarem a cultivar com esmero sua inteligência. Farei especial menção de Joaquim Matos Duque Estrada da Câmara, Sancho de Barros Pimentel, Leopoldo Antunes Maciel, Firmino Estevão Pinheiro, José Manuel de Arruda Alvim, Joaquim Aurélio Barreto Nabuco de Araújo, Antonio de Castro Alves". É curioso assinalar que foram excluídos Rui Barbosa e Rodrigues Alves (*Apud* PEDRO CALMON, *op. cit.*, p. 204-205).

81. Discurso proferido na Faculdade de Direito de São Paulo em 17 de dezembro de 1909. Em RUI BARBOSA, *Novos Discursos e Conferências*, São Paulo, Saraiva, 1932, p. 274.

82. *Ibid.*, p. 275.

83. *Ibid.*, p. 279.

84. GONTIJO DE CARVALHO, *op. cit.*, p. 29.

85. BATISTA PEREIRA, *op. cit.*, p. 41-58.

86. AN-TR, 8ª série, p. 11.

87. *Apud* CAROLINA NABUCO, *A Vida de Joaquim Nabuco*, São Paulo, Cia. Editora Nacional, 1928, p. 29.
88. *Ibid.*, p. 30.
89. Brasília, Editora Universidade de Brasília, 1963, p. 11.
90. *Ibid.*, p. 13. Depreende-se que a indicação não terá partido de nenhum professor da Faculdade de Direito do Recife, onde o pensamento constitucional renovador não tinha guarida.
91. AFONSO ARINO DE MELLO FRANCO, *op. cit.*, v. 1, p. 17--19. Outros exemplos poderiam ser fornecidos para comprovar a mesma tese, mas os já apontados parecem ser bastante expressivos.
92. ALEXANDRE PASSOS, *Um Século de Imprensa Universitária* (1831-1931), Rio, Pongetti, 1971, p. 12.
93. JOAQUIM NABUCO, *Um Estadista do Império*, Rio, Cia. Editora Nacional, 1936, tomo I, p. 14.
94. "O Primeiro Jornal de Estudantes, Suplemento Literário de *O Estado de São Paulo* de 16.7.72.
95. CB-HFDR, v. 2, p. 236.
96. *Ibid.*, p. 237.
97. *Ibid.*, p. 239.
98. ODILON NESTOR, *op. cit.*, p. 49.
99. Para um arrolamento bastante extenso dos jornais acadêmicos de Pernambuco, ver o estudo de ALEXANDRE PASSOS, *Um Século de Imprensa Universitária* (1831-1931) e os volumes de LUÍS DO NASCIMENTO, *História da Imprensa em Pernambuco*, Recife, Universidade Federal de Pernambuco, v. II a V.
100. Para a colaboração de Machado de Assis na Imprensa Acadêmica, ver JEAN MICHEL MASSA, *A Juventude de Machado de Assis*, Rio de Janeiro, Civilização Brasileira, 1971, p. 421-440.
101. Em relação à imprensa acadêmica de São Paulo, ver o livro já citado de ALEXANDRE PASSOS e AUGUSTO DE FREITAS, *A Imprensa Paulista*, RIHG, São Paulo, v. 19, p. 497.

Emílio Zaluar arrolou em São Paulo, em 1860, treze "periódicos literários e semipolíticos" que então se publicavam, redigidos pelos estudantes da faculdade de Direito: A Revista Mensal do Ensaio Filosófico, Ensaios Filosóficos do Ateneu Paulistano, Memórias do Culto à Ciência, Exercícios Literários do Clube Científico, Esboços Literários, Revista Dramática, Murmúrios Juvenis do Amor à Ciência, Ensaios da Brasília, o Caleidoscópio, O Lírio, O Timbira, A Legenda, O Votante. (EMÍLIO ZALUAR, *op. cit.*, p. 203).

102. Ver ODILON NESTOR, *op. cit.*, p. 52-54, para o desenvolvimento do teatro acadêmico em Pernambuco.
103. SV-MHASP, v. 1, p. 192.
104. AN-TR, 5ª série, p. 148.
105. SV-MHASP, v. 2, p. 69.
106. CB-HFDR, v. 1, p. 441.
107. *Ibid.*, p. 90.
108. *Ibid.*, p. 445. A respeito da figura de Maciel Pinheiro, ver SAMUEL MARTINS MACIEL PINHEIRO, *A Cultura Acadêmica*, Recife, 1906, Ano II, v. II, tomo II, fasc. I. p. 3-11. Castro Alves dedicou, em Recife, uma poesia ao gesto de Maciel Pinheiro alistando-se como voluntário da Guerra do Paraguai — "A Maciel Pinheiro" — em que o último verso de cada estrofe é sempre "Deus acompanhe o peregrino audaz" e onde conclama o estudante-soldado "Canta essa terra, canta os seus gerais". *Obras Completas de Castro Alves* (Introdução e notas de Afrânio Peixoto), 3 ed., São Paulo, Cia. Editora Nacional, 1944, p. 84-86.

109. SV-MHASP, v. 1, p. 89-91.
110. RENATO BAHIA, *O Estudante na Vida Nacional*, Salvador, Progresso, 1954, p. 144. Cf. tb. AFONSO ARINOS, *Rodrigues Alves*, v. 1, p. 21-22.
111. *Ibid.*, p. 482.
112. GEORGE C. BOHRER, *Da Monarquia à República*, Rio de Janeiro, Ministério da Educação, s.d., p. 82.
113. FERNANDO DE AZEVEDO, *A Cultura Brasileira*, 4. ed., Brasília, Editora Universidade de Brasília, 1963, p. 287-288.
114. ANTONIO CANDIDO, *Literatura e Sociedade*, 2. ed., São Paulo, Cia. Editora Nacional 1967, p. 155.
115. *Ibid.*, p. 95-96.
116. CASSIANO RICARDO, *O Homem Cordial*, Rio. Instituto Nacional do Livro, 1959, p. 90.

O mesmo autor, estudando a figura de Pedro Luís, assinala: "Que o título de estudante não era brincadeira, bem o sabemos. Quando se dá o declínio da sociedade patriarcal, é o estudante quem manda. Ainda não se fez o verdadeiro histórico do estudante de direito, em certa fase de nossa formação social"(*O Homem Cordial*, Rio, Instituto Nacional do Livro, 1959, p. 88).

117. *Ibid.*, p. 89. É também uma singular coincidência que nenhum dos três poetas consiga completar o curso jurídico, morrendo com os estudos ainda incompletos.
118. PEDRO LESSA, discurso de recepção na Academia Brasileira de Letras. Em *Discursos e Conferências*, Rio de Janeiro, *Jornal do Commercio*, 1916, p. 93.
119. PAULO PRADO, "O Retrato do Brasil em *Província e Nação*, Rio, José Olympio, 1972, p. 209-215.
120. ANTÔNIO CANDIDO, *op, cit.*, p. 172. A revista da Sociedade Filomática foi reeditada, em edição facsimiliar, por iniciativa de José Mindlin, da Metal Leve S.A. e com introdução do Prof. Antonio Soares Amora em 1977.
121. ANTÔNIO CANDIDO, "A Literatura durante o Império" em *História Geral da Civilização Brasileira* (sob a direção de Sérgio Buarque de Hollanda), São Paulo, Difusão Européia do Livro, 1967, tomo II: *O Brasil Monárquico*, v. III: *Reações e Transações*, p. 347.
122. PIRES DE ALMEIDA, *A Escola Byroniana no Brasil*, São Paulo, Comissão Estadual de Literatura, 1962, 224 p. O volume é constituído de uma série de artigos publicados no *Jornal do Commercio*, entre 1903 e 1908. Alexandre Eulálio, em excelente estudo crítico, ainda não publicado, examinando a figura do poeta Aureliano Lessa, que também fez parte do grupo, procura desfazer o mito levantado por Pires de Almeida com os seguintes comentários: "Mais do que evocar a atmosfera byroniana dos acadêmicos paulistas, o texto de Pires de Almeida trata de recriá-la literalmente forma e fundo, em tudo aquilo que de mais crítico e paradigmático havia no frustrado projeto liberatório daquele sonho — transparente reação *supra-real* à atmosfera sufocante, deprimida, da tradicional família paulista". Aureliano Revisitado — Em torno de um poeta menor — Ora veja um santo de casa — (manuscrito datilografado).
123. *Ibid.*, p. 199.
124. SV-MHASP, v. 2, p. 151.
125. ANTÔNIO CANDIDO, *Formação da Literatura Brasileira*, v. 2, p. 201. O Prof. JOSÉ ADERALDO CASTELO publicou dois volumes de *Textos que Interessam à História do Romantismo*, cujo segundo volume é constituído de trabalhos publicados em revistas acadêmicas. São Paulo, Conselho Estadual de Cultura, 1963.

126. PHAELANTE DA CÂMARA, "A Faculdade de Direito como Centro de Cultura e Coesão Nacional," *R. A.*, Ano 35, 1927, p. 203.

127. *Apud* VICENTE DE AZEVEDO, *A Vida Amorosa dos Poetas Românticos*, São Paulo, Comissão Estadual de Literatura, 1971, p. 188.

128. Ver Cap. V para um exame do condoreirismo na Escola do Recife.

129. *Apud* PEDRO CALMON, *Castro Alves*, Rio, José Olympio, 1973, p. 132.

130. VIANA MOOG, *Uma Interpretação da Literatura Brasileira*, Rio de Janeiro, Casa do Estudante do Brasil, 1943, p. 38.

131. PEDRO CALMON, *op. cit.*, p. 91.

132. Chegando a São Paulo, escreve Castro Alves a Augusto Guimarães: "Eis-me em São Paulo, na terra de Azevedo, na bela cidade das névoas e mantilhas, no solo que casa Heidelberg com a Andaluzia... Nós, os filhos do norte (consente este norte; sabe que é palavra relativa), sonhamos São Paulo o oásis da liberdade e da poesia plantado em plenas campinas do Ipiranga... Pois o nosso sonho é realidade e não é realidade... Se a poesia está no envergar do ponche escuro e largar-se campo afora a divagar perdido nestes gerais limpos e infinitos como um oceano de juncos; se a poesia está no enfumaçar do quarto com o cigarro clássico, enquanto lá fora o vento enfumaça o espaço com a garoa (é uma névoa espessa como nuvem que se arrastasse pelas ruas), com a garoa ainda mais clássica; se a poesia está no espreitar de uns olhos negros através da rótula dos balcões ou através das rendas das mantilhas que em amplas dobras esconde as formas das moças, então a Paulicéia é a terra da poesia. Sim! Porque aqui não há senão frio, mas frio da Sibéria; cinismo, mas cinismo da Alemanha; casas, mas casas de Tebas; ruas, mas ruas de Cartago... (por outra) casas que parecem feitas antes do mundo — tanto são desertas... Isto quanto à poesia. Quanto à liberdade, ela se está mais desenvolvida em certos pontos, em outros está mais restrita. Entretanto, inclino-me a preferir São Paulo ao Recife" (*Apud* PEDRO CALMON, *op. cit.*, p. 179).

133. JOSÉ DE ALENCAR, *Como e porque sou romancista*, Salvador, Progresso, 1955, p. 39.

134. *Apud* VICENTE DE AZEVEDO, *op. cit.*, p. 73.

135. *Ibid.*, p. 59-60.

136. Ver o livro de CARLOS PENTEADO DE REZENDE, *Tradições Musicais da Faculdade de Direito de São Paulo*, São Paulo, Saraiva, 1954, 270 p.

137. RENATO BAHIA, *op. cit.*, p. 121.

138. Para esta súmula da "Bucha" baseamo-nos no capítulo do livro de AFONSO ARINOS, *Rodrigues Alves* — "Burschenschaft", p. 24-34, a maioria de cujos elementos foi fornecida ao ilustre historiador pelo saudoso Antônio Gontijo de Carvalho, profundo conhecedor da história da Faculdade de Direito de São Paulo e cuja militância na política estudantil em sua época de aluno leva a crer que tenha sido membro da "Bucha". Cf. tb. AFONSO SCHMIDT, *À Sombra de Julio Frank*, São Paulo, Clube do Livro, 1950, 179 p., e JAMIL ALMANSUR HADDAD, *O Romantismo Brasileiro e as Sociedades Secretas* (tese apresentada ao concurso para catedrático de Literatura Brasileira da Faculdade de Filosofia, Ciências e Letras da Universidade de São Paulo), São Paulo, 1945, 116 p.

139. AFONSO SCHMIDT, *op. cit.*, p. 130.

140. AFONSO ARINOS, *op. cit.*, p. 27.

141. *Ibid.*, p. 29.

142. Francisco Pati, *O Espírito das Arcadas*, São Paulo, Associação dos Antigos Alunos da Faculdade de Direito da Universidade de São Paulo, 1950, p. 186.

143. Afonso Arinos, *op. cit.*, p. 31.

144. Phaelante da Câmara, "Tradições Acadêmicas" *A Cultura Acadêmica*, Recife, Ano III, v. 3, Tomo I, fasc. 1/3, 1906, p. 31.

145. Odilon Nestor, *Faculdade de Direito do Recife — Traços de sua História*, Recife, Imprensa Industrial, 1930, p. 40.

146. Phaelante da Câmara, *op. cit.*, p. 33.

147. Roque Spencer Maciel de Barros, *op. cit.*, p. 159-160

148. João Camilo de Oliveira Torres, *O Positivismo no Brasil*, Petrópolis, Vozes, 1943, p. 198. Cf. tb. Machado Neto, *História das Idéias Jurídicas no Brasil*, São Paulo, Grijalbo, 1969, p. 45-69. Cf. tb. Reynaldo Porchat, "O Pensamento Filosófico no Primeiro Século da Academia", *R. F. S. P., XXIV*, 1924, p. 330-370.

149. João Camilo de Oliveira Torres, *op. cit.*, p. 198.

150. *Ibid.*, p. 201-203.

151. Machado Neto, *op. cit.*, p. 52.

152. Tarqüínio Bráulio de Sousa Amaranto, *Memória Histórica da Faculdade de Direito do Recife em 1868*.

153. Apud Sérgio da Costa Franco, *Júlio de Castilhos e sua Época*, Porto Alegre, Globo, 1967, p. 10-11.

154. Pessanha Póvoa, *Anos Acadêmicos*, São Paulo, 1870, p. 47.

155. Fígaro Júnior, *Alarma e Protesto contra a Academia de São Paulo*, Rio, Tip. Acadêmica, 1873, p. 15-23.

156. Sá Viana, *op. cit.*, p. 10.

157. Rui Barbosa, *Reforma do Ensino Secundário e Superior* (*Obras Completas* de Rui Barbosa, v. 14, 1881, tomo I), Rio de Janeiro, Ministério da Educação e Saúde, 1942, 370 p. Ver o trabalho do Autor, "O Ensino Jurídico nos Pareceres de Rui Barbosa" em Estudos Universitários, *Revista da Universidade Federal de Pernambuco*, v. 9, n. 1, p. 5-18, jan./março 1969. Tendo sido o decreto nº 7247, de 19.4.1879, submetido à apreciação da Câmara dos Deputados em virtude de conter dispositivos de atribuição do Poder Legislativo, coube a Rui Barbosa relatar a matéria na Comissão de Instrução Pública.

158. *A Pedagogia de Rui Barbosa*, 3. ed., São Paulo, Melhoramentos, 1966, p. 12.

159. Prefácio ao volume *Reforma do Ensino Secundário e Superior, op. cit.*, p. IX-X.

160. Miguel Reale, "Posição de Rui Barbosa no Mundo da Filosofia" em *Rui Barbosa — Escritos e Discursos Seletos*, Rio de Janeiro, Aguilar, 1960, p. 853.

161. Lourenço Filho, *op. cit.*, p. 107.

162. Rui Barbosa, *Reforma do Ensino Secundário e Superior*, p. 5.

163. *Ibid.*, p. 8.
164. *Ibid.*, p. 12.
165. *Ibid.*, p. 17.
166. *Ibid.*, p. 27.
167. *Ibid.*, p. 31.
168. *Ibid.*, p. 49.

169. *Ibid.*, p. 73.

170. *Ibid.*, p. 102.

171. A cadeira de Direito Eclesiástico só foi extinta com a República, em 1890, pelo decreto 1036 A, de 14 de novembro.

172. RUI BARBOSA, *Reforma do Ensino Secundário e Superior*, p. 105-106.

173. *Ibid.*, p. 107.

174. *Ibid.*, p. 108.

175. RUI BARBOSA, *op. cit.*, p. 307. No livro de ROQUE SPENCER MACIEL DE BARROS, *A Ilustração Brasileira e a Idéia da Universidade*, p. 308, há referências à resposta do Professor Sá e Benevides, desautorando a apostila e reconstituindo a aula; aula, entretanto, que não é muito superior à apostila, como se pode verificar pela leitura dos trabalhos do referido professor. Rui responder-lhe-ia mostrando que o protesto confirmava o que dissera no Parecer. Silva Jardim, em suas *Memórias*, assim se refere ao Prof. Sá e Benevides: "Terrível o Dr. Sá e Benevides! Tomara-se de uma raiva medonha contra o positivismo e contra a ciência moderna. Adepto sincero do *Sylabus*, em discordância com a própria Academia, não obstante o espírito retrógrado desta, para quem todos para ele eram positivistas, materialistas, socialistas, 'encapotados'" (*Apud* SÉRGIO DA COSTA FRANCO, *Júlio de Castlihos e sua Época*, Porto Alegre, Globo, 1967, p. 16).

176. RUI BARBOSA, *op. cit.*, p. 109.

177. *Ibid.*, p. 110.

178. Em 1910, na campanha civilista, Rui voltaria a falar sobre o ensino jurídico: "As minhas idéias (sobre educação pública), amplamente desenvolvidas nos dois grandes pareceres parlamentares de 1882, não desmereceram em atualidade. Eles mostram a intensidade real da minha devoção à causa do ensino popular e, encarando todas as questões suscetíveis a respeito da instrução nacional, dos seus diferentes graus, deixam ver, sobre cada uma. o espírito das soluções mais esclarecidas. Não tenho pois, que esperdiçar tempo e frases em generalidades ociosas". E precisando alguns princípios de modificações no regime em vigor, dá Rui Barbosa ênfase especial à "remodelação do ensino jurídico, obedecendo a normas que lhes dêem, a um tempo, mais extensão prática e mais espírito científico, segundo os melhores tipos". (Plataforma — Conferência no Teatro Politeama, em 15 de janeiro de 1910), em *Rui Barbosa — Escritos e Discursos Seletos*, p. 364-365.

179. SV-MHASP, v. II, p. 498.

180. *Ibid.*, v. II, p. 499.

181. CB-HFDR, v. 1, p. 270.

182. RAYMUNDO FAORO, *op. cit.* p. 224.

183. Apud *Livro do Centenário dos Cursos Jurídicos*, v. 2, p. 335.

184. TAVARES DE LYRA, e "Os Cursos Jurídicos de São Paulo e Olinda", em *Livro do Centenário dos Cursos Jurídicos*, v. 1, p. 448.

185. OLIVEIRA VIANA, *O Idealismo da Constituição*, 2. ed., São Paulo, Cia. Editora Nacional, 1939, p. 29-31.

7. A Descentralização: A Reforma Benjamim Constant e a Criação de Novas Escolas

A República, proclamada de chofre em 15 de novembro de 1889, correspondeu a um movimento que vinha se desenvolvendo de há muito, mas não trazia um programa educacional definido. Na campanha republicana, a ênfase foi toda colocada na questão da excessiva centralização, na qual o exemplo mais marcante foi o livro de Tavares Bastos *A Província*. E assim a República, deixando de parte o aspecto da descentralização incluído na Constituição de 1891, não apresentou um programa educacional definido. Pode pois com razão dizer Fernando de Azevedo que "do ponto de vista cultural e pedagógico a República foi uma revolução que abortou" [1]. E algumas idéias implantadas inicialmente deveram-se mais à formação positivista de Benjamim Constant Botelho de Magalhães e às iniciativas que tomou como Ministro da Instrução Pública, Correios e Telégrafos, do que a um programa de política educacional maduramente concebido. Nomeado inicialmente ministro da Guerra, com as divergências com Deodoro da Fonseca, a solução encontrada é criar, em 19 de abril de 1890, a pasta da Instrução Pública, Correios e Telégrafos, para a qual Benjamim Constant é transferido, e que foi sucessivamente ocupada por João Barbalho Cavalcanti, Antônio Luís Afonso de Carvalho, José Higino Duarte Pereira e Fernando Lobo Leite Pereira, este o último ocupante por ocasião da sua extinção em 26 de dezembro de 1892.

Do ponto de vista do ensino jurídico, a atuação de Benjamim Constant ganha especial destaque pela aprovação do decreto n. 1232-H, de 2 de janeiro de 1891, que aprova o regulamento das instituições de ensino jurídico dependentes do Ministério da Instrução Pública. Já anteriormente, o decreto n. 1030-A, de 14 de novembro de 1890, considerando que decretada a separação da Igreja e do Estado desapareceram os motivos que determinavam o estudo do Direito Eclesiástico, suprimiu a referida cadeira em Recife e São Paulo. O regulamento trifurca o curso das faculdades de Direito em curso de ciências jurídicas, ciências sociais e de notariado, e apresenta a seguinte seriação e distribuição de matérias, em quatro séries para o curso de ciências jurídicas, em três para o curso de ciências sociais e em dois para o de notariado:

O curso de ciências jurídicas constaria das seguintes matérias:

Filosofia e História do Direito;
Direito Público e Constitucional;
Direito Romano;
Direito Criminal, incluindo o Direito Militar;
Direito Civil;
Direito Comercial, incluindo o Direito Marítimo;
Medicina Legal;
Processo Criminal, Civil e Comercial;
Prática Forense;
História do Direito Nacional;
Noções de Economia Política e Direito Administrativo.

O curso de ciências sociais compunha-se das seguintes matérias:

Filosofia e História do Direito;
Direito Público;
Direito Constitucional;
Direito das Gentes;
Diplomacia e História dos Tratados;
Ciência da Administração e Direito Administrativo;
Economia Política;
Ciência das Finanças e Contabilidade do Estado;
Higiene Pública;
Legislação Comparada sobre o Direito Privado (noções).

As matérias do curso de notariado eram:

Explicação sucinta do Direito Pátrio Constitucional e Administrativo;
Explicação sucinta do Direito Pátrio Criminal, Civil e Comercial;
Explicação sucinta do Direito Pátrio Processual;
Prática Forense.

Declarava o decreto que o grau de bacharel em ciências jurídicas habilitava para a advocacia, a magistratura e ofícios de justiça; o de bacharel em ciências sociais para os lugares do corpo diplomático e consulares, para os cargos de diretor, subdiretor e oficial das secretarias de governo e administração e o de notário para todos os ofícios da justiça. Um dispositivo do Regulamento estipulava que o horário dos cursos de ciências jurídicas e sociais seria organizado de tal forma que pudessem ser freqüentados simultaneamente.

Há alguns dispositivos novos a comentar, como o art. 21, que determinava ao diretor remeter no fim de cada ano letivo ao Conselho de Instrução Superior um relatório circunstanciado sobre todos os trabalhos da faculdade, ocupando-se especialmente do adiantamento do ensino e apresentando uma lista com o nome dos lentes catedráticos e substitutos e preparadores da faculdade e dos professores dos cursos livres que mais se tivessem esforçado pelo progresso da ciência e do ensino, informando também sobre o procedimento civil e moral dos alunos.

No campo da escolha dos professores, possibilitou a Reforma Benjamim Constant a indicação ao Governo, antes do anúncio da inscrição de concurso, de nome de cidadão brasileiro, de alta competência, que estivesse em condições de exercer o magistério, independente de concurso, devendo tal indicação ser feita pelo menos por dois terços dos votos presentes. Era também facultada a troca das cadeiras, contanto que fosse requerida ao Governo e aprovada pela Congregação e pelo Conselho de Instrução Superior a vantagem e conveniência da permuta.

Determinava o Regulamento, no seu art. 75, que os lentes se apresentariam nas respectivas aulas e atos escolares à hora marcada, sendo sempre os primeiros a dar o exemplo de pontualidade, cortesia e urbanidade, abstendo-se absolutamente de pregar doutrinas subversivas ou perigosas. O Art. 83 facultava a qualquer membro do magistério que escrevesse tratados, compêndios e memórias sobre as doutrinas ensinadas nas faculdades, o direito à impressão de seu trabalho por conta do Estado, se fosse considerado de utilidade para o ensino pela Congregação da Faculdade e aprovado pelo Conselho de Instrução Superior, neste caso também fazendo jus a um prêmio até a quantia de 4:000$, conforme a importância do trabalho. Dizia, ainda, o Regulamento que os lentes fariam as preleções sobre compêndios de sua livre escolha, e poderiam ensinar quaisquer doutrinas, uma vez que não ofendessem a lei e os bons costumes; na preleção fariam as explicações que fossem necessárias, tanto para mais fácil compreensão das matérias como para correção de qualquer doutrina errônea, ou menos acertada, e quando os alunos não compreendessem algum ponto, poderiam propor ao lente verbalmente ou por escrito as dúvidas que lhe ocorressem, que o lente as resolveria no mesmo dia ou na lição seguinte.

Em matéria de habilitação para concurso, o regulamento possibilitou a inscrição de estrangeiros que, possuindo grau por escolas federais ou equiparadas ou por academias estrangeiras se houvessem habilitado por alguma delas, falassem correntemente o português, devendo porém, no caso de graduados por academias estrangeiras, ficarem sujeitos à habilitação prévia, salvo se tivessem sido professores de faculdades estrangeiras reconhecidas pelos respectivos governos. Em relação aos concursos é mantida a argüição recíproca.

O art. 207 apresenta uma inovação, ao criar em cada faculdade a *Revista Acadêmica* a ser redigida por uma Comissão de oito lentes, imprimida em oitavo francês, sendo obrigatória a aceitação do cargo de redator [2].

A reforma também facultou pelo art. 217 a abertura de cursos livres no recinto das faculdades federais por indivíduos que tivessem aprovação das mesmas faculdades, ou de outras equivalentes, devendo ser previamente apreciados, pela Congregação o programa e as qualificações do candidato. Também eram criadas as comissões de investigação em benefício da ciência do ensino, prevendo o art. 231 que de três em três anos cada faculdade designasse ao Governo um lente catedrático, encarregado de fazer investigações científicas e observações práticas, ou para estudar nos países estrangeiros os melhores métodos de ensino e as matérias das respectivas cadeiras e examinar os estabelecimentos e instituições das nações mais adiantadas da Europa e da América [3]. Também era previsto que o aluno que tivesse completado os estudos e fosse classificado em primeiro lugar tivesse direito ao prêmio de viagem à Europa ou à América a fim de se aplicar nos estudos pelos quais tivesse predileção ou àqueles que fossem designados pela faculdade [4].

O regulamento previra a realização de exames da matéria de uma ou mais séries fora da época, de tal forma facilitando essa providência as aprovações que, no dizer de Clóvis Beviláqua,

estes exames extraordinários amiudaram-se de tal modo que a ironia da mocidade denominou *elétricos* os bacharéis que se precipitavam de uma para outra série no afã de conquistar o título acadêmico, alavanca julgada necessária para remover as dificuldades da vida [5].

Os trabalhos da faculdade deveriam ter início em 1º de abril e terminar no dia designado pelo diretor, mas as aulas funcionariam de 15 de abril a 14 de novembro. A redação das memórias históricas era mantida no art. 405, devendo, na sessão de encerramento das aulas, a Congregação designar por votação nominal um de seus membros para prepará-las, nas quais seriam relatados os acontecimentos notáveis do ano findo, especificando-se o grau de desenvolvimento a que foi levado no período as exposições das doutrinas, tanto nos cursos públicos como nos cursos particulares.

A grande novidade, entretanto, na Reforma Benjamim Constant era o Título II — Instituição de Ensino Superior, fundada pelos Estados, ou por particulares — dispondo o art. 309 que era lícito aos poderes dos Estados federados fundar faculdades superiores, mas para que os graus por eles conferidos tivessem os mesmos efeitos legais que os das faculdades federais era necessário que as habilitações para matrícula e exames dos cursos fossem idênticos aos das faculdades federais e que ficassem sujeitos às inspeções do Conselho de Instrução Superior.

Previa-se também a permissão para que qualquer indivíduo ou associação de particulares fundasse cursos ou estabelecimentos onde se ensinassem as matérias que constituem programa de qualquer curso ou faculdade federal, ficando também sujeitas à inspeção do Conselho de Instrução Superior. E aos estabelecimentos particulares que funcionassem regularmente poderia o Governo, com a audiência do Conselho de Instrução Superior, conceder o título de faculdade livre, com todos os privilégios e garantias de que gozassem as faculdades federais, tendo as faculdades livres o direito de conferir a seus alunos os graus acadêmicos que concedessem as faculdades federais, uma vez que elas tivessem obtido as aprovações exigidas pelos Estatutos destas para a colação dos mesmos graus.

O decreto se estende em 471 artigos, examinando depois pormenorizadamente os Estatutos preparatórios para o ingresso nas faculdades de Direito. O art. 427, no título das disposições transitórias, determinava que para as cadeiras novas que não fossem providas com os atuais substitutos ou independentes de concurso, nos casos declarados, poderia nomear o Governo lentes interinos que não teriam por isto direito de preferência para as nomeações definitivas nos concursos a que sem demora se deveria proceder. A celeuma causada por esse dispositivo com relação ao magistério obrigou o Governo a baixar o decreto nº 1340, de 16 de fevereiro de 1891, que mandou suspender provisoriamente as disposições dos atuais regulamentos dos institutos oficiais de instrução de qualquer grau ou natureza relativa ao provimento, exercício, licenças, faltas, penas, prêmios e jubilamentos.

No setor do ensino jurídico, houve necessidade de norma especial, o decreto 1341, de 17 de fevereiro de 1891, alterando o regulamento baixado pelo de n. 1232-H e que determina que as primeiras nomeações que tivessem de ser feitas para o preenchimento dos lugares vagos ou novamente criados, de pessoal docente ou administrativo das faculdades de Direito e dos cursos preparatórios anexos, poderiam realizar-se independentemente das cláusulas estabelecidas pelos respectivos regulamentos. Alegava a exposição de motivos do Ministro João Barbalho que o desenvolvimento dado pelo decreto n. 1232-H à criação das novas cadeiras dos cursos jurídicos e a jubilação de alguns professores haviam tornado necessário o preenchimento de vários lugares, mas se postas em concursos as cadeiras novas e as vagas, somente em meados do ano poderiam ficar providas, havendo, assim, aulas sem professores, "inaugurando-se a reforma com muitas interinidades, o que é um mal, razão pela qual propunha a medida então indicada". E o decreto n. 54, de 21 de março de 1891, determinava que se os lentes catedráticos e substitutos, professores e preparadores, nomeados sem concurso, fossem declarados, dentro do prazo de um ano, inábeis para o magistério pelas congregações das respectivas escolas ou faculdades, seus lugares seriam postos em concurso [6].

Clóvis Beviláqua, analisando a Reforma Benjamim Constant, considera que ela

> operou grandes transformações no ensino público do país. Não somente se criaram cadeiras novas nas Faculdades de Direito, como se imprimiu caráter mais consentâneo com as idéias do tempo, à concepção geral de ensino jurídico. Pela primeira vez se teve, no mundo oficial, a compreensão da real importância da história e da legislação comparada, com o elemento elucidativo da função social do Direito. E tanto a história geral do Direito como a do Direito Nacional formaram disciplinas de curso, a primeira ao lado da Filosofia e a segunda constituindo uma cadeira independente, embora limitada ao Direito Privado [7].

A Faculdade de Direito do Recife, já em 6 de maio de 1892 recebia ofício da Secretaria dos Negócios da Instrução Pública pedindo indicações para a reforma do regulamento n. 1232-H, de 2 de janeiro de 1891. Foi escolhida comissão composta dos professores Adolfo Cirne, Pontual, Adelino, Clodoaldo e José Dinis. A comissão julgou inoportuna a reforma dos Estatutos, cuja execução mal se iniciara, e que portanto não podia ainda ter revelado seus defeitos e principais vantagens. As alterações, porém, vieram, e entre elas a redução da época do exame a dois, o que incontestavelmente concorreu para restaurar o prestígio do ensino, dando-lhe regularidade.

Comentando a experiência, entretanto, acrescenta Clóvis Beviláqua, aparentemente em contradição com os elogios da reforma, que

> a crise do ensino deixou um índice bastante expressivo na desconformidade entre a matrícula dos estudantes e os exames. A matrícula nas diferentes séries acusou o reduzido número de duzentos

e vinte e dois alunos, ao passo que houve oitocentos e dezesseis exames no correr do ano. É que as aulas não atraíam discípulos e os moços ambicionavam somente a carta de bacharel para efeitos de ordem prática [8].

A Reforma Benjamim Constant provocou dentro do espírito de descentralização política uma aspiração pela descentralização educacional, podendo-se parificar ao federalismo político o federalismo educacional. Ocorre o surgimento de faculdades livres, particulares ou estaduais, e pelo menos, institucionalmente, se finda com o monopólio de Recife e São Paulo. É preciso, entretanto, destacar que esta evolução não é espontaneísta ou inconsciente, mas está presente nos pronunciamentos e manifestações dos contemporâneos ou daqueles que têm estudado o período.

Como exemplo, nada mais expressivo do que o discurso de Leovigildo Filgueiras, professor de Filosofia e História do Direito da Faculdade Livre de Direito da Bahia, falando em nome de seus colegas da Congregação, no dia da instalação da faculdade em 18 de abril de 1891. O Prof. Leovigildo Filgueiras, formado em Recife, faz parte de uma brilhante plêiade de pensadores que atuou na Bahia, conservando a inspiração da Escola do Recife e que mantém viva a chama dos estudos filosóficos, liberto dos modelos escolásticos, seguindo-se os nomes de Virgínio de Lemos, a quem Hermes Lima chamou o "mestre de minha geração" e, mais recentemente, o próprio Hermes Lima, embora com atividade fora de seu Estado natal, a grande figura de Nestor Duarte, e contemporaneamente Machado Neto. Mostrava Leovigildo Filgueiras nesse pronunciamento a influência do teologismo e da metafísica no ensino do Direito Positivo nas escolas de direito "dominada pelo espírito teológico político das relações de aliança do Estado com a Igreja Católica". E, prosseguia ele:

> Foi preciso uma revolução, que, mudando a forma de Governo do país, acarretasse o rompimento dos laços políticos que prendem o Estado à Igreja, para que o Direito Brasileiro, expurgado das superstições, iniciasse a sua vida autônoma, evoluindo para o ideal político da liberdade de consciência. Congratulemo-nos, pois, com o Estado da Bahia porque só agora, depois dessa bendita revolução e graças ao Patriarca da República, o glorioso e imortal obreiro desses novos templos de ciência denominados Faculdades Livres, é que se instala sob o regime da mais ampla liberdade um curso de ciências sociais e jurídicas, livre do dogmatismo e livre do oficialismo [9].

O aparecimento de novas faculdades nas principais capitais iria atingir a hegemonia das Faculdades de Direito do Recife e de São Paulo, como centros mais antigos e mais conceituados, e pouco a pouco novas escolas foram ganhando relevo mais nítido e nível mais elevado, dentro das limitações já apontadas e sempre presentes.

A Faculdade Livre de Direito da Bahia, a primeira autorizada a funcionar no novo regime, teve origem modesta num sobrado, de início na Rua da Lapa, onde o Professor Machado de Oliveira, entre 1890 e 1891, inaugurou um curso particular de ensino jurídico, destinado especialmente a estudantes de Recife que se quisessem prevalecer do regime do ensino livre. Já nessa época se pensava na idéia da criação da Faculdade de Direito da Bahia, patrocinando a idéia elementos como o próprio Professor Machado de Oliveira, e pessoas do comércio como José de Oliveira Castro, da firma Marinhos e Companhia, de que fora fundador um português de escassas letras e grande tino, e o qual chegara à Bahia como imigrante, trazendo somente a sua roupa e o capital do seu trabalho. Juntou-se ao grupo o capitão Bibiano Ferreira Campos, e em seguida vários outros cidadãos desejosos de progresso intelectual do Estado, fazendo-se inclusive coleta entre as pessoas para a constituição de patrimônio da faculdade. Aprovados os Estatutos, reuniu-se no dia 17 de março de 1891 a Congregação dos Lentes, fazendo-se a distribuição das cadeiras, e no dia 15 de abril teve lugar a instalação solene da faculdade no edifício situado à Rua Visconde do Rio Branco, n. 19, com a presença do Governador do Estado, Dr. José Gonçalves da Silva.

Vale a pena transcrever o pedido dos fundadores da faculdade datado de 26 de fevereiro de 1891.

Exmo. Sr.: Pretendendo fundar nesta cidade por todo mês de março próximo uma Faculdade de Direito, que goze de todas as garantias e prerrogativas das Faculdades de Recife e São Paulo — o que nos é autorizado pelos artigos 418 a 420 do Decreto de 2 de janeiro do corrente ano —, suplicamos o vosso valioso apoio, pedindo-vos um donativo em benefício de uma instituição tão útil e necessária. Certo de que não recusaríeis os vossos concursos ao desenvolvimento da instrução, estamos prontos a aceitar a quantia que vos dignardes oferecer, rogando-vos a fineza de a remeterdes brevemente em carta registrada e dirigida para esta capital, à Rua da Lapa n. 2, a qualquer dos abaixo-assinados. Antecipando-vos os nossos sinceros agradecimentos, temos a honra de subscrevermos como cidadãos e amigos [10].

Num estudo publicado no *Jornal da Bahia,* quando da mudança da Faculdade de Direito da Bahia para o novo prédio no *campus* universitário em 28 de maio de 1961, Antônio Luís Machado Neto escreveu um resumido e exato trabalho, *A Faculdade de Direito, uma Tradição do Pensamento na Bahia,* em que estuda o papel dessa escola na vida cultural do Estado. Analisando a formação da Escola de Direito e do pensamento cultural da época, acentua o papel na disseminação dos estudos sociais e conclui que foi assim a Faculdade de Direito da Bahia, é verdade que sem o mesmo brilho e o mesmo prestígio das Academias congêneres de Recife e de São Paulo, o ambiente intelectual a cuja sombra se formou uma tradição baiana de estudos sociológicos [11].

Um outro centro que não poderia ficar estranho ao movimento de criação de novas escolas de Direito era a Capital Federal. Ela se faz logo presente não apenas com uma, mas com duas faculdades, a Faculdade de Ciências Jurídicas e Sociais e a Faculdade Livre de Direito. Na vigência da reforma Leôncio de Carvalho, um jovem advogado, o Dr. Fernandes Mendes de Almeida, tentou a criação na Corte de um estabelecimento de ensino. Em 18 de abril de 1882, reuniu no seu escritório, à Rua do Rosário, n. 74, 1º andar, um pugilo de amigos e admiradores, e declarou criada, prematuramente, a Faculdade Livre de Ciências Jurídicas e Sociais, que se limitou então a uma ata, mas de cujo esforço surgiria de fato nove anos mais tarde. Com a Reforma Benjamim Constant, Fernando Mendes de Almeida voltou à carga, contando ainda com alguns elementos que assinaram a ata de 1882, com o apoio do Conselheiro Machado Portela. Reuniu-se em 19 de março de 1891 a primeira sessão da Congregação da Faculdade Liceu de Ciências Jurídicas e Sociais do Rio, no salão do Liceu de Artes e Ofícios, declarando "organizada e instalada definitivamente a Faculdade Livre de Ciências Jurídicas e Sociais do Rio de Janeiro, iniciada em 1882", e estabelecida a relação de corpo docente a ser enviada ao Governo Federal. Comentando esta relação, escreve Pedro Calmon que

> era uma elite acadêmica de alta reputação intelectual, que assumia a responsabilidade de incorporar, impor, defender um instituto universitário digno da capital do país. Vultos do passado e jovens homens públicos, que faziam brilhantemente as primeiras armas na imprensa, no livro, na tribuna; antigos ministros e bacharéis recentes; gente da Monarquia e republicanos de pensamento e ação; sábios e literatos; humanistas e advogados de intensa atividade profissional. Mesmo representantes de correntes opostas, como José Higino e Sílvio Romero a propósito da "Escola do Recife", e Fernando Mendes e Afonso Celso, a respeito do regime... A amálgama, no caso e na época, favorecia os créditos de que necessitava a instituição [12].

Obtida a autorização para o funcionamento, o passo seguinte foi o reconhecimento, finalmente alcançado pelo decreto n. 639, de 1891.

A Faculdade Livre de Direito foi produto do entusiasmo do Dr. Carlos Antônio França Carvalho, irmão do Conselheiro Leôncio de Carvalho, que, contando com a boa vontade dos monges beneditinos, reuniu e convocou alguns amigos e no dia 31 de maio de 1891, numa sala do Mosteiro de São Bento, fundou a Faculdade Livre de Direito da Capital Federal. França Carvalho era, no dizer de Pedro Calmon "um ortodoxo da liberdade do ensino superior, um defensor resoluto da 'novidade' que seu irmão Leôncio de Carvalho introduzira, em 1879, na legislação brasileira" [13], figurando este último como professor e até como diretor, o que comprova a filiação do estabelecimento ao pensamento de 1879 [14]. Ainda em 1908 Leôncio de Carvalho, no Primeiro Congresso Jurídico Brasileiro, defendia o programa de trinta anos atrás, citando com ufania:

> Visitem os congressistas as duas Faculdades Livres que funcionam na capital e *de visu* hão de certificar-se de que seus professores são tão competentes como os mais competentes dos institutos federais e seus alunos tão distintos como os mais distintos desses institutos. As mais altas autoridades e considerados homens de letras têm colocado nelas os seus filhos. Na Faculdade Livre de Direito estão matriculados os filhos do Presidente da República e do Ministro da Fazenda e um cunhado do Ministro da Justiça [15].

Em Minas Gerais, logo após a Proclamação da República, Diogo de Vasconcelos levantou juntamente com Bernardo Monteiro, pelo *Jornal de Minas,* de que era redator, a idéia da fundação de uma Academia de Direito em Ouro Preto, então tranqüila capital do Estado, que já possuía no nível secundário o Ginásio Mineiro e, no superior, a Escola de Farmácia. Discutia-se, sobretudo, se a iniciativa deveria partir do próprio Estado, ou se deveria ser fruto da iniciativa particular, de qualquer maneira sendo indispensável o apoio oficial para custeio direto do estabelecimento ou para subsidiá-lo. Os problemas políticos que Cesário Alvim teve de enfrentar não lhe permitiu interessar-se pelo problema, mas logo no Governo Afonso Pena a matéria ganhou destaque. Entendia o presidente do Estado que a fundação da faculdade era um benefício inestimável para o Estado, mas não desejava imprimir ao instituto um caráter oficial, devendo ter origem particular, pelos recursos patrimoniais e pela existência social autônoma.

Cabe destacar no movimento da fundação da escola o papel da família Melo Franco, do Senador Virgílio Melo Franco, um dos primeiros a abraçar a idéia, participando das reuniões das comissões mais trabalhosas, e aceitando uma cadeira na nova faculdade, e de seus filhos, Afonso Arinos, que tudo diligenciou para criação da faculdade, Afrânio, nomeado Secretário, e ainda, Armínio, incumbindo-se da sessão inaugural. Foi na residência de Afonso Arinos que se reuniram as primeiras pessoas empenhadas na criação da fundação da primeira Faculdade Livre, entre as quais Francisco Sales, Francisco Veiga, Augusto Bernardino de Lima, Rodrigo Bretas de Andrade, Raimundo Correia, Sabino Barroso, Francisco Catão, David Campista, João Pinheiro, entre outros.

Depois das primeiras reuniões foi escolhido, como sede da faculdade, o antigo edifício da Escola de Farmácia, franqueada pelo Presidente Afonso Pena, eleito diretor, e a inauguração oficial se deu em 10 de dezembro de 1892, no salão da Câmara Estadual, na presença dos representantes do Congresso Federal e Estadual, dos membros do Tribunal de Relação e de altas autoridades. Segundo Afonso Arinos, a população de Ouro Preto e o povo mineiro em geral se regozijaram, promovendo festejos, enviando telegramas congratulatórios de vários pontos do Estado. E comenta Augusto de Lima:

> Não há quadro mais expressivo de aceitação com que foi recebida a faculdade de Direito, aceitação que não tardou em produzir-se nas contribuições municipais e nos donativos valiosos enviados à nova fundação de ensino superior. Não há dúvida de que para tanto entusiasmo devia contribuir em grande parte o bafejo de uma situação governamental fortalecida pela opinião e amparada fortemente pela política nacional. Mas, ainda feito este desconto, muito restava para poder-se afirmar que Minas, com a fundação de sua faculdade de Direito, via-se realizada nos seus ideais.

Comentando o papel de Afonso Pena, observa o mesmo cronista:

> Reunindo em Palácio os futuros lentes, cedendo um próprio do Estado para sede do estabelecimento, promovendo e animando o apelo à liberalidade dos mineiros para a constituição de patrimônio, e influindo junto do Legislativo para a passagem do projeto de auxílio normal; interpondo o seu valimento para que a faculdade fosse reconhecida, como logo o foi, pelo Governo Federal; indo todas as manhãs às aulas a pé, do Palácio à faculdade, levar aos alunos as suas lições, preparadas com o esmero nos lazeres que a governação o deixava para o repouso, colaborando na revista, desde o primeiro número, Afonso Pena foi fundador, arquiteto e obreiro [16].

No relato de Mário Casassanta, depreende-se a extrema cordialidade que reinava entre o fundador, professor e então presidente do Estado, pois Rodolfo Jacob, um dos alunos da faculdade, costumava esperar o presidente perto do Palácio do Governo e com S. Exa. se encaminhava para a faculdade, pois o grande homem público tratava os seus alunos com a simpatia e a afeição de um autêntico mestre [17]. Descreve Afrânio Melo Franco que a situação inicial era extremamente modesta e, em circulares assinadas pelos diretores e lentes, eram feitos apelos aos mineiros em geral e municípios, solicitando auxílios pecuniários para a constituição do patrimônio da faculdade, que assim se iniciou.

Ela reunia, entretanto, entre seus lentes as figuras mais expressivas da política e da advocacia locais, muitos dos quais mais tarde se destacaram na vida pública, no cenário federal, inclusive como ministros de Estado. Comenta Afrânio de Melo Franco que, com a mudança da capital para Belo Horizonte, a faculdade para lá se transferiu e assim aumentaram o número de alunos e recursos; construiu-se edifício próprio e foi concedida a subvenção do Estado. Entre os aspectos que assinala na influência exercida pela faculdade, na vida cultural de Minas Gerais, além do progresso das letras jurídicas, da influência direta na vida política do país, declara que ela

> despertou emulação entre os juristas, desenvolvendo o gosto e o amor pelo Direito, quanto porque tornou acessível o estudo aos que menos favorecidos da fortuna não poderiam procurar fora de Minas os meios de seguir os cursos jurídicos. Quantos advogados eminentes, professores de nomeada e administradores de comprovada competência não estariam hoje vegetando em profissões obscuras, dispersos e esquecidos, se não fora a criação da Faculdade Livre de Direito de Minas Gerais [18]?

As medidas parciais decretadas pelo sucessor de Benjamim Constant, um mês depois da reforma, desvirtuando o plano geral de ensino do Governo provisório, tornavam necessária a modificação das disposições comuns às instituições de ensino na parte referente à condição de pessoal docente, gratificações, prêmios e jubilações. Afirmava o Ministro João Barbalho, na exposição de motivos:

> os diversos regulamentos expedidos ultimamente para o serviço de administração dos institutos de instrução pública primária e secundária, técnica e superior, na parte referente às condições de pessoal docente, gratificações, prêmios, vantagens e jubilações, precisam de ser uniformizados.
>
> É óbvia esta necessidade. Dessa uniformização resulta vantagem para o processo dos negócios atinentes ao objeto de que se trata.

Em decorrência, em 3 de dezembro de 1892 foi baixado o decreto n. 1159, assinado pelo Ministro da Justiça, Dr. Fernando Lobo, aprovando o código das disposições comuns às instituições de ensino superior dependentes do Ministério da Justiça e Negócios Interiores. E, pelo decreto n. 230, de 7 de dezembro de 1894, foi aprovado o referido código, com algumas modificações relativas à jubilação e vencimentos dos professores.

Em 1895, após uma longa discussão no Congresso [19], onde a questão do ensino livre foi ardentemente discutida, foi promulgada a Lei 314, de 30 de outubro, que reorganiza o ensino nas faculdades de Direito, passando o curso a ser feito em cinco anos, de acordo com a seguinte distribuição das matérias:

1º ano: 1ª Cadeira-Filosofia do Direito; 2ª Cadeira-Direito Romano; 3ª Cadeira-Direito Público Constitucional.

2º ano: 1ª Cadeira-Direito Civil; (1ª Cadeira) 2ª Cadeira-Direito Criminal; (1ª Cadeira); 3ª Cadeira-Direito Internacional Público e Diplomacia; 4ª Cadeira-Economia Política.

3º ano: 1ª Cadeira-Direito Civil (2ª Cadeira); 2ª Cadeira-Direito Criminal, especialmente Direito Militar e Regime Penitenciário (2ª Cadeira); 3ª Cadeira-Ciências das Finanças e Contabilidade do Estado (continuação da 4ª Cadeira do 2º ano). 4ª Cadeira-Direito Comercial; (1ª Cadeira).

4º ano: 1ª Cadeira-Direito Civil (3ª Cadeira); 2ª Cadeira-Direito Comercial (especialmente Direito Marítimo, Falência e Liquidação Judiciária); 3ª Cadeira-Teoria de Processo Civil, Comercial e Criminal; 4ª Cadeira-Medicina Pública.

5º ano: 1ª Cadeira-Prática Forense (continuação da 3ª Cadeira do 4º ano); 2ª Cadeira-Ciência da Administração e Direito Administrativo; 3ª Cadeira-História do Direito e especialmente de Direito Nacional; 4ª Cadeira-Legislação Comparada sobre Direito Privado.

A lei representava maior rigor em comparação às disposições liberais da Reforma Benjamim Constant, restabelecendo a freqüência, através de livro especial que ficaria sob a guarda do professor, e onde estariam inscritos os nomes dos alunos. Haveria apenas duas épocas de exame, só sendo admitidos na primeira época os alunos matriculados e havendo vários requisitos para admissão na segunda época. Em qualquer hipótese não era permitido o aluno ser examinado em matéria de mais de um ano.

Eram abolidos os cursos especiais de Ciências Sociais e de Notariado, continuando, porém, o de Ciências Sociais por mais dois anos e de Notariado por mais um ano. Em relação às faculdades livres, exigia-se delas um patrimônio de 50 contos de réis (50:000$), representada por apólices de dívida pública ou por edifícios em que funcionassem e a prova de uma freqüência nunca inferior a 30 alunos, por espaço de dois anos. Para cada Faculdade Livre, o Governo nomearia um fiscal de reconhecida competência em assunto de ensino jurídico, que acompanhasse o andamento de seus trabalhos.

Comentando esta reforma, Clóvis Beviláqua declara que a lei 314, junto com o decreto 2226, de 1º de fevereiro de 1896,

> trouxeram sensíveis modificações à organização do ensino jurídico do nosso país. Houve incontestável utilidade para a ordem

e o progresso dos estudos, na reunião em um só dos dois cursos, e de ciências jurídicas e de ciências sociais, assim como na supressão do curso de Notariado, instituídos pelos regulamentos anteriores.

Foram também de vantagens as criações de mais uma cadeira de Civil e outra de Criminal, assim a remodelação da cadeira de História e do Direito, abrangendo o Direito Romano e Nacional.

Sem, porém, apontar os fatos concretamente, acrescenta Clóvis Beviláqua:

> infelizmente, a par de melhoramento, introduziu a reforma graves defeitos na organização do ensino [20].

Os resultados da reforma de 1895 fizeram-se logo sentir, provocando uma melhoria nas condições de ensino e no aproveitamento dos alunos. É o que assinala o relatório do diretor da Faculdade do Recife de 1898:

> Tal resultado deve ser em grande parte atribuído à última reforma, *acabando com a liberdade de freqüência,* sob cuja influência as escolas ficaram desertas e as funções dos lentes reduziram-se às de examinadores de moços que êles mal conheciam e de cuja inteligência e habilitação só podiam formar juízo muito completo pelos exames que quase sempre eram feitos sem o suficiente preparo... Hoje, porém, é muito diferente o que se observa na vida interna desta faculdade: as aulas enchem-se, os lentes encontram estímulos na respeitosa atenção de um auditório numeroso e constante... entretanto, a reforma de benéficos efeitos não escapa à censura, sob o ponto de vista da organização do ensino [21].

Ao findar o século, mais outra faculdade livre era instituída, a Faculdade de Direito de Porto Alegre, fundada em 17 de fevereiro de 1900, quando já existiam no Estado uma Escola de Engenharia e a Faculdade Livre de Medicina. Coube ao Presidente Júlio de Castilhos sugerir a criação da faculdade, incumbindo ao Desembargador Carlos Thompson Flores a missão, para a qual foi grandemente auxiliado pelo Desembargador Manuel André da Rocha, que permaneceu como diretor da faculdade por mais de trinta e cinco anos.

Falando das motivações da fundação, o Professor José Salgado Martins afirmou que

> esta faculdade de Direito (de Porto Alegre) nasceu sob o signo da cultura humanística que, irradiando de Recife e São Paulo, na segunda metade do século anterior, se revestia, no Rio Grande do Sul, do significado de fatores morais e políticos, ordenadores dos condicionamentos étnicos e telúricos. Estava, pois, destinada, desde o seu início, a imprimir nas gerações rio-grandenses o selo de uma vocação jurídica, voltada para os valores da afirmação do gênio nacional na estremadura da Pátria.
>
> Esta escola nasceu com a República, onze anos apenas depois da queda do regime monárquico. Coube-lhe, pois, um dos papéis mais salientes na disseminação da nova doutrina política, na forma-

ção dos juristas que iriam servir às novas instituições na administração, na justiça e nos parlamentos. No momento em que o Estado, saindo de uma revolução cruenta, entrava na fase de sua estruturação jurídica, dentro do sistema constitucional concebido pelo gênio político de Castilhos, caberia à nossa escola a missão de preparar os jovens rio-grandenses para o trabalho árduo e fecundo, a um só tempo grandioso e modesto, de manutenção e aprimoramento da ordem jurídica [22].

Os primeiros anos foram de muitas dificuldades, sendo que os professores trabalharam de graça até 1905 [23]. Mas já em 1910 inaugurava-se um prédio próprio. Da primeira turma, formada em 1904, destacava-se Carlos Martins Pereira de Sousa, que mais tarde teve uma brilhante atuação no serviço diplomático do Brasil. João Neves da Fontoura, que cursou a faculdade no período de 1905 a 1909, em suas *Memórias*, faz várias referências à faculdade, relatando, em relação ao primeiro ano, "a confusa Filosofia do Direito, professada pelo Dr. Alcides Cruz, e o Direito Romano, de que nos dava belas lições, todas as manhãs, o velho Pacheco Prates [24]. Enquanto a Alcides Cruz, a quem, apesar de humanista, faltavam bases maiores para a regência de sua cadeira e poder de transmitir as noções (creio mesmo que era substituto), o velho Pacheco Prates, mais tarde nomeado para São Paulo, representava o tipo do lente de Coimbra. Suas aulas não se desviavam da lúcida exposição do ponto, nem usava narizes de cera para encobrir ignorância. Era romanista e, por isso, um bom civilista. Começava a aula na hora exata, nem um minuto mais ou menos. E cortava o período que estivesse proferindo justo no momento em que soava o sino, tangido pelo velho e desajeitado Paupério — o bedel, a quem queríamos e enganávamos, falsificando a assinatura dos ausentes no livro de freqüência)" [25].

É de se destacar, entretanto, que no Rio Grande do Sul não ocorria, na época, o predomínio dos bacharéis. É o que comenta João Neves da Fontoura:

> Curioso assinalar que na Assembléia, ao tempo do Sr. Borges Medeiros, não predominavam os bacharéis, como acontece geralmente no Brasil. Havia os chefes políticos do interior, os de maior relevo, os militares positivistas e muitos representantes das chamadas classes conservadoras, inclusive vários teuto-brasileiros. O Partido Republicano tratava de conquistar o apoio dos fazendeiros e do alto comércio [26].

Fazendo uma síntese do período iniciado com a Reforma Benjamim Constant, assinala Odilon Nestor em tom saudosista e traçando o painel da nova época:

> Vieram logo após o estabelecimento do Governo republicano as novas reformas do ensino. Fundaram-se as Escolas Livres de Direito em várias cidades do norte e sul do país. A matrícula de

alunos não tardou assim a baixar. Também é verdade que para outras carreiras — para a engenharia, a medicina, o comércio, a agricultura — iam sendo especialmente atraídas as novas gerações. O pouco que ainda restava no começo da República, como uma tradição sobreviva, mas em evidente pré-agonia, da vida do estudante dos outros tempos, desapareceu afinal. As novas gerações passaram a ter uma maneira de ver inteiramente diferente das que tinham as gerações que as haviam precedido. O estudante de nossos dias é empregado do comércio, é repórter, é funcionário público. Não traja sobrecasaca; veste um fato de linho. Ele possui o que se chama hoje e o é realmente uma qualidade toda moderna — o senso prático. Perdeu a alegria, a graça, a espontaneidade, a originalidade.

Hoje os nossos estudantes já não se apaixonam pelos movimentos literários ou filosóficos — por estas justas intelectuais que eram outrora o seu maior entretenimento. O jogo puro das idéias não lhes suscita mais nenhuma emoção ou entusiasmo. As tendências são outras e outros também os horizontes: um cargo a ocupar; uma função a exercer; eles viram a sua Academia mudar-se nesses últimos anos para um palácio — o vasto e quase deserto palácio da Rua do Riachuelo: o grande sino de relógio enche-o agora de sons luminosos.

E concluindo, com um travo de melancolia:

Mudaram também, com o tempo e as leis, os mestres, as aulas, as cadeiras... Tudo mudou. Ora, o espírito não podia ficar o mesmo [27].

A síntese literária do professor da Faculdade de Direito do Recife não esconde a grande realidade sociológica de que, com a República, novas classes sociais ascendem aos cursos jurídicos, sem o lazer e a disponibilidade dos filhos-família do Império [23].

NOTAS DO CAPÍTULO 7

1. FERNANDO AZEVEDO, *op. cit.*, p. 626.
2. A Faculdade de Direito do Recife instituiu a revista com o próprio nome de *Revista Acadêmica*, tendo Clóvis Beviláqua como redator principal, mas a Faculdade de Direito de São Paulo chamou-a somente de Revista.
3. Na *Revista da Faculdade de Direito de São Paulo* não se encontram referências à realização dessas viagens, mas na Revista Acadêmica da Faculdade de Direito do Recife há diversas menções, como a de Barros Guimarães, que visitou faculdades de Direito na França, na Itália e na Alemanha e de Carneiro da Cunha, professor de Medicina Pública, que se queixava da falta de recursos, alegando que com ele seguira numerosa comissão militar e desabafando: "Para ajudar a matar, todos os recursos; para ajudar a viver, nada" (CB-HFDR, v. 1, p. 147).
4. A *Revista Acadêmica da Faculdade de Direito do Recife*, v. XVIII, 1972, p. 105-202, publicou trabalho do bacharel Frederico CasteloBranco Clark, que depois se destacou no serviço diplomático do Brasil, sobre o regime penitenciário da República Argentina, em decorrência do prêmio de viagem que ganhou.
5. CB-HFDR, v. 1, p. 322
6. José Xavier Carvalho de Mendonça, o grande comercialista, foi um dos lentes substitutos nomeados para a faculdade de São Paulo, por força da Reforma Benjamim Constant. Os motivos que o levaram a resignar ao posto estão no requerimento que encaminhou ao diretor da faculdade em 31 de março de 1891:

"Exmo. Sr. Diretor da Faculdade de Direito de São Paulo

"Por decreto de 30 de dezembro do ano findo fui nomeado lente substituto desta Faculdade pelo sempre lembrado Benjamim Constant, Ministro da Instrução Pública.

"Em 16 de janeiro deste ano tomei posse do honroso cargo de que fui investido. Nessa época já tinha pleno conhecimento do decreto de 2 de janeiro, em cujas disposições transitórias se mandava prover mediante concurso as cadeiras novamente criadas.

"Com efeito, por aviso de 15 daquele mês de janeiro o Ministro da Instrução Pública recomendou aos Diretores das Faculdades de Direito de São Paulo e Recife, que mandassem quanto antes pôr em concurso os lugares do corpo docente, que se achavam vagos.

"Aberto o concurso, dias depois foi suspenso e o governo nomeou professores para as cadeiras vagas, independentemente daquela formalidade.

"O decreto de 21 de março do atual Sr. Ministro da Instrução Pública, substituindo o concurso por uma medida vexatória para o lente, colocou este em posição esquerda e de dependência, à qual de modo algum me sujeitarei.

"A defesa deste decreto, que a seu cargo tomou o Sr. Conselheiro Leôncio de Carvalho, pôs ainda mais em relevo a posição do lente sem concurso: — fiscalizado vexatoriamente pelos colegas, ficará também sujeito ao julgamento de seus próprios discípulos, aos quais o mesmo Sr. Conselheiro aconselha que abandonem o lente sem concurso que considerarem inepto!

"Não posso, portanto, continuar a exercer o cargo de lente substituto desta ilustre faculdade.

"Peço a V. Exa. que se digne levar ao conhecimento do governo geral que, nesta data, tenho resignado o cargo para que fui nomeado por decreto de 30 de dezembro do ano passado.

"Saude e Fraternidade
São Paulo, 31 de março de 1891
José Xavier de Mendonça"
(*R.F.D.U.S.P.*, v. XLVI, 1951 — p. 52-601).

7. CB-HFDR, v. 1, p. 318. Em Recife, as cadeiras de Legislação Comparada e História do Direito Nacional foram preenchidas, respectivamente, pelo próprio Clóvis Beviláqua e por Martins Júnior. Em São Paulo foram nomeados Brasílio Machado e, logo depois, Pedro Lessa para a primeira e Aureliano Coutinho para a segunda.

8. CB-HFDR, v. 1, p. 333. Relacionada com a mudança do regime e as novas tendências políticas, não se pode deixar sem registro a violência praticada pelo Governo da Republica ao jubilar compulsoriamente o Conselheiro Justino de Andrade, professor da Faculdade de Direito de São Paulo. Logo após a República, decidiram os estudantes de Direito de São Paulo e Recife, de Medicina da Bahia e Rio de Janeiro e da Politécnica do Rio de Janeiro fundar a Confederação Acadêmica. A criação teria lugar em São Paulo e se deveria revestir da maior solenidade, com sessão solene da instalação no edifício da faculdade, sob a presidência do diretor, Conselheiro Fleury, sendo orador oficial, por parte dos lentes, o Dr. João Monteiro; discursariam os oradores acadêmicos, e pelos estudantes de Direito de São Paulo falaria Pedro Moacir, então terceranista. Foram convidados os lentes, prometendo todos comparecer, menos o Dr. Justino, que, no dizer da comissão que o convidou, prorrompeu em impropérios, declarando "que não iria, que não poderia compactuar com vadiagens, com atos de anarquia e que por isso é que saíam tantos bacharéis burros e ignorantes, e que não era de admirar porque a anarquia vinha do alto". No relato à congregação, declarou o Conselheiro Justino que afirmara

não comparecer às comemorações porque as julgava intempestivas durante o ano letivo e que em todos os países as festividades vinham em épocas apropriadas, nas quais se suspendiam os trabalhos das universidades. E que não era de admirar que se ressentissem os estudantes da desorganização. Divulgado o incidente, os estudantes promoveram uma demonstração de desagrado ao Conselheiro Justino, saindo da sala quando este subia à cátedra, havendo depois assoadas, vivas e morras, aclamando os estudantes uma comissão justinicida encarregada de dirigir o movimento, entre os quais se encontrava o próprio Pedro Moacir e Reinaldo Porchat. A comissão dirige telegrama ao Ministro da Instrução Pública, Benjamim Constant, pedindo a jubilação de Justino, e a Congregação, suspendendo as aulas, envia ao Rio de Janeiro comissão de professores, levando representação e pedindo providências. Os estudantes também seguem para o Rio de Janeiro. Os professores se reúnem com o ministro em 27 de junho, ponderando que a jubilação do Conselheiro Justino de Andrade seria profunda quebra de prestígio acadêmico. Entretanto, em 26 de julho, expede o Ministro Benjamim Constant o decreto, jubilando o Conselheiro Justino, acompanhado de longa exposição em que justifica o ato da jubilação. Comenta Spencer Vampré que "não haverá quem, de boa fé, lendo os documentos, não lamente a resolução ministerial. Se alguma pena merecesse Justino por fato originado fora da Academia e em sua residência particular, e com acadêmicos que nada de oficial representavam, não devera passar de uma censura. O certo é que a época ainda tumultuária da organização administrativa desculpa até certo ponto Benjamim Constant. Mas foi sem dúvida uma injustiça". (SV-MHASP, v. 2, p. 539-551. Cf. tb. PELÁGIO LOBO. *Recordação das Arcadas*, São Paulo, Reitoria da Universidade de São Paulo, 1953, p. 277-285).

9. Discurso pronunciado no dia da instalação da Faculdade Livre de Direito da Bahia em 15 de abril de 1891. *Anais do Cinqüentenário da Faculdade de Direito da Bahia — 1891-1941*, Bahia, 1945, p. 237-238.

10. Para a fundação da Faculdade Livre de Direito da Bahia, v. Anais do Cinqüentenário publicado pela Faculdade de Direito da Bahia em 1941 e o volume *Mestres do Meu Tempo*, Conferências na Faculdade de Direito da Bahia, Salvador, 1942.

11. *Jornal da Bahia*, tablóide extra (edição comemorativa da inauguração da nova sede da Faculdade de Direito da Universidade da Bahia), 28 de maio de 1961, p. 5.

Almachio Dinis, por ocasião do centenário dos cursos jurídicos, escreveu um livro, *O Ensino do Direito na Bahia*, Rio, Alba, 1928, 69 p., que é um excelente roteiro da criação da Faculdade Livre de Direito e seu desenvolvimento até 1927, mostrando a forte influência recebida da Escola do Recife. Comenta o fato de em 1898 e 1907, respectivamente, o Prof. Tomás Guerreiro de Castro e o autor terem criticado na Memória Histórica falhas do ensino, motivo pelo qual a congregação reprovou as referidas Memórias. Para uma síntese dos estudos filosóficos na faculdade da Bahia, ver o capítulo "O Grupo Baiano" da *História das Idéias Jurídicas no Brasil* de A. C. MACHADO NETO, São Paulo, Grisalbo, 1969, p. 153-175.

12. *História da Faculdade Nacional de Direito (1891-1920)*, Rio de Janeiro, Coelho Branco, 1945, p. 38. A referida obra é um roteiro seguro para o exame da fundação e do desenvolvimento das duas escolas de Direito da capital da República.

13. *Ibid.*, p. 143.

14. Olavo Bilac escreveu uma crônica em 1893, "Os Doutores", a respeito de um jovem que desejava se tornar bacharel, mas que se encontrava impossibilitado pelas distâncias de São Paulo ou Recife, e que de repente tem notícia da fundação de uma Faculdade Livre de Direito na Capital Federal. E logo se cria mais uma e "começaram a sair das duas bacharéis a granel, como ninhadas de ratos. Os formandos são de qualquer idade; uma senhora amiga deseja que o filho, de dez anos, aos doze esteja formado. Mas há quem diga (é esta a versão mais corrente) que o curso de ciências sociais e jurídicas se faz ali tão à pressa, que vários cidadãos já se têm formado no curto espaço de tempo que vai, num dia só, do almoço ao jantar". E a crônica termina: "Que inconveniência pode haver em que o Rio se encha de advogados-meninos?

"Seja tudo pelo amor de Deus! o que é que, lá no alto, no livro do Destino, está escrito que eu nunca serei bacharel! Morrerei virgem desta investidura gloriosa..." *Crítica e Fantasia*, Lisboa, A. M. Teixeira, 1904, p. 229-234.

15. *Apud Relatório Geral dos Trabalhos do Primeiro Congresso Jurídico Brasileiro, 1908*, Rio de Janeiro, Imprensa Nacional, 1909, p. 130.

16. AUGUSTO DE LIMA, "A Faculdade de Direito de Minas Gerais, sua Criação e sua Ação na Cultura Jurídica" *RF*, XLIX, jul./dez., 1927, p. 202.

17. "Os Primeiros Mestres", *Revista da Faculdade de Direito da Universidade de Minas Gerais*, Ano I, nº 1, Nova Fase, out. 1949, p. 9.

18. A Evolução do Direito através dos Tempos, *RF* 66 (1936), p. 213. Ver também a Memória História da Faculdade Livre de Direito do Estado de Minas Gerais (1892 a 1894), *Revista da Faculdade Livre de Direito do Estado de Minas Gerais*, Ano I, n.º 2, p. 137-177. A. Gontijo de Carvalho, em conferência realizada na Faculdade, analisa com grande cópia de informações a formação recebida em São Paulo pela grande maioria dos professores que constituiu o corpo docente da nova Faculdade, *RF*, v. CXIV, nov. 1947, p. 247-256.

19. Ver volume da Câmara dos Deputados, *Documentos Parlamentares (Cursos Jurídicos)*, Rio de Janeiro, Jornal do Comércio, 1919, 554 p.

20. CB-HFDR, v. 1, p. 357.

21. *Apud* PRIMITIVO MOACIR, *A Instrução e a República*, Rio de Janeiro, Imprensa Nacional, v. 3, p. 139.

22. *Elogio de Plínio de Castro Casado, O Homem e seu momento Histórico*. (Conferência pronunciada em 30 de setembro de 1964, na homenagem prestada à memória do insigne rio-grandense pela Faculdade de Direito de Porto Alegre, Instituto dos Advogados e Conselho da Ordem dos Advogados do Rio Grande do Sul). Porto Alegre, Gráfica da URGS, 1965, p. 7.

23. *Livro do Centenário dos Cursos Jurídicos* (publicação da Faculdade Livre de Direito de Porto Alegre), Porto Alegre, Livraria Americana, 1927, p. 127.

24. Pacheco Prates teria na ocasião cinqüenta anos, e não seria assim tão velho. Tornou-se mais tarde professor da Faculdade de Direito de São Paulo, nomeado professor extraordinário de 3ª Seção por decreto de 19 de abril de 1911. Ver SV-MHASP, v. II, p. 694-695.

25. João Neves da Fontoura, *Memórias*, v. *1* (*Borges de Medeiros e seu tempo*), Porto Alegre, Globo, 1958, p. 43.

26. *Ibid.*, p. 65.

27. Odilon Nestor, *op. cit.*, p. 89-91.

28. Em 1900, os acadêmicos da Faculdade de Direito de São Paulo matriculados antes de 1895 faziam uma representação ao Congresso Nacional, solicitando facilidades no sistema de freqüência e faziam referência aos "alunos que tinham emprego que lhes garantia a subsistência, ou que residiam fora da capital, ou porque não dispunham de recursos, ou tratavam do interesse de suas famílias, que não podiam abandonar". *Representação dos acadêmicos da Faculdade de Direito de São Paulo matriculados antes de 1895 ao Congresso Nacional*, São Paulo, Eclética, 1900. p. 9.

8. Trinta Anos de Ensino Jurídico (1901-1930)

Ao iniciar-se o século XX, o ensino jurídico no Brasil começava a perder o exclusivismo de concentrar-se em apenas duas escolas, com o processo de descentralização que, até 1900, fizera surgir mais quatro escolas e que, até 1930, faria aparecer outras seis, das existentes no período atual, sem falar de numerosas outras que apareceram e desapareceram em pouco tempo, por força das facilidades trazidas pela Reforma Rivadávia Correa (1911). Ao mesmo tempo, a República prosseguiria na tentativa infrutívera de, através de sucessivas reformas, estabelecer diretrizes novas no ensino superior e, em especial, no ensino jurídico[1] A lei 746, de 29 de dezembro de 1900, denominada Código Epitácio Pessoa, nome do então Ministro da Justiça do Governo Campos Sales, que fora nomeado professor da faculdade de Direito do Recife em 1891, mas praticamente não exercera a função facultava ao Poder Executivo dispor sobre a organização das faculdades de Direito e de Medicina, da Escola Politécnica, da de Minas e do Ginásio Nacional. Pelo decreto 3890 foi afinal aprovado o Código dos Institutos Oficiais do Ensino Superior e Secundário, dependente do Ministério da Justiça e Negócios Interiores. Dispunha o art. 1º que as faculdades de Direito, como os demais estabelecimentos de ensino, se regeriam por força do referido código e de regulamentos especiais que fossem expedidos, que fariam parte complementar deste, o que ocorreu em relação às faculdades de Direito, pelo decreto 3903, de 12 de janeiro de 1901.

O decreto 3903 tratava, em trezentos e oitenta e quatro artigos, de toda a organização das instituições federais de ensino superior e secundário, cuidando da diretoria, congregações, membros do magistério, provimento dos cargos docentes, regime escolar, matrícula, exercícios escolares, exames, colação de grau e outros problemas de caráter administrativo. No que se refere especificamente ao ensino jurídico, o decreto 3903 organizava o curso em cinco anos, compreendendo a seguinte distribuição por cadeiras: Filosofia do Direito, Direito Internacional Público e Privado e Diplomacia, Direito Público e Direito Constitucional, Economia Política, Ciência das Finanças e Contabilidade do Estado; Direito Administrativo e Ciência da Administração; Medicina Pública; Direito Romano; Direito Criminal; Direito Civil, Direito Comercial; Teoria e Prática do Processo Civil e Comercial, Legislação Comparada do Direito Privado.

O decreto dispunha que cada lição seria dada durante uma hora e cinco vezes por semana, cabendo aos substitutos encarregados dos cursos complementares previstos nas matérias de Direito Romano, Direito Internacional Privado, Ciência das Finanças e Prática de Processo Civil, Comercial e Criminal darem duas aulas por semana, podendo ouvir os alunos sobre elas e fazerem exercícios práticos duas vezes por mês. Voltava-se a tratar da medicina pública, determinando-se a existência de laboratório para exercícios práticos e regulando a função de preparadores. Em matéria de exames, as comissões examinadoras seriam constituídas por lentes do ano, ou por quem os substituísse, na regência das cadeiras, designando a congregação o terceiro membro da comissão examinadora do primeiro ano. Haveria prova prática e oral nas cadeiras de Medicina Pública e de Teoria e Prática do Processo Civil e Criminal, durante a argüição até meia hora. A prova escrita duraria duas horas e a prova simplesmente oral poderia se estender até vinte minutos sobre o assunto escolhido pelo lente.

O código foi publicado em janeiro de 1901, surgindo, em maio, protestos por parte dos estudantes, professores e congregação a respeito de certas medidas, tendo inclusive estudantes da Capital Federal representado ao ministro contra a reforma. O Ministro Epitácio Pessoa examinou os protestos e concluiu: "Os limites postos à liberdade de freqüência e à habilitação dos exames cumulativos, medida da maior urgência e do maior alcance para a reabilitação do ensino, não são as únicas modificações importantes trazidas pelo novo código. O processo dos concursos foi alterado. O que estava em vigor não oferecia critério seguro para aferir-se a competência dos candidatos. Basta notar que, versando cada prova sobre uma matéria tirada à sorte, poderia acontecer que todas as provas do mesmo candidato viessem a ser feitas sobre uma só disciplina, donde resultava a possibilidade de ser nomeado para reger qualquer das cadeiras de uma sessão quem se mostrava habilitado apenas em uma delas. O candidato é obrigado a provas orais e práticas sobre todas as matérias da sessão. Não confiando de modo absoluto no concurso, no qual nem sempre os que triunfam são os espíritos mais sólidos e profundos, o código permite a nomeação, independentemente desta prova, de quem tenha publicado obras que, sujeitas ao exame da congregação, sejam por ela julgadas em escrutínio secreto e por dois terços de seus membros efetivos, como reveladoras de preparo suficiente, teórico e prático em todas as matérias da sessão. Pelo regime anterior, o Governo era mera chancelaria das congregações nos provimentos dos cargos docentes. O candidato classificado em primeiro lugar tinha de ser provido. Este sistema deu lugar a mais de uma nomeação inconveniente. Ora, a competência científica não é a única qualidade necessária a um professor; há outros requisitos de ordem moral que escapam à apreciação da congregação e que entretanto não podem deixar de figurar como elementos de ponderação na escolha de um educador da mocidade". Depois de citar várias outras medidas, entre as quais o relatório mensal, a ser apresentado pelo lente ao diretor, das lições e trabalhos práticos do mês anterior à revogação das disposições que permitia o abono de faltas aos membros do corpo docente, a instituição das argüições obrigatórias três vezes pelo menos mensalmente e da execução dos trabalhos práticos de que fossem os alunos incumbidos pelos lentes ou professores, dizia o Ministro "são outras tantas medidas que devem recomendar a Reforma a todos quantos se interessam pela causa do ensino" [2].

Surpreendentemente, Clóvis Beviláqua, na *História da Faculdade do Recife,* nenhum comentário fez a respeito da execução da reforma. É bem provável que, sendo Epitácio Pessoa professor da faculdade e seu aluno laureado, tal fato tivesse arrefecido as resistências ao novo diploma legal. Mas em São Paulo, segundo Spencer Vampré, foram agitadas as sessões da Congregação e os estudantes a receberam mal, fazendo nas ruas demonstrações hostis e erguendo vivas ao ensino livre e a Leôncio de Carvalho. Cândido Mota propôs em sessão da congregação que se representasse contra o novo código do ensino, negando-se o diretor Ramalho a sujeitar a proposta à deliberação da congregação. E Brasílio dos Santos chegou a alegar a inconstitucionalidade do decreto n. 3890. Pelo aviso n. 166, de 25 de fevereiro, foi aprovado o ato do diretor Ramalho, salientando-se que nenhuma lei confere às congregações da faculdade o direito de negar a execução a atos do Poder Executivo, sob o fundamento de serem inconstitucionais, o que é função privativa do Poder Judiciário [3].

O Ministro Sabino Barroso, em seu relatório, menciona as observações do Dr. J. C. Bandeira de Melo, delegado fiscal junto à Faculdade Livre de Ciências Jurídicas e Sociais da Capital Federal: "Lentes e alunos" (referindo-se aos cinco dias letivos por semana, em vez de três, a que ora são obrigados)

> queixam-se da alteração da vida destes que de ordinário têm quatro matérias a estudar além do curso complementar, três meses depois de abertas as aulas. É quase impossível exigir de uns e outros assiduidades correspondentes aos dias letivos da semana [4].

O regime de facilidades anteriores encontrava resistências quando se pretendia restabelecer maiores rigores. Em junho de 1907 foi encaminhada à Câmara dos Deputados mensagem, acompanhada da exposição de motivos do Ministro Tavares de Lira, sobre a reforma do ensino público. No dizer de Primitivo Moacir "pela primeira vez a legislatura recebe um documento deste gênero, com idéias definidas sobre instrução integral desde a primária até o curso superior" [5]. Segundo o projeto, o ensino superior também reclamava uma reforma, falando-se da necessidade de regular convenientemente a docência livre, criando-se uma junta de ensino, como órgão consultivo do Ministério da Justiça em assuntos de instrução pública, das escolas, e sob a presidência do Ministro do Interior, e composta dos diretores e de um lente das escolas superiores e do Ginásio Nacional, do delegado fiscal do ensino no Distrito Federal, servindo como membros honorários os diretores dos estabelecimentos federais de ensino com sede na capital e os presidentes das Comissões de Instrução Pública do Senado e da Câmara. A idéia da universidade voltava a aparecer nesse período nos projetos legislativos; em 1903 o Deputado Gastão da Cunha apresenta um projeto, preparado a pedido do Ministro, J. J. Seabra pelo Professor Azevedo Sodré, criando cinco universidades no Rio de Janeiro, São Paulo, Bahia, Recife e Belo Horizonte. E em 1904, o Deputado Rodrigues Lima apresentou um Projeto de Bases para "a organização de uma universidade nesta Capital". Em 1908, a Comissão de Instrução Pública, modificando o projeto do ensino integral do Ministro Tavares Lira, institui o regime universitário no Rio de Janeiro, São Paulo, Recife e Ouro Preto, manifestando-se a Comissão de Instrução da Câmara contrária aos projetos de Gastão da Cunha e Rodrigues Lima porque "os cuidados mais urgentes em matéria de ensino devem ser para os estudos de humanidades", para cuja degradação pediu atenção da Câmara.

A criação de novas escolas prossegue durante o período. A Faculdade de Direito do Pará foi fruto de influência da faculdade do Recife. Proclamada a República, interessaram-se os bacharéis da cidade pela formação de instituto de ensino jurídico, tentando-se em 1898 a criação do Instituto dos advogados como órgãos de classe [6]. Como uma variante dessa corrente, e graças à iniciativa de Virgílio Cardoso de Oliveira, o município de Belém, por iniciativa do seu prefeito, o Senador Antônio José de Lemos, promovia a fundação do Instituto Cívico Jurídico Pais de Carvalho,

> escola essencialmente republicana pela educação cívica que prodigaliza e pelos ensinamentos práticos de Direito com que contribui para a formação de uma mais forte consciência jurídica do nosso povo [7].

Em 1901, o Desembargador Ernesto Adolfo de Vasconcelos Chaves tomou a si o empreendimento, procurando constituir uma sociedade científica que o realizasse, o Instituto Teixeira de Freitas, que, legalmente constituído, incluía nos seus Estatutos o objetivo de fazer todos os esforços a respeito da fundação, instalação e funcionamento da Escola Livre de Direito. Com grande entusiasmo, o Desembargador Ernesto Chaves, presidente do instituto, promoveu a aquisição do prédio para o funcionamento da faculdade e, afinal, em 31 de março de 1902, era oficialmente instalada a Faculdade Livre de Direito, embora nas expressões do memorialista "é natural que lhe escasseassem, a princípio, os estudantes" [8].

De fato, em 1902, a matrícula foi de dezesseis alunos, passando a vinte e seis, cinqüenta e cinco, cinqüenta e quatro, cinqüenta e três e sessenta e três, respectivamente nos anos de 1903, 1904, 1905 e 1906. Dessa faculdade faz parte durante sete anos, como lente substituto de Filosofia do Direito, no impedimento do catedrático Deputado Passos Miranda, Raimundo de Farias Brito, cabendo destacar que foi no período em que morou em Belém que ele escreveu dois de seus grandes livros, a terceira parte de *Finalidade do Mundo,* a que deu o título *O Mundo como Atividade Intelectual* e *A verdade como regra das Ações,* este último dedicado ao Governador do Estado e à Faculdade de Direito do Pará, "homenagem de reconhecimento e respeitosa dedicação".

Na biografia que a ele consagrou, assinala Jonatas Serrano que "os sete anos que Farias Brito viveu no Pará foram dos mais fecundos e prósperos de sua trabalhosa existência" [9]. Limitando-se a tratar de sua atividade como professor de Direito, assinale-se que um seu ex-discípulo diria que "desde a primeira aula despertava nos alunos simpatia e veneração". E prossegue Jônatas Serrano:

como professor, as testemunhas são unânimes, quer no Pará, quer no Ceará, desde os primeiros ensaios no curso de humanidades, quer enfim aqui no Rio de Janeiro, no Pedro II, após o memorável concurso de Lógica, Farias Brito sempre conseguiu a simpatia e a admiração duradoura de seus discípulos [10].

E, transcrevendo um depoimento de seu aluno de Belém:

As nossas aulas eram dadas no salão central da frente do edifício da faculdade, com janelas para a Praça Barão do Rio Branco, antigo Largo da Trindade. Farias Brito, como professor substituto, lecionava Filosofia do Direito com assiduidade e pontualidade admiráveis. Subindo à tribuna, sempre cercado da simpatia e veneração que desde a primeira aula despertou entre seus discípulos, dissertava sobre o ponto do dia, de seu programa, em exposição clara, linguagem simples e extraordinária erudição, prendendo durante a hora inteira a atenção dos estudantes e não raro também a dos transeuntes que em frente, na via pública, paravam, enlevados, a ouvi-lo, quiçá-tocados pelo contraste do seu apoucado físico com o vôo altaneiro do seu saber. Catecúmenos do Direito, nós, os seus alunos, sorvíamos com indizível prazer espiritual as suas sábias lições, encantados pela sensação surpreendente de nosso primeiro contato com a sociologia, cujos maravilhosos contornos o mestre, através de sua explanação filosófica, nos deixava entrever. Empanzinados de erudição, mais do que de ciência, comparecíamos às aulas e aguardávamos a primeira oportunidade para opor às fulgentes explicações do querido professor as nossas atrevidas objeções. Farias Brito, porém, inalteravelmente bondoso respondia com paciência a todas as nossas objeções, gozando, com um significativo sorriso, a confusão em que nos deixava quando, por falta de argumentos de nossa parte, nos reduzia ao silêncio para o resto da aula. Terminada a dissertação, descia da tribuna e vinha paternalmente palestrar com os estudantes, ocasião em que o cercavam acadêmicos de todas as séries. Era incontestavelmente o mais popular dos professores [11].

E no mesmo diapasão é o depoimento de outro aluno de então:

Quantos conheceram Farias Brito, além de o admirarem pela sua insuperável cultura filosófica, tornavam-se amigos. A sua educação era aprimorada. Humilde e calmo, ele ouvia as discussões, risonho, e, quando intervinha, era para pacificar as divergências inconvenientes... Mas, se alguém divergisse de sua doutrina, Farias Brito, sem alterar-se, educadíssimo, convertia-se num orador fluentíssimo e desdobrava o assunto desde as origens [12].

O programa aprovado pela Congregação da Faculdade Livre de Direito do Pará, em 2 de abril de 1904, dá a exata medida do alto valor do professor e da objetividade com que examinava a filosofia do Direito, percorrendo todos os principais campos e referindo-se às suas principais escolas [13].

A Faculdade de Direito do Ceará filia-se também às escolas que receberam a influência da Faculdade de Direito do Recife. Estudando-lhe a história, Raimundo Girão dedica um capítulo traçando-lhe as origens à "tutela de Recife", mostrando como no século XIX ali acorreram os jovens cearenses em busca dos estudos de nível superior. Era porém pequeno este número, o que se comprova, pois que até 1853 somente sessenta e quatro cearenses haviam conquistado o título de bacharel, entre os mil e quarenta e cinco ali diplomados. O movimento da Escola do Recife tem também as suas repercussões no Ceará, com a influência dos principais líderes dos movimentos literários e filosóficos no Estado, que se formaram em Recife [14]. Coube a Antônio Augusto de Vasconcelos, bacharel em 1880, e influenciado por esse espírito, embora tivesse estudado no seminário de Fortaleza, a campanha pela criação de uma faculdade livre em Fortaleza, através de artigos escritos no jornal *O Norte,* fundado em 1891. Contou com a ajuda de outros ilustres elementos da terra, entre os quais Tomás Pompeu de Sousa Brasil que, além de inúmeras qualidades pessoais, aliava a condição de parente do líder político, o Comendador Nogueira Acioli. Cabe destacar que em 1894 se funda a Academia Cearense, da qual faz parte Farias Brito, o qual em reunião de 30 de agosto de 1901 "abundou em largas considerações no sentido de a Academia tomar a si a propaganda e a realização da idéia do Ceará ser dotado de uma Academia Livre de Direito" [15].

Pode-se considerar que a mensagem enviada pelo Governador Acioli à Assembléia Legislativa, em julho de 1897, seria de autoria de Tomás Pompeu de Sousa Brasil:

> Para nós seria muito para desejar a fundação de escolas de engenharia, agronomia ou institutos de profissão mecânica e artística, mas infelizmente a escassez de nossos recursos não permite nem comporta avultadas despesas que instalações dessa natureza acarretam. Mas não seja isto motivo de desânimo e procuremos fundar um estabelecimento que traga, aos nossos contemporâneos pobres, aspirações elevadas e ao mesmo tempo dê importância ao meio cearense. A fundação de uma Academia de Direito satisfaria, a meu ver, as justas aspirações da mocidade e relativamente não exigiria grande sacrifício por parte do Estado [16].

Em 7 de julho do mesmo ano é apresentado na Assembléia Legislativa projeto de lei autorizando o presidente do Estado a criar uma faculdade livre de Direito, mas a proposição permaneceu em primeira discussão, alegando-se que o fracasso deveu-se às condições financeiras do Estado, agravadas com a seca superveniente. O movimento prossegue e por fim, em 21 de fevereiro de 1903, reúnem-se na sala da Assembléia Comercial várias figuras de prol do Estado, proclamando nesse dia fundada a Faculdade Livre de Direito do Ceará, na qual avultava a figura de Tomás Pompeu de Sousa Brasil [17].

A Faculdade de Direito do Amazonas surge de um movimento na cidade de Manaus, que se inicia pela criação de uma Escola Militar Prática, sob a inspiração do Tenente-Coronel Joaquim Eulálio Gomes da Silva Chaves, em 3 de novembro de 1908. O período de prosperidade que o Estado atravessava, em virtude do apogeu da borracha, alarga as aspirações da elite local, e logo em 17 de janeiro de 1909, em reunião definitiva para organização do novo estabelecimento, já com a denominação de Escola Livre de Instrução Militar do Amazonas, propôs Eulálio Chaves a mudança dos Estatutos para que a instituição passasse a ser a Escola Universitária Livre de Manaus, tendo por finalidade ensinar as matérias de vários cursos, inclusive o de Ciências Jurídicas e Sociais, segundo o programa adotado nas faculdades de Direito federais. Em 16 de novembro de 1909, o Conselho Constituinte se reunia elegendo diretor e vice-diretor da faculdade de Direito, respectivamente, os drs. Simplício Coelho de Rezende e Pedro Regalado Epifânio Batista, e sete dias depois era constituído o corpo docente da mesma faculdade. A falta de recursos levava à nomeação de "uma comissão de sócios fundadores para promover adesões no comércio desta capital e do interior em favor da mesma universidade", mas já no ano de 1910 iniciavam-se os cursos, inclusive o de Diretor, formando em 1914 a sua primeira turma, com vinte bacharéis [18].

Em 1910 os membros da representação rio-grandense-do-sul apresentaram uma emenda ao projeto de orçamento do Ministério do Interior, que veio a ser aprovada, autorizando o Governo a fazer uma reforma do ensino, concedendo às faculdades, academias e escolas superiores competência para, entre outras medidas, organizarem livremente, sem aumento de pessoal, os programas de seus cursos, instituir os regimes de exames e da disciplina escolar e organizar o patrimônio, estabelecendo o exame prévio de admissão e exigindo o certificado de estudos em institutos de ensino secundário e ao mesmo tempo que era concedida ao Governo a autorização para codificar as disposições comuns aos estabelecimentos de ensino superior mantidos pela União.

Na exposição de motivos em que encaminhou o projeto de lei, o Ministro da Justiça Rivadávia Correa declara que a questão do ensino no Brasil, apesar de se delinear em curvas mais ou menos sinuosas, se encaminha no sentido da plena liberdade espiritual, e considera que três grandes marcos atestam movimentos decisivos e assinalam as tendências da época: as reformas de 1879, de 1891 e de 1901, não se ocupando dos pequenos movimentos reformistas, alguns limitados ao amparo de interesses individuais. Comentando o

Código de Ensino de 1901, diz a exposição que, visando a corrigir os erros e defeitos da lei anterior, e julgando ter sido convertida a liberdade de freqüência em liberdade de vadios, tentou estabelecer de uma maneira suave o ponto para os estudantes. Não conseguiu, pois segundo a exposição de motivos esquecia um aspecto principal do problema. Concluía, pois, o Ministro Rivadávia Correa:

> "Liberta a consciência acadêmica da opressão dos mestres, arredada destes a tutela governamental, em cujo passivo se inscrevem todas as culpas da situação periclitante a que chegaram as instituições de ensino, acredito dar um passo à frente com a atual organização. O que produzir o futuro cairá sobre a responsabilidade exclusiva das congregações. Mas nutro a convicção de que os membros dos corpos docentes, compenetrados de seu alto papel, não desmentirão a nomeada que os precede, nem faltarão à confiança que o país, pelo seu Governo, deposita no seu patrimônio e no seu saber. "Pouco me importa", sublinhou Boutmy, "a matéria que o ensino superior ensinará aos jovens. O essencial é que o homem seja superior." Eis, em escorço, o meu plano concretizado na mesma lei orgânica e nos regulamentos anexos. Entrego a ossatura de um organismo complexo a mãos hábeis que saberão vestir, distribuindo com esmero as partes plásticas, de forma que, dos relevos e contornos da figura, ressalte uma expressão de força e beleza [19].

O prognóstico otimista do autor da reforma, expressa em linguagem quase poética, infelizmente não se confirmou, e a vestimenta almejada converteu-se em pouco num traje andrajoso. Analisando a reforma, pode-se resumi-la dizendo que o decreto 8659, de abril de 1911, que aprovava a Lei Orgânica do Ensino Superior e do Fundamental da República, dispunha no seu art. 1º que a instrução superior e fundamental difundida pelos institutos criados pela União não gozaria de privilégios de qualquer natureza; tais institutos seriam considerados corporações autônomas, tanto do ponto de vista didático como do administrativo. Nas Faculdades de Direito de São Paulo e do Recife seriam ministradas as letras jurídicas, criando a lei o Conselho Superior de Ensino que, substituindo a função fiscal do Estado, estabeleceria as ligações necessárias e imprescindíveis ao regime de transição, que da oficialização ora vigente passaria a total independência futura entre a União e os estabelecimentos de ensino, e ainda instituindo a livre-docência.

O decreto 8662, de 5 de abril de 1911, aprovou os regulamentos das faculdades de direito, abrangendo o ensino das seguintes disciplinas: Introdução Geral do Estudo do Direito; Direito Público Constitucional; Direito Internacional Público e Privado e Diplomacia; Direito Administrativo; Economia Política e Ciência das Finanças; Direito Romano; Direito Civil; Direito Criminal; Direito Comercial; Medicina Pública; Teoria e Prática do Processo Civil e Comercial.

O curso era dividido em seis anos escolares, com dois períodos letivos. E, para efeito de exame em três sessões, correspondendo a primeira à prova preliminar, a segunda à prova básica e a terceira à prova final. O art. 9º estabelecia que os professores de Direito Civil e Criminal e Comercial acompanhariam sempre os respectivos termos de alunos até fazerem o curso completo de suas matérias.

A reforma de Rivadávia Correa, como dito, foi recebida com as maiores expectativas. Gilberto Amado relata em um dos volumes de memórias que

> esta (a reforma), recebida com aplausos quase unânimes, pareceu inaugurar uma era de seriedades e de esperanças no sistema e organização do ensino no Brasil. Os aplausos a Rivadávia Correa emanavam do país todo. Tomou caráter verdadeiramente nacional até pelo exagero e extravagância. Vejo agora na coleção de *O País* de 1911 as manifestações desse entusiasmo. Um velho propagandista da República exprimia-se assim num telegrama: "Admirador da genial Constituição do glorioso Estado do Rio Grande do Sul, que já ia perdendo a esperança de ver posto em prática pelo Governo o sublime princípio da plena liberdade espiritual"; um estudante, nos seguintes termos: "Ao Dr. Rivadávia Correa, grande amigo da mocidade brasileira. Vós não sois um homem! Vós sois um semideus dos estudantes brasileiros, abrindo o caminho largo à nossa instrução tão depravada. Eu sou um dos que seguem convosco e morrerão convosco. Continue na vossa obra de patriotismo, pois sereis sempre lembrado no coração brasileiro. Jamais o Brasil possuiu um ministro como Rivadávia Correa [20].

A Reforma Rivadávia foi submetida ao Congresso Nacional, em virtude de ter sido baixada por autorização legislativa, e ali encaminhada à Comissão de Instrução Pública para receber parecer. A comissão, em primeiro lugar, desaprovou o hábito costumeiro de delegar ao Poder Executivo o exercício de atribuições que lhe cabem, com violação dos preceitos constitucionais, para logo em seguida tratar

> das nomeações por decreto para cargos vitalícios, feitas por todos os governos sempre que empreendem a reforma do ensino, por delegação do Congresso. Vindos dos dias da monarquia, têm os Governos republicanos, sem exceção, cultivado com esmero este hábito que precisa ser eliminado das nossas praxes, acreditando-se todos eles investidos de poderes extraordinários para a nomeação de professor por decreto, com desprezo das fórmulas estabelecidas na lei revogada e na própria lei que passa a vigorar.
>
> "Nomeações feitas em ato da reforma" é expressão singela de que usam todos em justificativa de ato praticado, sem que seja dado à comissão descobrir no repositório das leis o fundamento para tal conduta que, ferindo de frente a própria lei, diminui a autoridade moral do Governo, pondo em dúvida a segurança de suas convicções e a necessidade das medidas indicadas na reforma, como imprescindíveis para bem se apurar a capacidade do mestre, base de toda a organização do ensino.

Alegando em seguida que não se deve desejar
> nem a oficialização absoluta que embarace o desenvolvimento do ensino, tirando às corporações docentes a responsabilidade de seus atos e o estímulo pelo progresso, nem a desoficialização completa, que faça esquecer ao estado os seus deveres, desinteressando-se de seu futuro,

comenta que
> trabalho sem dúvida de grande valia seria este que pusesse diante de todos, sob severa crítica, a história do ensino nos últimos cinqüenta anos, para que bem se compreenda a grande dificuldade na elaboração de uma lei que consulte os interesses sociais, as exigências da ciência moderna e os princípios fundamentais à organização política do País [21].

E acrescenta que do decreto de 19 de abril de 1879 datam a perturbação e a anarquia do ensino no país, assinalando mais adiante que a reação contra semelhante decadência se fez sentir logo após, partindo ela principalmente do seio das corporações docentes, as quais aos governos denunciaram o completo desaparecimento do ensino no país, pelo abandono das aulas por parte dos alunos, pelos exames cumulativos e por outras medidas refletidamente consignadas na lei. De então começa a ação dos Governos e dos Parlamentos para corrigir os males que a lei do ensino livre ocasionara, embora muito a medo, titubeantes todos nas suas resoluções.

Medidas foram tomadas, resoluções foram aceitas, sempre porém incompletas e deficientes para corrigir tão grandes males. Uma curiosa teoria de direitos adquiridos e o receio de provocar a reação dos alunos, afeitos já à vida licenciosa que a lei lhes permitira, embaraçavam a tímida ação dos Governos e dos legisladores até que, em 30 de novembro de 1895, por iniciativa do então relator da comissão, foi votada a lei que reformou o ensino jurídico no país, restabelecendo-se nela todas as medidas que a experiência indicara como imprescindíveis para o desenvolvimento progressivo do ensino, eliminadas todas as franquezas, todos os abusos, mantido o ensino livre no seu justo limite, como uma aspiração a qual o futuro abrirá novos horizontes [22]

Comentando a Reforma Rivadávia, prosseguia o relatório da comissão:
> Invocando-se a experiência e lições de países adiantados em assuntos de instrução, como a Alemanha, inseriu-se na lei o que a Alemanha nunca fez, nem jamais aconselhou, sempre condenou; a um simples impulso saltam do bojo da máquina livres-docentes que orçam por centenas e que de sua capacidade científica exibiram como prova única um modesto trabalho, lançado muitas vezes em meia dúzia de páginas, de autoria duvidosa e ciência ligeira, docentes que, entretanto, gozam desde logo das regalias de professores com assento nas congregações, examinando alunos, votando sobre tudo que diz com a lei do ensino.

E verbera mais adiante

os institutos livres de ensino superior que proliferam assombrosamente, sem vestígio de qualquer fiscalização, que é abolida, procurando cada qual ganhar a palma na produção de doutores e bacharéis que se fazem por um passe de mágica, com prazer para os partidários da abolição dos títulos e de suas regalias, pelo aviltamento dos diplomas [23].

Pulula a criação de novas escolas superiores livres, cabendo destacar no campo do ensino jurídico as duas que permaneceram até hoje: a Faculdade de Niterói e a Faculdade do Paraná.

A Faculdade de Direito de Niterói foi inicialmente fundada na capital da República, sob o nome de Faculdade de Direito Teixeira de Freitas, em 3 de junho de 1912, passando a funcionar na cidade de Niterói como instituto oficial do Estado do Rio de Janeiro a partir de 1914, e fundindo-se com a faculdade de Direito do Estado do Rio de Janeiro em 25 de março de 1915 [24].

No Paraná o curso jurídico foi criado no âmbito da Universidade instalada em 19 de dezembro de 1912, tendo em vista as facilidades trazidas pela Reforma Rivadávia, juntamente com os cursos de Engenharia, Farmácia, Odontologia Obstetrícia e Comércio, passando a funionar em 1914 o curso de Medicina. Com a Reforma Maximiliano, a Universidade foi dissolvida e os cursos iniciais passaram a constituir três faculdades: a de Direito, a de Engenharia e a de Medicina, sendo que a faculdade de Direito foi a primeira a ser reconhecida, já em 1920. A primeira turma, matriculada em 1913, era de 29 alunos [25].

As expectativas brilhantes da Reforma Rivadávia infelizmente não se confirmaram [26]. Mais uma vez voltou a não funcionar a fórmula mágica, e já quatro anos depois, estando na pasta da Justiça outro ministro gaúcho, mas não ligado às idéias positivistas, o ilustre jurista Carlos Maximiliano, o Governo, pelo decreto n. 11530, de 18 de março de 1915, reorganizava o ensino secundário e superior na República. Na discussão do orçamento do Ministério do Interior, na legislatura de 1914, a oposição à reforma tomou grande veemência, quando foram apresentadas numerosas emendas ao projeto de orçamento, no sentido de se modificar a Lei Orgânica de 1911. Félix Pacheco, relator do projeto, embora aplaudindo as idéias de Rivadávia Correa, autoriza uma revisão para que "a ação fiscal do Estado, ou melhor, a sua ação propulsora, não se cancelasse". E o dispositivo aprovado autoriza o governo a rever o decreto n. 8659, de 4 de abril de 1911, para o fim de corrigir as falhas, os senões que a experiência mostrou existirem na atual organização do ensino, providenciando no sentido de um melhor lançamento e distribuição de taxas e emolumentos escolares, assegurada, com a personalidade jurídica, a autonomia didática, administrativa e disciplinar dos estabelecimentos de instrução mantidos pela União, podendo estabelecer as normas que parecessem mais convenientes aos interesses do mesmo ensino em toda a República [27].

Cabe fazer-se uma referência à exposição de motivos do Ministro Carlos Maximiliano, pois nela estão expostas com rara agudeza algumas idéias básicas nem sempre presentes às reformas de ensino. Declara inicialmente que

> a lei é tanto menos imperfeita quanto mais se adapta ao meio para o qual foi promulgada. Sem embargo desse princípio, que tem a transparência cristalina de um axioma, em regra mais nos entusiasmamos pelo que é moderno e peregrino do que por aquilo que aos experimentados se antolha prático e eficaz. Basta ponderar que esta é a primeira vez que, planejando uma reforma de ensino, se ouvem preliminarmente, os mestres abalisados. Por isso é que em geral se faz mais obra de amanuense do que de legislador, copiando dispositivos de estatutos estrangeiros. A eficiência de um regulamento germânico pressupõe a disciplina admirável da Prússia, onde o reitor, na universidade, e o pai de família, no lar, desfrutam o prestígio incontrastável de um coronel na caserna. Baseiam-se as instituições britânicas sobre aquele respeito voluntário e tradicional da autoridade e da lei, do qual a Inglaterra fornece ao mundo o mais eficiente exemplo. Nos países novos começa apenas a educação da legalidade; todo poder é suspeito; obedecer é um sacrifício. Perigosa deve ser, portanto, a outorga precipitada de amplas autonomias. Quanto ao ensino, os fatos demonstram que se avançou demais.

E passa a descrever a série de abusos que sucederam e da distribuição criminosa das taxas de exames, fazendo entretanto uma referência honrosa aos professores das faculdades de direito de São Paulo, que abriram mão dessas taxas e com seu produto substituíram o mobiliário da faculdade [28].

Comenta ainda a exposição que

> é oportuno recordar que o prurido da transplantação de um regime estrangeiro até os vocábulos fez importar, postergando a tradição nacional. A palavra lente recorda as preleções dos antigos professores de Coimbra, escritas uma vez, retocadas de ano a ano e soporiferamente lidas em aula. Hoje ninguém mais lê, nem na cátedra nem na tribuna, para não tanger o auditório para fora da sala. Fica melhor a palavra professor, universalmente usada. Catedrático, vocábulo clássico, designa o detentor efetivo da cadeira; por que substituir por — ordinário — termo que comporta acepção pejorativa? Dentre os brilhantes docentes chamados à conferência sobre ensino, não houve um que não fizesse sentir ao Ministro não querer ser oficialmente chamado professor ordinário... Reatemos a cadeia da tradição, substituindo a denominação lente, porém conservando o título de catedrático e substituto [29].

O Relatório Carlos Maximiliano assim comenta a Reforma Rivadávia:

A Lei Orgânica do Ensino de 1911, propondo-se a negar valor aos títulos acadêmicos, produziu a mais completa epidemia de bacharelismo de que há memória no Brasil. Em país paupérrimo de ensino profissional com uma população em que o número de analfabetos não é inferior a 80%, fundaram-se academias em quase todas as capitais dos estados. Abriram-se nada menos do que seis faculdades de direito na cidade do Rio de Janeiro. Ora, é sabido que uma pequena cidade não fornece o número de doentes e nem de cadáveres para o ensino integral de Medicina. Em um foro pobre não se encontram vinte e seis juristas notáveis para professores de Direito. Sem as grandes despesas que o pequeno Estado não comporta, não é possível custear o funcionamento de uma escola politécnica. Não mais reconhece o Governo a existência de academia, em cidade pequena, capital de pequeno Estado.

Em uma grande metrópole apenas duas faculdades de Direito, Medicina ou Engenharia existirão com o cunho oficial. Ensine quem quiser, trazendo os discípulos a exame nos institutos do governo ou dos poucos que a estas forem equiparados. Assim, à concorrência monetária que fazia facilitarem as aprovações, opõe-se a concorrência para equiparação que obriga a escrupuloso rigor. A franqueza e a energia com que se atacaram abusos produziram alguns protestos individuais sem compostura, que constituíram mais uma prova de indisciplina pronunciada [30].

O decreto n. 11530, com a ementa de reorganizar o ensino secundário e superior na República, tratava em apenas seis artigos do ensino jurídico, estabelecendo o seguinte elenco de matérias: Filosofia do Direito, Direito Público e Constitucional, Direito Romano, Direito Internacional Público, Economia Política e Ciência das Finanças, Direito Civil, Direito Penal, Direito Comercial, Teoria do Processo Civil e Comercial, Prática do Processo Civil e Comercial, Medicina Pública, Direito Administrativo e Direito Internacional Privado. Em relação ao ensino do processo civil e comercial, determinava o decreto que além da parte teórica, teria uma parte essencialmente prática, na qual os alunos aprenderiam a redigir atos jurídicos e a organizar a defesa de direitos.

Na vigência da Reforma Carlos Maximiliano se processa a fusão das duas faculdades existentes na Capital da República. O fato esdrúxulo de nessa cidade funcionarem duas escolas não poderia persistir por mais tempo, e os propósitos de colaboração entre uma e outra constituíam um programa antigo, que dependia apenas de fórmulas de entendimento, o que afinal veio a ocorrer em 1919. Na sessão de 17 de novembro deste ano propôs à Congregação da Faculdade Livre de Direito o professor Cândido de Oliveira Filho "que se nomeasse uma comissão para estudar as bases em que se poderia fazer a fusão das duas faculdades de Direito". A comissão designada propôs, em seguida, o plano de unificação constante de três itens: a) plenos poderes ao Diretor para promover a dita reforma; b) reconhecimento dos direitos adquiridos pelos professores substitutos e c) aprovação simultânea pela outra escola das mesmas resoluções. A congregação da Faculdade de Ciências Jurídicas e Sociais aprovou estas decisões e, em 24 de abril de 1920, ambas as congregações se reuniam sob a presidência de Afonso Celso, no salão nobre da Equitativa para ultimar o acordo, discutindo os estatutos aprovados quatro dias após, sendo logo comunicado ao Governo o acordo. O Conde de Afonso Celso foi aclamado Diretor da nova Faculdade e o Governo, pelo decreto 14163, de 12 de maio de 1920, concedeu à Faculdade de Direito do Rio de Janeiro "as regalias que já usufruíam os dois estabelecimentos fundadores" [31].

A reinvidicação universitária passava a ser uma aspiração crescente dos meios educacionais, insatisfeitos com um sistema de ensino superior que só previa a existência de escolas profissionais, voltadas para a formação de diplomados nas três carreiras tradicionais — Direito, Medicina e Engenharia. O decreto 11530 estipulava, em seu artigo 6º, que o governo federal, quando julgasse oportuno, reuniria em universidade as Escolas Politécnica e de Medicina do Rio, incorporando a elas uma das faculdades livres de Direito, dispensando esta última da taxa de fiscalização e dando-lhe gratuitamente edifício para funcionar.

Afinal, em 7 de setembro de 1920 o Presidente Epitácio Pessoa criou, pelo decreto 14343, referendado pelo Ministro da Justiça Alfredo Pinto, a Universidade do Rio de Janeiro, reunindo, nos termos do art. 1º, a Escola Politécnica do Rio de Janeiro, a Faculdade de Medicina do Rio de Janeiro e a Faculdade de Direito do Rio de Janeiro, dispensando esta de fiscalização. E determinava que à Faculdade de Direito do Rio de Janeiro continuaria a prover todas as suas despesas com as rendas do respectivo patrimônio, sem outro auxílio oficial ou vantagem para os professores além dos que lhe são outorgados pelos seus estatutos. A Exposição de Motivos apresentada pelo Ministro Alfredo Pinto historia os precedentes legislativos da universidade no Império e na República, para julgar o ato de 7 de setembro de 1920, a realização, afinal, de um velho sonho brasileiro. A universidade, tal como concebida, resultava da junção de apenas três faculdades, sem nenhum espírito integrador, mas como mera unidade administrativa. Nas palavras de Pedro Calmon,

> o decreto não teve o condão de materializar o sonho: deu-lhe, isto sim, a possibilidade de transformar-se lentamente, mesmo imperceptivelmente, numa realidade modesta [32].

A Reforma Carlos Maximiliano não foi, mais uma vez, a solução por tantos esperada e, assim, novos projetos são apresentados no sentido de reformulação. É bem verdade que grande problema, que se tornou mais grave a partir da Primeira Guerra Mundial, foi a omissão da União em matéria de ensino primário, o que acarretou em alguns Estados a formação de verdadeiros quistos, com a ministração de aulas em língua estrangeira. A lei de Orçamento de 1922 autorizava o Governo Federal a entrar em entendimentos com os Estados a fim de ser realizado um regime de subvenção destinado a defender o ensino primário, não tendo o Governo Epitácio Pessoa se utilizado dessa autorização legislativa. Em 1923, a lei orçamentária alargou a autorização, admitindo a revisão da Reforma Carlos Maximiliano no sentido de "organizar e executar um plano de difusão do ensino primário dos estados", e sem aumento das atuais dotações orçamentárias, rever e modificá-lo, criando um Departamento Nacional de Instrução Pública, remodelando o Conselho Superior de Ensino e o Conselho Universitário e instituindo o Conselho Nacional de Instrução, e mantendo dentro dos termos da lei a autonomia didática dos institutos de ensino secundário e superior subordinados ao Ministério do Interior.

Em virtude dessa autorização, o Ministro João Luís Alves, titular da pasta da Justiça e do Interior, designou o Barão de Ramiz Galvão, presidente do Conselho Superior do Ensino, para formular um projeto no sentido do plano traçado pelo Poder Legislativo. Em matéria de ensino jurídico seriam criadas cadeiras de Direito Industrial e Legislação Operária, Direito Penal Militar, Direito Internacional Privado, passando a cadeira de filosofia do direito para o último ano. O projeto foi precedido de amplo debate e exame, o que raramente ocorrera nos casos anteriores, sendo afinal convertido no decreto 16782 A, de 13 de janeiro de 1925, que estabelece o concurso da União para difusão do ensino primário, organiza o Departamento Nacional do Ensino e reforma o ensino secundário e superior. Na exposição de Motivos, disse o Sr. João Luís Alves que não teve o vaidoso e reprovável intuito de inovações radicais, na vã esperança de fazer surgir, como toque de vara mágica, uma organização capaz de transformar por si só, em benefício da sabedoria e da cultura, os males e os defeitos da instrução pública entre nós. Procurou perscrutar os males mais graves, os defeitos mais perniciosos em vasto inquérito, ouvindo os competentes na matéria. Confessa, ainda, que diante do formidável arquivo de relatórios, pareceres, alvitres e sugestões recebidos, e diante do desencontro em pontos essenciais de opiniões doutas, se sentiu tomado de uma espécie de temor sagrado para ousar tocar nas pedras do edifício e procurar repará-lo, embora de princípio disposto a não lhe mudar a tradicional arquitetura [33].

O decreto cria o Departamento Nacional de Ensino, diretamente subordinado ao Ministério de Justiça e Negócios Interiores, tendo a seu cargo os assuntos que se refiram ao ensino, assim como o estudo e aplicação dos meios tendentes à difusão e ao progresso das ciências, letras e artes no País. Era suprimido o Conselho Superior de Ensino e criado o Conselho Nacional de Ensino, do qual a primeira secção era o Conselho de Ensino Secundário e Superior, composto dos diretores das faculdades oficiais, entre as quais as de Direito de São Paulo e do Recife, e de um professor catedrático de cada um desses institutos e de um docente livre dos mesmos institutos.

O art. 33 determinava que o ensino superior, a cargo do Ministério da Justiça e Negócios Interiores compreendia os cursos de Direito, de Engenharia, de Medicina, de Farmácia e de Odontologia, dispondo o artigo seguinte que o ensino de Direito seria ministrado nas Faculdades de Direito do Recife, de São Paulo e da Universidade do Rio de Janeiro. O Art. 57 dispunha sobre a organização do curso de Direito em cinco anos, compreendendo dezessete cadeiras: Direito Administrativo e Ciência da Administração, Direito Comercial (duas cadeiras), Direito Penal (duas cadeiras), Direito Penal Militar, Medicina Pública, Direito Público Internacional, Direito Privado Internacional, Direito Judiciário Civil, Teoria e Prática do Processo Civil e Comercial, Economia Política e Ciência das Finanças, e Filosofia do Direito.

Vê-se que o projeto mantinha o espírito tradicional: fundia as cadeiras de Teoria e Prática do Processo, criava a de Direito Penal Militar e transpunha a Filosofia do Direito para o último ano [34]. Os anseios pela criação das cadeiras de Direito Industrial e de Psiquiatria Forense não lograram êxito. Pela primeira vez uma lei geral de ensino dispunha sobre o ensino universitário, tratando da Universidade do Rio de Janeiro, e prevendo, no art. 260, a criação de outras universidades nos Estados de Pernambuco, Bahia, São Paulo, Minas Gerais e Rio Grande do Sul.

O decreto 16782 A encerrava, assim, a série de reformas com que os governos republicanos até 1930 tentaram reformular o ensino superior, no qual ocupava papel de primeira plana o ensino jurídico, sem lograr maiores êxitos nessa iniciativa [35].

NOTAS DO CAPÍTULO 8

1. Para o período, ver os volumes de MOACYR PRIMITIVO, *A Instrução e a República*, Rio de Janeiro, Imprensa Nacional, 1941-1942, 7 v.; o largo painel de FERNANDO DE AZEVEDO, *A Cultura Brasileira*, 4 ed., Brasília, Editora Universidade de Brasília, 1963, p. 607-654; e a síntese de FRANCISCO VENÂNCIO FILHO, Panorama da Educação no Regime Republicano (1889-1939), *Educação e Administração Escolar*, Ano II, n. 13-16, set./dez. 1939, p. 8-11, que inclusive lembra com justeza que "a legislação do ensino superior foi comum à do ensino secundário até a reforma Campos".

2. MOACYR PRIMITIVO, *op. cit.*, v. 3, p. 42-43.
3. SV — MHASP, v. 2, p. 642-644.
4. MOACYR PRIMITIVO, *op. cit.*, v. 3, p. 44-45. Cf. tb. LAURITA RAJA GABAGLIA, *Epitácio Pessoa*, Rio, José Olympio, 1951, v. 2, que afirma ter o Ministro da Justiça pedido demissão em virtude das reações havidas contra a reforma (v. 1, p. 167).
5. *Ibid.*, p. 209.
6. AUGUSTO RANGEL DE BORBOREMA e JOAQUIM GOMES NORÕES E SOUSA, *Memória Histórica da Faculdade de Direito do Pará*, Belém, 1956, p. 6, fonte da síntese histórica aqui exposta.
7. *Ibid.*, p. 7.
8. *Ibid.*, p. 9.
9. FARIAS BRITO (*O Homem e a Obra*), São Paulo, Cia. Editora Nacional, 1939, p. 136.
10. *Ibid.*, p. 146.
11. *Ibid.*, p. 148.
12. *Ibid.*, p. 149.
13. *Ibid.*, p. 292-300.
14. *História da Faculdade de Direito do Ceará*, Fortaleza, Imprensa Universitária do Ceará, 1960, p. 15. Este trabalho é o roteiro para a síntese que se faz da criação dessa escola.

15. *Ibid.*, p. 25.
16. *Ibid.*, p. 20.
17. PEDRO NAVA reproduz em seu livro de memórias *Balão Cativo* (Rio, José Olympio, 1973), o soneto de seu tio Antonio Sales, "em que glosava a criação em massa de bacharéis pela Escola de Direito de Fortaleza (que os filhos do Presidente do Estado chamavam a faculdade do papai), que distribuía freqüência, atestados de exame, *distinção cum laude*, diplomas de bacharel e anel de rubi (arco de aliança com a situação) a amigos, comissionados, correligionários, meganhas e a todos que o queriam do clã de Santa Quitéria. Cito os últimos versos:

"E em vista da geral prosperidade
Em seu regulamento a Faculdade
Deverá, como justa recompensa

"Consagrar essa idéia superfina
— Os rebentos da tribo aciolina
serão todos doutores de nascença" (p. 250).

Joaquim Pimenta, que a freqüentou ainda em seus primórdios, pois apenas contava dois ou três anos de fundação, relata que "a Faculdade de Direito (do Ceará) compunha-se de um professorado sem concurso, escolhido entre amigos do Governo, com um corpo discente, na sua maioria, de funcionários públicos e protegidos do situacionismo. Não sei se pela pressa em expedir a primeira fornada de bacharéis, ao aluno que concluísse o curso de Humanidades em dezembro facilitava-se o exame do primeiro ano, em março, entrando logo para o segundo" (*Retalhos do Passado*, Rio, Coelho Branco, 1949, p. 72).

18. Para um análise mais completa do funcionamento da Faculdade de Direito do Amazonas, ver o excelente estudo publicado por ocasião do cinqüentenário da Faculdade de ADERSON DE MENEZES, *História da Faculdade de Direito do Amazonas*, Manaus, 1954, 352 p.

19. MOACYR PRIMITIVO, *op. cit.*, v. 4, p. 7.

20. GILBERTO AMADO, *Mocidade no Rio e Primeira Viagem à Europa*, Rio, José Olympio, 1956, p. 136. Um volume que publica comentários à Reforma Rivadávia, assinado por "um professor" tece-lhe as maiores loas, declarando que "a Lei Orgânica do Ensino não dissimulou a falência da instituição (educacional) e atacou o perigo nas fontes". (*Lei Orgânica do Ensino Superior e Fundamental na República*), Rio, Livraria Francisco Alves, 1912, 124 p.).

21. MOACYR PRIMITIVO, *op. cit.*, v. 4, p. 132.

22. *Ibid.*, p. 136.

23. *Ibid.*, p. 139.

24. Dados obtidos na Secretaria da Faculdade de Direito da Universidade Federal Fluminense, pelo Prof. Roberto Lellis.

25. Ver o artigo de OSCAR MARTINS GOMES, A Universidade do Paraná e a Primeira Turma de Juristas, *Diário do Paraná*, 17 de dezembro de 1972.

26. Em 1913 o diretor da Faculdade de Direito do Ceará, Dr. Tomás Pompeu de Sousa Brasil divulgava os relatórios referentes à faculdade nos anos de 1911 e 1912, sob o título de *O Ensino Superior no Brasil* (Fortaleza, Minerva, 1913, 489 p.), um

estudo em profundidade da situação do ensino jurídico brasileiro, com ampla remissão à experiência estrangeira, e bastante crítico da reforma Rivadávia Correa. Sousa Brasil aponta as condições diversas do meio germânico e do meio brasileiro, para afirmar que "a mania de acreditar-se que a golpes regulamentares se consegue modificar a índole de uma raça, no pressuposto de que preceitos mais lógicos e bem organizados produziram alguns resultados úteis e proveitosos, tem nos trazido a série de desconchavos, de desorganização, de perturbações no ensino, cujas conseqüências foram a sua decadência e o abaixamento do nível intelectual brasileiro." E a conclusão final é a seguinte: "que conclusões tirar dessa análise de uma lei de retalhos, sem unidade nem método, sem o conhecimento das necessidades do país e das instituições similares que regem a instrução superior; lei que procura imitar o regime alemão no que ele tem de puramente peculiar, esquecendo o que se poderia aproveitar dele fora da Alemanha; que inova contra nossos hábitos e tradições, violentando a nossa psicose, deprimindo os estudos preparatórios, nivelando o saber e o talento pela bitola da mediocridade, promovendo a pululação de títulos acadêmicos sem valor, estabelecendo a confusão e a anarquia nas profissões liberais, falseando o critério que guiava a massa geral da população pela confiança justamente depositada nos diplomas de institutos oficiais ou fiscalizados pelo Estado; que conclusões tirar desse regulamento natimorto?

Que ele deve volver sem estrépito ao anonimato da morte o mais célere que for possível, antes que contagie a nossa educação superior, assunto sério do qual depende o progresso mais ou menos rápido do país. O que a Lei Orgânica tem de original é em parte inexeqüível ou de difícil implantação no Brasil, como a formação da docência livre; ou simplesmente deplorável com a supressão dos títulos acadêmicos e a liberdade absoluta das escolas superiores sem a coparticipação e fiscalização do Estado".

27. Moacyr Primitivo, op. cit., v. 4, p. 82.
28. Ibid., p. 83-85.
29. Ibid., p. 87.
30. Ibid., p. 166-167.
31. Pedro Calmon, História da Faculdade Nacional de Direito (1891-1920), Rio, Coelho Branco, 1945, p. 235-236.
32. Ibid., p. 237.
33. Moacyr Primitivo, op. cit., v. 5, p. 40-43.
34. Reinaldo Porchat apontava como um dos principais erros da Reforma João Luís Alves a junção das cadeiras de Teoria e Prática do Processo Civil e Comercial e a criação da cadeira especial de Direito Penal e Processual Militar. Resposta ao inquérito promovido pelo Estado de São Paulo em 1926, sob a direção de Fernando de Azevedo e publicado no volume de Fernando de Azevedo, A educação na Encruzilhada, 2. ed., São Paulo, Melhoramentos, 1957, p. 251.
35. Fernando de Azevedo afirmava, em 1926, que "é verdade que está na consciência de todos haverem falhado, em parte ou na sua integridade, as sucessivas reformas por que têm passado o ensino secundário e superior na República" (Ibid., p. 183).

9. O Ensino Jurídico na República Velha

No dia 6 de outubro de 1896, o Prof. João Monteiro, lente de Processo Civil da Faculdade de Direito de São Paulo, ao entrar em aula, chamou à lição o estudante Luciano Esteves dos Santos Júnior, recebendo como resposta: — Acho mais bonito ao meu caráter não dar lição, porque sempre me bati pelo ensino livre. — O professor anotou tal resposta e disse: — Peço ao estudante que ouça a leitura de sua resposta e se encontrar alguma infidelidade, queira reclamar. — E depois de lê-la, perguntou-lhe: — Está certa? — Está certa, respondeu o aluno. O professor, tão perturbado ficou que pedindo licença e perdão aos seus alunos, deixou de fazer a preleção e retirou-se da sala. No dia seguinte, de volta, disse o professor, na aula, estar convencido de que o aluno dera aquela resposta porque não se preparara, e, por isso, relevando a falta, pediu ao aluno que fizesse o favor de dar a lição. Respondeu-lhe, então: — V. Exa. insiste em sacrificar a minha dignidade. — O professor pediu, então, licença para ponderar que ele não poderia pretender para si um privilégio, pois tanto importaria em se haver matriculado e não querer se sujeitar aos Estatutos. E respondeu ele: — A minha matrícula foi uma surpresa em que caí. Foi um conto do vigário armado pelo Governo. Sem compreender o sentido da frase, o professor ia encerrar o incidente, quando o Sr. Luciano acrescentou, com voz mais alta, as seguintes palavras: — V.Exa. quer que eu lhe diga? Respondi assim, autorizado por um colega de V.Exa.; foi um mestre, o Conselheiro Leônico quem, no seu cavaco, assim nos aconselhou. No decorrer do processo instaurado, o estudante confirmou os fatos e apresentou um documento assinado por ele a alguns outros colegas, em que declara que o Conselheiro Leôncio, em discurso pronunciado por ocasião da inauguração das aulas, expendera o conceito de que "é indigno do aluno sujeitar-se às notas do bedel e a outras exigências revogatórias do glorioso decreto de 1º de abril de 1879" [1].

Este episódio revela bem como a controvérsia do ensino livre continua presente no início da República, e permanecerá como uma questão palpitante, até, praticamente, 1915, quando, diante dos desmandos da reforma Rivadávia Correia, a reforma Carlos Maximiliano de fato encerra a questão, que deixa, assim, de constituir ponto de discussão.

E nenhum fato retrata melhor essa querela, do que o debate realizado no Congresso Nacional nas sessões de 1894 e 1895, um testemunho bastante expressivo das tendências manifestadas no início da República em matéria de ensino jurídico [2].

Em 19 de outubro de 1894, a comissão constituída por Francisco da Veiga, presidente, Augusto de Freitas, relator, Dino Bueno, professor da Faculdade de Direito de São Paulo, Pedro Vergne, Gonçalves Ferreira, Augusto Montenegro, Paulino de Sousa Júnior e Anísio Auto de Abreu, apresentava o projeto que, no próprio entender da Comissão encarregada de elaborar o projeto de reforma do ensino jurídico, propunha medidas julgadas imprescindíveis "como meio seguro de impedir a marcha progressiva e rápida de triste decadência a que as reformas decretadas nesses últimos anos arrastaram o ensino do Direito no país" [3].

O projeto refletia o resultado da experiência de três anos da reforma Benjamim Constant, mas representava sobretudo a controvérsia que é a grande marca das idéias no campo do ensino a partir de 1879. A unificação do curso de Ciências Jurídicas e Sociais com a extinção dos cursos especiais de Ciência Sociais e de Notariado, e a regulamentação severa das faculdades livres eram outras das medidas propostas pela comissão.

O Deputado Adolfo Gordo debate amplamente o problema examinando os três sistemas, o primeiro, o de desconhecer a necessidade de diplomas e proclamar francamente a liberdade profissional, o da América do Norte; outro, o da França, que atribui unicamente às faculdades oficiais o direito de expedirem diplomas; e o terceiro, afinal, que dá esse direito, quer às faculdades oficiais, quer às livres, mas nega aos diplomas a eficácia profissional e exige dos diplomados um exame profissional para o exercício de uma profissão qualquer. Em seguida, analisa a decadência do ensino, que é tão grande "que pode-se dizer que já não temos ensino de Direito porque faz-se todo o curso às vezes em menos de dois anos".

O autor verbera o escândalo dos

> passeios constantes pela transferência de uma para outra faculdade, no intuito de procurarem os estudantes examinadores menos severos, ora em São Paulo, ora em Recife, ora em outras cidades, onde haja faculdade de Direito [4].

O pronunciamento sobre a matéria do Deputado Gabriel Ferreira, na sessão de 22 de outubro, é de uma significação extrema, porque representa o depoimento de um bacharel formado à sombra dos benefícios e das vantagens do ensino livre, criado pelo decreto de 19 de abril de 1879. Nesse debate de eruditos e cientificistas, desejosos de comprovar amplo conhecimento científico, Gabriel Ferreira aparece como um bacharel expondo a voz da modéstia e da humildade, pois, "as circunstâncias me puseram nessa posição difícil, a cujas conseqüências não me posso furtar, sou filho do ensino livre, devo defendê-lo". E caracterizando a exata posição da faculdade de direito, expunha mais adiante:

> Sr. Presidente, uma faculdade de Direito não é um liceu, um lente de Direito não é um pedagogo, um estudante de Direito não é uma criança cujos passos possam ser regulados, porque isso importa numa humilhação, e a vida da inteligência, como diz um ilustre escritor, é tão delicadamente sensível que ao rude contato da força fere facilmente as suas partes mais sãs.

E em outro discurso, o Deputado Gabriel Ferreira prossegue nas mesmas considerações:

> Sr. Presidente, vivemos sob o regime das ficções e das fantasmagorias. É uma utopia pretender-se que das faculdades de Direito saiam jurisconsultos e sábios. As faculdades o mais que podem fazer, e fazendo isto têm feito muito, é dar os elementos, é ensinar os princípios, é fornecer os utensílios mais indispensáveis de que o espírito carece para o trabalho vastíssimo da ciência. Os sábios não se formam nas academias, formam-se pelo estudo reiterado e constante no silêncio do gabinete, e se nem todos se entregam a esse labor com perseverança e tenacidade, contentemo-nos em geral com o que é rigorosamente preciso para o bom desempenho da função a que cada um se destina.

E aproximando-se da conclusão de que a cultura jurídica brasileira se formava fora das faculdades de Direito, assim concluía:

> Sr. Presidente, quando apenas se exigia um número muito restrito de preparatórios para matrícula nas faculdades de Direito, quando nestas faculdades não existiam cadeiras especiais de Legislação Comparada, nem de História do Direito, nem de Medicina Legal, nem de Finanças e Contabilidade do Estado, formaram-se, os

Teixeira de Freitas, os Nabuco, os Zacarias, os Ribas, os Lafayette, e tantos outros, que são e serão sempre considerados ocmo augustos e brilhantes lummares da jurisprudência brasileira.

É que ao lado dos estabelecimentos oficiais de ensino, que funcionam em áreas certas e em lugares determinados, sob a direção e as vistas dos homens, há o grande laboratório do entendimento humano, que funciona dia e noite, e em toda a parte sob o influxo da civilização e do progresso; é a razão universal: é que ao lado dos professores que falam e ignoram muitas coisas, há os professores que não falam, mas que sabem tudo: são os livros [5].

Em 30 de outubro é a vez do Deputado Anísio de Abreu subir à tribuna para defender a reforma, e sobretudo o ponto básico em discussão, o combate à liberdade de ensino, concentrando-se na síntese do Deputado Eurico Coelho, assemelhada à de Jules Simon: "aprenda quem quiser e ensine quem souber". O discurso do deputado piauiense é assim uma defesa contra os abusos que a liberdade de ensino trouxera, na qual faz uma análise da experiência internacional, e contendo em relação aos Estados Unidos um depoimento curioso:

Os Estados Unidos são o viveiro onde o charlatanismo e a ignorância de todos os países vão diplomar-se para explorar a boa fé dos incautos. A chaga do industrialismo científico aí ostenta-se em toda a sua repugnante nudez. Compra-se um título de doutor ou bacharel como uma mercadoria qualquer [6].

O Deputado Martins Júnior, professor da Faculdade de Direito do Recife, na sessão de 17 de junho de 1895, vem defender a liberdade de ensino, por ele caracterizada na tripla força em que se entrosam três liberdades diversas: liberdade do ensino propriamente dita, liberdade no ensino e liberdade perante o ensino [7].

Aurelino Barbosa, na sessão de 25 de junho, votou contra o projeto da comissão com uma explicação de rara candura:

Hão de estranhar os meus nobres colegas que eu arvorasse-me em científico em questões de Direito. Não sou científico em coisa alguma; sei de tudo um bocadinho para não fazer papel ridículo.

Formado em Direito, não sou advogado nem jurisconsulto. Nem sei o que sou, sou alguma coisa quando preciso ser. Tendo estudado Matemática. não sou nenhum matemático, e tendo entrado um pouco pela Biologia e dissecado os meus cadáveres, não sou fisiologista; sou um homem que habilitou-se com uma certa soma de conhecimentos para servir, no terreno prático, ao meu País com lealdade, sinceridade e boa vontade.

Fui estudante, e os nobres deputados também, e sabem como se sofisma a freqüência, como se sofisma a perda do ano letivo, como se tem uma aprovação plena. É erro que já o Sr. Dr. Coelho Rodrigues, hoje senador da República, proclamou de sua cadeira de lente na Academia do Recife. Quando veio o decreto da liberdade de freqüência do ensino, o Sr. Coelho Rodrigues achava-se na Comissão Especial de confecção de um Código Civil; concluída essa Comissão estava eu no Recife, como estudante, quando apareceu S. Exa. para reassumir o magistério, e lembro-me destas memoráveis palavras por ele pronunciadas em plena aula, repleta não só de alunos do próprio ano, como de alunos de toda a academia; seu renome, sua capacidade apregoada, era um motivo bastante para essa freqüência nesse dia.

Então disse S. Exa. aos seus alunos: "Não sou adversário do ensino livre. O melhor juiz que um lente pode ter de sua capacidade é o seu aluno; só ele pode saber se o ensino é bom, se lucra com a preleção do professor. O bom professor não pode ser contrário à liberdade do ensino, tem em sua capacidade e competência o penhor seguro de freqüência nas suas aulas".

E realmente, Sr. Presidente, nós todos sabemos que saber uma ciência é coisa muito diferente da capacidade para ensinar. Quantas notabilidades científicas há que não sabem transmitir a própria ciência, os próprios conhecimentos? E quem tem a capacidade suficiente para dizer se é bom ou mau o lente, senão aquele que percebe que está aprendendo ou que não está aprendendo?

E confirmava sua tese, mencionando o movimento da Escola do Recife, o debate das idéias e das doutrinas que considera o ponto principal a ser levado em conta:

Foi naquele centro intelectual (Recife) que a liberdade do ensino, no ensino e perante o ensino se fez uma realidade, onde a tolerância de todos os lentes perante todas as doutrinas, quer as grandemente adiantadas, quer aquelas que estavam num ponto de vista retrógrado; foi por esse procedimento e seu professorado que a Faculdade de Direito do Recife se colocou como centro intelectual em nível superior a de São Paulo.

E será porque a mocidade que estuda em São Paulo seja menos inteligente do que a que estuda no Norte?! Não; é porque ali nós tínhamos liberdade, ali, quando um cidadão sentava-se em frente ao lente e titubeava com medo de expor a sua doutrina, o lente dizia-lhe como Silveira de Sousa disse-me a mim: pode dizer sem receio a sua opinião, quero que me dê a prova de que sabe o que estuda; ali não acontecia o que acontecia em São Paulo aos pobres estudantes, o que aconteceu a mim mesmo que, por sustentar a ineficácia das penas eclesiásticas, tive uma bomba por ser herético [8].

O Deputado Eduardo Ramos, na sessão de 19 de julho, aprecia o projeto, de forma objetiva,

a digna Comissão julgou ter resolvido o problema do ensino jurídico no Brasil, decretando-se a freqüência obrigatória. Isso equivaleria a um fabricante de locomotivas que se dispensasse de atender à rigidez do aparelho, às condições de resistência, de celeridade, às necessidades de sua propulsão e movimento para tratar somente do freio, do mecanismo adequado a travar-lhe as rodas, a detê-lo, enfim.

E depois de analisar a experiência de outros países, e respondendo a um aparte que considerava importante fugir aos americanismos, retruca dizendo que cada um atira a pecha de americanismo de acordo com as suas idéias do momento [9].

O Deputado Valadares Ribeiro, que era professor da faculdade de direito na Capital da República, na sessão de 25 de julho, defende a idéia da divisão do curso de Ciências Jurídicas e de Ciências Sociais. E mais adiante, tocando no problema do professorado, afirma textualmente: "Salvo as honrosíssimas exceções, o nosso professorado é ignorantíssimo". E explica em seguida:

> O professor que prepara uma coleção de lições (é o que os estudantes denominam caderneta), por via de regra, fica estacionário, passa a repetir todos os anos as mesmas preleções, e está também concorrendo para a decadência dos estudos de Direito entre nós.

Em outro discurso, na sessão de 26 de julho, o Deputado Valadares Ribeiro prossegue na análise e para profligar o processo pedantesco de ensino, exemplificando com os vários ramos de Direito, do qual reproduzimos o trecho referente ao Direito Comercial:

> Quando se trata de importantíssimo e prático ramo de Direito Privado, o Direito Comercial, o caso não é diverso, o processo pedantesco, de falso ensino, se reproduz: o lente gasta semanas, procurando uma boa definição de comércio, inquire de sua origem histórica, transporta-se à Fenícia, exalta o gênio empreendedor de seus habitantes, os mais célebres navegadores da Antigüidade, e vai deixando à margem a explicação do Código Comercial.
>
> Deixam (os estudantes) a academia ignorando o que dispõe o Código sobre contratos, carecendo de noções sobre o contrato cambial, sobre o mecanismo da letra de câmbio e da letra da terra; ignoram todos os outros assuntos importantes regulados pelo Código, sobre os quais terão, como advogados, de requerer quotidianamente, sobre os quais terão de se pronunciar quotidianamente, como magistrados [10].

A situação do corpo docente das faculdades é analisada também de forma candente:

> Os lentes nunca deixaram de ter as suas aulas freqüentadas e é preciso acrescentar que a falta de fiscalização do ensino no Brasil, a falta de fiscalização do cumprimento dos deveres do professor produziu a rotina. Os professores não fiscalizados quanto à maneira por que desempenharam-se nas suas cadeiras tornaram-se rotineiros. Por via de regra, preparam uma coleção de preleções, cadernetas, no dizer acadêmico, que são por eles comodamente repetidas anualmente de modo que as gerações que se vão sucedendo vão copiando ou lhe dando essas inalteráveis preleções — estenografadas, produto das preleções preparadas pelo lente que, como disse, as repete sem alteração sensível, de sorte que com certos lentes os discípulos nem precisam de livros, basta que repitam as preleções. Conheci certo lente que se desvanecia disso, de sorte que o estudante bom decorador, que repetia-lhe as preleções da caderneta *verbis et vir-*

gulis, como se diz, *enchia-lhe as medidas,* entrava-lhe no coração, recebia elogios no fim da lição ou sabatina, tinha notas ótimas e aprovação plena, ainda que péssimos exames fizesse e fosse, embora, um penedo.

Eu estou expondo as diversas causas da decadência dos estudos superiores entre nós. É preciso não atribuir o mal somente aos rapazes, porque ele é muito complexo, e os rapazes são os menos culpados, até porque um estudante vadio compreende-se melhor do que um mestre ou professor que não ensina e é desta espécie que nós encontramos em nossas academias.

Acredito, Senhores, que vou expondo as verdadeiras causas da decadência dos conhecimentos jurídicos e dos quais não cogitou o projeto... Eu as resumo assim: o ensino tornou-se negativo, um verdadeiro logro aos pais que mandavam seus filhos para as faculdades, no pressuposto de letras que não têm, e ficam inibidos no exercício de outras profissões, não só pelo constrangimento que lhe traz o seu título científico, como porque um doutor, com letras ou sem letras, só fica servindo para doutor [11].

Indo o projeto para o Senado Federal, a discussão é limitada, e João Barbalho se manifesta alegando que "nestas matérias de instrução pública, o melhor é não estar reformando constantemente", alegando ainda que o projeto "traz o sainete coimbrão, vindo com a disciplina dos velhos estatutos da Universidade de Coimbra" [12].

O debate no Congresso Nacional revelava, assim, de forma contundente, que após mais sessenta anos de existência, o ensino jurídico permanecia às voltas com as mesmas deficiências e os mesmos problemas, sem encontrar os rumos de sua verdadeira renovação.

E se esse era o pensamento no Congresso Nacional, um estudante do início da República, que mais tarde se destacaria na literatura jurídica e na administração pública e privada, e que tivera participação nas manifestações estudantis pelo ensino livre, José Maria Whitaker, diria certa vez: "Ia-se à faculdade, naquela época, como se fosse a um clube" [13]. Parece que nenhuma definição mais precisa poderia ser dada do ensino jurídico, nesse período, e possivelmente em todo o decorrer de sua história, do que a idéia de um clube, um ponto de diversão, um local de encontro, um lugar de convívio, mas com muito pouco ensino e menos ainda de estudo.

Do ponto de vista do ensino, a reforma Benjamim Constant no início da República introduziu algumas modificações substanciais, que pouco a pouco vão-se esmaecendo, e o magistério das Faculdades de Direito de São Paulo e de Recife nesse período conserva, em conjunto, uma perfeita simetria com os professores herdados do Império. A criação das duas novas cadeiras — de História do Direito Nacional e da Legislação Comparada —, entretanto permitira o ingresso em Recife, no magistério de Direito, de duas figuras exponenciais, Martins Júnior e Clóvis Beviláqua. Para a primeira delas, ingressa em São Paulo Pedro Lessa, que também será uma figura da maior importância. É verdade que ninguém atinge à culminância de Tobias Barreto, e nenhum professor consegue, na verdade, formar discípulos, criar escola, como fizera o ilustre mestre sergipano.

Pelágio Lobo assinala que na Congregação da Faculdade de São Paulo predominava "um grupo antigo de monarquistas de convicções arraigadas, e católicos de convicções bravias, que compunham a maioria da doutoral no decênio que se seguiu à Proclamação da República. A congregação tinha a fama — bem merecida, aliás — de ninho de monarquistas e de conservadores ultramontanos. Nesta última qualificação havia exagero, pois os homens de orientação religiosa católica nem eram, no sentido usual do termo, "carolas", nem, muito menos, extremados e ultramontanos. O próprio Basílio Machado, certa vez, defendeu-se da pecha, esclarecendo a significação e o alcance desse mal posto qualificativo [14].

A atividade magisterial permanecia sem ser a atividade principal da maioria dos lentes das duas faculdades. Comentava o mesmo Pelágio Lobo que:

> Já observei que, das antigas congregações, muitos poucos foram os professores estritamente professores. Alguns, que tinham pendores para a atividade da advocacia de primeira instância, atiravam-se com desassombro aos debates do pretório e, uns mais, outros menos, alcançaram êxitos profissionais assinalados; outros menos encouraçados para esses choques, limitavam-se a opinar, a arrazoar ou discutir nos gabinetes, produzindo páginas que eram antes pareceres, pela forma serena e impessoal, desses trabalhos. Alguns outros, muito poucos, eram exclusivamente professores e recusavam qualquer outra atividade mental no campo das letras jurídicas.
>
> Não falemos dos que enveredaram pelos meandros da política e que, absorvidos pelas suas tentações ou emaranhados nas suas teias, abandonavam a cátedra por uma legislatura ou um período de governo, mas acabavam por se distanciar cada vez mais do ambiente escolar e, quando tornavam a atividade, davam feição de homens de outro mundo, sem os entusiasmos pela disciplina que lhes competia ensinar. Esta falta do "fogo sagrado" — convém dizê-lo como advertência aos egressos da cátedra — é percebida prontamente pela classe de estudantes, que possui antenas, muito mais do que se imagina, sensíveis à aproximação espiritual e afetiva de seus mestres. O maior mal da política parece ser o do inevitável embotamento da virilidade didática. Após alguns anos de atividade partidária, os professores, com raras exceções, davam a nós, alunos, a impressão penosa e desoladora de cérebros deformados num outro rebolo e que nos eram devolvidos já sem entusiasmo e sem suco. Hoje, chamaríamos a isto, perda de vitamina...
>
> A maior parte dos lentes da nossa academia, na era republicana, era composta de advogados, fornecidos por empréstimo à congregação, pode-se dizer causídicos por ofício e professores por empréstimo fazendo do magistério um complemento, apoio ou reforço da atividade principal, muito embora revelassem, em certos casos,

qualidades excelentes de professores pela segurança com que expunham, pela firmeza da sua orientação científica e o desembaraço, às vezes, mesmo, elegância, fluência e o brilho das preleções [15].

San Tiago Dantas caracterizou, com rara felicidade, este período de ensino jurídico: "Depois da morte de Tobias Barreto, a Escola (do Recife) sobrevive no pensamento de Sílvio Romero (1851/1914) e Artur Orlando (1858/1916), mas a influência do grande centro de Pernambuco começa a declinar. Perdura ainda, cada vez mais permeada de influências novas, em alguns juristas da geração posterior, entre os quais avultam Virgílio de Sá Pereira, Viveiros de Castro, Abelardo Lobo.

Mas, o centro principal da vida jurídica do país se estabelece em São Paulo, onde irradia, no princípio do século, a autoridade de dois grandes mestres: Pedro Lessa e João Monteiro. João Monteiro foi, no seu tempo, um renovador da ciência do Direito Judiciário, malgrado um certo preciosismo intelectual de que se ressentia [16]. Seu principal livro — *Teoria do Processo Civil e Comercial* — merece ser posto em cotejo, para que ressaltem a diferença da mentalidade entre duas épocas, com a sintética e precisa *Teoria e Prática do Processo Civil,* de Paula Batista (1811/1881), um dos primeiros e maiores mestres de Olinda. Pedro Lessa foi um professor da filosofia jurídica, em cuja obra já pesaram influências diversas das que haviam prevalecido em Pernambuco, e um espírito que marcou a formação da mocidade. Mas a plena maturidade do seu talento, a eclosão completa de sua personalidade sobrevém ao seu ingresso no Supremo Tribunal Federal em 1907. Aí seria ele um juiz "à americana", construtor da Jurisprudência Constitucional, intérprete da nova legislação de direito privado, que, por toda parte repontava" [17].

Do magistério de Pedro Lessa, transmitiu Carvalho Mourão um expressivo depoimento sobre a estréia do professor:

> jamais me esquecerei da encantadora surpresa que foi para nós esta lição de estréia, terminada por uma espontânea ovação; ovação que nos deu, logo, a impressão de uma rajada de ar fresco oxigenado a varrer as vetustas e sombrias salas do antigo convento — amigo da imobilidade e do silêncio. Pode dizer-se que com ele penetrou no adormecido recinto da faculdade paulista o espírito do século, com todas as suas ânsias de aspirações humanas e as suas largas visões do futuro, pois só ele iniciou e completou um curso animado, todo, por um sistema de idéias modernas e progressistas... Tinha, então, Pedro Lessa, vinte e oito anos e desde logo, ficou consagrado mestre e jurisconsulto, porque jurisconsulto só o é quem, com espírito de filósofo, vê no Direito, não um código misterioso de regras hieráticas, mas uma força propulsora da vida para os seus fins ideais [18].

Havia, também, em Pedro Lessa um espírito de civismo bastante arraigado, como depõe Pelágio Lobo:

> Reconhecia-se que aquele mestre de Filosofia era um dínamo inesgotável de civismo. Se uma lei inconveniente ou maléfica era promulgada, ele a profligava com veemência da cátedra, porque sentia naquele preceito desastrado não apenas uma fonte de danos a pessoas e a negócios privados, mas uma lesão ao patrimônio jurídico da pátria, que ele vivia ensinando a respeitar e incrementar, por estudos sérios, com incansável devoção. Investia contra homens, governos e abusos, muitas vezes com destempero, é certo, e com paixão, em certos passos virulenta, mas impelido pelas "cóleras sagradas" de que falava o poeta da "Morte de Dom João" cóleras que queimam como fogo, mas despertam a reação saudável dos bons germens e dos bons tecidos [19].

Examinando o corpo docente em Recife, cabe uma referência à atuação de Clóvis Beviláqua como professor de Legislação Comparada, sobre a qual há o importante depoimento de José Augusto:

> O mestre, insigne nas suas lições, religiosamente ouvidas pelos seus discípulos falava pausadamente, a derramar, com absoluta clareza e precisão, nos cérebros dos que o ouviam, a vastidão de seus conhecimentos e de seu saber.
>
> A simplicidade de sua exposição e o recato da sua palavra revelavam a constante da sua atividade intelectual, a modéstia do seu modo mental. Tinha-se a impressão de que estava pedindo desculpas a seu auditório de não saber tanto quanto desejava para instruir os seus alunos. Era, entretanto, um oceano de ciência jurídica. No Brasil, e naquela época, nenhum jurista a ele se avantajava ou mesmo a ele se equiparava. É o depoimento que posso e devo prestar, como seu aluno que fui em 1905, ano em que me bacharelei.
>
> Justo é que eu assinale que o prestígio do mestre nos meios acadêmicos não vinha de que fosse ele expansivo ou radiante. Ao contrário, toda a sua força nos meios acadêmicos vinha exclusivamente do seu saber vastíssimo e da sua grandeza intelectual e moral. Temperamento retraído, modesto e esquivo, só as suas excelentes qualidades e virtudes explicam seu prestígio no seio da mocidade, que não perdia ocasião de aclamá-lo e endeusá-lo [20].

Entretanto, assim como Pedro Lessa que em 1907, abandonava a cátedra para assumir a função de ministro do Supremo Tribunal Federal, Clóvis Beviláqua, em 1902, transferia-se para o Rio de Janeiro, a fim de preparar o projeto do Código Civil, e não mais retornaria à sua faculdade, nem ingressaria em nenhuma outra.

O melhor depoimento, entretanto, nesta época, é dado por Phaelante da Câmara na famosa — e jamais bastante exaltada — *Memória Histórica*:

> Não seria, por exemplo, sensaborão deixar num documento deste as impressões de uma visita à aula do nosso colega Dr. Clóvis Beviláqua, digníssimo professor de Legislação Comparada, e des-

crever o espetáculo daquela erudição copiosa reduzir-se ao objetivo do programa, como as águas de uma fonte volumosa, desdobradas num lençol sobre a planície, acomodam-se depois na garganta de uma rocha: dar-vos o *compte rendu* da aula do Dr. Augusto Vaz, apaixonado pela sua profissão, discreteando sobre a tese: — a quem compete o ônus da prova? — e a respeito da *teoria das ações*, ou organizando exercícios práticos em que os seus alunos aprendam verdadeiras noções de praxe forense, tudo isto com o calor do seu temperamento, e, talvez, com um pouco do predomínio nevrótico que explica as emoções do pintor diante do seu quadro ou do estatuário em frente ao bloco de mármore de que vai surgir triunfante o seu sonho de glória; contar-vos as impressões que me houvesse dado na sua cadeira de *Direito Internacional,* o nosso colega Dr. Meira de Vasconcelos — que tem na alma o ardor de um tribuno, embora os cabelos brancos precoces cubram-lhe a fronte, como no inverno cobrem-se de neve os cimos dos vulcões — deixando-se arrastar na onda murmurosa da sua eloqüência que é verdadeiramente o *flumen orationis* a que se referia Cícero, mas um rio equatorial, transbordando do seu leito, e uma vez por outra, no correr da hora, suspenso nas represas dos aplausos unânimes dos ouvintes.

De uma visita à aula criteriosamente regida pelo nosso colega Dr. Constâncio Pontual, que tem a sisudez de um apóstolo sem excluir a mais rigorosa elegância na escolha da frase, recolheria elementos que no futuro servissem de roteiro aos espíritos curiosos de conhecer a maneira brilhante por que foi inaugurado neste curso o ensino médico-legista.

Dar-vos-ia notícia da aula de *Direito Civil,* sob a irradiação do espírito esclarecido e metódico do Dr. Cirne, sempre de humor satisfeito, amenizando a aridez da matéria com o chiste da sua palavra fácil e empolgante, como, *verbi gratia,* na explicação do brocardo latino: — *pater is est quem just nupti demonstrant;* e instruir-vos-ia relativamente à cadeira de Comercial, regida pelo nosso colega Dr. Adelino Filho, tipo correto de professor pela contextura resistente do saber e nobreza de caráter, armado intelectual e moralmente para o exercício do seu cargo, de maneira a fazer honra a qualquer estabelecimento desta ordem. Com os melhores intentos percorreria toda a escala dos catedráticos e substitutos que no ano transacto estiveram em exercício de cadeiras no período das aulas.

Assim vos falaria de Gomes Parente explicando as matérias de seu curso com o senso de um espírito formado na escola da experiência; Neto Campelo, esclarecendo os textos romanos com o desvelo de um Champollion traduzindo cuneiformes; Tito Rosas, sustentando o seu ponto de vista com a rebeldia de sertanejo que ele trouxe no sangue oxigenado pelas auras livres de sua aldeia natal; Clodoaldo de Sousa, caráter moldado nos lineamentos romanos, arrojando-se nas hipérboles de suas comparações eloqüentes; Oliveira Fonseca — esse garimpeiro que se apraz em andar fazendo escavações nas jazidas opulentas de jurisconsultos reinóis para descobrir as jóias soterradas pelo tempo; Millet, deixando transparecer nas suas palavras a exuberância da sua compleição apoplética; Pereira Júnior, percorrendo os capítulos da nossa lei fundamental à feição inteligente de sua facilidade expositiva; Laurindo Leão, nos arroubos da sua eloqüência condoreira, fazendo o cômputo das leis do evolucionismo; Gervásio Fioravanti, imprimindo às suas preleções a suavidade dos seus sonetos; Virgínio Marques, pondo em campo a dialética cerrada, que é a sua clava de professor; Sofrônio Portela, por gosto pela sobriedade, preso à concisão da frase sem atavios, das regras exatas e das definições que ele julga naturalmente a "síntese das análises"; e, por fim, Estêvão de Oliveira, o adorável companheiro que, ainda há pouco, desapareceu no melancólico rio das sombras, esse vigoroso atleta, deixando-se arrebatar pelos entusiasmos que o tornaram um dos mais estimados oradores dos comícios pernambucanos, bordando as suas preleções de anedotas, de frases chistosas da gíria popular, na abundância dessa veia cômica que foi tão do seu temperamento e é um predicado de nossa raça [21].

A memorialística brasileira nos oferece um documento singular para avaliar o que era a formação de um jovem brasileiro numa faculdade de Direito no início do século: o volume de Gilberto Amado — *Minha Formação no Recife* [22]. O título lembra, desde logo, a obra de um outro grande homem do Nordeste, Joaquim Nabuco, que escreveu, como memórias, *Minha Formão* [23]. Há, porém, que apontar, entre outras, duas distinções essenciais: o livro de Joaquim Nabuco se estende por um período bastante longo, chegando até a consagrar um capítulo aos últimos dez anos (1889-1899), já no final da vida, pois Nabuco morria em 1910. Há um silêncio completo a respeito das faculdades de Direito, seja a de São Paulo, onde estudou os quatro primeiros anos, seja a de Recife onde se formou, embora o capítulo primeiro tenha o expressivo título de "Colégio e Academia" [24]; os volumes das memórias de Gilberto Amado obedecem a uma cronologia mais rigorosa, e *Minha Formação no Recife* é dedicada integralmente aos cinco anos passados naquela cidade, freqüentando o curso jurídico. Encerrando o primeiro volume, *Histórias da Minha Infância*, está a frase que constitui a epígrafe do segundo:

em Pernambuco, para onde segui dois anos depois, em 1905, iria, na Faculdade de Direito e no *Diário de Pernambuco*, libertando-me das obsessões da adolescência, passar do monólogo ao diálogo.

Vê-se assim logo que se emparelha à Faculdade de Direito uma redação de jornal, mostrando como ambas foram importantes na formação intelectual do jovem sergipano. E a leitura atenta do livro vai comprovar que a influência da faculdade foi menos a de seus professores e das aulas ali ministradas do que do ambiente intelectual que se formava em sua volta, e da leitura dos livros na biblioteca pública e na da própria faculdade.

Se Gilberto Amado não consagrou um capítulo especial à influência de um grande livro sobre sua formação intelectual, como fez Nabuco em relação à Constituição Inglesa de Walter Bagehot, há uma página admirável sobre o influxo recebido do *Direito das Coisas*, de Lafayette, bem como da *História do Brasil* de João Ribeiro.

Logo no segundo capítulo, traça Gilberto Amado o perfil do que foram seus estudos no primeiro ano e da escassa freqüência às aulas.

> De manhã, assim que a biblioteca da faculdade abria, nela me assentava sozinho, olhado com má vontade pelo pessoal que relutantemente me passava os livros que eu pedia, livros que não estavam acostumados a procurar nas prateleiras, por não serem objeto de consulta dos estudantes. Dividia as minhas horas de manhã, na biblioteca, de tarde, à porta da Livraria Nogueira [25].

Nesse primeiro ano, a leitura dos *Ensaios da Filosofia do Direito,* de Sílvio Romero, representa um grande impacto em sua personalidade, e as referências às aulas se limitam às de Direito Romano e à figura de Laurindo Leão, professor de Filosofia do Direito. Relata com graça o ambiente da faculdade, naquela época:

> Quase todo rapaz do meu tempo, em Pernambuco, era agnóstico, darwinista, spencerista, monista. Quando apareceu no primeiro ano um Mac Dowell, do Pará, que tinha passado pelos colégios de Paris, demonstrando a existência de Deus pelas belezas da criação, canto dos pássaros, etc., provocou riso, foi ridicularizado. Havia, porém, uma minoria que, não chegando ao extremos do paraense, refugava o fenomenismo, o mecanismo e afirmava-se espiritualista-teleologista. Como se ouve hoje no Rio de Janeiro a pergunta: "Você é Flamengo ou Fluminense?", ouvia-se na faculdade, no velho convento, no Recife, perguntar: "Você é monista ou dualista?" [26]

No segundo ano "às aulas quase não tinha tempo de comparecer". Foi o ano da entrada na redação do *Diário de Pernambuco.* No terceiro ano, o diapasão é o mesmo:

> A época dos exames se aproximava e eu não havia pegado sequer em livro de Direito Civil, Criminal ou Comercial, cadeiras do ano. Tinha comparecido a algumas aulas mais para conviver e conversar com os colegas do que para ouvir os "lentes", como se dizia então.

E faz referência aos dois grandes professores do ano: Adolfo Cirne, de Direito Civil e Gervásio Fioravanti, de Direito Criminal [27].

No quarto ano, a referência é idêntica: "Neste quarto ano não abri livro do curso. Não podiam ter sido piores os exames que fiz." Mas, fazendo o exame de Direito Criminal, recebe distinção. Pergunta ao professor: "Você não se envergonha de me ter aprovado?" — "A distinção foi para o autor de "Golpes de Vista" (seção que o aluno escrevia no Diário de Pernambuco), não para o estudante do quarto ano" [28].

O quinto ano é também uma página em branco, excetuados os estudos retardatários de Direito Penal, a que se dedicara para compensar o mau exame do ano anterior. E o memorialista relata:

> Restavam-me dois meses para os exames finais e formatura. De manhã e de tarde lá vinha à minha pensão, o colega de Quipapá, Augusto Galvão, verter em meu espírito, em poucas semanas, o que havia acumulado o ano inteiro em atento e minucioso estudo dos pontos. Galvão falava e eu absorvia. Os pontos canalizavam-se daquele poço de saber autêntico, com abundantes e elevadas noções, das quais guardava apenas as que ia utilizar nas provas [29].

E, ao terminar o volume de sua formação no Recife, já aprovado, conclui Gilberto Amado, referindo-se sobretudo ao ambiente da capital pernambucana e não ao cenário da escola jurídica:

> No dia seguinte, sem esperar a solenidade de formatura, colei grau na secretaria e embarquei, sem me despedir de ninguém. Quis abraçar-me, só, com os cinco anos que acabara de viver naquela terra, com aquela gente, com aquele ar que me fizera crescer em estatura intelectual e moral, adquirindo forças e acumulando experiências. Enquanto o navio Pará cortava o Capibaribe para entrar no Lamarão e me levar ao Rio de Janeiro, eu ia olhando aquele meu Pernambuco, de que meu corpo se separava, mas do qual não se afastava meu espírito. Intelectualmente tornara-me seu filho; na sua atmosfera estimulante formou-se-me o entendimento, apurou-se-me o caráter. Eram impregnadas da sua seiva as férvidas imaginações que abrolhavam dentro de mim e das quais iriam sair *A Chave de Salomão*, os *Estudos e Ensaios do País*, o *Grão de Areia* e que de melhor e mais original escrevi. Em grande parte devo a Pernambuco tudo que fui e que sou no Brasil [30].

A apresentação à Câmara dos Deputados do projeto apresentado em 26 de outubro de 1906 pelo deputado rio-grandense do norte Juvenal Lamartine, autorizando o presidente da República a reorganizar as faculdades de Direito [31], propondo, inclusive, a criação de uma cadeira de noções de Sociologia, já preconizada por Rui Barbosa nos pareceres de 1882 e por João Vieira de Araújo, professor da Faculdade de Direito do Recife, em 1885, iria provocar a publicação de um livro singular na literatura jurídica. Trata-se da obra de Aurelino Leal, publicado em 1907, com o expressivo título de *A Reforma do Ensino do Direito no Brasil* e o subtítulo "Estudo feito em torno do Projeto do Deputado Juvenal Lamartine" [32].

Verifica-se logo que o projeto de Juvenal Lamartine foi o mero pretexto de que se serviu o ilustre jurista baiano para escrever trabalho contendo reflexões sobre o ensino jurídico no Brasil. Na explicação ao leitor, este pensamento é revelado logo nas primeiras linhas:

> Era, desde muito, preocupação minha o problema do estudo do Direito no Brasil. Testemunha pessoal do seu estado de incontestável abatimento, julgo serviço patriótico de alta valia a sua reforma no sentido indicado nas linhas despretensiosas que contém este livro.

E mais adiante:

> Aproveitando o projeto que o Deputado Juvenal Lamartine, na sessão do ano passado, apresentou à Câmara dos Deputados da União, reformando o ensino jurídico, escrevi este livro que vale, apenas, pelos intuitos de patriotismo e boa vontade que o inspiravam.
>
> O leitor verá que se me declaro franco partidário do ensino prático, querendo que os jovens juristas deixem a academia em estado de desempenhar as funções a que ficam habilitados com o título conquistado, não desconheço nem considero inferiores as vantagens das generalizações científicas que o ensino teórico só pode oferecer e garantir [33].

O livro de Aurelino Leal, em duzentas e uma páginas, tem como ponto principal de discussão dois aspectos: ensino teórico *versus* ensino prático, e o problema do currículo e distribuição das matérias. Embora revelando uma aguda percepção do ensino jurídico, fazendo eco mesmo aos famosos pareceres de Rui Barbosa de 1882, a fundamentação de Aurelino Leal conserva-se presa, como era natural, aos modelos estrangeiros, aos quais o nosso ensino superior pretendia se filiar. Assim, é abundante a citação aos autores estrangeiros e a experiência de outros países já aparece no próprio prefácio, quando se refere às afirmações do Professor Stoerk, da Universidade de Grieifswald, sobre as reformas do ensino do Direito na Prússia. Sobre a França a bibliografia é mais abundante, podendo-se citar os trabalhos de Turgeon, Brissaud, Despagnet, Glasson, Levasseur, Appleton, Giraud, Willey, Moreau, Grunhut. Para a Alemanha os autores mencionados são George, Blondel, Duquesne, Flandin, Dubarle, vendo-se assim que se socorre, amplamente, da bibliografia francesa para esses estudos. Para a Itália a referência é Mortara; para a Hungria, Desirée Nagy; para a Espanha, Posada, Altamira e Poila; para a Inglaterra o mesmo Blondel; para a Rússia Kasanski; para os Estados Unidos James Brown Scott.

Ao iniciar o livro declara Aurelino Leal:

> O projeto (Juvenal Lamartine) tem um duplo fim: criar uma cadeira de Noções de Sociologia e Enciclopédia Jurídica, outra de Direito Internacional Privado, restabelecendo a de História do Direito, especialmente Direito Nacional e dar uma nova distribuição às matérias do curso jurídico-social. Assunto da mais alta relevância, este projeto merece o mais acurado estudo do Congresso Nacional que se deve pronunciar sobre ele com a franqueza que a matéria comporta. Pelos seus mais valorosos e competentes órgãos, ele

estudá-lo-á, aceitando ou repelindo, os subsídios dessas notas, bebidas, aliás, em fontes diversas e julgadas insuspeitas para solução do magno problema, infelizmente ainda não resolvido entre nós, com a segurança de vistas que seria para desejar.

Sejam ou não aceitas as idéias aqui formuladas, o que não resta dúvidas é que já é tempo de resolver-se no Brasil a questão do ensino nas faculdades de Direito.

Aqui, como em quase todo o mundo, o mal é complexo. Muitas questões se agitam e tomam vulto nesse particular [34].

A primeira preocupação que merece atenção de Aurelino Leal é "a especial feição do ensino, que para uns deve ser absolutamente teórico, para outros práticos, e para outros ainda, ao mesmo tempo, teórico e prático".

Uma grande cópia de autores é trazida à colação na discussão desse problema, sobretudo autores franceses, apresentando a experiência dos países europeus. E Aurelino Leal destaca a realidade das faculdades de Direito no Brasil com expressões bastante significativas:

Mas, já ficou mostrado que o ensino da *arte jurídica* sempre se fez, entre nós, com o *método expositivo*. O professor, da sua cadeira, prevê e resolve situações jurídicas durante uma hora ou mais, finda a qual dá a lição por concluída. Na conferência seguinte o mesmo fato repete-se. A perda de tempo é grande, o proveito nenhum. Os homens diplomados, isto é, aqueles que se diplomaram em ciências assim ensinadas, sabem perfeitamente que o menor auxiliar que encontraram foram os lentes. Que vale uma lição oral assim proferida? Em sua casa, encontra-la-á nos compêndios adotados ou nos tratados que tiver. O sistema de pontos usado por quase todos os estudantes é uma prova de que a lição do professor não pôde ficar gravada, o que os leva a escreverem (e, às vezes, com que sacrifício da boa ciência!) os resumos que fazem e que decoram, para o bom êxito dos exames anuais.

De modo que, como uma regra geral, o estudante deixa a academia de Direito, às vezes, sem a mínima noção da ciência que professou por cinco anos! Nem teoria, nem prática. A primeira, foi sacrificada no péssimo sistema das exposições que nada firmaram; a segunda recomendou-se pela ausência absoluta.

Em verdade, salvo as clássicas sabatinas que alguns lentes adotam, escolhendo um dia para inquirir os estudantes sobre um certo número de questões *explicadas*, ou mediante provas escritas, mèios que considero muito aquém das exigências de um método racional, nada mais se faz em proveito do ensino. Ora, o defeito de um método pode concorrer para dois grandes males: não só dificulta a receptividade do ensino, mas ainda embaraça o estímulo, entorpecendo-o. Este fenômeno é peculiar ao espírito humano. Na criança ele é verdadeiro como no homem. Daí aquela terrível carta do abc com a qual fomos muitos de nós iniciados na leitura: no dia seguinte, senão horas depois, o espírito infantil está fora do seu natural revelando os primeiros amuos contra uma aridez que o atormenta e desconsola. Mas, não será assim nos jardins de infância, ou nas escolas primárias modernas, onde o que primeiro se desperta é a inteligência, é o raciocínio com o prazer dos próprios aprendizes. É muito para crer que se os métodos nas faculdades de Direito fossem outros, o ensino seria mais proveitoso, até porque um bom método tem a vantagem de diminuir o esforço do aluno, embora aumente o do professor. O que é preciso corrigir ou atenuar é esse eterno sistema de conferências da cadeira em que o estímulo falta não só ao mestre como aos discípulos [35].

Aurelino Leal reconhecia a importância do professor nessa reforma do ensino jurídico acentuando que "o ideal seria o professor ser somente mestre". Reconhecia contudo que como os proventos auferidos não bastavam às exigências da vida, pois os professores ganham pouco, têm que recorrer às atividades profissionais. E mostrava as conseqüências dessa situação: os programas que não eram esgotados e dos quais faziam parte do exame programa de quatro a cinqüenta pontos, dos quais só oito tinham sido lecionados em classe; as faltas dos lentes, professores que dão quatro ou cinco aulas por ano. Ou o tempo diminuto dedicado ao período letivo, começando em março os exames de segunda época, só em abril o início dos cursos, férias no mês de julho, etc., etc., trazendo, em conseqüência, "bacharéis formados sem conhecimento prático". Tal, como em conclusão, apontava ele:

> É justo, pois, que por um alvitre ponderado, razoável e digno, se procure, quanto possível, atenuar uma tal situação. Subscrevo, sem nenhuma dúvida, a opinião daqueles que pensam ser indispensável não reduzir o ensino nas faculdades jurídicas a uma condição de mera prática, *profissionalizando-o* com um excesso de radicalismo. É fora de contestação que transmitindo o Direito somente através dos textos em que as suas variadas aplicações sociais se concretizaram, é fazer práticas. Mas eu quero cientistas e práticos. Quero jurista que saiba como a lei se aplica, mas que não ignore a sua psicologia e que seja capaz de calcular a capacidade máxima de presidir interesses comuns, verificando que o seu tempo passou, ou que as condições que lhe deram origem se modificaram ou transformaram, aconselhando a sua modificação ou substituição [36].

Propõe, então, o que ele chama de casos supostos, dando em seguida um exemplo:

> *A* morreu, mas em estado de casado deixou filhos naturais não reconhecidos. Um deles quer concorrer à herança paterna e litiga com os filhos do matrimônio. Posta a questão, o lente nomeia os advogados, o juiz e o escrivão. Guia os primeiros, sugerindo incidentes para aperfeiçoá-los nas malhas da rede processualística. As fórmulas são astutamente guardadas, com observações de prazo, termos, etc., etc. Chega-se a um processo perfeito: o que tem que seja fictício? Porventura a virtude do ensino reside no fato de só se ter em mãos o processo verdadeiro? De modo nenhum. Por algumas operações praticadas em cadáveres deixa o estudante de medicina de aprender a cirurgia? A falta da vida torna o corpo absolutamente inapto para o exercício prático? Julgamos que o corpo discente da faculdade deve constituir-se numa sociedade acadêmica presidida superiormente por um professor, a quem incumba especialmente guiar os alunos no ensino prático, que será dado ao menos uma vez por semana, isso desde o primeiro ou o segundo ano,

explicando, a seguir, a possibilidade de generalização do método em todos os cadáveres [37]. E após examinar outro exemplo, adita Aurelino Leal: "Um tal sistema tem diferentes vantagens. O professor poderá prender a atenção dos alunos mais proveitosamente e com mais firmeza, porque está explicando a todos, ao mesmo tempo que pede exemplos indistintamente, obrigando-os à reflexão e auxiliando uma boa assimilação. É muito mais acessível ao ensino do que se o professor de cátedra que expusesse um conceito teórico.

O estudante ciente já de que muito pouca coisa ou nada lhe ficará do que está ouvindo, enquanto fala o professor, já que tem a atenção distraída, fixa-se nos acontecimentos que o impressionam, nos folguedos que o esperam, muito longe, portanto, da exposição magistral. Ao passo que, adotado o sistema que estou recomendando, a primeira vantagem estaria em prender a atenção do aluno e auxiliá-lo no raciocínio que o obrigaria, minutos depois, a dar exemplos confirmadores da assimilação daquilo que lhe fora ensinado.

Surge, porém, a objeção de sempre. Com este sistema pedagógico reduzir-se-ia o ensino numa prática lamentável, deprimindo a ciência. Mas, eu respondo-a assim: Apreendido o fato e descarnado diante do estudante, ele ficará conhecendo; o mestre passará então à explanação teorética, à generalização filosófica, pois se "os fatos não constituem ciência são, entretanto, um ponto de partida dela" [38].

Aurelino Leal se estende na análise desse novo método em outras matérias, como a economia política, e exemplifica com a experiência de outros países, inclusive dos Estados Unidos, com os exemplos das *moot courts* tirados do livro de James Brown Scott, esquecido porém de que, em páginas anteriores, citando o mesmo autor norte-americano já apresentava a grande novidade do método que Langdell introduzira em 1870 na Universidade de Harvard — o *case method* — e que se espalharia por quase todas as faculdades daquele país.

A originalidade do livro de Aurelino Leal está, assim, na análise percuciente e minuciosa que faz do problema do método de ensino, numa fase em que ainda nos conservávamos presos às velhas tradições coimbrãs; ele pressentiu a necessidade da mudança do método e, ainda que de uma forma não completamente elaborada, pôde lançar idéias que ainda hoje estão ausentes de nossas faculdades. No capítulo em que analisa esse assunto, e que conserva plena atualidade, conclui com estas palavras bastante expressivas:

Podemos encerrar a demonstração de que o ensino teórico seja ministrado ao lado do ensino prático.
"Proclamando este método, é nossa crença viva que as faculdades se levantarão e os jovens juristas diplomados chegarão à vida prática sem os titubeamentos e incertezas da hora presente" [39].

O capítulo segundo dedica Aurelino Leal ao estudo da proposta de reunião em conjunto do estudo das ciências sociais e jurídicas num único curso. Também aí a remissão é extensiva à literatura estrangeira, e ao exame da evolução dos vários projetos legislativos que trataram da matéria. Aurelino Leal se revela um partidário da unificação dos estudos, concluindo o capítulo com as seguintes palavras:

> Estes e outros exemplos provam, fartamente, que o Direito e as chamadas Ciências Sociais assentam numa base comum, descendem de um mesmo tronco. A sua união, além do mais, decorre logicamente da nossa organização política que reclama os reconhecimentos de umas e outras, nem só do juiz e do advogado como ainda do administrador, do legislador, do político em geral [40].

O capítulo final é dedicado ao problema da distribuição das cadeiras e da introdução de novas matérias. Quanto ao primeiro ano, propunha o projeto a introdução das cadeiras de Noções de Sociologia e Enciclopédia Jurídica, Economia Política e Finanças e História do Direito, especialmente do Direito Nacional. A primeira observação de Aurelino Leal é uma crítica à introdução de uma cadeira de noções de uma ciência qualquer. "Ou a ciência em toda a sua plenitude, ou coisa nenhuma." Analisa ele, em primeiro lugar, a inclusão de Noções de Sociologia e a Enciclopédia Jurídica, fazendo referência aos trechos do parecer de Rui Barbosa sobre a instituição da cadeira de sociologia e afirmando:

> como se vê, era — a Sociologia — e não — Noções de Sociologia — que se pretendeu incluir no curso. Além de que, não se nos afigura razoável que os estudantes saídos do curso preparatoriano, estejam em condições de estudar bem e assimilar os princípios da Sociologia.

Após citar a definição de Herbert Spencer sobre a Sociologia, considerando-o como talvez o escritor mais respeitável que versou essa ciência, conclui Aurelino Leal:

> Será com capacidade cultural trazida dos ginásios que os nossos estudantes irão assimilar indagações tão complexas ao mesmo tempo que tão sutis? Não m'o parece. Melhor seria fazer da Sociologia o que o projeto fez com a cadeira de Filosofia do Direito: colocá-la no quinto ano. O aluno levaria mais quatro anos cultivando o seu espírito, desbravando-o na conquista de novas idéias, de princípios outros, enriquecendo a inteligência nas discussões das sociedades de que fizer parte, na imprensa, na leitura espontânea, em virtude da própria emancipação das faculdades intelectivas. Antes disso, não. A aprendizagem será defeituosa, falha e levada ao espírito dos alunos de cor, com todas as conseqüências da instabilidade psicológica, que a pedagogia hodierna condena, tanto quanto ela é resultado de uma receptividade puramente material, e que fica, por assim dizer, em suspensão mental, sem meio de solubilidade, se é possível o símile, tornando-se em condição de intimidade com a população escolar a que é destinada [41].

Considera, pois, que no primeiro ano se reduziria a cadeira à matéria de Enciclopédia Jurídica sobre a qual estende longas considerações, citando Schelling, Hegel, Larnaude, Korkounov, Picard, para concluir sobre a necessidade de simplificar a disciplina nos seguintes termos:

> Se os escritores quisessem compreender, por uma só vez, a grande confusão que estabelecem nos conhecimentos humanos com essa inconstância de nomes, que variam para definir os mesmos objetos, com certeza conservar-se-iam num pé absolutamente de uniformidade científica. Se o que se quer é iniciar o curso de Direito, não com qualquer das ciências jurídicas, mas com uma *introdução geral*, por que não lhe daríamos este nome que sendo mais simples é, sem contestação mais lógico? [42].

Com referência à inclusão pelo projeto no primeiro ano da cadeira de Economia Política e Finanças, as considerações de Aurelino Leal não se revestem da mesma atualidade, conservando um certo ranço conservador, em que, aliás, acompanha Tobias Barreto, que pôs em dúvida o caráter científico da economia política. Propôs, assim, Aurelino Leal a passagem da cadeira de Economia Política para o segundo ano, sugerindo o desmembramento da parte dedicada à Ciência das Finanças, e concluindo com as seguintes palavras:

> Como quer o projeto, o acúmulo é enorme, com manifesto prejuízo do ensino. Não são pequenas nem pouco complexas as mil questões que surgem no seio da Ciência das Finanças, para que se faça dela uma só cadeira, junto à Economia Política que, por si só, é bastante longa e interessante [43].

Em seguida, analisa ele a História do Direito, especialmente do Direito Nacional, salientando a sua presença nas discussões sobre o ensino jurídico desde a Assembléia de 1826. Comentando a supressão, afirma:

> Tão grave erro o projeto pretende corrigir, no que merece francos aplausos. Mas, pela apreciação que se vai seguir, é indispensável tratar da cadeira de História do Direito, conjuntamente com a de Direito Romano que, sem justificativa atual, sobrecarrega o nosso programa, atestando um estacionamento lamentável de nossa parte, comparando-se o que se pensava em certo tempo com o que se tem hoje por assentado. Antes do mais, eliminar-se dos programas das faculdades de Direito os estudos históricos é desconhecer a atual compreensão pedagógica que manda remontar às origens, para que a assimilação seja mais completa e mais sólida, pois, a cultura [44].

E mais adiante:

> Por seu lado, o Direito Romano não deve mais ser estudado exegeticamente, perdendo-se professores e estudantes no labirinto das leis do célebre império, como se elas estivessem a reger as relações sociais modernas. Ninguém, habituado a questões de ensino, ignorará os embates que se tem travado contra o Direito Romano.

Uns querem-no eliminado do curso, por imprestável, por cediço. A sua conservação como disciplina do programa das faculdades de Direito é tida e havida por velharia que não se explica, sobrecarregando inutilmente o espírito dos estudantes. Outros sustentam que eliminá-la é prejudicar grandemente a instrução superior, porque o Direito Romano é uma magnífica ginástica mental que aproveita, de modo incalculável, a cultura jurídica dos alunos [45].

Citando amplamente os debates parlamentares nas várias vezes em que a matéria foi submetida ao Poder Legislativo, e dando conta das transformações recentes ocorridas na Alemanha em relação ao ensino da matéria, conclui Aurelino Leal:

> Não sejamos tão supersticiosos! Não acreditamos que pelo simples fato de excluir-se o Direito Romano do curso de ciências jurídicas e sociais, o Direito no Brasil abrirá falência. O que proponho (o ensino de noções de Direito Romano no âmbito da História do Direito Nacional) preenche todos os fins pedagógicos e com incontestáveis vantagens para o ensino. Se o que é aproveitável no Direito Romano é um conjunto de disposições que se repetiram nas nossas leis civis, para que irmos aprender no passado o que mais facilmente aprenderíamos no presente? Por que é de grande importância pedagógica recorrer às origens? Mas esta missão é desempenhada pelo professor no curso de História do Direito [46].

Analisa em seguida a junção no segundo ano do Direito Público Constitucional e Administrativo, revelando-se contra tal medida; manifesta-se contra o restabelecimento da cadeira de Legislação Comparada sobre o Direito Privado, não a julgando necessária, e conclui pela apresentação do novo programa:

1º ANO
1ª cadeira — Introdução geral ao estudo de Ciências Jurídicas e Sociais
2ª cadeira — História do Direito, especialmente do Direito Romano
3ª cadeira — Direito Público e Constitucional.

2º ANO
1ª cadeira — História do Direito Nacional
2ª cadeira — Direito Administrativo e Ciência da Administração
3ª cadeira — Economia Política
4ª cadeira — Direito Civil (1ª cadeira) (Parte geral e direito das pessoas)

3º ANO
1ª cadeira — Direito Civil (2ª cadeira — Direito das coisas)
2ª cadeira — Direito Criminal
3ª cadeira — Ciências das Finanças e Contabilidade do Estado
4ª cadeira — Direito Comercial Terrestre, incluindo Legislação de Falências

4º ANO
1ª cadeira — Direito Civil (3ª cadeira — Obrigações e Sucessões)
2ª cadeira — Direito Comercial Marítimo
3ª cadeira — Direito Penal (ciência penitenciária e correcional)
4ª cadeira — Direito Internacional Público

5º ANO
1ª cadeira — Direito Internacional Privado
2ª cadeira — Direito Judiciário
3ª cadeira — Sociologia e Filosofia do Direito
4ª cadeira — Medicina Pública

O curso compreenderia cinco seções, assim discriminadas:

1ª seção: Introdução geral ao estudo de Ciências Juríddicas e Sociais, Sociologia e Filosofia do Direito
2ª seção: Direito Civil, Comercial, Internacional Privado e Judiciário
3ª seção: Direito Criminal e Medicina Pública
4ª seção: Economia Política e Finanças
5ª seção: Direito Público, Constitucional, Administrativo e Direito Internacional Público.

A ênfase dispensada à importância do método, a percepção demonstrada na análise da seriação, importando-se pouco com a simples denominação das matérias, mas indo ao fundo daquilo que é ensinado sob cada uma dessas rubricas, o conhecimento demonstrado da moderna pedagogia, o interesse de integrar o Direito com as outras ciências sociais, levam à conclusão de que a análise de Aurelino Leal sobre a reforma do ensino do Direito no Brasil mantém uma atualidade significativa.

Um ano após a publicação do livro de Aurelino Leal, reuniu-se no Rio de Janeiro, por iniciativa do Instituto da Ordem dos Advogados Brasileiros, o 1º Congresso Jurídico Brasileiro, comemorando o centenário de abertura dos portos do Brasil.

O Congresso compreendia oito seções, das quais a primeira foi dedicada ao ensino jurídico, tendo como relator Pedro Lessa, que até o ano anterior fora professor de Filosofia do Direito em São Paulo, quando foi nomeado ministro do Supremo Tribunal Federal.

O questionário apresentado era o seguinte:
1 — Que preparatórios devem ser exigidos dos alunos que se destinem aos cursos jurídicos?
Convém manter as vigentes disposições legais acerca da matéria?

2 — Quais as doutrinas que devem ser ensinadas em um curso de ciências jurídicas e sociais?
3 — Deve o ensino jurídico ser meramente prático ou profissional, ou é necessário aliar-lhe o estudo dos princípios fundamentais?
4 — Qual a melhor distribuição das matérias pelos diversos anos de um curso jurídico?
5 — Da decadência do ensino jurídico e dos meios de combatê-la.
6 — Da influência do meio social nos estudos jurídicos e sociais.
7 — Da ação do governo nos mesmos estudos [47].

No relatório sobre a Tese V da decadência do ensino jurídico, Teodoro Magalhães marca-lhe o início a partir do decreto de 1879:

> Somos dos que crêem funesta às academias essa lei que assinala o início do desmoronamento dos cursos do ensino superior; já temos por vezes manifestado, sempre que se nos dá ensejo de encarar assuntos do ensino público, residir a origem dos males recentes da instrução nacional neste decreto nefando que, na frase de João Monteiro, "extinguiu o belo tempo das serenatas e sabatinas" ou, na prosa cintilante de Magalhães de Azeredo, "reduziu as lições a monólogos fastidiosos, renovados todos os dias pelo professor durante os três quartos de hora regulamentar [48].

Considera o relatório que a reforma Benjamim Constant alterou apenas em parte o problema, uma vez que manteve a existência das faculdades livres, que continuam a ser causas da decadência do ensino, pois

> se não acham nas verdadeiras condições de funcionamento e, por conseguinte, pelas lacunas que apresentam em sua constituição, incidindo algumas delas em faltas que poderão implicar no cassar das prerrogativas concedidas [49].

Prosseguindo em suas considerações, comenta:

> O ensino jurídico peca por ser muito teórico e é mister torná-lo mais prático. A preocupação única de teorizar não é o que queremos: o que condenamos é se deixar de estudar de modo prático e fazendo aplicação em casos concretos qualquer cadeira dos cursos e se perder o tempo em rebuscar, considerado um ponto do programa, questões pouco úteis, descer a análises dispensáveis num prurido de erudição desnecessária ao estudante à saída da academia. Que ele se retire da faculdade algo sabendo do que se contém nos programas e possa se conduzir à entrada da vida quer como magistrado, quer como advogado [50].

Leôncio de Carvalho apresenta relatórios sobre a Tese 1ª e a Tese 7ª, reportando-se ao parecer que em 1903 deu à Comissão de Instrução Pública da Câmara dos Deputados sobre o projeto de universidade e o relatório apresentado ao Congresso de Instrução, em 1906, por iniciativa da Faculdade Livre de Direito, sob a Presidência do Ministro da Justiça Félix Gaspar. Para Leôncio de Carvalho as causas da decadência do ensino estão nos colégios, abusivamente equiparados ao ginásio nacional e nos exames parcelados que facilitavam a matrícula nos cursos jurídicos a muitos indivíduos incapazes, que não podiam entender lições de Direito; na insuficiência do prazo de cinco anos para o estudo das numerosas matérias atualmente ensinadas nas faculdades de Direito; na concessão de prerrogativas de que gozam as faculdades federais e as faculdades particulares, que não possuem necessárias condições de competência e moralidade; na falta de estímulos que desenvolvam no ânimo dos lentes e alunos o gosto do estudo e fazem do magistério uma profissão útil e considerada; na nomeação de lentes feita pelo Governo, arbitrariamente, ou mediante provas e concursos muito fáceis e susceptíveis de fraudes; na deficiência e inconveniência do processo de exames, cujas provas facilmente se prestam a abusos e fraudes; no julgamento dos exames por escrutínio secreto, ocultando o nome dos juízes e facilitando a prática de injustiças; na má distribuição das matérias; e na inconveniente tutela exercida pelo Governo sobre os Institutos de Ensino Superior [51].

Apresentando o relatório geral de todas as teses, Pedro Lessa, em relação à primeira, manifesta-se favorável ao estudo da Filosofia como preparatório para matrícula nas faculdades de Direito; referindo-se à suspensão desse preparatório, diz que

> parece que o legislador de então entendeu que a palavra *filosofia* é sinônima de qualquer coisa análoga a uma determinada religião ou a uma certa escola metafísica. Parece que lhe escapou a verdade, aliás bastante conhecida, de que sob a denominação de *filosofia*, no sentido ligado ao termo na linguagem da instrução secundária, estão compreendidas a psicologia, a lógica e a moral e que, qualquer que seja a religião a que nos filiamos, ou o sistema filosófico seguido, a ninguém é lícito negar a existência da psicologia, da lógica e da moral [52].

Tratando da ligação entre o estudo das ciências jurídicas e ciências sociais, considera que não vale a pena romper com uma inveterada tradição:

> Neste assunto, não faço grande cabedal de reformas decretadas pelo legislador. Creio que, se fossem bem ensinadas e bem aprendidas as matérias constantes dos programas das nossas escolas de Direito, já muito haveríamos conseguido. Nem se me afigura que o quadro das doutrinas explanadas nos cursos jurídicos brasileiros seja merecedor de grandes censuras,

propondo apenas a criação da cadeira de Direito Internacional Privado e de prática forense.

Em relação à 3ª Tese, considera que não pretende de forma alguma fazer do curso de ciências jurídicas e sociais um curso meramente profissional.

> Se há academia, em que não se justifica, nem se compreenda, o estudo com caráter exclusivamente prático ou profissional, é a de Direito. Para bem aplicar as leis, é necessário penetrar-lhes bem o sentido. E para aprofundar o conhecimento das leis, faz-se indispensável remontar aos princípios de que elas procedem e que as animam e espiritualizam. A arte do Direito não pode ser bem praticada sem a base da ciência do Direito e esta não será possuída jamais por quem não se eleve às idéias gerais, às últimas generalizações da ciência [53].

Em relação à distribuição das matérias, as principais modificações sugeridas por Pedro Lessa foram a transferência da cadeira de Filosofia do Direito para o quinto ano, criando, no primeiro o curso de Enciclopédia Jurídica.

Quanto à decadência do ensino, considerava que

> é unânime a opinião dos que se preocupam com estes problemas. Estão todos convencidos da decadência do ensino do Direito. Freqüentemente se deplora o atual estado da instrução jurídica.

Atribuía à influência do decreto de 19 de abril de 1879 parte dessa decadência, bem como ao grande número de escolas fundadas em estados que não dispunham de necessário pessoal docente. O modo perfunctório e rápido com que eram estudados os preparatórios era outra das causas apontadas. E concluía:

> Penso que só leis, de tal arte elaboradas, que cominassem rigorosas penas a professores e discípulos, e oferecessem apreciadas recompensas a uns e outros que se distinguissem pelo trabalho, lograriam sanar, ou diminuir, o mal [54].

Considerava, na 6ª Seção, quase difícil de remover o meio social atrasado, atônico, deprimente de todas as energias intelectuais. A conquista do grau acadêmico é o exclusivo ponto de mira que tem diante de si o jovem brasileiro, que se destina às carreiras científicas. O estudo, o preparo, o saber, são coisas secundárias no conceito dos alunos, de suas famílias, parentes e amigos.

> Se nos fosse dado combater com resultado esse ridículo e tão pernicioso preconceito, creio que muito teríamos alcançado em benefício da instrução superior no país. Não omitirei que um dos fatos já assinalados terá como conseqüência o desprestígio das citadas academias e mais tarde a elevação do ensino do Direito: refiro-me à grande quantidade de bacharéis que se formam atualmente nas dez academias de Direito no país.

Na 7ª Tese, reafirmava:

Forçoso é confessar que a decadência do ensino do Direito, no Brasil, é obra, em grande parte, dos governos. Desde as leis mal feitas até à péssima execução de alguns dos bons preceitos dos estatutos das faculdades de Direito, tudo é devido aos governos. Aludi a *leis mal feitas...* devo emendar. Se excetuarmos a lei que estabeleceu o ensino livre, penso que a decadência dos estudos jurídicos, entre nós, é devida, não aos decretos legislativos, mas à inqualificável desídia e fraquezas dos governos e ramos da administração. É o governo o primeiro a não cumprir a lei, ao não exigir o cumprimento expresso de disposições legais, a fechar os olhos a todas as violações do Código de Ensino e dos Estatutos, ao infringir abertamente as leis que importem ao progresso do ensino. Não me parece necessário provar o que está na consciência de todos. Mas, se isto fosse mister, bastaria penetrar em qualquer das nossas faculdades e verificar qual o número de aulas dadas durante o ano letivo, quanto durou cada uma dessas aulas, e a que são devidas as interrupções dos trabalhos escolares [55].

Nos debates, alguns outros aspectos foram ainda mencionados, mas se restringem, em regra, ao problema das faculdades livres. Cabe apenas aditar que na votação das conclusões oito participantes votaram contra a conclusão que opinou pela decadência do ensino no Brasil [56].

A discussão sobre o ensino jurídico ganha contornos novos na década seguinte, quando se acentua fortemente a preocupação pela questão do método. Em 1912, João Mendes de Almeida Júnior, o grande processualista e professor da Faculdade de Direito de São Paulo, publicou, na Revista da Faculdade de Direito de São Paulo, um trabalho denominado *O Ensino de Direito* que, examinando com bastante profundidade os principais aspectos deste ramo do ensino, é basicamente uma discussão sobre o problema da metodologia [57]. O primeiro capítulo tem o título de *Ensino pelo Processo Dedutivo e Ensino pelo Processo Indutivo,* e inicia-se com afirmação de que o método de ensino tem preocupado alguns espíritos no sentido de dar à instrução uma direção prática. Discute, em seguida, a afirmação de que o ensino do Direito é feito sob uma forma apriorística, justificando-a com o fato de que os princípios das instituições jurídicas são resultado de uma certa formação histórica e representam fórmulas científicas de realidades sociológicas. Sobre o postulado da exposição sob a forma de regras abstratas sem mostrar como essas regras se relacionam com os fatos, afirma que estas regras foram formuladas para disciplinar fatos semelhantes que, por sua identidade ou analogia, conduziram à criação de regras doutrinais. E, quanto à necessidade de abandonar o processo dedutivo, declara que todas as ciências não podem ser tratadas pelo mesmo método — e as ciências morais não podem ser reduzidas somente à indução dos físicos, assim como não podem ser reduzidas às deduções dos matemáticos. E as ciências jurídicas, quando possam partir da observação dos fatos para os preceitos, dos preceitos para os princípios, uma vez firmados os princípios hão de logicamente regressar dos princípios para os preceitos e dos preceitos para os fatos.

Examina, a seguir, os Estatutos da Universidade de Coimbra, aprovados em 1772, que reagiram contra a escola dos glosadores e contra a escola dos casos julgados, bem como os *Inns of Court,* dos ingleses, o *case method* norte-americano, e os cursos práticos ou investigação científica dos alemães; discute o método pragmático, referindo-se amplamente ao Estatutos da Universidade de Coimbra, bem como à exposição de motivos que precedeu à reforma portuguesa de 1911 [58], e ao método empírico-racional. E conclui:

> Nós não temos, pois, necessidade de sair do nosso temperamento ou da índole da nossa raça latina, para ir buscar métodos diversos daqueles que até agora temos seguido; e se algum desvio tem havido, o meio de corrigir não é buscar métodos estranhos, mas sim colocar tudo nos verdadeiros e próprios eixos de nosso método [59].

Baseia esses eixos no princípio de que os preceitos de Direito, que decorrem desses princípios comuns, são logicamente formados por dedução e afirma que somente certos preceitos especiais necessitam ser firmados por indução. E como conclusão cuida do ensino prático, examinando as suas possibilidades de aplicação. O trabalho, em seguida, examina a distribuição das matérias e a ordem dos cursos — preferindo as disposições do decreto 1386 de 1854 — o sistema de freqüência às aulas, os exames anuais, os exames de conjunto, a abolição dos exames escolares e dos exames do Estado, a formação de professores, a livre docência e assistência, e a manutenção da carta de bacharel. E, afinal, voltando novamente à discussão do método indutivo e do método dedutivo, conclui:

> Nas faculdades de Direito, mesmo comparando os fatos e os preceitos, é necessário firmar os princípios em que estes se fundam, mas, uma vez firmados os princípios, é necessário deduzir deles as legítimas conseqüências, quer para justificar ou corrigir os preceitos, quer para ordenar os fatos. E o método analítico-sintético ou empírico-racional, único método realmente prático, porque ensina não só o fundamento das leis como a aplicação das leis aos fatos, como o modo e a forma de realizar as relações do Direito, quer na vida em geral, quer no foro extrajudicial, quer no foro judicial. Mantenhamos, pois, o método misto, que até aqui temos seguido, corrigindo, dentro das regras do mesmo método, qualquer defeito no procedimento. Os juristas, formados nas nossas faculdades, não são inferiores, quer na teoria, quer na prática, aos juristas formados em faculdades que professam por outro método [60].

Spencer Vampré, em 1914, apresentava à Faculdade de Direito de São Paulo uma tese de livre-docência *Das Sociedades Anônimas,* na qual colocava também de forma bastante clara o problema do método [61]. Referindo-se à experiência de vários países, declara ele que:

> as lições deixaram de ser simples monólogos por parte do professor, renunciando dirigir-se puramente à memória receptiva, e abriram novas vias de elaboração ao espírito dos estudantes, que não se perdem já no mar largo das doutrinas, mas aprendem intuitivamente a enfrentar o Direito na sua realidade e na sua complexidade [62].

Destaca o movimento "realista" nos Estados Unidos, o método do *case system* de Langdell, e os seminários jurídicos da Alemanha, e concluía:

> Tivemos ensejo de aplicar, de algum modo, esses processos pedagógicos na Universidade de São Paulo, já na cadeira de Economia Política, já na de Direito Romano, onde temos a honra de substituir a Estevão de Almeida, eminente jurisconsulto de nome nacional. A lição dividia-se em duas partes: compreendia a primeira a exposição didática, sendo relacionada em traços gerais com a doutrina anteriormente estudada; a hora restante destinava-se não à argüição do aluno — processo infrutífero que submete o estudante a uma posição vexatória — mas à apresentação dos casos práticos que se resolvessem diante da doutrina professada. O espírito dos moços acorda assim de um modo surpreendente, a curiosidade juvenil descobre hipóteses novas e modalidades inéditas, e o estudo frutifica em interesse para o professor e para os alunos. Nada mais belo que contrastear as verdades da ciência nas aplicações práticas: o Direito ressalta mais humano e mais útil, a lógica da lei transparece numa claridade diáfana, e os institutos jurídicos se apresentam em toda a sua vigorosa vitalidade.
>
> O estudo dos casos concretos! Mas não foi esse estudo o segredo da grandeza imortal dos romanos? Não é o Digesto o compêndio monumental de milhares de casos? Os comentários "ad Edictum" e "ad Sabinum" não foram outras coisas, nem foram outros os métodos de investigação dos Paulos, dos Ulpianos, dos Papinianos e dos Scívolas.

E concluía:

> daí esse aforisma pedagógico das faculdades jurídicas: — o Direito é um conjunto de princípios que unicamente adquirem vida em face dos fatos.
>
> As escolas jurídicas deixaram de ser institutos de ciência pura para se tornarem, até certo ponto, escolas profissionais. O ensino jurídico não mira criar doutores; visa disciplinar juízes, educar advogados. É de notar-se, como conseqüência, a crescente influência social da cultura jurídica sobretudo na Alemanha cujo movimento intelectual se assemelha a uma nova e prodigiosa renascença [63].

A análise mais lúcida existente nesse período sobre a matéria é, entretanto, o artigo do Professor Andrade Bezerra, professor da Faculdade de Direito do Recife, publicado na

Revista Acadêmica, em 1924, com o título de *O Método de Ensino nas Faculdades de Direito* [64]. O artigo inicia reconhecendo que

> nestes últimos vinte anos é notável a decadência dos cursos jurídicos em todos os países, tanto nos estabelecimentos públicos, como nos particulares. O fato é observado em nosso meio, sendo evidente que as últimas reformas em nada modificaram os sintomas dessa decadência, senão os agravaram ainda; bem como que a proliferação de faculdades livres, hoje em funcionamento em quase todos os Estados, não produziu a salutar emulação, que fora de esperar, entre os diversos institutos, em nada contribuindo para elevar o nível da formação científica dos que por ali passam [65].

Prossegue o artigo, mostrando que

> dois são os principais sintomas por que se manifesta essa decadência, tanto entre nós como nos demais países: de um lado, a diminuição do número de aspirantes às carreiras a que dá acesso o título de bacharel em Direito (advocacia, magistratura, notariado, etc.) registrada na baixa do número de matrículas nessas faculdades; de outro, a insuficiência do ensino ministrado nessas escolas, demonstrada na pouca solidez do preparo teórico-prático e na ausência da formação científica, de que se ressentem, salvo honrosas exceções, os jovens que se titulam por tais estabelecimentos [66].

O aspecto principal, entretanto, para o autor é a ineficiência dos métodos didáticos. Tentando examinar as causas gerais dessa decadência, o artigo considera que elas não múltiplas, umas de ordem geral e outras de ordem particular; entre as de ordem geral indica a situação econômica das classes sociais a exigir dos jovens a prematura preocupação com o ganho da vida, e a própria organização do ensino jurídico, moldada numa concepção alheia às novas condições sociais. O trabalho assinala que esta inadaptação dos institutos de ensino jurídico explica a criação e o desenvolvimento de escolas técnicas superiores, onde a mocidade vai assimilar conhecimentos que normalmente deveriam fazer parte do curso dos institutos tradicionais do Direito, como acontecia, por exemplo, na Itália.

A ineficiência dos métodos didáticos é o fator mais direto causador da decadência dos estudos. O método didático em uso nas faculdades é o regime da "pregação catedrática", e que tem sido abolido em outros países por força do movimento das gerações mais jovens.

> O ideal seria que o estudante, em vez de decorar mecanicamente os princípios de uma ciência já feita e claramente exposta, em qualquer manual, aprendesse com o mestre a elaborar ele próprio a sua ciência, refazendo o caminho nem sempre fácil e cômodo dos que a sistematizaram e a fizeram progredir. Só assim poderá ele adquirir uma verdadeira formação científica e não simplesmente sobrecarregar a memória de detalhes que pouco tempo depois estarão esquecidos [67].

Passando a tratar dos processos que tornariam os alunos elementos ativos do ensino, aponta o Prof. Andrade Bezerra: a) supressão dos exames e sua substituição por trabalhos originais escritos; b) divisão de trabalhos escolares em lições orais e exercícios práticos; c) criação de seminários especiais onde os alunos adquirissem a verdadeira formação científica, aprendendo a elaborar a ciência que estudam.

E, em conclusão do seu trabalho, aduz:

> Cremos sinceramente que, se ao lado das conferências atuais, mantivesse cada professor um curso monográfico aprofundado, sob certos aspectos de maior atualidade da disciplina ensinada e procurasse instruir e desenvolver os exercícios práticos, adaptando-os às peculiaridades de cada um dos ramos do Direito ensinado, e à mentalidade do estudante, teríamos dado um passo decisivo não só para a elevação do nível dos estudos nessas escolas, como para imprimir a estes institutos a alta função social que lhes compete: de centros de cultura, capazes de contribuir, com sua atividade própria, para o progresso científico do país [68].

Na década seguinte, a comemoração do centenário da criação dos cursos jurídicos iria reavivar o debate. Nessa ocasião, a Faculdade de Direito da Universidade do Rio de Janeiro reuniu, na Capital Federal, o Congresso do Ensino Superior. O temário do Congresso estava dividido em duas grandes sessões: a primeira, consagrada à organização universitária, e a segunda, ao ensino jurídico. A sessão do ensino jurídico compreendia o exame e discussão de nove teses elaboradas pela Comissão Diretora, presidida pelo Dr. Manoel Cícero Peregrino da Silva e composta dos doutores Cândido Mendes de Almeida, João Martins de Carvalho Mourão, Abelardo Saraiva da Cunha Lobo, Luís Frederico Sauerbronn Carpenter e Francisco de Avelar Figueira de Melo, Secretário Geral [69].

As teses, consagradas ao ensino jurídico, foram assim distribuídas: a tese II — Que preparo seria desejável que tivessem os candidatos à matrícula, ao Dr. Marcílio de Lacerda; a III — A que critérios gerais deve ser subordinada a seriação das disciplinas do curso jurídico? É de reclamar-se maior desenvolvimento das disciplinas de Direito Público e das ciências do Estado?, ao Dr. Francisco de Avelar Figueira de Melo; a IV — De que modo deve ser ministrado o ensino? Qual o sistema preferível — o das preleções, o dos colóquios ou a explanação de casos jurídicos concretos?, ao Dr. Cândido de Oliveira Filho; a VI — Qual o melhor regime de exames? São de aconselhar-se os exames parciais?, ao Desembargador Manuel André da Rocha e ao Dr. José Cabral; e a VII — O ensino universitário, por mais praticamente orientado que seja, é capaz de aparelhar o jurista para a imediata utilização na vida prática dos conhecimentos hauridos no curso jurídico ou será imprescindível uma aprendizagem prática suplementar?, ao Prof. Edgardo de Castro Rebelo. Para as teses que não tiveram relatores previamente designados, foram indicados: para a tese I — O ensino jurídico instituído pela lei de 11 de agosto de 1827 tem evoluído de modo a corresponder às crescentes exigências de uma ampla formação técnica dos nossos juristas? A que critérios obedeceram as sucessivas reformas e quais foram os seus resultados? Satisfaz o atual regime do ensino jurídico?, o Dr. Levi Carneiro; para a tese VIII — O diploma de bacharel em Direito deve continuar a habilitar ao exercício da advocacia e da magistratura ou será indispensável um estágio, em seguimento ao curso universitário?, ao Dr. Carvalho Mourão e, finalmente, a tese IX — O estágio deverá ser encerrado por um exame geral dito, de Estado?, ao Dr. Afrânio de Melo Franco [70].

O Dr. Levi Carneiro, Relator da Tese I, recorda que as sucessivas reformas havidas no ensino jurídico importaram numa crescente complicação do mesmo ensino, sem orientação constante, não correspondendo o atual regime às necessidades reais. As suas conclusões foram as seguintes:

a) O ensino jurídico, instituído pela Lei de 11 de agosto de 1927, não tem evoluído de modo a corresponder a uma ampla formação técnica dos nossos juristas; b) as principais reformas ulteriores — cinco no regime imperial, sete no regime republicano —, quase todas resultantes de irrestritas autorizações legislativas, e as leis ou decretos que entre elas se intercalaram, derrogando-as ou suspendendo-lhes a execução — obedeceram a critérios desencontrados, ora facilitando até ao exagero a obtenção dos diplomas acadêmicos, em faculdades equiparadas ou mesmo oficiais, ora reagindo contra esse e outros excessos, sem conseguirem a necessária eficiência do ensino, quer no ponto de vista exclusivamente teórico, quer no meramente prático, quer na conciliação feliz de um e outro; c) por isto mesmo, e ainda pela má ordenação das matérias no curso, e pelo desaproveitamento do tempo deste, não satisfaz o atual regime do ensino jurídico [71].

Iniciando o relatório da Tese II, o Professor Marcílio Lacerda afirmava que

há cem anos, o nosso legislador vem tateando a respeito do preparo basilar que deve ser exigido dos que se destinam aos estudos jurídicos. Cada reforma do ensino é uma nova tentativa e cada tentativa, um novo desastre, para a cultura mental dos candidatos à faculdade de Direito. É que os nossos reformeiros se deixam sugestionar pelas exterioridades miríficas e não procuram penetrar no âmago da questão [72].

O relatório combate a crença geral de que os cursos jurídicos têm o objetivo de preparar indivíduos para o exercício de uma profissão, cujo instrumento principal é a palavra falada ou escrita e, portanto, se deve exigir para a respectiva matrícula o conhecimento perfeito de certas matérias que podem concorrer para o desenvolvimento do gosto literário como a Retórica, a História, a Literatura e a Filosofia. E contesta: "É um erro palmar supor-se que a cultura literária deve constituir um único e exclusivo apanágio do jurista" [73]. Termina por propugnar pelo restabelecimento dos preparatórios da Filosofia, Lógica e Moral, a inclusão obrigatória da Língua Italiana, da História Natural e da Sociologia. Por isso, encerrando o relatório, afirma que se deve incluir nos preparatórios de Diretio: Português, Francês, Italiano, Latim, Inglês ou Alemão, Geografia Geral, Coreografia do Brasil, História Universal e Pátria, Literatura, Aritmética, Álgebra, Geometria, Física e Química, História Natural (noções de Anatomia e Fisiologia Humana, especialmente do sistema nervoso), Psicologia e Lógica [74].

O Professor Figueira de Melo é o relator da Tese III, apresentando um longo e pormenorizado relatório em que se remete amplamente ao sistema alemão e ao francês. Considera que o plano de seriação do ensino jurídico

> é naturalmente subordinado à solução do problema da finalidade do ensino do Direito, devendo variar seriação em conformidade com o critério que for adotado — ou estritamente profissional, ou de larga educação científica.

A sua conclusão é a de que

> I) As faculdades de Direito não são escolas meramente profissionais, pois não têm nem podem ter a finalidade de preparar os seus estudantes para o exercício imediato e perfeito das atividades judiciárias práticas — magistratura — advocacia. Cumpre-lhes, antes de tudo, ministrar o ensino teórico que, proporcionando a educação científica, permita a seus estudantes o desenvolvimento posterior e autônomo de sua cultura técnica para o correto desempenho dos encargos da vida profissional; II) Embora visando principalmente à educação científica, não devem as faculdades de Direito olvidar o caráter eminentemente prático das ciências jurídicas. Nessa conformidade, impõe-se completar o ensino teórico pela aplicação dos textos e princípios legais a casos concretos tirados da realidade da vida, fonte inesgotável das mais variadas e complexas controvérsias jurídicas [75].

Propõe também um maior desenvolvimento das disciplinas do Direito Público e das ciências do Estado, fazendo referência ao novo ramo do Direito Econômico e recomenda que a cadeira de Economia Política deva ser estudada em dois anos, versando o primeiro sobre o conjunto da disciplina e o segundo sobre os fenômenos de circulação, moeda, crédito, bancos e história das doutrinas econômicas. A cadeira de Ciências das Finanças deve ser lecionada no terceiro ano, com caráter autônomo e precedendo aos estudos de Direito Administrativo e Ciência da Administração. A cadeira de Direito Público Constitucional deve ser desdobrada em dois anos, consagrado o primeiro aos estudos dos problemas fundamentais do estado, e no segundo ano seria estudado o Direito Constitucional Brasileiro, com auxílio da Legislação Comparada, incluindo o Direito Público federal, estadual e municipal, em suas bases gerais. Manifesta-se contrário, entretanto, à cadeira de Enciclopédia Jurídica e Sociologia, e propugna pelo restabelecimento da cadeira de Introdução ao Estudo do Direito.

O relatório da Tese VI é de autoria do Dr. Manoel André da Rocha, professor da Faculdade de Direito de Porto Alegre, e se refere ao regime dos exames. Manifesta-se favorável aos exames parciais, às provas escritas e orais e práticas nas matérias que o permitirem, como meio de aferição do conhecimento. Em matéria de prova escrita, sugere que as questões sejam redigidas sob a forma de consultas a serem organizadas mais complexamente nos casos ou espécies estudados durante o ano. E conclui:

> Considero a prova prática como um dos remédios eficazes para combater o mal endêmico que marasma o ensino jurídico no Brasil. Sem lhe dar feição predominante do *case system,* tão em voga nos Estados Unidos, o regime que preconizo, irmanando a teoria e a prática, tornando uma como que um complemento da feição da outra, reduzirá as proporções do verbalismo que infesta o ensino jurídico nas nossas faculdades de Direito [76].

As Teses VIII e IX são discutidas englobadamente, concluindo que para o exercício da advocacia não basta a habilitação, presumida pela posse de um diploma de bacharel ou de doutor de Direito; é indispensável um estágio em seguimento ao curso universitário de, pelo menos, dois anos, durante o qual o estagiário deverá praticar no escritório de advogado mais antigo ou no exercício de cargos de judicatura ou do Ministério Público ou no ofício de solicitador. Na falta desse estágio, dever-se-á exigir um exame especial, dois anos depois da formatura do aspirante a advogado, mediante a prova de haver, neste período, freqüentado assiduamente o foro. Um exame especial deveria versar sobre prática forense exclusivamente.

O problema do método de ensino mereceu minucioso relatório do Dr. Cândido de Oliveira Filho. O autor combate as preleções, as lições-monólogo, para se referir à utilização das lições-diálogo.

> O diálogo, comenta ele, referindo-se à reforma portuguesa de 1911, entendido como categoria pedagógica, é um elemento integrante dos novos métodos de concretização, praticados na Alemanha

e na América e é, sem dúvida, um dos motivos do sucesso daqueles métodos. Com o professor, o aluno fixa a situação do fato, que será o ponto de partida para a demonstração ou para a aplicação do princípio; com o professor, o aluno analisa os princípios que foram aplicados à situação de fato pelo Tribunal ou a disposição legal que deve ser-lhe aplicada; com o professor o aluno critica a solução do Tribunal. Quando o professor ensina, o aluno aprende a observar os fatos e a formular as soluções jurídicas.

E prossegue:

> Assim, os exercícios práticos apareceram nas escolas de Direito como meio de combater o verbalismo, o de imprimir ao ensino a concretização necessária à aproximação entre os princípios e os fatos, à evidenciação do valor da doutrina exposta nas lições, ao interesse pelo estudo do Direito, à formação do hábito de ver o Direito nas suas relações com a vida social e de resolver hipóteses progressivamente mais complexas. Não querendo falar do *case method* seguido na escola americana, que é, sem dúvida, o ensino da teoria pela análise de casos práticos, e voltando a nossa atenção, neste momento, para o que se passa na Europa, verificamos que exercícios práticos estão ganhando lugar cada vez mais importante nas escolas de Direito, e que o curso prático tende a transformar-se em curso paralelo do curso magistral [77].

E aduz mais adiante:

> Assim como é impossível, observam ainda Marnoco e Sousa e Alberto dos Reis, ensinar a Medicina sem levar o estudante a uma clínica onde possa aplicar os conhecimentos adquiridos e ficar habilitado a receber novos ensinamentos, também é impossível ensinar o Direito sem exemplos de aplicação. Não basta, porém, que estas aplicações sejam feitas pelo professor sob a forma de casos tirados da jurisprudência, é necessário que tenha lugar o trabalho pessoal do estudante. Pode-se saber muito bem, de cor, uma regra de Direito, mas enquanto não tiver havido o esforço para deduzir as conseqüências lógicas que ela comporta, não se pode considerar compreendido o seu alcance [78].

O trabalho se remete à experiência estrangeira, européia e americana, e termina apresentando as seguintes conclusões:

I

O Direito é uma ciência eminentemente prática quanto ao fim; mas, nem por isso deixa de ser teórica quanto ao modo de estudar e de saber. E, pois, no ensino dessa ciência, assim como não há vantagem de usar de um método exclusivamente prático, também não há vantagem de usar de um método predominantemente teórico.

Cumpre, ao contrário, sempre que for possível, ministrar, a respeito das diversas disciplinas, o ensino teórico com o prático.

II

Não devemos adotar nem o *case method* dos norte-americanos, nem o método dos *Inns of courts* dos ingleses, nem o método acentuadamente teórico de nossas escolas.

O que nos convém é o método *misto,* teórico e ao mesmo tempo prático, estático e ao mesmo tempo dinâmico, ou método *analítico-sintético,* o qual ensina, não só o fundamento das leis, como a sua aplicação aos fatos, e o modo de formar e realizar as relações de Direito, quer no foro extrajudicial, quer no judicial.

III

Para conjurar o empirismo do ensino prático, deve este ser ministrado de molde a criar no espírito dos alunos o hábito de ver o Direito nas suas relações com a vida social; pelo que o professor deverá apresentar os casos práticos como meio de concretização dos princípios e, até, como demonstração dos mesmos princípios.

IV

Não há, propriamente, dois diferentes métodos de ensino de Direito, um que deva ser aconselhado de preferência aos demais, e, antes, todos são úteis, conforme o assunto de que se tratar. A escolha deve ficar ao critério dos professores, interessados na transmissão de seus conhecimentos aos alunos.

V

Três recomendações convém fazer a respeito do ensino do Direito.

A primeira é de simplificar o ensino, de modo a serem ministradas apenas as noções elementares dos diversos institutos: as nossas escolas não visam aparelhar cientistas.

A segunda, é de adotar-se, ao contrário do que se pratica, a *preleção* ou *lição-monólogo,* com muita parcimônia, isto é, somente para a exposição sucinta das matérias a serem ensinadas.

A terceira recomendação, é de se darem as noções teóricas *concomitantemente* com os exercícios práticos que elas comportem.

VI

A lição não poderá ser *exclusivamente* um *monólogo* de quem ensina, sob pena do ensino se dirigir principalmente à memória do aluno, de ser sobremodo *receptivo* e de não exercitar convenientemente o raciocínio de quem aprende. Pelo contrário, os estudantes, em vez de meros assistentes, devem *cooperar* com o professor, *observar* com ele os fatos, que são base do ensino, e com ele *raciocinar* para descobrir os princípios. Desta maneira, desenvolver-se-á todo o seu poder mental, e o seu espírito habilitar-se-á a pensar por si mesmo, e assim conseguirá a sua *emancipação intelectual,* que é o fim supremo da escola superior.

VII

Colocar o estudo da *teoria* do processo civil e comercial, no quarto ano e o da *prática* no quinto, como determina o decreto n. 11530, de 18 de março de 1915, não parece ser o melhor sistema; é divorciar, com perda de tempo e em detrimento do estudo, conhecimentos que são reciprocamente complementares e auxiliares, quebrando o vínculo de solidariedade entre eles existente e rompendo com o sistema quase secular de nossas leis.

VIII

O método de ensino prático adotado pelos estatutos da Universidade de Coimbra, aprovados pela carta de lei de 28 de agosto de 1772, e pelos estatutos do Visconde de Cachoeira, de 1825, é ainda de se recomendar nos tempos modernos.

IX

As aulas práticas devem ser organizadas no ensino das cadeiras de Medicina Pública, Direito Romano, Civil, Comercial, Criminal, Internacional Privado e Judiciário (Teoria e prática do processo civil, comercial e criminal).

X

Os exercícios práticos de Medicina Pública devem ser feitos no respectivo laboratório, segundo prescreve o art. 12 do decreto número 8662, de 5 de abril de 1911 (lei Rivadávia).

XI

Os exercícios de Direito Romano devem consistir na busca e exegese dos textos.

XII

Os exercícios de Direito Civil, Comercial e Internacional Privado devem consistir na indicação das diversas ações protetoras das relações jurídicas e na redação, em torno dos textos legais ou dos institutos explicados, de escritos extrajudiciais, com as cláusulas, cautelas e fórmulas substanciais, como sejam as escrituras de contratos e outros instrumentos, e na solução de casos jurídicos concretos, extraídos de preferência da jurisprudência.

XIII

Os exercícios de Direito Judiciário devem consistir na visita aos tribunais e na dedução dos diversos escritos judiciais para o andamento das causas em juízo, como sejam os requerimentos, as petições para citações e outros fins, a queixa, a denúncia, os libelos, as exceções peremptórias ou dilatórias, as contrariedades, as réplicas, as reconvenções, assistência, oposição, chamamento à autoria, as tréplicas, as alegações finais, as sentenças interlocutórias ou definitivas, as minutas e contraminutas dos agravos, os embargos, as razões de apelação, os artigos de preferência, etc.

XIV

Para versar os estudantes na prática do foro, deverão os professores de Direito Judiciário também ministrar os exercícios, sob a forma de *tribunais fictícios,* onde os estudantes instruam, discutam e julguem processos simulados, dirigidos pelo professor, conforme o método norte-americano (*moot-courts* ou *law-clubs*), consagrado pelos estatutos do Visconde de Cachoeira (Cap. VII, n. 8 a 13).

XV

Nas cadeiras em que têm cabimento os exercícios práticos, as atuais provas escritas devem ser substituídas por estes exercícios [79].

Tratando da Tese VI, sobre o regime dos exames, João Cabral declara que

> o melhor regime de exames será o que, não esquecendo jamais o fim educacional dos cursos, visando estimular o espírito de operosidade e combatividade intelectual dos alunos, e mostrar-lhes os caminhos do aperfeiçoamento em cada matéria do curso, e obrigá--los a serem aptos para produzir os próprios conhecimentos adquiridos, e dar-lhes coragem para demonstrá-los de uma forma ou estilo terso e lúcido, reunir, por um lado, como julgamento que é, as qualidades essenciais de justiça, imparcialidade e presteza, reduzidas ao mínimo possível, as variantes do momentâneo estado de ânimo do examinador e examinandos, e multiplicados o mais possível os meios de corrigir os azares da sorte [80].

Recomenda, ainda, que são de se aconselhar os exames parciais por semestre, e que a verificação dos alunos deve obedecer a processo em que entre em julgamento o número de presença às aulas, os exercícios orais e escritos, número de pontos colhidos em exercícios ou sabatinas, e o número resultante das provas finais múltiplas. Propõe a abolição do sistema de simples vestibular em uso, sugerindo que depois da exibição dos certificados de humanidade, deverão cursar um semestre preparatório.

Com relação à Tese VII, a respeito da necessidade de um aprendizado prático suplementar, a conclusão do Professor Edgardo de Castro Rebelo, que foi divulgada sem outros comentários, é a seguinte:

> É possível organizar o ensino universitário de modo que esteja o estudante, concluído o curso, aparelhado para imediata utilização na vida prática dos conhecimentos hauridos nos cursos jurídicos [81].

A evolução do ensino no período é simplesmente linear. Se em Recife ainda surgem alguns sinais de renovação [82], ecos distantes da Escola do Recife, em São Paulo a tendência é de caráter conservador [83]. As demais escolas criadas no período repetiam em grau menor as mesmas deficiências das duas escolas tradicionais. O cargo de professor era ainda almejado como representando grande prestígio social [84] e dele se podia falar até com nostalgia [85], mas a formação dos jovens bacharéis continuava na base do autodidatismo [86].

A atividade dos estudantes na vida extra-escolar diminui nesse período. Com a criação de novas escolas, e com o início de mudança na estrutura social, o estudante já não é mais o filho-família, que recebe a mesada de casa, e se transporta para Recife ou São Paulo, via de regra acompanhado do escravo, com a disponibilidade total de tempo para as atividades da vida acadêmica, mas o estudante que trabalha, até transformar-se nos dias de hoje no trabalhador que estuda. Entretanto, podemos notar alguns aspectos da atuação do estudante nesse período. Num painel exemplificativo, deve-se apontar, como primeiro protesto contra a chacina de Canudos, o manifesto dos estudantes da Faculdade de Direito da Bahia [88]; em 1903 a fundação do Centro Acadêmico XI de Agosto, na Faculdade de Direito de São Paulo, de gloriosas tradições [89]; a criação da revista Época, na Faculdade de Ciências Jurídicas e Sociais do Rio de Janeiro, hoje da Universidade Federal do Rio de Janeiro [90]; e os movimentos por ocasião da 1ª Guerra Mundial, com a criação da Liga Nacionalista, em 1915, sob a orientação do Prof. Vergueiro Steidel, professor da Faculdade de Direito de São Paulo, com o apoio de Olavo Bilac e Pedro Lessa [91].

Têm assim toda a procedência as páginas do prof. Jacques Lambert, da Universidade de Lyon, em estudo que consagrou à sociedade brasileira, assinalando-lhe o seu caráter dualista, *Os Dois Brasis* sobre o caráter do ensino tradicional brasileiro, adaptado a uma estrutura determinada de classes sociais, e sua inadequação às novas necessidades de um país que se industrializa:

> Era inevitável que o sistema de ensino adotado por essa sociedade arcaica fosse de caráter duplamente aristocrático; aristocrático no espírito, porque, na ausência de uma numerosa classe média, procurava satisfazer as necessidades de cultura de um número muito pequeno de indivíduos pertencentes à classe dos grandes proprietários rurais ou a ela ligados e, aristocrático nos métodos, porque era proporcionado a um pequeno grupo que lhe podia arcar com as despesas e não procurava no ensino um meio de ascensão social.
>
> Aqueles cujas necessidades ditavam os programas do ensino secundário ou superior não dependiam essencialmente da instrução para ganhar a vida; os mais influentes dentre eles auferiam, da grande propriedade e do comércio concomitante, rendas freqüentemente muito altas; outros, que muitas vezes lhe eram aparentados, procuravam, nas funções públicas ou nas profissões liberais, um complemento às suas rendas. Entretanto, como não eram técnicos e, geralmente, dispunham de rendas pessoais, o ensino superior parecia-lhes, antes de tudo, um meio de enriquecer a cultura e também de melhor desempenhar funções mais ou menos de natureza social e política do que econômica. A cultura geral que se buscava, constava primordialmente de letras clássicas e filosofia e, se para alguns era meio de acesso a profissões, estas eram as de advogado, funcionário ou médico. Quando os estudos prosseguiam até à sua conclusão lógica, conduziam às duas grandes variedades de "doutor", o médico e o jurista; o engenheiro era relativamente raro [91].

O mesmo autor mostra, então, a inadequação desse tipo de ensino, quando mudam as condições sociais:

> O primeiro resultado da pseudodemocratização decorrente de uma distribuição mais ampla da cultura geral a outros elementos além do aristocrata é a decepção daqueles a quem essa cultura é destinada. Para a classe média e para os raros elementos do povo que ingressam no ensino secundário e, a seguir, no ensino superior, a universidade não é mais instrumento de enriquecimento pessoal, que permitirá melhor desempenhar um papel social assegurado por direito de nascença ou de fortuna, mas um instrumento de ascensão social, que dará acesso a funções, através das quais se poderão auferir as mesmas rendas e o mesmo prestígio da aristocracia.
>
> Infelizmente, os valores criados por essa cultura geral são, realmente, daqueles que a sociedade aproveita, mas não daqueles que ela paga. Para que o enriquecimento pessoal do maior número de indivíduos possa ser vantajoso, é preciso que a sociedade estabeleça primeiro as bases econômicas que proporcionem níveis de vida elevados e é aos que poderão ajudar a estabelecê-los e não aos que deles se poderão aproveitar, que ela se prontifica a remunerar. Uma vez munidos dos seus diplomas, os estudantes, que deles esperavam uma ascensão social, verificam que a sociedade continua perfeitamente indiferente. A pálida auréola, que no passado envolvia o diploma de doutor, cedo perdeu o seu brilho e a difusão do ensino aristocrático à maioria, nada fez senão criar um proletariado intelectual dificilmente utilizável; para tentar aplacar a sua cólera ameaçadora, torna-se necessário multiplicar os empregados inúteis do setor terciário, cujo volume a produtividade do país não justifica e cuja

manutenção, mesmo precária, constitui um pesado encargo para as massas miseráveis do Brasil rural. Mesmo assim, o proletariado desiludido dos diplomados permanece hostil; é muito grande a distância entre as suas ambições e as suas realizações e ele não foi formado para a sociedade em que terá de viver [92].

Por isso, ao findar a terceira década do século, transcorrido o primeiro centenário da fundação dos cursos jurídicos, a situação não apresentava grandes alterações. As críticas continuavam as mesmas e o estado real do ensino jurídico era praticamente o mesmo — a tão malfadada decadência. Dúvidas somente haviam quanto aos remédios a adotar, e sobretudo no real empenho em executá-los. E a discussão era antiga.

No debate do Congresso Nacional, em 1894, por ocasião do exame da reforma Benjamim Constant, um deputado dizia que "a decadência do ensino nas escolas de Direito deve ser atribuída mais à incompetência do professorado que à liberdade de freqüência" [93]. Em 1903, o Professor Tito dos Passos de Almeida Rosas, catedrático da Faculdade de Direito do Recife, em relatório apresentado à Congregação de sua escola, dizia que "o ensino do Direito, como todo o ensino superior no Brasil, passa atualmente por um período de verdadeira decadência" [94].

Um orador da turma da Faculdade do Recife, em 1925, Osvaldo Ferreira, mostrando rara lucidez, afirmava que

> o raio visual destes (críticos do ensino jurídico) muito estreito que era, só enxergava a decadência da Faculdade de Direito do Recife. Não viam eles as múltiplas causas que concorreram para o declínio da vida acadêmica, que podemos dizer, sofreu uma verdadeira transformação. Além disto, não viam eles que se operava em nosso país um fenômeno de pressão político-social, acarretando prejuízos de toda ordem [95].

E falando na Faculdade de Direito de São Paulo, por ocasião do centenário dos cursos jurídicos, o prof. Azevedo Marques também batia na mesma tecla:

> Não há negar que o ensino acadêmico avançou um tanto, como era natural em dilatada existência. Distintos professores a ele se dedicaram, e se dedicam patrioticamente: e alunos privilegiados saíram daqui e do Recife preparados para o bem da Pátria e da humanidade.
>
> Mas, devemos confessá-lo lealmente: este avanço foi modestíssimo.
>
> A organização legal no ensino teria sido defeituosa, dando-lhe apenas uma aparência teórica e falsa.
>
> Nenhuma das leis orgânicas revelou o senso prático e justa medida. Tem-se exigido na lei o que é impossível exigir na vida [96].

A lamentação sobre a decadência do ensino jurídico continuava através dos anos, mas o verdadeiro entendimento estaria na palavra exata de Américo Jacobina Lacombe, pronunciando-se em 1951 sobre a verdadeira crise do ensino superior:

> A única coisa que posso afirmar de modo positivo é que não é possível falar em decadência do ensino no Brasil. Se isto que aí está é alguma coisa que todos sentimos não corresponder ao que é preciso, devo dizer que não consegui ainda encontrar a idade de ouro que deixamos para entrar nessa tão falada degenerescência. Isto, longe de ser consolador, parece-me agravar extraordinariamente os problemas presentes. Porque nem ao menos teremos a cômoda e fácil solução de voltar à condição anterior. O mal é antigo e a grita de protesto que vamos encontrando pelo passado afora é realmente ensurdecedora. A nossa tese, é pois, nada otimista, em relação ao presente, mas simplesmente realista em relação ao passado: não encontrei até agora um momento da história do nosso ensino, e falo especialmente do ensino superior, que tenha sido considerado sequer satisfatório pelos homens que se ocuparam do assunto. [97]

NOTAS DO CAPÍTULO 9

1. SV — MHASP, v. 2, p. 620/621
2. CÂMARA DOS DEPUTADOS, *Documentos Parlamentares (Cursos Jurídicos)* — *1894-1906*, Rio de Janeiro, *Jornal do Comércio* 1919, v. 8, 554 p. O volume abrange, também, a discussão nas sessões de 1896-1897, das medidas de transição decorrentes da introdução da lei de 1895 e transcreve o projeto Juvenal Lamartine de 1906, contendo ainda em anexo vários documentos sobre o ensino jurídico.
3. *Ibid.*, p. 3.
4. *Ibid.*, p. 16.
5. *Ibid.*, p. 48.
6. *Ibid.*, p. 78.
7. *Ibid.*, p. 116.
8. *Ibid.*, p. 155-156.
9. *Ibid.*, p. 176.
10. *Ibid.*, p. 214-215.
11. *Ibid.*, p. 220-221.
12. *Ibid.*, p. 369.
13. *Apud* A. GONTIJO DE CARVALHO, Raul Fernandes, Estudantes de Direito, *Revista Forense*, v. 156, nov./dez. 1954, p. 477. Monteiro Lobato, aluno em São Paulo na década seguinte, rememoraria certa vez que "nós somos bacharéis por desfastio" (*A Barca de Gleyre,* São Paulo, Brasiliense, v. 1, p. 46).
14. PELÁGIO LOBO, *Recordações das Arcadas,* São Paulo, Reitoria da Universidade de São Paulo, 1953, p. 115.
15. *Ibid.*, p. 31-32.
16. O preciosismo dos lentes das faculdades de Direito está descrito em numerosos episódios, dos quais exemplificativamente se pode citar o do professor João Monteiro, que contava o seguinte caso pessoal: "Estávamos reunidos sete sábios, dos quais

eu era o mais moço. Falavam uns italiano; outros francês; outros inglês; outros alemão. Nem todos se entendiam por causa da diversidade dos idiomas. Só eu os entendia a todos, e com todos discutia" (SV — MHASP, v. 2, p. 474). A tradição literária era outra constante nos lentes das faculdades de Direito. Na Faculdade Livre de Direito da Bahia, Afonso de Castro Rebelo, professor de Direito Administrativo, tinha as aulas ouvidas com atenção, pois as suas dissertações muito nos prendiam, principalmente quando tratavam da literatura francesa" (Depoimento de PEDRO VELOSO GORDINHO, *Anais do Cinqüentenário da Faculdade de Direito da Bahia (1891-1941)*. Bahia, Imprensa Glória, 1945, p. 141. E Gilberto Amado relata em suas Memórias: "Uma exceção fiz contudo nesse primeiro ano de preleções (de Direito Criminal) à minha regra de não fazer literatura. Dela se recordam muitos estudantes do ano e outros que, não pertencendo ao meu curso, estiveram presentes. Ao sentar-me disse para os alunos: "O ponto hoje é...", e mencionei o título do crime de que devia me ocupar. "Mas este jornal" — e o agitei — "que acabo de ler no bonde, anuncia-nos o falecimento de Raimundo Correa. Querem o ponto ou algumas palavras sobre o poeta?" — "Raimundo Correa! Raimundo Correa!" começaram a gritar. Falei sobre a obra do autor do "Mal Secreto", do "Sonho Turco", de tantas composições lírico-parnasianas então populares. Recitei os poemas que sabia de cor... Foi a única vez que descarrilhei em tais desenvolturas" (*Mocidade no Rio e Primeira Viagem à Europa*, Rio, José Olympio, 1956, p. 156).

17. SAN TIAGO DANTAS, O Direito Privado Brasileiro. Aspectos de sua evolução nos últimos cinqüenta anos, *Correio da Manhã*, 15 de junho de 1951.

18. *Apud* Elogio de Pedro Lessa por JOÃO LUÍS ALVES, Discurso de recepção na Academia Brasileira de Letras, *Discursos Acadêmicos*, v. V (1920-1923), Rio, Civilização Brasileira, 1936, p. 243.

19. PELÁGIO LOBO, *op. cit.*, p. 227.

20. JOSÉ AUGUSTO, Clóvis Beviláqua e a Faculdade de Direito do Recife, *Revista da Faculdade de Direito da Universidade de Minas Gerais* (nova fase), Ano XI, outubro de 1959.

21. PHAELANTE DA CÂMARA, *op. cit.* p. 30-32. O autor deste trabalho procurou reconstituir o ambiente da Faculdade de Direito do Recife, em 1907, por ocasião do concurso para lente substituto de Aníbal Freire da Fonseca: "A Faculdade de Direito do Recife passava então pelos últimos lampejos do grande movimento que fora a Escola do Recife; a Memória Histórica de Phaelante da Câmara, de 1903, tão elogiada, escrita ainda no estilo retórico e gongórico, próprio da escola condoreira, revelava já o marasmo que retornava. Clóvis Beviláqua já fora chamado por Epitácio Pessoa para redigir o projeto do Código Civil, e há da época um documentário importante, que é o saboroso livro de Gilberto Amado "Minha Formação no Recife". O professor de Filosofia, o grande Laurindo Leão, que marcou época na faculdade, não pode ser considerado, *stricto sensu*, um discípulo de Tobias, e Gilberto Amado nos fala que guardou de suas aulas uma "sensação confusa". É interessante notar que dizendo-se amigo de Aníbal Freire, nenhuma referência faz o memorialista a esse concurso, enquanto menciona com entusiasmo o concurso de Soriano Filho para a faculdade. A explicação talvez esteja em que o estilo de Aníbal Freire destoava do estilo tradicional, era simples, conciso, enxuto, sem excesso de adjetivos" (ALBERTO VENANCIO FILHO, Uma Prova de Concurso, *Digesto Econômico*, n. 227, se./out. 1972, p. 98).

22. Rio de Janeiro, José Olympio, 1955, 373 p.

23. Ver edição da Editora Universidade de Brasília, 1963, 260 p.

24. Cabe destacar que nesse capítulo acentua Joaquim Nabuco a profunda influência recebida do livro do pensador inglês *A Constituição inglesa,* declarando que "não sei a quem devo a fortuna de ter conhecido a obra de Bagehot, ou se a encontrei por acaso entre as novidades da livraria Lailhacar, no Recife".

25. GILBERTO AMADO, *op. cit.,* p. 24.
26. *Ibid.,* p. 60-61.
27. *Ibid.,* p. 245.
28. *Ibid.,* p. 231.
29. *Ibid.,* p. 372.
30. *Ibid.,* p. 373.

31. Ver a íntegra do projeto em CÂMARA DOS DEPUTADOS, *Instrução Pública — Cursos Jurídicos (1894-1906),* p. 417-419.

32. Bahia, Oficinas Gráficas do Diário da Bahia. Para um estudo da figura de Aurelino Leal, ver o livro de HAMILTON LEAL, *Aurelino Leal, sua vida, sua época, sua obra,* Rio, Livraria Agir, 1967, 494 p.

33. *Ibid.,* p. I-II.
34. *Ibid.,* p. 3-4.
35. *Ibid.,* p. 40-42.
36. *Ibid.,* p. 49.
37. *Ibid.,* p. 50.
38. *Ibid.,* p. 56.
39. *Ibid.* p. 73.
40. *Ibid.,* p. 115.
41. *Ibid.,* p. 120-121.
42. *Ibid.,* p. 136.
43. *Ibid.,* p. 144.
44. *Ibid.,* p. 149-150.
45. *Ibid.,* p. 152.
46. *Ibid.,* p. 181.

47. Os resultados dos trabalhos do Congresso estão publicados no volume de 192 páginas, *Relatório Geral dos Trabalhos do Primeiro Congresso Jurídico Brasileiro (1908),* Rio de Janeiro, Imprensa Nacional, 1909.

48. *Ibid.,* p. 79.
49. *Ibid.,* p. 82.
50. *Ibid.,* p. 84.
51. *Ibid.,* p. 91-96.
52. *Ibid.,* p. 97.
53. *Ibid.,* p. 98.
54. *Ibid.,* p. 100.

55. *Ibid.,* p. 101. Pedro Lessa nesse passo, revelava a sua experiência de professor: "Como professor, conta-se que irritado — e com razão — contra o ato de um ministro, que abrira larga brecha para os exames nas faculdades de ensino superior, dispensando arbitrariamente exigências regulamentares, reagiu, mas rea-

giu pelo absurdo: aprovou com distinção sem argüí-los, todos os seus alunos." Elogio de Pedro Lessa por JOÃO LUIZ ALVES, *Discursos Acadêmicos*, v. V, p. 235.

56. *Ibid.*, p. 152.

57. JOÃO MENDES DE ALMEIDA, O ensino de Direito, *Revista da Faculdade de Direito*, São Paulo, 20:43-88, 1912. O artigo foi reproduzido na *Revista de Direito Público* (edição da Revista dos Tribunais) Ano V, v. 20, abril/junho 1972, p. 129-153, de onde são referidas as transcrições.

58. Cabe acentuar que o início do século em Portugal foi também ocasião de tentativas de reformulação do ensino jurídico. A reforma da Universidade de Coimbra, introduzida pelo decreto n. 4 de 24 de dezembro de 1901, não produziu os resultados esperados, dando margem a profundas críticas e movimento de protesto. O opúsculo dos Profs. MARNOCO e ALBERTO DOS REIS, *A Faculdade de Direito e o seu ensino*, Coimbra, França Amado, 1907, 159 p., é uma tímida tentativa de justificar a situação existente. O decreto de 18 de abril de 1911 estabelece nova reforma e o Anuário da Universidade de Coimbra de 1912-1913 assim se expressa: "Para onde vamos por este caminhar? Percorrer, talvez, os passos que já andou o Brasil. A legislação escolar deste belo país estabeleceu em 1879 os cursos livres. Era ainda o tempo do Império, substituído em 1891 pela República. Benjamim Constant reformou o ensino público, mas não tocou nessa garantia escolar. Passados dez anos, em 1901, reconheceu-se a necessidade de fazer nova reforma estabelecendo de maneira suave o regime obrigatório agora definitivamente consagrado e regularizado pela Lei Orgânica já publicada este ano" *Apud* MÁRIO JÚLIO DE ALMEIDA COSTA, e *O Ensino do Direito em Portugal no século XX* (Notas sobre as reformas de 1901 e 1911), Coimbra, s. e., 1964, p. 74).

59. JOÃO MENDES, *op. cit.* p. 142.

60. *Ibid.*, p. 152-153.

61. Relata Gofredo Teles Júnior que Spencer Vampré foi "estudante notável, mas trabalhoso. Insurgiu-se, de imediato, contra o método de ensino, usualmente empregado na faculdade. Ele queria que o Direito fosse apresentado aos alunos, não como um conjunto etéreo de abstratos institutos, mas como um sistema de princípios racionais, inferidos dos fatos concretos, para disciplina da real convivência humana. Causando assombro entre seus colegas, levantava-se durante a aula, formulava objeções, discutia, discordava, prometia novos argumentos para o dia seguinte, voltava à carga. Seus arrozoados demonstravam estudo espantosamente superior ao da média de sua classe. Os mestres às vezes se irritavam com ele, mas o respeitavam. Ardente e inquieto, aquele menino dava a impressão de ser dono de um mundo" (*Spencer Vampré*, discurso pronunciado no Salão Nobre da Faculdade de Direito de São Paulo, São Paulo, Academia Paulista de Letras, s. d., p. 6-7).

62. SPENCER VAMPRÉ, *Das Sociedades Anônimas*, São Paulo, Pocai-Weiss, 1914. p. IV.

63. *Ibid.*, p. VI.

64. *R.A.*, v. 32:258-380, 1924.

65. *Ibid.*, p. 358.

66. *Ibid.*, p. 359-360.

67. *Ibid.*, p. 364.

68. *Ibid.*, p. 380. O Prof. Andrade Bezerra voltaria ao tema em conferência pronunciada na Faculdade de Direito do Recife em 9 de setembro de 1932 sob o título "As novas diretrizes do ensino Jurídico" e publicada na *RA,* Ano XLI, 1933, p. 32-47

69. Os Trabalhos do Congresso foram publicados pela Faculdade de Direito da Universidade do Rio de Janeiro, *Livro do Centenário dos Cursos Jurídicos (1827-1927)* v. II — *Trabalhos do Congresso de Ensino Superior realizado de 11 a 20 de agosto, de 1927,* Rio de Janeiro, Imprensa Nacional, 1929. 601 p.

70. *Ibid.*, p. 48.

71. *Ibid.*, p. 406-407. Levi Carneiro, na presidência do Instituto dos Advogados Brasileiros, declarava, na sessão de 16 de novembro de 1929, que "creio que todos nós acordamos em reconhecê-lo (o ensino jurídico) bem pouco satisfatório porque tudo está deficiente ou por fazer" e em outra ocasião, preocupado com a falha dos métodos de ensino, propunha um prêmio para o livro elaborado para o ensino do Direito Civil sobre casos concretos. (*Livro de um Advogado,* Rio de Janeiro, Coelho Branco, 1943, p. 133 e 176).

72. *Ibid.*, p. 239.

73. *Ibid.*, p. 240.

74. *Ibid.*, p. 243.

75. *Ibid.*, p. 301.

76. *Ibid.*, p. 391-396.

77. *Ibid.*, p. 439-440.

78. *Ibid.*, p. 446.

79. *Ibid.*, p. 470-473.

80. *Ibid.*, p. 537.

81. *Ibid.*, p. 569.

82. Entre 1911 e 1925 Joaquim Pimenta exerceu em Pernambuco uma militância política, liderando os movimentos operários e sindicalistas. Professor em exercício da Faculdade de Direito do Recife de 1917 a 1925 comenta ele que "da maioria dos meus colegas da cátedra não ignorava eu que censurassem aquela camaradagem, tão fraterna, tão ostensiva, da borla e do capelo com a da farda e boné de um condutor de bonde...

De uma vez, ouvi o seguinte:

— Como é que você, um professor de Direito, desce a misturar-se com essa cabroeira?

— Estou apenas reatando a tradição da nossa velha escola! Foi a única resposta que me ocorreu" (*Retalhos do Passado,* Rio Coelho Branco, 1949, p. 218). É de se acentuar que nesse livro de memórias, tão rico em detalhes a respeito da atuação política do autor, como líder político e funcionário, praticamente nada contenha de seu magistério como professor na Faculdade de Direito do Recife, e posteriormente, a partir de 1932 na Faculdade Nacional de Direito.

83. Um aluno da Faculdade de Direito de São Paulo no período, Menotti del Picchia, diria mais tarde que "A Academia de São Paulo, num conceito rígido da norma jurídica, foi sempre austera, quase conservadora. Seu amor e respeito à lei deram ao Direito que ensinavam uma função mais de contenção, de estabilidade, que de dinamismo social". A faculdade de Direito e a reforma do ensino jurídico (*R.F.D.U.S.P.* v. LV, 1960, p. 410). Hermes

Lima, candidato a livre-docência em 1926, conta do extremo formalismo ali encontrado, da praxe de serem visitados todos os professores pelo candidato, e do uso da casaca pelo candidato, que provocara a pergunta do secretário da faculdade, ao ver o candidato: "Reparou bem na minha figura, eu tinha exatamente 24 anos, mergulhou de novo na papelada e de lá me atirou esta pergunta que devia lhe ter soado como um golpe mortal:

— O Sr. tem casaca?

— Tenho, sim senhor.

Novo silêncio. Indaguei se os documentos que trazia deviam ter reconhecidas em São Paulo as firmas que trazia dos tabeliães da Bahia.

— Claro! O senhor vem do interior!" (*Travessia*, Rio, José Olympio, 1974, p. 42). O Prof. Almeida Júnior tem também páginas interessantes sobre a maratona da visita aos professores pelo candidato à livre-docência. Um deles, Rafael Sampaio, lhe diz: "A faculdade é uma família, e de quem pretenda entrar para lá dever-se-ia mesmo exigir o *pedigree*. Demais dar aulas constitui apenas parte — e até parte secundaríssima — da obrigação docente. A atividade social representa parte integrante da docência; e a melhor ocasião de se aferir a capacidade do candidato para essa função está na visita protocolar. Devia mesmo haver uma nota para ela" (*Sob as Arcadas*, Rio, Centro Brasileiro de Pesquisas Educacionais, 1965, p. 191). Júlio de Mesquita Filho, em depoimento colhido por Gilberto Freire, indica que, vindo da Suíça encontrara na Faculdade de Direito de São Paulo, por onde se diplomaria em 1916, "a mais completa falta de cumprimento profissional" da parte da "quase totalidade" dos lentes. Do ponto de vista da cultura — inclusive a cívica — era apenas um Panteon, pois "o espetáculo que ofereciam os alunos era o de uma inacreditável decadência" GILBERTO FREIRE, *Ordem e Progresso*, Rio, José Olympio, 1959, Tomo 1, p. 249).

84. A nomeação para o cargo de lente das Faculdades de Direito do Recife e de São Paulo continuava a ser altamente cobiçada. Durante a República o presidente da República era constantemente assediado por ocasião dessas nomeações. Os empenhos para a nomeação de lente substituto em Recife, em concurso disputado por Assis Chateaubriand e Joaquim Pimenta, estão relatados no livro do último, *Retalhos do Passado*, p. 180-181. Realizando concurso para lente substituto, também de Recife, no início do século, Hercílio de Sousa classificou-se juntamente com Aníbal Freire, ainda bem moço, mas já jurista de mérito, e que contava com o apoio do grupo político dominante do Conselheiro Rosa e Silva. Hercílio de Sousa, sem nenhum apoio político, vem ao Rio e se dirige ao Senador Pinheiro Machado, então todo poderoso, que se interessa pelo caso, e procurou o Presidente Afonso Pena, verificando que este já estava comprometido com o outro candidato. Mas autoriza Pinheiro Machado a oferecer-lhe um lugar de lente do Ginásio Nacional. Transmitindo o oferecimento a Hercílio de Sousa, recebe deste a seguinte resposta: "Eu vim aqui à procura de um ato de justiça e não de um emprego" e Pinheiro retruca: "Não esperava outra coisa do Sr." A realização de vários concursos até a obtenção do almejado cargo — que muitas vezes não era alcançado — era também comum. Alfredo Valadão, por exemplo, que depois se notabilizaria como notável jurista e um precursor do moderno Direito das águas, realizou três concursos para

a Faculdade de Direito de São Paulo, no início da República, aprovado em dois deles, pois o terceiro foi interrompido, sem lograr ser nomeado (SV — MHASP, II, p. 644-646).

85. As expressões de J. J. Seabra, professor da Faculdade de Direito do Recife, que dela se afasta para se dedicar inteiramente à política, dão conta do atrativo e das compensações intelectuais que o magistério despertava: "Quando perder as ilusões na República, na Liberdade, voltarei à minha Cadeira na Faculdade de Direito do Recife, para lá, ignorado e esquecido, acabar os meus dias coberto pela minha beca, porque encontrarei, no peito da mocidade, um reduto invencível." (Citado por NELSON CARNEIRO, Conferência na Faculdade de Direito do Recife em 21.8.1955, *R.A.*, v. XLIX, 1157/1966, p. 46).

86. Gilberto Amado, falando sobre Tobias Barreto, e remontando à sua formação intelectual no início do século, comenta as suas leituras desordenadas e contraditórias de autodidata, conclui: "Se houvesse (então) no Brasil uma faculdade de Letras, essas inversões absurdas não ocorreriam. Não seriam os livreiros os orientadores da formação intelectual dos moços. A verdade é que nós líamos o que aparecia nas livrarias Nogueira e Ramiro" GILBERTO AMADO, *Tobias Barreto*, Rio, Ariel, 1934, p. 8). Escrevendo sobre sua formação intelectual realizada também numa faculdade de Direito, quarenta anos depois, Celso Furtado, economista consagrado, diria que "de fato, o estudante vive no seio de uma comunidade intelectual onde o papel do professor é praticamente inexistente, mas onde os livros e as idéias circulam e onde o espírito se abre às influências intelectuais. O estudante que se entusiasma por um livro transmite a descoberta a outros. Isto explica que os estudantes possam ter uma vida intelectual relativamente rica mesmo num país pobre, onde o equipamento escolar e a qualificação dos professores deixam a desejar. O que conta, é que os estudantes têm acesso à informação e vivem num meio aberto ao diálogo" (Aventures d'un économiste brésilien, *Revue Internationale des Sciences Sociales*, V. XXV, n. 1/2, 1973, p. 3).

87. Ver a íntegra do manifesto em RENATO BAHIA, *op. cit.*, p. 215-217.

88. SV — MHASP, v. 2, p. 655.

89. PEDRO CALMON, *op. cit.*, p. 107.

90. FRANCISCO PATI, *Op. cit.* p. 195-198.

91. JACQUES LAMBERT, *Os Dois Brasis*, Rio, Ministério da Educação e Cultura, 1959, p. 207-208.

92. *Ibid.*, p. 213-214.

93. *Apud* MOACIR, PRIMITIVO, Instabilidade da Legislação de Ensino, Escolas de Direito, *Jornal do Comércio*, 7 dez. 1941.

94. Relatório apresentado à Faculdade de Direito do Recife, *Revista Acadêmica,* Ano XI, 1923, p. 21.

95. Discurso do orador, *Revista Acadêmica*, v. XXXIII, 1925, p. 415. Em 1920, o orador dos bacharéis da Faculdade de Ciências Jurídicas e Sociais do Rio de Janeiro, Carlos Sussekind de Mendonça, em discurso na colação *O que se ensina e o que se aprende nas escolas de Direito do Brasil,* traçava verdadeiro libelo sobre o ensino jurídico, onde, no dizer de Fernando de Azevedo, "põe a nu, na velha carpintaria de seus processos tradicionais, a estrutura carunchosa dos nossos cursos de Direito". Rio de Janeiro, 1924, 2ª edição, 64 p. Embora tendo recebido distinções em todas as matérias e fazendo jus ao Prêmio Machado Portela, a

Congregação da Faculdade negou-lhe o prêmio. (*Ver Porque eu não recebi o prêmio Machado Portela de 1920*, Rio de Janeiro, 1921).

96. Centenário da Faculdade de Direito de São Paulo, *Revista dos Tribunais*, v. 60, fev. 1928, p. 267.

97. A verdadeira crise do ensino superior (Conferência pronunciada no Centro Acadêmico Cândido de Oliveira da Faculdade Nacional de Direito), *Digesto Econômico*, v. 86, jan. 1952, p. 81.

10. A Presença do Bacharel na vida Brasileira

A presença do bacharel em Direito é uma constante na vida brasileira. No início da colonização, as primeiras expedições portuguesas já encontraram em São Vicente o bacharel de Cananéia [1]. Por outro lado, o tipo de ensino colonial, de caráter eminentemente literário e retórico, iria colocar em posição de prestígio o bacharel em Artes, saído dos colégios dos jesuítas, que constituiria, inclusive, base da formação do bacharel em Direito [2]. Na administração colonial, encontrar-se-á em situação de destaque o bacharel como um dos elementos de que dispunha a Metrópole para a manutenção do seu poder colonizador [3]. Este tipo de administração, de caráter fiscalista e eminentemente formal, se desinteressava por completo pelo desenvolvimento das atividades econômicas. Quando aparece uma atividade de monta, como foi o caso da mineração, a exploração era de caráter predatório, interessada a Metrópode em retirar da Colônia o máximo de recursos. Veja-se o comentário de Eschwege:

> Na realidade, entregou-se um tesouro a ignorantes que não sabiam preservá-lo e a juristas, que nada fizeram senão estabelecer medidas legais inoportunas. Nem estes nem aqueles foram capazes de propor medidas adequadas, pois nem sequer percebiam que elas existiam [4].

À medida que a sociedade se desenvolvia e que ganhavam densidade outras atividades econômicas, passa a surgir uma classe de letrados, em grande número bacharéis em leis que obtiveram em Coimbra, e em alguns casos, em outras universidades européias, a sua formação intelectual. O prestígio dessa geração não se exerce apenas na Colônia, mas alcança a Metrópole, onde, na segunda metade do século

XVIII, são brasileiros os ocupantes de muitos dos principais cargos da administração portuguesa [5]. É também no seio desse grupo que surge o movimento pela Independência, e por isso pôde, com justeza, dizer Gilberto Freire que

> a Inconfidência Mineira foi uma revolução de bacharéis — pelo menos de clérigos que eram antes bacharéis de batina do que mesmo padres, alguns educados em Olinda, no Seminário liberal de Azeredo Coutinho, em todos os principais ramos da literatura, própria não só de um eclesiástico, mas também de um cidadão que se propõe a servir o Estado — como foram as duas revoluções pernambucanas preparadas por homens também do século XVIII: a de 1817 e a de 1824 [6].

Esta geração se imbuira também, nos seus estudos europeus, dos princípios do "enciclopedismo francês". Estavam impregnados daquele liberalismo que precedeu à Revolução Francesa. Mesmo os que terminavam seus estudos na Colônia, recebiam este influxo através da leitura dos livros franceses. É o exemplo do Cônego Luís Vieira da Silva, graduado pelo Seminário de Mariana, em Filosofia e em Teologia Moral, no Colégio dos Jesuítas em São Paulo, que tinha, na sua biblioteca, toda a gama desses pensadores [7].

Quando da transmigração da família real portuguesa para o Brasil, virá desempenhar papel de singular destaque um bacharel de gênio, José da Silva Lisboa, Barão, e, depois, Visconde de Cairu. Para San Tiago Dantas,

> ele (Cairu) nos aparecerá na galeria dos nossos patriarcas como o espírito mais consciente dos problemas econômicos do seu tempo e como arquiteto de algumas de suas mais felizes soluções [8].

Bacharel em Cânones, em Direito Canônico e Matemática pela Universidade de Coimbra, retorna ao Brasil para ser professor de Grego e Hebraico no Real Colégio das Artes de Salvador. Mas sob o influxo das idéias de Hume e do livro *Ensaios sobre a Riqueza das Nações,* de Adam Smith, se volta para a análise dos estudos econômicos. Em 1789 aparece o seu primeiro livro, a parte de seguro marítimo, dos *Princípios de Direito Mercantil*. E, logo em seguida, em 1804, o *Princípios da Economia Política*. Por ocasião da chegada da família real na Bahia, é o responsável pela grande medida da abertura dos portos, com a qual a sociedade brasileira rompe o regime de clausura em que até então vivia, para se integrar nas grandes correntes do comércio internacional. Afirmou, pois com justeza, San Tiago Dantas que

> o que caracterizou a sociedade brasileira na passagem do século XVIII para o XIX foi justamente a presença de uma elite, pequena, mas dotada de invulgar capacidade, que apenas dependia para liderar o país, de conseguir levar sua influência até o trono e ter acesso aos círculos superiores da administração [9].

Foi, exatamente, esta geração a responsável pelo movimento da Independência e que mais tarde está presente na Assembléia Constituinte. Participa Cairu do Conselho de Estado que prepara a Constituição de 1824, este admirável monumento de construção jurídica, e, na Assembléia Legislativa de 1826 retoma a idéia de Fernandes Pinheiro, para criar, em 11 de agosto de 1827, os cursos jurídicos de São Paulo e Olinda.

Phaelante da Câmara aproxima a data da criação dos cursos jurídicos à derrota das armas brasileiras nos campos de Ituzaingó, defronte da Ilha de Martim Garcia. E explica:

> E não é sem propósito que acentuo esta coincidência. Segundo Armitage, aqueles insucessos produziram os mais satisfatórios efeitos na ordem civil, desanimando as vocações militares e abrindo as portas às outras carreiras, às gerações novas, tal como se deu em nossos dias, após o desastre emocionante de Canudos. A medida estava, portanto, de acordo com a sucessão dos acontecimentos da psicologia nacional. Realçando ainda mais o fato de terem sido escolhidos para servir de sede aos prometedores centros intelectuais, duas cidades em evidência — a de São Paulo — célebre pelo Grito do Ipiranga e pelo renome dos Andradas — e a de Olinda, viveiro de patriotas onde, na religião do martírio a mocidade brasileira viria também a aprender a liturgia do civismo [10].

Os cursos jurídicos foram, assim, no Império, o celeiro dos elementos encaminhados às carreiras jurídicas, à magistratura, à advocacia, e ao Ministério Público, à política, à diplomacia, espraiando-se também em áreas afins na época, como a filosofia, a literatura, a poesia, a ficção, as artes e o pensamento social. Constituiram, sobretudo, a pepineira da elite política que nos conduziu durante o Império. Numa frase muitas vezes citada, e algumas vezes deturpada, disse Joaquim Nabuco que " já então (década de 1840 e 1850) as faculdades de Direito eram ante-salas da Câmara". E prosseguia:

> Na Inglaterra, as associações de estudantes discutem as grandes questões políticas, votam moções de confiança, destroem administrações, como fazem o parlamento. Gladstone nunca tomou mais a sério os grandes debates da Câmara dos Comuns do que os da União de Oxford, quando propunha votos de censura ao Governo de Wellington ou ao de lord Grey. Em Olinda, não havia esse simulacro de parlamento em que se formam os estudantes ingleses; os acadêmicos exercitavam-se para a política em folhas volantes que fundavam [11].

Comentando a posição de bacharel, afirma Gilberto Freire que

> o prestígio do título de "bacharel" e de "doutor" veio crescendo nos meios urbanos e mesmo nos rústicos desde o começo do Império. Nos jornais, notícias e avisos sobre "Bacharéis for-

mados", "Doutores" e até "Senhores Estudantes", principiaram desde os primeiros anos do século XIX a anunciar o novo poder aristocrático que se levantava, envolvido nas suas sobrecasacas e nas suas becas de seda preta, que nos bacharéis — ministros, ou nos doutores — desembargadores, tornavam-se becas "ricamente bordadas e importadas do Oriente". Vestes quase de mandarins. Trajos quase de casta [12].

A assemelhação entre esta elite política e o mandarinato não se apresenta apenas, como faz crer Gilberto Freire, na semelhança das vestes, mas atinge à própria essência do sistema. Tavares Bastos iria-se referir à "política chinesa do Governo Brasileiro" e também às necessidades "dos nossos mandarins mudaram de política" [13]. E dois pesquisadores norte-americanos Eul-Soo Pang e Ron L. Seckringer, fizeram um estudo empírico, sob o título de *Mandarins do Brasil Imperial,* dessa geração política, que governou o Império. A análise realizada é extremamente pertinente:

Decidido que o bacharel em Direito fosse entrar na política, seus primeiros contatos eram feitos através do sistema familiar; as ligações políticas e econômicas de seu pai eram especialmente importantes em determinar as oportunidades do jovem. Alguns futuros mandarins recebiam nomeações imperiais importantes logo após a formatura. Mas, via de regra, o bacharel destinado a uma carreira de mandarim, entrava na política por meio de um "internato" (*internship*) durante o qual ele servia o Imperador em posições menos importantes, completando, no processo, seu treinamento para o *status* de mandarim. As posições comumente indicadas para os jovens bacharéis eram as de juiz municipal, juiz de Direito, promotor público, delegado de polícia e vários outros cargos menores em órgãos provinciais e centrais. Os cargos mais elevados incluíam os de chefe de polícia de províncias, presidente de províncias e desembargadores. Após o início da carreira política, o bacharel progredia de acordo com a combinação de personalidade, carisma, talento, laços de casamento, ligações familiares e sorte política.

A circulação geográfica dos futuros mandarins ocorria em três níveis: intraprovincial, regional e nacional. Um funcionário poderia circular quase que exclusivamente dentro de uma única província, algumas vezes sua terra natal. Um bacharel recentemente formado, sem muitas ligações familiares, seria provavelmente nomeado para uma comarca do interior como juiz. Mas após servir por um ano ou dois seus chefes políticos poderiam premiar sua lealdade, reconhecer sua experiência, promovendo-o para uma comarca mais prestigiosa. Na província da Bahia, por exemplo, a nomeação para alguns municípios do Recôncavo era considerada como uma promoção significativa. Para citar outro exemplo, o município de Goiana, em Pernambuco, embora localizado no interior, tinha prestígio idêntico ao da capital. Para obter a experiência necessária à administração central, entretanto um mandarim necessitava familiarizar-se com os problemas de mais de uma província.

Um nível mais elevado de circulação era o regional. Os nomeados imperiais freqüentemente circulavam em regiões de condições sociais e econômicas semelhantes. Um juiz, servindo na Bahia, por exemplo, era com mais freqüência transferido para uma província do norte e do nordeste do que para uma do sul ou do oeste.

No nível das presidências provinciais, um padrão semelhante pode ser observado. Aqueles que mostravam suas habilidades no nível regional eram, então, levados em conta nas indicações para outras regiões onde poderiam completar o processo de treinamento. O nível superior de circulação geográfica era o nacional. Os funcionários faziam rodízio entre as várias províncias das diferentes regiões. Nesses casos de circulação, os lugares de juiz, chefe de polícia, desembargador e presidente de província eram importantes. Servir como presidente de província era talvez o estágio inicial do treinamento de um mandarim. O posto freqüentemente servia como um trampolim para funções mais elevadas, como deputado ou senador, ministro do Superior Tribunal ou ministro do Império. O prazo de permanência no cargo de presidente da província era breve. Minais Gerais, por exemplo, teve cinqüenta e nove presidentes, durante sessenta e sete anos de Império, com uma média de pouco mais de um ano por período. Adicionando outros cinqüenta e oito períodos, durante os quais vice-presidentes exerceram o cargo, entre a partida de um presidente e a chegada de outro, os períodos administrativos apresentavam a média de menos de sete meses. Dados comparativos para Mato Grosso indicam pouco menos de dois anos por período presidencial, e pouco menos de um ano por período administrativo. Muitos fatores explicam esta mobilidade muito rápida. Como os partidos políticos faziam rodízio no poder, os líderes partidários colocavam seus próprios homens na presidência das províncias. Muitos presidentes usaram os cargos para assegurar a própria eleição para o Senado e para a Câmara dos Deputados, deixando assim, vagas as presidências. Períodos curtos permitem aos futuros mandarins ganhar experiência em várias províncias, por breve espaço de tempo, e impedindo que criassem laços mais firmes em qualquer delas [14].

  Dados quantitativos levantados por esses autores comprovam a preponderância dos bacharéis em Direito na atividade política; verifica-se que a função de ministro do Império, foi ocupada por duzentas e dezenove pessoas. Os bacharéis em Direito correspondiam a 147 ou 67%; quarenta e nove (22,4%) eram formados nas Academias Militares. Um deles tinha diploma de Matemática ou Engenharia Civil; seis, em Medicina; um era clérigo e sete não tinham diploma de nível superior. No Império, vinte e três exerceram as funções de presidentes do Conselho, dos quais dezoito eram bacharéis em Direito, três em Engenharia Civil e Matemática, um em Medicina e dois eram formados em Escolas Militares. Dos diplomados em Direito, seis fizeram curso em Coimbra, quatro em São Paulo e oito em Olinda e Recife [15].

  Recorda Dom Romualdo de Seixas, em suas Memórias que "distinto Deputado, hoje Senador do Império", propunha que se mandasse para o Pará, com o fim de melhor ajustar ao sistema imperial aquela província do extremo Norte "carne, farinha e Bacharéis". E comentava Dom Romualdo:

> Pareceu, com efeito, irrisória a medida; mas refletindo-se um pouco, vê-se que os dois primeiros socorros eram os mais próprios para contentar os povos oprimidos de fome e miséria e o terceiro

não menos pela mágica virtude que tem uma carta de bacharel que transforma os que têm virtude de alcançá-la, em homens enciclopédicos e aptos para tudo [16].

Roque Spencer Maciel de Barros sintetizou com precisão o fenômeno do primado do bacharel :

> O bacharel é, nesta época final do Império, um ideal de vida. O trabalho manual não seduz ninguém numa sociedade escravocrata e o senhor rural já perdeu o seu prestígio aos olhos de uma juventude urbanizada que refina os seus costumes. Os diplomas dos cursos superiores não são, com freqüência, procurados em virtude de uma vocação que se traduziria numa aspiração real do saber, mas em função do *status* social que o confere. É tal o prestígio do diploma de bacharel que são freqüentes os projetos nas duas Casas de Parlamento, estendendo-se a outras profissões, que a Medicina, o Direito, a Engenharia, com o objeto de estimulá-las e firmá-las no conceito geral [17].

Raymundo Faoro apontou como no Segundo Reinado se constituiu, através da regulação material da economia, o governo dos bacharéis:

> O estamento burocrático, no Segundo Reinado, medrou em virtude da expansão onipotente do Estado. Continuou a tradição colonial, com a mesma estrutura e as mesmas bases econômicas, absorvendo, da sociedade, as contínuas fornadas de letrados que esta lhe fornecia. O Governo preparava escolas para criar letrados e bacharéis que se incorporavam à burocracia, regulando a educação, de acordo com os seus fins. Está para ser escrito um estudo acerca da "paidéia" do homem brasileiro, amadurecido na estufa de um Estado de funcionário público [18].

Anteviu Gilberto Freire que

> ao gosto pelo diploma de bacharel e pelo título de mestre criaram-no bem cedo os jesuítas no rapaz brasileiro; no século XVI, já o brasileiro se deliciava em estudar retórica e latim para receber o título de Bacharel ou de mestres em Artes. Já a beca dava uma nobreza toda especial ao adolescente pálido, que saía dos "pátios' dos jesuítas. Nele se anunciava o bacharel do século XIX — o que faria a República, com a adesão dos bispos, dos generais, dos barões do Império. Todos um tanto fascinados pelo brilho dos bacharéis [19].

Raimundo Faoro aprofunda a análise:

> Com o advento do Segundo Reinado, o abandono das origens foi mais profundo, a debandada do lar foi mais escandalosa, tudo para servir o Imperador, letrado ele próprio, preocupado em cercar-se de auxiliares bacharéis. Cria-se a *neocracia* (Joaquim Nabuco), com os meninos nos cargos importantes, atingindo à chefia do Gabinete menores de trinta anos, servindo um menino Imperador. Não houve salto entre a comunidade de domínio da Colônia e do Segundo Reinado; a tradição antifeudal foi mantida, com funcionários do mesmo estilo de vida, com os iguais propósitos políticos

centralizadores, agrupando-se na aristocracia togada. Tão forte o calor nobilitante dos talentos burocráticos que consegue absorver as próprias diferenças de cor, o preconceito de origem da senzala, fazendo ombrear nos postos brancos e mulatos, que adquiriram atestado de branquidade com a freqüência nas escolas jurídicas, de medicina e, mais tarde, da academia militar.

O estamento burocrático afirmou-se, portanto, recrutando seus membros nas escolas de jesuítas, nas escolas jurídicas e nas escolas militares. Ingressaram nos cargos públicos para prolongar e assegurar a integridade da "tênia armada", no dizer despicativo de um escritor, herdada de Portugal, sem que, para perpetuar-se, carecessem de outra virtude "além da firmeza dos colchões e a aderência das ventosas".

O bacharel jurista que justificara a posse do trono ao mestre de Avis, com João das Regras, e a Dom João IV, com Velasco de Gouveia, era o mesmo que circulava nos corredores do paço de Dom Pedro II. No Brasil do século XIX e XX, nota Manoel Bonfim, "o bacharel-jurista veio a ser equivalente ao desembargador português no século XVIII — universal nos cargos" [20].

Comentava ainda Gilberto Freire:

> O bacharel magistrado, presidente de província, chefe de polícia — seria na luta quase de morte entre a justiça imperial e a do *"pater familiae"*, o aliado do Imperador contra o próprio pai ou o próprio avô; o médico, o desprestigiador da medicina caseira, que era um dos assuntos mais sedutores da autoridade de sua mãe ou de sua avó, senhoras de engenho. Os dois, aliados da cidade contra o engenho, do estado contra a família [21].

Apontou com acuidade Fernando de Azevedo que

> a distinção que estabeleciam as diferenças de riqueza, começavam, por esta forma, a atenuar-se pela posição valorizadora e niveladora da educação [22].

E daí a situação descrita admiravelmente por Joaquim Nabuco:

> Assim como, nesse regime, tudo se espera do Estado que, sendo a única associação ativa, aspira e absorve, pelo imposto e pelo empréstimo, todo o capital disponível e distribui-o entre os seus clientes, pelo emprego público, sugando as economias do pobre pelo curso forçado e tornando precária a fortuna dos ricos; assim, como conseqüência, o funcionalismo é a profissão e a vocação de todos. Tomem-se ao acaso vinte ou trinta brasileiros em qualquer lugar em que se reúna a sociedade mais culta: todos eles foram ou são ou hão de ser empregados públicos; senão eles, seus filhos [23].

Se o ensino jurídico era quem fornecia a maioria dos elementos que constituíam a elite política, caberá, então, perguntar se a formação era adequada. A resposta nos é dada por Gilberto Amado, no seu estudo *As Instituições e o Meio Social no Brasil*. "É (1862) o instante em que se podem estudar estas belas figuras que de um partido ou de outro fulgentearam na monarquia. Não será exagero afirmar que umas e outras no que dizia com as realidades concretas do país realizaram uma simples ação decorativa. Ilustrados nos publicistas europeus, versando temas que não tinham relação com o meio, os mais brilhantes estadistas não eram por certo os mais úteis. O seu trabalho político consistia em bordar sobre os assuntos do dia — empréstimos externos, reformas da legislação criminal, ou civil, direito orçamentário, questões partidárias e eleitorais, grandes e belos discursos que poderiam figurar pelos assuntos nos *Anais* Parlamentares da França e da Inglaterra. Nos chamados "menos cultos", isto é, num Paraná, num Itaboraí, num Cotegipe mais tarde, se sentia a experiência que comunica o trato dos negócios, o cuidado da observação, a matéria dos fatos, dando aos seus discursos a contextura resistente das realidades.

É claro que a todos eles faltava a educação científica necessária à compreensão de um país que mais do que nenhum outro precisava de uma política construtiva.

Tendo todos os hábitos peculiares aos legistas educados à abstrata, sem um entretenimento forte com a vida material do país levantado nos braços da escravidão para as alturas de um sistema político nascido na Inglaterra, dos próprios fatos, do próprio senso do povo, da própria experiência das liberdades políticas conquistadas ao domínio secular dos conquistadores, da própria originalidade do espírito saxônico, era natural que estes homens se surpreendessem do mal funcionamento desses sistema sobre tribos mais ou menos selvagens, sobre negros escravos, sobre filhos de índios e de negros, sobre filhos de portugueses, sem instrução, sem idéia nenhuma também do que fosse representação popular, direitos políticos, deveres cívicos, etc.

Por falta da capacidade construtiva do povo politicamente inexistente, os estadistas, pouco advertidos diante dos problemas eram levados por educação a procurar, nos exemplos estrangeiros, os moldes a aplicar, as normas a seguir sem cogitar das peculiaridades do meio, das suas condições típicas.

Os homens mais úteis do Império foram justamente aqueles que, menos instruídos nessas leituras estrangeiras, ou de natureza mais aptos a travar conhecimento com a realidade, tiveram, da nossa gente uma percepção mais precisa e procuraram tirar dela o maior proveito possível, sem, todavia, dela esperar muito" [24].

Entretanto, esse primado do bacharel não seria incontrastável e não passaria incólume durante muitos decênios. John Schultz, professor da Universidade de Princeton, em estudo sobre *O Exército e o Império,* aponta já em 1854, no jornal radicalmente antigovernamental *O Militar,* publicado por estudantes-militares e oficiais jovens, o seguinte editorial:

> Senhores legistas; o período de vossa usurpação está acabado...
> Deixastes chegar a agricultura até as bordas da sepultura, não lhe proporcionando os braços de que necessita, retirando depois os poucos de que ela dispunha sem substituí-los por outros, não promovendo por meio algum a introdução de melhoramentos nos processos agrícolas imperfeitos de que ela usa, não tratando enfim, desprezando totalmente, negando-lhe mesmo as vias de comunicação, elemento indispensável para sua prosperidade.
> Tendes desprezado e mesmo estorvado com esta teia inextricável de leis e regulamentos... todo e qualquer desenvolvimento material e industrial.
> Tendes comprimido a expansão espontânea do comércio... não lhes fornecendo estas vias por onde sua vida se comunica.
> Tendes lançado sobre a classe militar o mando espesso da ignomínia, da compreensão e da miséria.
> Tendes feito chegar o clero do Brasil ao último grau de descrédito e de depravação.
> Com vossas tramas e violências eleitorais, com vossa corrupção, desmoralizando o povo, tendes rebaixado e adulterado a representação nacional...
> Suspendestes, sim, este infernal tráfico, mas por que meios fostes a isto levados? Nem ousamos relatá-lo. Repugna no coração brasileiro a recordação de semelhantes acontecimentos [25].

Sérgio Buarque de Holanda descreveu em análise aguda este processo, remontando, em parte, a crítica ao legista à influência positivista de Augusto Comte. Falava o filósofo francês da malignidade da atuação e preponderância dos legistas na sociedade moderna. E comenta o historiador brasileiro:

> É claro que para os prosélitos brasileiros, mormente para aqueles que pertenciam às Forças Armadas, o que mais alto haveria de falar era esta denúncia, porque caía a propósito em um Estado onde aos bacharéis de Direito se dava tradicionalmente um papel privilegiado nas funções políticas decisórias. E também porque parecia corroborar as críticas que desde longo tempo eram feitas na monarquia sul-americana e não apenas entre os militares, ao predomínio do bacharelismo. Este apoio vinha-lhes em hora singularmente oportuna, de uma doutrina que ainda não tinha sofrido os estragos do tempo. E onde até os traços dessa doutrina, que hoje resistem menos à crítica, as limitações de seu propugnador, como filósofo e cientista, seu pedantismo, seu dogmatismo, suas vaidades, suas prolixidades, longe de diminuí-lo ajudavam a canonizá-lo [26].

Expunha Sérgio Buarque de Holanda como o

> diploma e o canudo de bacharel são naturalmente o complemento e a insígnia tangíveis de tais virtudes, e o talento, a inteligência, o brilho numa sociedade pretensamente democrática ainda conservam muito do prestígio antigo dos brasões de nobreza, dan-

do ao portador uma dignidade e uma importância que lhe permitam atravessar a vida inteira, com discreta compostura, libertando-se da necessidade de uma caça incessante aos bens materiais. E, é compreensível, numa sociedade assim constituída, a subsistência da graduação hierárquica entre as profissões, correspondentes a essas insígnias e que, na hierarquia, o grau mais alto deva caber às artes ou profissões liberais, opostas às artes mecânicas e que visam a libertar quem as exerça ou possa exercê-las de sujeições degradantes.

Mesmo entre as profissões liberais, uma posição de singular eminência havia de ser reservada àqueles que fizeram os cursos jurídicos, num país que pretendeu desterrar o arbítrio e os privilégios herdados para reger-se segundo normas impessoais. Aos juristas, pois, que podem interpretar as leis, é natural que se confie a factura das leis e também a sua boa aplicação. A importância que assumem os "legistas", já no império nascente, e especialmente, os magistrados que vão ocupar numericamente o primeiro lugar nas legislaturas, é filho dessa reflexão. O segundo lugar compete neles aos militares, mas trata-se ainda de uma reminiscência de condições anteriores em que o guerreiro provinha largamente das classes nobres. Com o progresso crescente das novas instruções, tudo faria esperar que essa nobreza de espada tendesse a dar lugar cada vez mais à nobre nobreza togada.

O processo não é rápido porque os oficiais militares da velha ainda conservam de início uma importância social que a mudança das instituições não é suficiente para dissipar e, além disso, tem função importante a cumprir onde a situação política é necessariamente instável e precisa a qualquer preço consolidar-se.

A transformação irá processar-se naturalmente e sem grande esforço, ao menos da parte dos legistas. Cônscios de que seu lugar próprio está no pináculo da sociedade e porque esta posição privilegiada parece a quase todos inteligível não há como contestá-la. Admitida, se não de muito bom grado, com placidez resignada, pelos que se vêem privados de igual ascendência, passa o ofício militar, a ser procurado, e cada vez mais pelos que, faltos de meios pecuniários, ou de bons padrinhos ou de aptidões intelectuais para se devotarem à ocupação que podem propiciar-lhes melhor proveito, encontram neles sua tábua de salvação [27].

Tratando em capítulo intitulado *A Farda e a Beca*, desse conflito, Sérgio Buarque de Holanda assinala que o

Passo inicial no caminho que leva à crise militar é, assim, a tomada de consciência da classe, a partir da identificação dos inimigos da classe. O segundo passo vai ser a tentativa de fixar noções que sirvam não só para marcar bem a diferença que separa o soldado do civil, a farda da beca, mas para autorizar a competição entre um e outro, de tal forma, que a competição se fará em benefício daqueles, e o que vem a ser a mesma coisa: em detrimento destes [28].

O processo de irritação dos militares se desenvolve e este processo tinha como alvo constante a *pedantocracia* dos legistas, já agora transmudada por alguns em *Canalhocracia*. A propósito, o Brigadeiro Antônio Tibúrcio de Sousa, contrário, aliás às truculências, por ocasião do assassínio de Apulcro de Castro, que dissera ser ele talvez o único militar na Corte que lamentou esses excessos, escrevendo a um amigo queixa-se "das pretensões da canalhocracia jurídica" [29].

Zacarias de Góias, em 1870, discutindo o projeto da criação da universidade, comenta que

> temos bacharéis demais a disputarem empregos públicos, às vezes sem saberem mesmo ler e escrever corretamente e não é deles que o Brasil precisa. Necessitamos de trabalhadores para o comércio, lavoura, indústria de quem produza riqueza e não de mais bacharéis que a universidade projetada viria a fabricar [30].

Tavares Bastos, em 1861, já falava sobre a necessidade da reforma radical da

> instrução pública superior constituída a secundária sobre um programa de conhecimentos úteis, desenvolvida e difundida a elementar, ele (o governo) extinguiria essa peste de médicos sem clínicas, de bacharéis sem empregos, verdadeiros apóstolos do ceticismo e germes da corrupção [31].

Foi este panorama que Alberto Torres retratou com perfeição:

> Os homens públicos (do Império) estavam, por outro lado, longe de possuir o preparo dos fundadores da república americana. Cientistas, literatos e juristas da Escola de Coimbra trouxeram, para o nosso meio, brilhantes idéias, conceitos teóricos, fórmulas jurídicas, instituições administrativas estudadas nos centros europeus. Com tal espólio de doutrinas e limitações, arquitetou-se o edifício governamental, feito de material alheio, artificial, burocrático. Os problemas da terra, da sociedade, da produção, da povoação, da viação e da unidade econômica e social ficaram entregues ao acaso; o Estado só os olhava com os olhos do fisco; e os homens públicos, doutos parlamentares e criteriosos administradores — não eram políticos nem estadistas; bordavam sobre a realidade da nossa vida, uma teia de discussões abstratas ou teóricas; digladiavam-se em torno de fórmulas constitucionais francesas ou inglesas; tratavam das eleições, discutiam teses jurídicas, cuidavam do exército, da armada, da instrução, das repartições, das secretarias das finanças, das relações exteriores, imitando ou transplantando instituições e princípios europeus. Sob a impetuosidade do primeiro monarca e o academicismo do segundo, o mecanismo governamental trabalhou sempre desorientado e sem guia, estranho às necessidades íntimas essenciais, do nosso meio físico e social [32].

Inspirado em pressupostos positivistas, Pereira Barreto, em São Paulo, comanda o combate aos bacharéis; ele via na Academia

> um pomposo cliso de jato contínuo derramando anualmente sobre o País uma onda calculada de saber falso, de virtudes falsas e da anarquia certa [33].

Este ataque provocou sérias reações, algumas irrelevantes, outras menos apaixonadas; assim Pereira Barreto dedica aos legistas toda a primeira parte do segundo volume de sua obra, publicada em 1876, cinqüenta e seis páginas destinadas a elucidar a tese kantiana sobre o caráter transitório da jurisprudência.

Há apenas poucos séculos, era a classe dos legistas que formava as opiniões e concentrava em si a alta direção dos espíritos. A partir do século XVII, uma imensa modificação operou-se e o centro de direção cada vez mais deslocou-se passando-se para outra esfera. Outrora, era a classe dos legistas que mantinha com firmeza, a vanguarda da civilização; hoje, é nesta classe que se encontram os mais veementes defensores do ultramontanismo. Na atualidade, os legistas conservam ainda as rédeas do governo material da sociedade. Mas o governo moral já de todo escapou-lhes das mãos. Hoje é só das regiões superiores da ciência que descem as correntes de opiniões que põem em movimento todo o vasto maquinismo social. A classe dos legistas parece atualmente fatigada de caminhar; dir-se-ia que a ciência assusta; é um sintoma grave! Na marcha da evolução, parar é suicidar-se [34].

Poucos meses depois, o bacharel e professor de Direito Sílvio Romero publicava *A Filosofia no Brasil,* dizendo:

O Brasil é o país dos legistas; a formalística nos consome; todas as nossas questões se resolvem pela praxe (...) Um empenho, que julgamos sério e que nos absorve é o maior fator da nossa depreciação; é a mania da legalidade e de tudo que com ela se parece. A melhor e mais brilhante carreira que na idéia de todos pode ter diante de si o moço brasileiro é, como se diz vulgarmente, formar-se em leis, o homem, que se julga com direito à esperança de um grande futuro, põe toda a sua mira em ir ao Parlamento exibir-se na sabença da legislação; o indivíduo do povo, em certas circunstâncias, não tendo de que viver, faz-se rábula!... Assim, por toda a parte é o sonho da lei, o obstinação da praxe como órgão supremo [35].

Na mesma época, outro intelectual de São Paulo, bacharel em Direito, de formação bastante diversa de Pereira Barreto, herdeiro de uma das principais famílias paulistas, e que com o escritor positivista contenderia em polêmica, Eduardo Prado, se pronunciava também fundamentalmente contra o bacharelismo. Cândido Mota Filho, seu biógrafo, intitulou mesmo um capítulo do livro a ele dedicado *O Anti--bacharel,* iniciando-o com estas palavras:

Em várias ocasiões, Eduardo manifestou-se contra os males do bacharelismo. Não era original por isso, porque dele se falava desde os tempos do Padre Antônio Vieira. Porém, para Eduardo, este mal era visto no quadro típico da formação brasileira, onde o bacharelismo conseguira ter uma justificativa ou uma razão de ser.

A Eduardo não podia passar despercebido o diálogo que, de há muito, se processava no país entre os coronéis do interior brasileiro e os bacharéis das cidades. Este diálogo, que era uma espécie de conversa entre pai e filho, provocara o aparecimento de hábitos negativos que acabaram por dificultar a marcha normal da civilização brasileira.

A estrutura econômica do Brasil, sustentada pelo artifício do braço escravo era devida, em grande parte, a essa fisionomia de sua política social. Eduardo, descendente de proprietários rurais e pertencente a uma família que já produzira alguns bacharéis, convencera-se de que o desvio do comportamento brasileiro, nos últimos tempos de sua história, era provocado pelo bacharelismo [36].

E continuava:

Se o mal do bacharelismo não era um privilégio brasileiro, era, no entanto, sem ser praticamente um mal, em certos aspectos, a base de uma carreira política e não de uma profissão.

Mais o que Eduardo mostrava, nos últimos anos da Monarquia, é a omissão negativa do bacharelismo ao manter, no quadro das instituições jurídicas, uma situação já desvinculada da realidade.

Porque o bacharelismo se evidenciava, para ele, no artifício, na sustentação do insustentável, na justificação dos males e erros, na formação da conduta, em frente a uma realidade que se ocultava.

Vendo primordialmente o bacharel republicano ou o bacharel a serviço da República, Eduardo apontava-o como responsável por tudo, mesmo por aquilo que não tivera seu dedo malicioso. Mas, homem que pensava em profundidade, Eduardo pouco tirava do aspecto contingente do bacharelismo o significado do seu serviço, e do seu serviço ao país.

Considerou o bacharelismo como algo de fundamental nos ajustamentos dos acontecimentos nacionais. Encontrou o bacharel a pontilhar, com sua presença, os quadros da vida política, aumentando o artificialismo de uma civilização já por si artifical.

Não quis excepcionar o aspecto construtivo na atuação do bacharel.

Convém lembrar suas grandes obras e suas grandes figuras porque era preciso assinalar o mal sem assinalar que a inteligência política era a do bacharel... [37].

Eduardo Prado chegava a tecer comentários a respeito de numerosos bacharéis "possuídos de 'bacharelismo'". Referiu-se ainda aos bacharéis serviçais, aos bacharéis sem profissão, aos bacharéis que viviam da reação criada pelos coronéis, aos bacharéis fardados e à bacharelização das Forças Armadas, e mesmo ao bacharelismo revolucionário. E comentava:

O Sr. Dom Pedro II, tão ocupado das ciências, não fez senão bacharelizar o oficial do Exército que agora naturalmente revela tão pronunciado furor politicante. Daí a razão de muitas aptidões se desviarem das carreiras das armas e daí o falseamento do espírito militar. Muitos oficiais são apenas bacharéis de espada e desprezam mais que tudo as graduações do seu curso de Matemática e o título de doutor é pelo menos anteposto à designação de suas patentes [38].

Luís Martins levantou uma fascinante tese ao analisar o problema do patriarca e do bacharel, tentando ver na geração política de bacharéis do final do século XIX, que faz a

República, o complexo freudiano de Édipo e caracterizando-a como uma geração parricida [30].

E, ainda no final do século, um bacharel de São Paulo, Júlio Ribeiro, tem frases tremendamente críticas ao bacharel, nas *Cartas Sertanejas,* cuja primeira edição foi publicada em 1885. Dizia ele:

> desse ignorante, o "legista medieval", mas arguto fautor da monarquia absoluta: desse tenaz mantenedor de princípios abstratos, desse terrível remador de chicana manhosa, foi que evolveu-se, por filiação histórica, o advogado atual, jurista moderno, o bacharel de Direito. O cadinho refratário em que se fundiram ou confundiram os elementos orgânicos dessa entidade social foi a filosofia metafísica, espécie de mediador plástico, ponte teísta lançada entre a ortodoxia do século XVI e o ateísmo hodierno. Produto genuíno dos dois fatores medievais, o bacharel em Direito ressente-se e, por muito tempo, ainda se há de ressentir, dos vícios de sua procedência. Por atavismo sociológico reproduz, muitos traços característicos de Acúrcio, de Bártolo, de João das Regras e de Savigny. Crê que um ser supremo, eterno, onisciente, onipotente une tudo; crê em uma alma incorpórea, imortal, dotada de livre arbítrio; crê em justiça absoluta, em belo absoluto, em bem absoluto, em entidade e razão incondicionais a *parte rei* e todavia, sorrindo mefistofélicamente, incrédulo ao dogmas revelados, em cujas exterioridades litúrgicas tomam parte, por conveniência, eis como se apresenta a orientar e governar a sociedade moderna o amigo do rei em todos os tempos, o herdeiro e o sucessor do antigo legista, o bacharel de Direito.
>
> E domina, governa, administra desembaraçadamente, desimpedidamente, sem estorvo, sozinho.
>
> No Brasil, exerce ele o Poder Judiciário; toma assento nas duas Casas do Parlamento, e chama, assim, o Poder Legislativo; faz-se Ministro de Estado e agadanha o Poder Executivo... Dirige a administração, dirige a legislação, dirige a jurisdição, dirige a lavoura, dirige a indústria, dirige o comércio, dirige o Exército, dirige a Marinha, dirige o magistério, dirige a diplomacia, em uma palavra, dirige o país, dirige tudo. E a lógica. É a opinião corrente, formulada na frase: "Sábio, a título negativo, por não ser bacharel" e muito sábio positivamente deve ser quem é capaz de tudo isso [40].

Proclamada a República, acentua-se o predomínio da classe militar. Num romance da época, diz-se de um personagem, bacharel, que

> sentia-se chegado tarde na sociedade brasileira, entrando no mundo, quando desabara o domínio dos bacharéis de Direito, tantos decênios antes florescentes, indisputável e monopolizadores.
>
> Agora era a vez do militarismo, a espada a tinir pelas calçadas, o argumento, a argúcia e a eloqüência cedendo passo ao fato e à força, os batalhões em contínuas marchas e significativas passeatas pelos centros da cidade, a artilharia rolando surdamente pelas ruas como a melhor e a *ultima ratio,* o exército com seus chefes decidindo tudo, associado, por camaradagem à marinha, em nome da nação, que não fora consultada, nem, de modo algum,

pretendia fazer os seus direitos; a farda brilhando em todas as festas, com seus vistosos uniformes, mantendo assim mesmo alguma coesão benéfica à ordem e à paz e apesar das frias exceções, conservando qualidades de honestidade e guardando certo retraimento no meio do descalabro geral, desse monstruoso desabar que sepultava os nomes mais respeitáveis e os caracteres que se viam com tudo partidos os exemplos, desinteresse, dignidade e patriotismo [41].

Essa situação levou ao desinteresse pela profissão jurídica e pelo decréscimo das matrículas nas faculdades de Direito. Phaelante da Câmara, na *Memória Histórica de 1903*, declara que

> Com a proclamação da República, o prestígio da farda seduziu por tal forma a juventude da escolas que as academias civis se despovoaram.
> Preferia-se à toga pretexta de Tibério Gracco as insígnias dos legionários de César, vencedor.
> A mocidade ardorosa e otimista sonhava com os alamares da farda sugestiva de Deodoro, e, matriculando-se nas escolas de guerra, os rapazes acreditavam levar na patrona, como soldados de Napoleão, as divisas do marechalato.
> Cedo, porém, chegou a hora do refluxo daquele entusiasmo juvenil.
> As dificuldades atuais de promoção no exército, de um lado e, de outro, o formidável desastre militar que foi a campanha de Canudos, mostraram que na carreira das armas nem tudo é flores.
> O eclipse do espírito jurídico nas fileiras dos pretendentes ao bacharelato felizmente passou, e a juventude em boa hora convenceu-se de que o domínio das classes de guerra nos países regularmente organizados, poderá ser um incidente brilhante em períodos excepcionais, mas, por isso mesmo tende a ser passageiro [42].

Phaelante da Câmara já examinara o assunto do ponto de vista mais geral, mostrando a falta de conhecimento dos alunos que ingressam nos cursos jurídicos com exemplos alarmantes, e concluindo:

> Entretanto, as razões dos males apontados não residem somente nas causas acima referidas e na desorganização do ensino primário e no empenho dos pais de família em conseguir a todo trânsito o bacharelamento dos filhos.
> Alguém já disse que, neste país, os homens tinham duas aspirações máximas: obter para si uma patente de guarda nacional e conseguir o grau de bacharel para um de seus descendentes.
> Não se consultam as opiniões, as habilidades, as tendências dos rapazes. O agricultor que trabalha do sol nascente ao sol poente, sujeito às intempéries; o comerciante que sofre os maiores vexames com os saltos acrobáticos do câmbio; o alfaiate que tem nas mãos o calo da tesoura; o padeiro, cansado de fazer uso da trena e do livel; todos desejam para os filhos o grau de doutor, não porque seja o esmalte do talento, um prêmio às vigílias literárias e sim por lhes parecer um meio suave de arranjar, sem demora, a sinecura do emprego público [43].

Gilberto Amado também tinha-se detido, com rara percuciência, sobre o assunto ao analisar as instituições políticas e o meio social no Brasil:

> A República não pode deixar de ser, portanto, como era a Monarquia, senão os advogados que ano a ano saem às multidões das faculdades de Direito; os médicos, os engenheiros, os doutores, enfim, os antigos senhores nas suas descendências arruinadas; os filhos dos escravos, dos mestiços, dos militares, ditribuídos pelas funções públicas, pelas carreiras liberais.
>
> Se estudarmos o fenômeno do funcionalismo que apresenta, no Brasil, um aspecto de um novo coletivismo não sonhado pelos comunistas, pois assenta no tesouro público, veremos que ele tem, a bem dizer, a sua origem na escravidão. Foi ela que, tornando abjeto o trabalho da terra, obrigou a encaminhar-se para os empregos do Estado os filhos de homens livres que não podiam ser senhores e que não queriam igualar-se aos escravos. Sendo o trabalho ocupação de negros, os mestiços e brancos julgar-se-iam desonrados neles. Quando não possuíam engenhos nem fazenda e, como assinala Joaquim Nabuco no *Abolicionismo,* não logravam, por meio de um casamento rico vincular-se às famílias proprietárias que os levavam à política, aos cargos da administração pública, à direção do País, haviam de resignar-se às carreiras obscuras de advogado de roça, nas cidades do interior, magistrado mal remunerado, funcionário público, enfim. *O bacharelismo foi o primeiro capítulo da burocracia.* Dele é que nasceu esta irresistível inclinação ao emprego público que o novo regime não pôde conjurar, antes acoroçoou, porque, não tendo criado o trabalho nem a instrução profissional, não pôde evitar que se dirigissem para os cargos públicos os moços formados na academia, inaptos à lavoura, ao comércio, aos ofícios técnicos [44].

Gilberto Freire apontou no seu livro *Ordem e Progresso,* duas novas influências que se exercem, a partir do fim do século passado diminuindo a exclusividade do ensino jurídico em relação a tipos de formação cultural, entre os quais se passam a sobressair a influência da carreira militar e a influência tecnológica.

No período, houve o messianismo tanto pré-republicano como pós-republicano em torno da Engenharia, outro em torno da Medicina [45].

Em outro passo acentua o mesmo autor:

> Os engenheiros não tardariam, aliás, com a Proclamação da República, a se tornar, de repente, entes supervalorizados, não pelos serviços de sua técnica a empresas idôneas, mas pelo prestígio que dessem aos conselhos chamados fiscais de companhias fictícias. A existência dessas companhias era um mito, com vantagens pecuniárias de vulto apenas para seus incorporadores. Seus conselhos fiscais, compostos de engenheiros pagos magnificamente, tiveram vida tão breve que os engenheiros, seduzidos por este estranho jogo de números, apenas provaram deles em gosto rápido [46].

Sobre a rivalidade entre militares e bacharéis, assim se expressou Gilberto Freire:

> O que houve realmente, de certa altura do Segundo Reinado até os dias mais brilhantes da República de 1889, foi — repita-se — evidente facilidade para os brasileiros de origem modesta e de condição étnica tida em certos meios por inferior de se instruírem em escolas militares e às expensas do Estado: e de se instruírem nessas escolas, não apenas em assuntos tecnicamente militares como nos políticos, sociológicos, econômicos, tornando-se, de certo modo, rivais dos bacharéis em Direito, dos médicos, dos engenheiros, dos sacerdotes em aptidões para o exercício dos cargos públicos. É esse um fato cuja significação social não foi até hoje — ao que parece — posto no seu justo relevo.
>
> Estabeleceu-se, assim, uma rivalidade entre esses subgrupos — o formado nas escolas militares por um lado, e o educado nas escolas de Direito, de Medicina, de Engenharia e nos Seminários de Teologia, por outro — que veio se esboçando desde a ascendência dos militares, favorecida pela campanha paraguaia, para definir-se de modo às vezes decisivo nas tentativas de organização nacional, após a Proclamação da República, a 15 de novembro de 1889 [47].

Em 1917, um intelectual não-formado, Tobias Monteiro, escrevia um libelo *Funcionários e Doutores,* com grande repercussão na época. Na introdução, dizia que

> procura demonstrar, neste ensaio, os males produzidos em nosso país, pela superabundância de funcionários e doutores, os quais enfeixam nas mãos os negócios do Estado e constituem uma casta a que a nação inteira procura pertencer ou ligar-se [48].

Depois de examinar, num primeiro capítulo, o aspecto geral da questão, trata de mostrar como as complicações do nosso método administrativo concorreram para aumentar o funcionalismo em detrimento do interesse público. Em seguida, analisa as conseqüências que este estado de coisas acarreta ao Orçamento do Estado, desbaratando-lhes as finanças e desviando das outras profissões tantos valores que poderiam aumentar a riqueza nacional, criando e fazendo circular novas atividades. Para aprofundar esta análise, estuda a elaboração e execução do orçamento público, de modo a verificar até que ponto seus defeitos facilitam a proliferação dos empregos, e o concomitante desperdício da receita, consumida numa proporção assombrosa em salários de toda espécie.

Falando da produção de homens formados, diz Tobias Monteiro:

> Esta excessiva produção de homens formados não poderia deixar de acarretar gravíssimos resultados. Se o fundo de cultura desses doutores nem sempre é de grande solidez, as suas aspirações, dificultadas pelo aumento de concorrência, não deixam de ser ele-

vadas. A "carta" dá-lhes a impressão de pertencer a uma casta superior, destinada a guiar o país; por outro lado, a profissão, explorada por tão grande exército, não abre campo à formação de situações prósperas. As aspirações não acham terreno para as realizações, e o Estado passa a ser a Providência de todos esses necessitados. Se o Estado não tem recursos para bastar a todos, os descontentes reforçam a multidão que não compreende viver no Brasil sem a segurança do ordenado pago pelo Tesouro. Deste modo à coorte dos funcionários junta-se a falange dos doutores que lhes traz os elementos mais vivos e exigentes.

Prestar-se-ia ao Brasil o maior dos serviços, convencendo a mocidade de que ela se deve voltar para as profissões normais, encaminhando-se para as faculdades apenas as aptidões inconfundíveis. Nós vemos serem destinados a elas indistintamente os aptos e os ineptos pela simples razão de que é de bom tom ser estudante em vez de caixeiro, e doutor em vez de negociante [49].

Ilustrava com a formação dos profissionais que não tinham correspondência com as atividades econômicas:

O exemplo de São Paulo é o mais frisante de todos. Até lá, onde se encontram os maiores empórios agrícolas do mundo, não é raro a prática do fazendeiro-amador. Em doze anos de existência a Escola Agrícola de Piracicaba só produziu cento e setenta e oito agrônomos, em turmas que variaram de três a trinta e um, enquanto a faculdade de Direito deve ter formado, no mesmo período, cerca de dois mil bacharéis [50].

Em 1927, por ocasião do centenário da fundação dos cursos jurídicos, no livro comemorativo publicado pela Faculdade de Direito da Universidade do Rio de Janeiro, Marcílio Teixeira de Lacerda escreveu sobre a fundação dos cursos jurídicos e sua influência na sociedade brasileira. Inicia ele dizendo que a jurisprudência, para os seus detratores impenitentes

deixou de *ser a Divinarum apta humanorum rerum noticia jusque atque injustae scientiae,* na definição hiperbólica de Ulpiano para constituir a *bacharelice,* expressão depreciativa de que se servem para justificar ou ocultar a própria incapacidade mental, isto é, a incompreensão lastimável das sutilezas do raciocínio a que os juristas muitas vezes atingem na dedução dos seus argumentos...

Há porém, nestas inócuas manifestações de inveja e de despeito, uma dupla ironia: confunde-se bacharel com advogado e supõe-se que todo o jurista seja ignorante. Ora, o fato de a maioria dos advogados ser bacharel em Direito não implica que todos os advogados sejam bacharéis, ou vice-versa. Ao contrário. Aquela palavra indica uma profissão, ao passo que esta representa o título científico. Há, pois, bacharel (em Letras, em Matemática, em Filosofia etc.) que não exerce a advocacia, como há advogados que não são bacharéis, mas doutores em Direito ou solicitadores. Quanto à apregoada ignorância, basta ponderar que das chamadas profissões liberais, a advocacia é a única que não pode ser exercida por quem não sabe escrever; e, além disto, que a maior mentalidade brasileira dos últimos tempos, era um jurista: Rui Barbosa, assim proclamado dentro e fora do país!!! [51]

Em 1916, Basílio de Magalhães publica um livro sobre o país com o expressivo título de *O Grande Doente da América do Sul,* em que analisa os problemas que o país teria de enfrentar para se tornar uma grande nação e, tratando-se da questão educacional, comenta:

> Era de presumir-se que, num país essencialmente agrícola, houvesse um número regular de escolas agrícolas. Pois, srs., aqui neste Brasil paradoxal, há menos escolas agrícolas do que academias jurídicas. Suprimiu-se recentemente a nossa única escola superior de agricultura.
> Em tais condições, não admira que haja em nosso berço esplendoroso milhares de sábios que conheçam, profundamente o *jus scriptum* e o *jus scribendi* em relação à propriedade e ao mais, ao passo que poucos, que raros são os capazes de explorar inteligentemente a terra ubérrima e de julgar com proficiência as hostilidades que ela periodicamente oferece na zona do nordeste [52].

É dessa época também uma preocupação maior com os problemas de medicina social e de higiene; Monteiro Lobato se singulariza pelos artigos que escreve no *Estado de São Paulo* e depois publicados em livro com o título de Mr. *Slang e o Brasil* e o *Problema Vital;* em que é severa a crítica ao bacharel e termina com a peroração.

> O bacharel — *triatoma baccalaureatus* — entregue o cetro da governança ao higienista, para que este, aliado ao engenheiro, conserte a máquina brasílica, desengonçada pela ignorância enciclopédica do rubi [53].

Vê-se então, ao lado do médico higienista, a presença do engenheiro, lucidamente analisada por Lourenço Filho:

> Entre nós, ela (a década dos 20) se caracterizou pela presença do engenheiro no domínio dos estudos sociais. Por muito tempo, esses estudos normalmente estiveram reservados aos juristas. Houve neles depois uma incursão dos médicos, através da medicina social. A era dos 20 assinalou a presença dos engenheiros, não chamados ainda a resolver problemas estritamente tecnológicos, como agora, mas atraídos pelo desejo de estudar e explicar os problemas sociais em todo o seu conjunto [54].

Oliveira Viana, estudando, em 1921, a degeneração aparente do caráter nacional, procura vincular o fenômeno do desprestígio do bacharel à sua concentração urbana.

> Bem sabemos, afirma ele, que dizem ser o nosso maior mal o excesso dos doutores, dos políticos e dos burocratas. Mas, entre o presente e o passado, esta diferença é que é indispensável assinalar:
> Nos velhos tempos, a tendência dominante entre os doutores e os políticos era toda para o campo: a vida profissional do doutor e a vida pública do político tinham sempre como centro de gravitação o domínio rural, isto é, a fazenda, com seus gados, os seus

cafezais, os seus canaviais, os seus engenhos, a sua numerosa escravaria. Esta é que era a aspiração dominante das classes superiores dirigentes do país, durante o Império. Depois de 88 (talvez um pouco antes) este ideal desapareceu dentre as aspirações das classes altas e eles entravam a cultivar outro ideal — e fizeram, então, do emprego público a sua maior aspiração, a forma mais grata e mais nobre de vida.

Doutores e políticos sempre existiram com abundância, neste como no antigo regime. Mas, no Império, a relação social dessas duas classes poderia ser figurada pela equação: *político* + *doutor* = *fazendeiro;* na República, esta equação se altera e passa a ser formulada assim: *político* + *doutor* = *burocrata*. Não parece nada, mas é a revolução.

O mal não está em todos quererem ser doutores, políticos e burocratas. Mas em todos os políticos e doutores quererem ser burocratas. Este centripetismo burocrático é que está perturbando a regular distribuição das energias individuais no seio da nossa massa social.

Para corrigir este mal, é claro que não será preciso acabar com os doutores. Esta cantilena das esquinas contra os doutores não passa, afinal, de um refrão importuno. O doutorado é ainda, entre nós, um título de polimento, de civilização, de cultura e estas coisas, principalmente num país de analfabetos, não são predicados que se desdenhem. No que se deve tratar é de ampliar, pela eliminação de certos preconceitos embaraçantes, o campo de ação do doutor por maneira que ele, que tem a sua atividade limitada exclusivamente aos círculos das profissões liberais cada vez menos compensadoras, possa resolutamente estendê-la para mais além, para o campo de outras profissões mais lucrativas, sem o receio das "desclassificações". Toda questão está aí.

O dia em que os nossos doutores e os nossos políticos atuais assentarem, *como a geração de há pouco mais de 30 anos atrás,* na posse tranqüila de um domínio rural, o seu ideal de felicidade, a alegria voltará à nossa raça. O tônus moral da sociedade se revitalizará de pronto; a luta pelas posições não imporá às consciências o sacrifício de seus estudos superiores; as classes cultas e dirigentes terão dado à sua vida uma outra estabilidade: e o vírus do faccionismo se fará menos nocivo à economia do país [55].

Escrevendo em 1927, sobre o *Retrato do Brasil* e apontando os grandes males da formação do caráter nacional — a luxúria, a cobiça, a tristeza — Paulo Prado superpunha a tais males o do romantismo e transpondo a sua análise para os dias atuais, comentava o escritor paulista:

O analfabetismo nas classes inferiores — quase de 100% — corre parelha com a bacharelice romântica do que se chama a intelectualidade do país. Sem instrução, sem humanidades, sem ensino profissional, a cultura intelectual não existe ou finge existir em semiletrados mais nocivos do que a peste. Não se publicam livros porque não há leitores; não há leitores porque não há livros. Ciência, literatura, arte — palavras cuja significação exata escapa a quase todos. Em tudo domina o gosto do palavreado, das belas frases cantantes, dos discursos derramados; há ainda poetas de profissão. Um vício nacional, porém impera: o vício da imitação. Tudo é imitação, desde a estrutura política, em que procuramos encerrar e comprimir as mais profundas tendências da nossa natureza social, até o falseamento das manifestações espontâneas do nosso gênio criador.

Nesta terra, em que quase tudo dá, importamos tudo: das modas de Paris — idéias e vestidos — ao cabo de vassoura e ao palito. Transplantadas, são quase nulos os focos de reação intelectual e artística. Passa pelas nossas alfândegas tudo que constitui as bençãos da civilização: saúde, bem-estar material, conhecimentos, prazeres, admiração, senso estético [56].

Afonso Arinos de Melo Franco se deteve também sobre o assunto, ao escrever em suas memórias:

Há, sem dúvida, uma nuança bem marcada entre os conceitos de bacharelismo e de jurisdicismo no Brasil. São ambos filhos do mesmo pai, o Império acadêmico e discursivo (muito mais profundo e autêntico, no entanto, do que parecem acreditar certos observadores apressados) e a tradição luso-coimbrã, agasalhada nas faculdades de leis de São Paulo e Pernambuco.

O jurisdicismo evoluiu para uma espécie de abstração científica, um certo gênero de clericalismo (no sentido de Julien Benda) que nos deu Teixeira de Freitas, Lafayette Rodrigues Pereira, Clóvis Beviláqua e mesmo Tobias Barreto ou Pedro Lessa, cujos temperamentos ferventes não eliminaram aquela irresistível tendência à formulação teórica que os incompatibilizava, como aos demais, com a vida política. Um traço do jurisdicismo, é aliás, este: inadaptação à política partidária militante, apesar da evidente paixão política de homens como Lessa ou Tobias.

Já é o bacharelismo outra linguagem, tão diferente como os Orleans dos Bourbons. O bacharelismo é a técnica jurídica aplicada especialmente à realidade política. Não é teórico, sobretudo não é abstrato nem filosófico. O maior dos bacharéis brasileiros é Rui Barbosa, cuja incapacidade para a filosofia e a teorização tem sido tantas vezes salientada. Os juristas — teóricos — apolíticos — amavam a filosofia, todos eles: Freitas, Tobias, Lafayette, Clóvis, Lessa. Exemplares contemporâneos desse tipo: Pontes de Miranda, Gilberto Amado ou Francisco Campos. Nota-se, com efeito, que, apesar de haverem os dois últimos militado na Política, nem um nem outro jamais se integrou realmente nos seus quadros normais. As memórias de Gilberto nos dão o sentimento forte e constante dessa inadaptação. Quanto a Campos, ele só tomou verdadeiro interesse pela política quando foi chamado a preparar a aventura puramente intelectual do fascismo novembrista, sendo que nem mesmo com este pôde adaptar, desde que instalado politicamente no Brasil.

Já os bacharéis políticos nada têm de filósofos: Rui, Epitácio, Melo Franco, Raul Fernandes, João Neves, Pedro Aleixo, Prado Kelly. São todas vidas de políticos enquadrados na realidade política do país. Inspecionando as duas listas de nomes acima, recordando ainda que muito ligeiramente as obras e as vidas dos componentes de uma e de outra, confirmo para mim mesmo uma impressão que sempre me vagava esparsa no espírito: a do conservadorismo dos bacharéis, em contraste com o espírito inovador (seja no sentido progressista seja no reacionário) dos juristas. Por que isto? O jurista é o homem de maior capacidade indutiva, tende a formular, a criar o Direito, a extraí-lo da observação do complexo social. Por isso vê este complexo no seu dinamismo histórico, e o espírito que os anima é sempre aberto às mudanças, às inovações da realidade vital, seja na direção evolutiva (como Tobias) seja na orientação reacionária (como Campos).

Já no bacharel, o traço do espírito marcante é a agudeza dedutiva. Ele tem de aplicar e não formular o Direito; ou antes, é o homem mais da lei que do Direito. Porém a lei, de certo modo, é apenas a cristalização de uma experiência social já vivida, quero dizer, já passada. Daí o bacharel ser levado, por hábito e por gosto, à defesa das fórmulas consagradas, à imutabilidade das estruturas, à solidariedade com os sistemas criados, numa palavra — e sem o menor sentido pejorativo — ao conservadorismo que é, em geral, bem distinto do reacionarismo [57].

Num outro passo, de suas memórias, o mesmo autor já voltara ao assunto:

A Primeira República foi muitíssimo mais que o Império, o regime do direito, da norma jurídica, da colocação e da observação dos problemas nacionais à luz do Direito, mesmo nas horas de crise ou de revolução. Enquanto isso, os estadistas imperiais eram principalmente oradores, diplomatas, líderes partidários. Talvez a diferença decorra do fato de que o sistema parlamentarista é de base política e o presidencialismo é de base jurídica. Pouco importa que a República presidencial haja vivido muito mais fora da lei do que o Império. A ilegalidade das práticas não elide a jurisdicidade do fundo.

De entre os grandes nomes de bacharéis da primeira geração republicana, mesmo naqueles que se desgarraram para outras searas — Joaquim Nabuco, Graça Aranha, Raimundo Corrêa — a marca do bacharelismo é patente e se manifesta com força, de vez em quando.

Até princípios do século, digamos até o Governo Afonso Pena, esta predominância do bacharelismo vigorou na vida do país e, por conseqüência, e com maioria da razão, dentro das faculdades de Direito [58].

A grande confrontação do espírito militar com o espírito civil realizou-se por ocasião da sucessão do Presidente Afonso Pena, substituído após a sua morte por Nilo Peçanha, entre a candidatura de Rui Barbosa e a candidatura do Marechal Hermes da Fonseca, que ocupara até então a Pasta da Guerra. O próprio nome da campanha — "Campanha Civilista" — já é significativo. Acentuou, com propriedade, Gilberto Freire, que

com estes melindres excessivamente civilistas é que Rui repudiaria, em 1909, a candidatura Hermes da Fonseca; conseguindo atribuir à mesma candidatura um sentido "militarista" e, ferindo essa nota, iniciara contra o honesto Fonseca, uma das mais injustas campanhas que já se fizera no Brasil contra um homem público. Hermes da Fonseca seria caricaturado, em conseqüência desta mistificação, num simples "sargentão", que deveria merecer o desprezo dos civis cultos e lúcidos: sobretudo dos bacharéis em Direito, aos quais devia tocar o comando político da República, na sua plenitude, formando eles, sob a denominação de doutores uma aristocracia não de toga mas de beca, que conservasse distante deste comando os demais brasileiros. A não ser os militares que fossem também bacharéis, mas em Matemática; os médicos, os engenheiros, os padres — também doutores ou acadêmicos [59].

> San Tiago Dantas já assinalou a identificação do Exército com a classe média.

Se é verdade que entre nós a classe média surge com a estruturação econômica robusta, que lhe daria tanta influência no destino de outras sociedades, é também certo que esta deficiência surge compensada pela concentração de força política, proporcionada pelo surgimento de um verdadeiro poder novo: o militar.

Foi a partir da Guerra do Paraguai que o Exército ganhou a estabilidade e a coesão interna, que dela fariam, daí por diante, um dos pontos de maior resistência do nosso organismo político. A monarquia agrária, impregnada de civilismo, não quis ou não soube captar a nova força para a qual também não contribuíram os filhos da aristocracia produtora do açúcar ou café. Na classe média nascente é que o Exército vai escolher seus oficiais, alguns vindos de soldados, outros preparados nesses centros de estudo da classe média, o que seria um contraste com as faculdades jurídicas da aristocracia agrária, desde 1874, a Escola Militar.

É natural que o exército venha a desembocar, em poucos anos, no movimento republicano, como era natural que a formação de suas elites procurasse uma estrutura doutrinária no positivismo, em oposição ao catolicismo da monarquia [60].

Derrotado nas urnas, o movimento tomou a sua revanche e procurou fazer do ataque aos "despreparados" que então se faz visando sobretudo ao exagero retórico do bacharel, um ataque à lei, ao próprio Direito e à ordem jurídica. Rui Barbosa dá conta dessa atitude, no discurso que pronuncia em 8 de maio de 1911, ao tomar posse no Instituto dos Advogados Brasileiros e ao falar dessa concepção de se "bacharelizar" o Brasil. Assim se pronuncia:

> Os governos arbitrários não se acomodam com a autonomia da toga, nem com a independência dos juristas, porque esses governos vivem rasteiramente da mediocridade, da adulação e da mentira, da injustiça, da crueldade e da desonra. A palavra os aborrece, porque a palavra é um instrumento irresistível da conquista da liberdade. Deixai-a livre, onde quer que seja, e o despotismo está morto. Por isso, os capazes de a manejar, os incapazes de lhe resistir, acabam de lhe dar por labéu, entre nós, o apelido de néscio de bacharelismo. O bacharel, na ronha desse vocabulário, é o homem que sabe pensar, escrever e falar. Vêde como blateram contra a fraseologia e como a praticam esses inimigos da lógica e do Direito. Ninguém exerce como eles o sofisma, a confusão, a incontinência do fraseado. Somente no vasconço usual dessa logorréia, em que se anuncia o ódio aos oradores e se anuncia como cruzada salvadora a desbacharelização do país falta a dialética, falta a cultura, falta o senso, falta o talento, falta o estilo, falta, em suma, tudo o por onde se revela o poder do espírito e a consciência de uma idéia na linguagem humana.

Nessa pregação do obscurantismo, que se encetou no Brasil, há dois anos, sob a forma de "guerra aos preparados", para acabar, hoje, assumindo a da reformação geral do ensino, a desconfiança contra o saber se alia, germanadamente, ao horror da eloqüência. Puseram-lhe o nome de retórica, no intuito de a deprimir. Assim se abocanham sempre, entre os lábios virulentos da inveja, as maiores criações de Deus. Vêde se escapa a este trabalho da crítica pela alcunha o mesmo sol, o grande "putrefator" [61].

Dois historiadores atuais das idéias políticas trataram também do tema: Vamireh Chacon, ao estudar o pensamento da Escola do Recife ao Código Civil, procurava mostrar que o "bacharelismo" não era próprio apenas do bacharel em Direito e assinalava que

na realidade o conceito de "bacharelismo", ainda aberto aos estudos pioneiros, significa um apelo ao formal rebarbativo, um distanciamento retórico da pesquisa, que afetaram não só a bacharéis em Direito como a médicos, economistas, engenheiros e outros. As faculdades de Medicina da Bahia e do Rio, por exemplo, também tiveram os seus "bacharelistas" [62].

E menciona mais adiante:

As faculdades de Medicina da Bahia e do Rio de Janeiro eram pródigas em produzir "bacharelistas", competindo assim com as suas irmãs em Direito e merecendo idêntica admiração de um público que considerava a retórica o supremo valor intelectual. Médicos, menos preocupados em pesquisar cientificamente do que discutir academicamente o positivismo, o evolucionismo e outros "ismos" [63].

Nélson Nogueira Saldanha, na *História das Idéias Políticas no Brasil*, se refere

ser um equívoco zombar do bacharel brasileiro no século XVIII e no século XIX; ele foi um tipo social necessário, foi o intelectual do tempo, e de resto, fez também a marcha das nossas mudanças; digo "também" porque sempre houve bacharéis — desde o século XIX ao menos em todas as posições e atitudes, e ser bacharel, nunca foi nem ficou sendo determinante prévia de intenções nem caracteres. Falar em bacharelismo é pouco menos que alimentar um mito, a não ser que se frise que se trata de referir um *bias* profissional, o do que lida com leis e ditos forenses ou burocráticos; ou então uma *forma mentis* tendente a ver o jurídico como essência do social, e os respectivos valores como o alfa e o ômega do universo humano. Certo, nesse especial sentido há bacharelismo. Mas, sempre houve em toda parte; do mesmo modo que outras profissões e outros prismas teóricos têm dado e estão dando resultados idênticos, com os mesmos maneirismos e espíritos-de-casta [64].

E em outro passo comenta que:

certo que ele, o bacharel, o letrado, comandou a atividade "intelectual" daqueles nossos dias. Não se deve, entretanto, ceder à tentação de compará-lo a um mandarim pela sugestão da idéia de letrado chinês como dono semi-sagrado de situações; nem culpar o diplomado de então ou, em particular, o em Direito (como fazem hoje certos bacharéis arrependidos) pelo que de negativo aconteceu com a evolução de nossas coisas. Inclusive porque se muito bacharel se pôs a serviço de situações estabelecidas e de colocações acomodatícias, foram bacharéis também os que reclamaram, que acusaram, que empurraram o papelão do cenário com que o convencionalismo marcara certas situações [65].

Mas a idéia do bacharel como um herói especial a merecer privilégios específicos se prolonga até os nossos dias e está presente em discurso de paraninfado da Faculdade de Direito da Universidade da Bahia, ainda em 1961.

> Assim como na Inglaterra o Estado sustenta milhões de operários desempregados para manter a posição conquistada no mundo industrial, o Estado aqui no Brasil terá de amparar os diplomados das escolas superiores, tratando de aproveitar as suas atividades nos quadros do funcionalismo público, inclusive para honrar os foros de nação civilizada [66].

O processo do desenvolvimento econômico do país fez mudar completamente a posição do bacharel. Ao invés de ampará-lo com a segurança de um emprego, o interesse governamental concentrou-se em estimular e proteger a criação de cursos técnicos de nível superior, formando o pessoal que as necessidades de uma sociedade em processo de industrialização estava a exigir [67]. Ao mesmo tempo, o processo de intervenção do Estado no domínio econômico passou a requerer a presença da norma jurídica em setores cada vez mais amplos, onde o conhecimento econômico especializado era necessário.

O bacharel em Direito, recebendo uma formação inadequada nas faculdades de Direito, se tornou incapaz de corresponder a esses reclamos, e passou a ser substituído na redação da norma jurídica pelo engenheiro, pelo economista, pelo administrador, pelo tecnocrata, enfim [68]. A jeremiada contra o tecnocrata é absolutamente sem resultado, pois, no lúcido comentário de José Luíz Bulhões Pedreira

> os advogados ficaram isolados dentro da sociedade porque continuaram a manter um comportamento beletrista, enquanto o mundo sofria profundas transformações de estrutura. Por isso, caíram para plano secundário juntamente com os políticos de que são legítima expressão [69].

Um reequilíbrio de posições só será possível com uma formação mais adequada do bacharel em face da realidade contemporânea, e assim, uma decorrência da melhoria do ensino jurídico, compreendendo o papel do advogado em face das necessidades do desenvolvimento econômico brasileiro, e trabalhando num

   campo em que o papel do jurista é essencial: a interação entre o Direito e a transformação social pode ser vista principalmente sob o ângulo dos processos de modificação das estruturas econômico-sociais do país e aí o papel de uma elite jurídica é, parece-me, essencial [70].

NOTAS DO CAPÍTULO 10

1. Sobre o Bacharel de Cananéia, ver PAULO PRADO, *Província e Nação*, Rio, José Olympio, 1972, p. 50.

2. O Padre Antônio Vieira, Visitador Geral do Brasil, em Exortação pronunciada na capela interior do Colégio da Bahia, acentua a importância do trabalho catequético, ao invés dos estudos acadêmicos, com estas expressivas palavras, tão do seu feitio: "Pôs o Espírito Santo as línguas nas cabeças dos Apóstolos, para com aquelas, como borlas, os graduar Doutores do Mundo. É o grau não menor que de São Paulo, *Doctor gentium*. E este grau e esta borla não se dá na Bahia, nem em Coimbra, nem em Salamanca, senão nas Aldeias de palhas, nos desertos de Sertões, nos bosques das gentilidades" (*Apud* SERAFIM LEITE, *op. cit.*, p. 208).

3. Para uma análise bastante aguda do funcionamento da justiça no período colonial, examinada do ângulo do funcionamento da Relação da Bahia desde a sua criação em 1609 até 1751, ver STUART B. SCHWARTZ, *Sovereignity and Society in Colonial Brazil — The High Court of Bahia and its Judges, 1609-1715*, Berkeley, University of California Press, 1973. 438 p. Cf. tb. PEDRO CALMON, "Organização Judiciária", em *Livro do Centenário dos Cursos Jurídicos*, Rio, Imprensa Nacional, 1928, v. 1, p. 76-91. Antonil, em 1611, já falava das demandas demoradas e das despesas excessivas com advogados: "o senhor de engenho mostre aos filhos e aos feitores os ditos marcos para que saibam o que lhes pertence, e possam evitar demandas, e pleitos, que são uma contínua desinquietação d'alma, e um contínuo sangrador de rios de dinheiro, que vai a entrar nas casas dos Advogados, Solicitadores e Escrivães, com pouco proveito de quem promove o pleito, ainda quando alcança, depois de tantos gastos e desgostos, em seu favor, a sentença". *Cultura e Opulência do Brasil por suas drogas e minas*, 4. ed., São Paulo, Melhoramentos, 1923, p. 72.

4. *Pluto Brasiliensis*, apud FRANCISCO DE ASSIS BARBOSA. *JK Uma Revisão na Política Brasileira*, Rio, José Olympio, 1960, p. 15.

5. Para o estudo dessa geração brasileira, ver LUZIA DA FONSECA, "Bacharéis Brasileiros", *Anais do IV Congresso de História Nacional*, Instituto Histórico e Geográfico Brasileiro, Rio, Departamento de Imprensa Nacional, 1951, v. XIX, p. 113-405; MANUEL XAVIER DE CAVALCANTI PEDROSA, "Letrados do século XVIII", *Anais do Congresso Comemorativo do Bicentenário da Transferência da Sede do Governo do Brasil da cidade de Salvador para o Rio de Janeiro*, Instituto Histórico e Geográfico Brasileiro, 1963, Rio de Janeiro, Dep. Imprensa Nacional. 1967. v. IV, p. 257-318; MARIA ODILA DA SILVA DIAS, Aspectos da Ilustração no Brasil *R.I.H.G.B.*, 278:105-170, jan./mar. 1968.

6. *Sobrados e Mocambos*, 2. ed., Rio, José Olympio, 1951, v. 3, p. 960.

7. Ver EDUARDO FRIEIRO, *O Diabo na Livraria do Cônego*, Belo Horizonte, Itatiaia, 1957. 254 p. Cf. tb. AFONSO ARINOS DE MELO FRANCO, "As Idéias da Inconfidência", em *Terra do Brasil*, São Paulo, Cia. Editora Nacional, 1939, p. 1-117.

8. *Figuras de Direito*, Rio, José Olympio, 1962, p. 5.

9. *Ibid.*, p. 3.

10. A Faculdade do Recife como centro de cultura e coesão nacional, *R.A.* Ano 35, 1927, p. 202.

11. *Um Estadista do Império*, São Paulo, Cia. Editora Nacional, 1936, v. 1, p. 13.

12. GILBERTO FREIRE, *op.cit.*, v. 3, p. 966.

13. *Cartas do Solitário*, São Paulo, Cia. Editora Nacional, 1968, 346 p.

14. The Mandarins of Imperial Brazil, *Comparative Studies in Society and History*, v. 14, n. 2, março de 1972, p. 215-244. University of California Press.

15. *Ibid.*, p. 223-224.

16. GILBERTO FREIRE, *op. cit.*, v. 1, p. 954-955.

17. ROQUE SPENCER MACIEL DE BARROS, *op. cit.*, p. 203. Alberto Rangel demonstrou como a educação ministrada ao Príncipe D. Pedro, futuro Pedro II, foi a mais inadequada e completamente sem ligação com as coisas do Brasil, referindo-se ao "bacharelismo pedantesco e meio culto que o vitimou", *A Educação do Príncipe* (Estudo Histórico e Crítico sobre o Ensino de Pedro II), Rio, Agir, 1945, 294 p.

18. RAYMUNDO FAORO, *op. cit.*, p. 224.

19. GILBERTO FREIRE, *apud* RAYMUNDO FAORO, *op. cit.*, p. 224.

20. RAYMUNDO FAORO, *op. cit.*, p. 219-221. Um arguto historiador, Francisco Iglésias, assim aprecia o Parlamento brasileiro em 1850: "A composição do Parlamento é a mesma de antes e a que será regra no Brasil imperial e mesmo em parte do republicano: o predomínio do bacharel, expressão de ideais educativos da sociedade patriarcal, com o culto dos valores retóricos. O grande agente das eleições é o senhor de terras, que domina o interior; o fazendeiro envia o filho a estudar em Olinda e São Paulo, nas faculdades de Direito, a fim de obter o título e o necessário preparo para a vida pública, vista então como campo de atividade reservado eminentemente ao bacharel". E após fazer um levantamento estatístico da incidência dos bacharéis, conclui: "Confirma-se, pelo quadro profissional, a expressão bacharelesca do patriarcalismo. O senhor de terras quer ser advogado, ou faz do filho advogado,

para que ele venha brilhar na Corte. Compõem-se de maneira exata os interesses: o jovem bacharel é melhor que não fique no meio rural, que ele pode perturbar a ordem e a rotina que aí imperam; demais, que não é desejo seu, que não se adapta mais à vida acanhada do interior, pelas experiências e companhias que teve quando estudante; quanto ao fazendeiro, que nunca viveu em cidade grande, prefere viver no campo. O jovem bacharel, portanto, é para a cidade e para a tribuna; o fazendeiro, para o interior e para a lavoura; o outro deve fazer a política em consonância com o interesse do grande eleitor". "Vida Política", 1848/1868, em *História Geral da Civilização Brasileira* (sob a direção de Sérgio Buarque de Hollanda). São Paulo, Difusão Européia do Livro, 1967. *O Brasil Monárquico*, tomo III, *Reações e Transações*, p. 17.

21. *Apud* RAYMUNDO FAORO, *op. cit.*, p. 226.

22. *Canaviais e Engenhos na Vida Política do Brasil*, Rio, Instituto do Açúcar e do Álcool, 1948, p. 164.

23. *Apud* RAYMUNDO FAORO, *op. cit.*, p. 227.

24. GILBERTO AMADO, "As Instituições Políticas e o Meio Social no Brasil", em *À Margem da História da República*, Rio, *Jornal do Brasil*, 1924, p. 63-64. Raymundo Faoro, em brilhante estudo sobre a sociedade imperial vista através da obra de Machado de Assis (*Machado de Assis — a pirâmide e o trapézio*, São Paulo, Editora Nacional, 1974, 505 p.) examina com propriedade o papel do bacharel na sociedade do tempo e, entre as numerosas transcrições do grande romancista a respeito desse personagem, vale citar a seguinte: "Matriculou-se, é verdade, na Faculdade do Recife, creio que em 1885, por morte do padrinho, que lhe deixou alguma coisa, mas tal é o escândalo da carreira desse homem que, logo depois de receber o diploma de bacharel, entrou na assembléia provincial. É uma besta: é tão bacharel como eu sou papa" (*Apud, op. cit.*, p. 17).

25. JOHN SCHULZ, *O Exército e o Império*, *Apud História Geral da Civilização Brasileira*, sob a direção de SÉRGIO BUARQUE DE HOLLANDA e PEDRO MOACIR CAMPOS, *O Brasil Monárquico*, tomo II, v. 4, *Declínio e Queda do Império*, p. 247.

26. *Do Império à República*, *História Geral da Civilização Brasileira*, tomo II. *O Brasil Monárquico*, v. V, São Paulo, Difusão Européia do Livro, 1972, p. 304.

27. *Ibid.*, p. 328-329.

28. *Ibid.*, p. 335.

29. *Ibid.*, p. 342.

30. *Apud* ROQUE SPENCER MACIEL DE BARROS, *op. cit.*, p. 238.

31. *Os Males do Presente e as Esperanças do Futuro*, São Paulo, Cia. Editora Nacional, 1939, p. 50.

32. *A Organização Nacional*, Rio, Imprensa Nacional, 1914, p. 5.

33. *As Três Filosofias*, apud MIGUEL REALE, *A Filosofia em São Paulo*, São Paulo, Comissão de Literatura do Conselho Federal de Cultura, 1962, p. 93.

34. *Ibid.*, p. 99.

35. *Ibid.*, p. 96.

36. *A Vida de Eduardo Prado*, Rio, Livraria José Olympio, 1967, p. 153.

37. *Ibid.*, p. 156.

38. *Ibid.*, p. 158. Eduardo Prado tinha, na Fazenda do Brejão, como auxiliar do administrador, um caboclo, de habilidade invejável, que fazia um pouco de tudo. Eduardo chamava-o de bacharel e dizia em momentos de aperto: "Chamem o bacharel que conserta tudo" (*ibid.*, p. 162).

39. *O Patriarca e o Bacharel*, São Paulo, Martins, 1953. 228 p.

40. Júlio Ribeiro, *Cartas Sertanejas*, Lisboa, Livraria Clássica, 1908, p. 148.

41. Visconde de Taunay, *O Encilhamento*, 2. ed., São Paulo, Melhoramentos, s/d. p. 19.

42. Phaelante da Câmara, *Memória Histórica do ano de 1903*, p. 63-64.

43. *Ibid.*, p. 40. A importância da formatura de um filho por uma escola superior, e especialmente a de Direito, é bastante retratada na ficção e na memorialística. Como exemplo, pode-se citar o de João Neves da Fontoura, já no início deste século, em suas *Memórias*: "Naquele tempo a chegada do filho da terra, formado, era uma espécie de festa nacional na cidade pequena, fosse ele quem fosse, pobre ou rico, de família ilustre ou modesta. Ninguém escapava àquele comovente ritual. Assim que o trem fez a curva do Amorim, o arroio que banha Cachoeira pelo leste, comecei a ouvir o espocar das girândolas; pouco depois, quando nos aproximamos da gare, a música do Venâncio já executava seu dobrado de luxo. Mais alguns minutos, e os braços dos meus, dos amigos e conterrâneos, envolveram-me, ...". (*Memórias*, Porto Alegre, Globo, 1958, v. 1, p. 146).

44. "As Instituições Políticas e o Meio Social no Brasil", *À Margem da História da República*, Rio de Janeiro, Anuário do Brasil, 1924, p. 74-75.

45. *Ordem e Progresso*, Rio, José Olympio, 1959.

46. *Ibid.*, v. 1, p. 167.

47. *Ibid.*, v. 1, p. 317.

48. *Funcionários e Doutores*, Rio, Francisco Alves, 1917, p. 5.

49. *Ibid.*, p. 12.

50. *Ibid.*, p. 51. O livro de Tobias Monteiro causou grande celeuma na época. Osvaldo Trigueiro, em discurso pronunciado no Supremo Tribunal Federal, por ocasião da comemoração do centenário dos cursos jurídicos, fez referência a artigo de Hermes Lima, rebatendo a Tobias Monteiro (*Diário da Justiça da União*, 18.8.1971). O próprio Ministro Hermes Lima, indagado pessoalmente pelo autor, não soube precisar a data de publicação. Medeiros e Albuquerque comentou o livro, colocando algumas reservas, mas o considera de "leitura indispensável a quantos se ocupam com as questões sociais e políticas brasileiras. Não há nele retórica e declamação: há argumentos, cifras e dados positivos". Examinando as opções abertas por Tobias Monteiro, com relação ao inconveniente do diploma não permitir a muita gente exercer misteres humildes, Medeiros e Albuquerque aponta dois remédios: ou diminuir o número de diplomados ou aumentá-lo de modo a fazer com que todos cheguem à instrução superior. O primeiro é considerado pelo crítico como um recurso simplista, porque impediria que os jovens de um certo número de gerações pudessem seguir carreiras para as quais ao menos alguns teriam talvez uma vocação brilhante; o outro visaria a atingir um grau de saturação, que seria o fim do doutorismo (Medeiros e Albuquerque, *Páginas de Crítica*, Rio, Leite Ribeiro, 1920, p. 87-90). Comentando o debate, afirma Castro Nunes:

"É afinal para isso (a segunda solução) que vamos caminhando. Solução derrotista, a de Medeiros, não partilhada pelo outro (Tobias), que punha o problema nos termos razoáveis da seriedade dos estudos com a conseqüente dificultação dos diplomas, que são, afinal, certificados oficiais de uma presunção de saber, que é de desejar tão aproximada da verdade, quanto possível". E concluía Castro Nunes: "O que é curioso é que nenhum dos dois opinantes era formado nisto ou naquilo: mas ambos doutores de verdade, como autodidatas de grande envergadura. E talvez por isso mesmo em melhores condições para encarar o problema e denunciá-lo, sem o preconceito de casta que não deixa dizer essas verdades duras e necessárias e sem qualquer complexo, que não poderiam ter aquelas duas figuras exponenciais da inteligência brasileira" (*Alguns Homens do meu Tempo*, Rio, José Olympio, 1957, p. 168-169).

51. MARCÍLIO TEIXEIRA DE LACERDA, "A Fundação dos Cursos Jurídicos e a sua Influência na Sociedade Brasileira", *Livro do Centenário dos Cursos Jurídicos (1827-1917). Faculdade de Direito da Universidade do Rio de Janeiro*, Rio de Janeiro, Imprensa Nacional, 1928, v. 1, p. 262-263.

52. BASÍLIO DE MAGALHÃES, *O Grande Doente da América do Sul*, Rio de Janeiro, Imprensa Nacional, 1916, p. 42.

53. MONTEIRO LOBATO, *Mr. Slang e o Brasil e o Problema Vital*, São Paulo, Brasiliense, 1961, p. 245.

54. LOURENÇO FILHO, Vicente Licínio Cardoso e os estudos sociais, *Educação* (Revista da Associação Brasileira de Educação), 1959, p. 33.

55. OLIVEIRA VIANNA, *Pequenos Estudos de Psicologia Social*, São Paulo, Revista do Brasil, s/d. p. 22-24.

56. PAULO PRADO, Retrato do Brasil, em *Província e Nação*, Rio, José Olympio, 1972, p. 230-231.

57. *A Escalada*, Rio, José Olympio, 1965, p. 48-49.

58. *A Alma do Tempo*, Rio, José Olympio, 1961, p. 79. Afonso Arinos relata nesse volume que um amigo de seu pai, ao saber de seu encaminhamento para a faculdade de Direito, observou: "Você acabou na vala comum". E comenta o memorialista: "Não gostei da observação que parecia insinuar responsabilidade privada numa culpa geral. Por que não haveria eu de estudar Direito como os outros?" (*Ibid.*, p. 78). Alcântara Machado fazendo o elogio acadêmico de seu antecessor Silva Ramos assim se referiu à escolha por ele do curso de Direito: "Se (Silva Ramos) optou pela escola de Direito foi confessadamente por ser aquela que ócios mais largos lhe consentiria aos devaneios do poeta "in esse" e do cronista "in posse". Acertou na escolha. Em toda parte o curso jurídico é estrada suave e batida, de rampas macias, e tão desempedida de obstáculos que nenhuma outra se lhe compara em facilidade e segurança. Recomendam-na singularmente aos espíritos romanescos as veredas extravagantes em que se desarticula e multiplica, de maneira que pode levar o caminhante às paragens mais imprevistas: ao parlamento, à literatura, à diplomacia, à lavoura, e até, por vezes, ao Forum" (*Discursos Acadêmicos*, Rio, Editora ABC, 1937, v. VIII, p. 11).

59. GILBERTO FREIRE, *Ordem e Progresso*, Rio, José Olympio, 1959, tomo 1, p. 305.

60. SAN TIAGO DANTAS, *Figuras de Direito*, Rio, José Olympio, 1962, p. 26-27.

61. *Escritos e Discursos Seletos,* Rio de Janeiro, Aguilar, 1960, p 549-550. Não caberia aqui um exame em profundidade da figura de Rui Barbosa como esse tipo ideal de bacharel brasileiro, com suas qualidades e seus defeitos. Se é inegável que razão tinha Oliveira Vianna para apontar-lhe o marginalismo de formação (OLIVEIRA VIANNA, *Instituições Políticas Brasileiras,* Rio de Janeiro, Record, 1974, v. 2, p. 33-61) — que era, com raras exceções, de toda sua geração, em muitos pontos Rui Barbosa conseguiu superá-la, especialmente na atuação como Ministro da Fazenda do Governo Provisório, defendendo uma política de industrialização. É desse período o projeto convertido em lei, de sua autoria, criando o Registro Torrens, a respeito do qual escrevia ele, como justificativa, que "(sendo) em face das leis romanas e portuguesas (...) a mais monstruosa das heresias", representava entretanto, na apreciação das funções econômicas da propriedade imobiliária, "a vitória dos economistas sobre os jurisconsultos", para acrescentar que se tratava de uma das "reformas simplificadoras de nossos dias", em face de cujo triunfo vinha desabando "a andaimaria do velho formalismo" (Governo Provisório dos Estados Unidos do Brasil, *Anexos ao Relatório do Ministro da Fazenda,* Rio de Janeiro, 1891, p. 20). Ver observações de RAYMUNDO FAORO em *Cursos Jurídicos — Boletim do Conselho Federal de Cultura,* Ano III, nº 11, julho-setembro 1973, p. 20-23.

62. VAMIREH CHACON, *Da Escola do Recife ao Colégio Civil (Artur Orlando e sua geração),* Rio, Simões, 1969, p. 21.

63. *Ibid.,* p. 143.

64. NÉLSON NOGUEIRA SALDANHA, *História das Idéias Políticas no Brasil,* Recife, Imprensa Universitária da Universidade Federal de Pernambuco, 1968, p. 53.

65. *Ibid.,* p. 159.

66. RAUL CHAVES, Oração de Paraninfo aos Bacharéis de 1961, *Revista da Faculdade de Direito da Universidade da Bahia,* v. 34, 1959-1961, p. 320. Uma visão caricata do bacharel pode ser dada por dois exemplos significativos:

Edison Carneiro, folclorista baiano, assim se refere à sua formação profissional: "Como todo mundo, me formei em Direito. É bastante a gente saber ler para ser bacharel". (*Jornal do Brasil,* 4 de dezembro de 1972).

Uma personagem de Jorge Amado, o Dr. Argileu Palmeira, se intitulava "bacharel em ciências jurídicas e sociais, ou seja: advogado de grau e capelo e bacharel em letras" e em seu cartão de visita constava "Bacharéis" (em ciências jurídicas e sociais e em ciências e letras)" *(Gabriela, Cravo e Canela.* Martins, São Paulo, 1974, p. 237).

Já em 1888 Miguel Lemos e Raimundo Teixeira Mendes se referiam ao dito de um "homem de espírito" em França que "uma carta de bacharel é uma letra de câmbio sacada contra o Estado, que há de pagá-la um dia, seja com um emprego ou com a revolução". *A Organização do Trabalho.* Rio, 1888.

67. Ver o livro do Autor, *A Intervenção do Estado no Domínio Econômico.* Rio, Fundação Getúlio Vargas, 1968, 536 p.

68. Ver os comentários do discurso de posse de Miguel Seabra Fagundes no Instituto dos Advogados Brasileiros em 26 de abril de 1870 (A Legalidade Democrática, *Revista do Instituto dos Advogados Brasileiros,* Ano V, n. 13/14, 1970/1971, pp. 12-18.

69. Ver entrevista de JOSÉ LUÍS BULHÕES PEDREIRA no *Jornal do Brasil* de 16 de setembro de 1974 — Advogado defende os tecnocratas.

70. LUÍS GONZAGA DO NASCIMENTO E SILVA, O papel do jurista no processo de desenvolvimento, *Revista do Instituto dos Advogados Brasileiros,* Ano VIII, n. 45, março 1974, p. 13.

11. Da Revolução de 30 aos Nossos Dias

A Revolução de 30 pode ser considerada, de fato, como um marco fundamental na história brasileira. À transformação política que derrubou o governo da República Velha e estabeleceu brechas profundas no estadualismo renitente, representado pelas oligarquias familiares, correspondeu igualmente a mudança substancial na estrutura econômica, em conseqüência do *crack* da Bolsa de Nova York, aviltando os preços do café, principal produto da nossa economia puramente exportadora, e abalando profundamente a política econômica do Governo Washington Luís[1]. Igualmente no campo das estruturas sociais, o desenvolvimento industrial provocou o aparecimento de novas classes, como um proletariado urbano ponderável e uma classe média em ascensão. E do ponto de vista cultural, o período representa uma busca do país pela sua verdadeira realidade, um período de introspecção e reflexão, significando o abandono dos velhos estigmas da estrutura colonial.

No discurso pronunciado em 28 de julho de 1951, na então Universidade do Brasil, o Presidente Getúlio Vargas filiou o movimento da Semana de Arte Moderna, o primeiro sopro desse programa de renovação cultural, ao mesmo ideário que presidira ao movimento da Revolução de 30. São todos eles, na verdade, reflexos de uma mesma situação, que conduzia o país a novos caminhos [2].

No âmbito administrativo, uma das primeiras medidas tomadas pelo Governo Provisório foi a criação de um ministério específico para os problemas da educação e da cultura. Nas palavras de Fernando de Azevedo

o Governo Provisório criou de fato, em 1930, o Ministério de
Educação e Saúde que não foi mais do que um acidente episódico
e passageiro nos começos da República, e veio a constituir-se com
a solidez e os progressos de sua organização, num dos ministérios
mais importantes no Governo Provisório. No eminente reformador
do ensino primário e normal de Minas Gerais o Sr. Francisco Campos — um dos líderes da Revolução — encontrou o chefe do Governo Provisório, Sr. Dr. Getúlio Vargas, o homem talhado, pela
sua inteligência e pela sua cultura, como por seu prestígio nos novos quadros políticos, para assumir o cargo de Ministro do Estado
dos Negócios da Educação e Saúde Pública, de que tomou posse
no dia 18 de novembro de 1930, afirmando, na sua alocução que
"sanear e educar o Brasil constitui o primeiro dever de uma Revolução que se fez para libertar os brasileiros". A primeira reforma
que empreendeu o novo ministro, e sem dúvida a de maior alcance
entre todas as que se realizaram neste domínio em mais de quarenta anos de regime republicano, foi a do ensino superior, que
Francisco Campos organizou em novas bases e com grande segurança e larguezas de vistas [3].

De fato, a reforma do ensino superior foi consubstanciada em dois importantes diplomas legais, o decreto 19 851,
de 11 de abril de 1931, o chamado Estatuto das Universidades Brasileiras, e o 19 852, de 11 de abril de 1931, que
dispunha sobre a reorganização da Universidade do Rio de
Janeiro, ambos de 11 de abril. Esses diplomas legais foram
precedidos de uma longa exposição de motivos [4], em que o
novo Ministro da Educação expunha, de forma clara e incisiva, o programa que pretendia executar. Dizia Francisco
Campos:

Ele (o projeto) representa um estado de equilíbrio entre tendências opostas, de todas consubstanciando os elementos de possível
assimilação pelo meio nacional, de maneira a não determinar uma
brusca ruptura com o presente, o que o tornaria de adaptação difícil ou improvável, diminuindo, assim, os benefícios que dele poderão
resultar de modo imediato [4].

O projeto entendia a universidade sob

o duplo objetivo de equipar tecnicamente as elites profissionais
do país e de proporcionar ambiente propício às vocações especulativas e desinteressadas, cujo destino imprescindível à formação da
cultura nacional é o da pesquisa, da investigação e da ciência pura.

Entretanto, considerava o projeto que,

num país de tão amplas proporções territoriais como o Brasil
e constituído de tantas zonas geográficas e econômicas de caracteres tão acentuadamente definidos, é da maior utilidade permitir,
mesmo no interesse de enriquecimento formal e material da organização universitária, que esta se deixe influenciar e modelar pelos
múltiplos fatores de ordem econômica, geográfica e espiritual, de
cuja incidência se compõe a fisionomia própria ou a característica
diferencial de cada uma de nossas regiões [5].

O projeto exigia para a existência da estrutura universitária a incorporação de, pelo menos, três institutos de ensino superior, entre os mesmos incluídos os de Direito, Engenharia e Medicina, ou, ao invés de um deles, a faculdade de educação, ciências e letras. Esta, no dizer da exposição de motivos

> pela alta função que exerce na vida cultural, é que dá de modo mais acentuado ao conjunto de institutos reunidos em universidade o caráter propriamente universitário, permitindo que a vida universitária transcenda os limites dos interesses puramente profissionais, abrangendo em todos os seus aspectos os altos e autênticos valores da cultura que à universidade confere o caráter e os atributos que a definem e a individuam, isto é, a universalidade.

E o projeto colocava ênfase na função da faculdade de educação, ciências e letras como instituto de educação para a formação do professorado de nível médio e superior, com estas palavras que ainda permanecem de grande atualidade:

> o ensino no Brasil é um ensino sem professores, isto é, em que os professores criam a si mesmos e toda nossa cultura é puramente autodidática. Faltam-lhe os largos e profundos quadros tradicionais da cultura, nos quais se processam continuamente a rotação e renovação dos valores didáticos, de maneira a constituir para o ensino superior e secundário um padrão cujas exigências se desenvolvem em linhas ascendentes [6].

Tratando da organização do ensino de direito na exposição de motivos, Francisco Campos em síntese admirável apontava os principais aspectos inovadores do projeto, entre os quais o principal era o desdobramento de curso em dois, um de bacharelado e o outro de doutorado:

> o curso de bacharelado foi organizado atendendo-se a que ele se destina a finalidade de ordem puramente profissional, isto é, o seu objetivo é a formação de práticos do Direito. Da sua seriação foram, portanto, excluídas todas as cadeiras que, por sua feição puramente doutrinária ou cultural, constituem antes disciplinas de aperfeiçoamento ou de alta cultura do que matérias básicas ou fundamentais a uma boa e sólida formação profissional.

A filosofia do Direito foi substituída pela introdução à ciência do Direito, como disciplina propedêutica indispensável aos demais ramos do Direito

> a Economia Política foi colocada no primeiro ano pela intuitiva consideração de que a ordem jurídica é em grande parte ou na sua porção maior e mais importante, expressão e revestimento da ordem econômica. As relações econômicas constituindo, como constituem, quase todo o conteúdo ou material do Direito, o fato econômico passa a ser um pressuposto necessário do fato jurídico.

O estudo da economia deve, pois, preceder no estudo do Direito, o da ordem econômica ao da ordem jurídica, sendo, como são as categorias jurídicas, as formas de disciplina e da ordenação da matéria econômica em sistemas de relações sancionadas pelo Direito [7].

Foi suprimida do curso de bacharelado a cadeira de Direito Romano, passando-a para o curso de doutorado. A exposição confessa que

a supressão constitui novidade apenas na lei; é antes uma convenção do que uma ação. Efetivamente não sei se na prática ou jamais no Brasil se estudou Direito Romano nas nossas faculdades. O que nelas se ensinava com o nome de Direito Romano eram noções gerais de direito.

Foi também extinta a cadeira de Direito Privado Internacional, por falta de motivos que justifiquem a sua existência como disciplina autônoma em curso profissional de Direito.

Definindo o curso de doutorado, assim se expressa a exposição de motivos:

Separado do curso de bacharelado, o curso de doutorado se destina especialmente à formação de futuros professores de Direito, no qual é imprescindível abrir lugar aos estudos de alta cultura, dispensáveis àqueles que se destinam apenas à prática de Direito. O curso de doutorado se distribui naturalmente em três grandes divisões: a do Direito Privado, a do Direito Público Constitucional e a do Direito Penal e ciências Criminológicas [8].

A integração do ensino jurídico na estrutura universitária ocorreu inicialmente na Universidade do Rio de Janeiro, conservando-se, na realidade, dentro de um sistema de faculdades isoladas, com um tênue vínculo administrativo. Duas iniciativas, entretanto, tentaram enquadrá-lo dentro de uma verdadeira estrutura universitária. A da Universidade de São Paulo, criada pelo Governador Armando Sales de Oliveira, em 25 de janeiro de 1934, e a da Universidade do Distrito Federal, criada no Rio de Janeiro, na gestão de Pedro Ernesto, por Anísio Spínola Teixeira. Para que a tradicional Faculdade de Direito de São Paulo se pudesse integrar na Universidade de São Paulo, de âmbito estadual, o decreto 24 102, de 10 de abril de 1934, atendendo à proposta do Governo do Estado, determinou que a União transferisse ao Estado a faculdade, com prédio e instalações, e todos os demais bens que integrassem o seu patrimônio. Entretanto, esta integração foi de âmbito puramente formal. O projeto da criação da universidade, acompanhado diretamente pelo Governador do Estado, e preparado pelo Professor Fernando de Azevedo, com a colaboração de Júlio de Mesquita Filho, e concedendo um grande papel à faculdade de filosofia, ciências, e letras e à faculdade de educação, encontrou sempre a resistência das faculdades tradicionais, na qual se destacava a faculdade de Direito. Para a criação de muitas das cadeiras previstas nos programas dessas escolas, foi necessária a vinda de professores estrangeiros, o que mais despertava a reação dos tradicionalistas, muito embora o reitor da universidade fosse o Professor Reinaldo Porchat, professor de Direito Romano da Faculdade de Direito de São Paulo e que tudo fez pelo engrandecimento da Universidade. Ouça-se a palavra do Professor Fernando de Azevedo:

> Mas apesar de todas as cautelas tomadas para amortecer ou reduzir a resistência das antigas escolas superiores de formação profissional (Direito, Engenharia, Medicina, Agricultura), escolas cuja autonomia teria de sofrer limitações com a criação da universidade, procuravam por todos os meios solapar o sistema de que passavam a fazer parte. E como eram mais antigas e instaladas nas rotinas de suas estruturas e de suas técnicas de ensino, tudo faziam, por meio de votos, subterfúgios e escaramuças para se oporem ao prestígio e ao desenvolvimento do novo sistema instituído pela criação da universidade, e preponderância nela da faculdade de filosofia, ciências e letras, que passaria a ser, como era lógico, o núcleo fundamental pelas suas raízes e ramificações no sistema universitário [9].

Entretanto, apesar de vários baques sofridos no início de sua existência, a universidade desenvolveu-se desde então, embora com a resistência da faculdade de direito à integração, que se patenteia hoje, inclusive com a recusa em mudar-se para a Cidade Universitária.

A Universidade do Distrito Federal, criada pelo decreto n. 5513, de 4 de abril de 1935, embora de existência efêmera, representava um passo ainda mais renovador, porque não se vinculava às faculdades tradicionais. Era constituída do Instituto de Educação, da Escola de Ciências, da Escola de Economia e Direito, da Escola de Filosofia e do Instituto de Artes. A Escola de Economia e Direito foi entregue à direção do Professor Hermes Lima e compreendia cinco seções: Ciências Econômicas, Ciências Sociais, Geografia e História, Ciências Jurídicas, Ciência Política e Administração. A escola tinha inicialmente o objetivo da formação dos candidatos ao magistério secundário, com professores de Geografia, de História, de Sociologia e Ciências Sociais, prevendo o art. 34 das instruções n. 1, do Reitor da Universidade, baixadas em 12 de junho de 1935, que a escola providenciaria para "realização oportuna de outros cursos, entre os quais o da formação de bacharéis em ciências sociais e jurídicas". Com o movimento político de dezembro de 1935 e as demissões dos Professores Anísio Teixeira, Afrânio Peixoto, Reitor da Universidade Hermes Lima, a universidade sofreu um sério baque, embora tenha-se mantido em bom nível, mas nas instruções sobre a seriação e currículo dos diferentes cursos da Universidade do Distrito Federal, baixadas em 4 de julho de 1938, já a escola de economia e direito está transformada em faculdade de economia e política, com cursos de Ciências Sociais, Jornalismo, Administração Superior e Técnica, e Economia e Finanças. A iniciativa de se transformar a escola de Direito em um grande núcleo de estudos de ciências sociais no Brasil, em bases modernas, fracassou nessa iniciativa pioneira, e pelo decreto-lei 1063 de 20 de janeiro de 1939 era extinta a Universidade do Distrito Federal, incorporando-se alguns de seus cursos à faculdade nacional de filosofia da então Universidade do Brasil, hoje Universidade Federal do Rio de Janeiro.

As transformações educacionais iniciadas pela Reforma Francisco Campos acompanhavam as profundas modificações institucionais no País e do seu ordenamento jurídico. O desejo da reconstitucionalização passou a ser um movimento cada vez mais intenso, responsável inclusive pela Revolução Paulista de 1932. O Governo Provisório se deu conta de que era necessário restabelecer a normalidade constitucional e assim foi constituída, em 1932, uma comissão especial para preparar o projeto da Constituição a ser apresentada à futura Assembléia Constituinte, conhecida como Comissão do Itamarati [10]. A constituição, afinal votada, de 1934, representa já um passo adiante no processo de modernização do Estado e do aumento das tendências unitárias do Governo Federal. Pela primeira vez o texto constitucional contém um título para a família, a educação e a cultura, com um capítulo consagrado à educação e cultura. Entre os progressos mais importantes do ordenamento jurídico da época, encontra-se a legislação de proteção aos trabalhadores, de amparo às classes menos favorecidas. Iniciada já antes de 1930, mas ganhando grande impulso após a revolução, com a criação de um ministério para os assuntos do trabalho, entregue à direção de Lindolfo Color, essa legislação discrepava, em grande parte, das normas tradicionais de Direito Privado e impunha ao Estado e aos tribunais especiais, criados para compor os conflitos dessa legislação — as juntas de conciliação e julgamento e os tribunais do trabalho — princípios inteiramente novos. As reações não deixaram de se fazer sentir. A propósito cabe destacar a polêmica mantida entre Oliveira Viana, então consultor jurídico do Ministério do Trabalho, e Waldemar Ferreira, professor da Faculdade de Direito da Universidade de São Paulo, então parlamentar, com relação ao projeto da organização da Justiça do Trabalho. Nos artigos que publicou no Jornal do Comércio, rebatendo as acusações do professor e parlamentar paulista, e reunidas no volume *Problemas de Direito Corporativo,* Oliveira Viana destaca, proficientemente, a natureza das novas normas do Direito Público, mostrando por que eles dissentiam dos princípios tradicionais e empenhando-se numa justificativa do Direito como processo de mudança social [11].

Todo este período é caracterizado por uma grande ebulição ideológica que não poderia deixar de ecoar nos seios das faculdades de direito. Naquela época, a capital da República representava o grande centro cultural do país. E em dois concursos então realizados para as cadeiras de Economia Política e de Introdução à Ciência do Direito se colocaram em confronto essas ideologias. No primeiro (1932), se defrontaram Leonidas de Resende, escrevendo sobre *A Formação do Capital e seu Desenvolvimento* e Alceu Amoroso Lima sobre *Introdução à Economia Moderna,* sendo vitorioso o primeiro candidato, de tendências marxistas [12]. Logo em seguida (1933), no concurso de Introdução à Ciência do Direito, em que se defrontam numerosos candidatos, inclusive o colocado em segundo lugar no concurso de Economia Política, foi aprovado em primeiro lugar o Professor Hermes Lima, filiado às tendências do candidato vitorioso no concurso de Economia Política. Assim já foi descrito este episódio:

> em 1932, Hermes Lima decide transferir-se para o Rio de Janeiro, mais precisamente ele fez concurso para a caldeira de Introdução à Ciência do Direito, da Faculdade Nacional de Direito, centro de efervescência política e ideológica do país, assim como o fora, em outras épocas, a Faculdade de Direito do Recife e de São Paulo, nas lutas abolicionistas. O Rio de Janeiro vivia dramaticamente o confronto ideológico e a faculdade de Direito era o seu centro nervoso, e seu grande palco. O símbolo, diz Hermes Lima, costuma ultrapassar a personalidade das pessoas e ele reconhece hoje, depois de tantos e tantos anos de convívio com a meditação e o silêncio, que foi um tanto símbolo em sua geração [13].

Com a implantação do Estado Novo e a instituição da Constituição de 10 de novembro de 1937, de autoria de Francisco Campos, abre-se uma fase de grande renovação legislativa. Por iniciativa do então Ministro da Justiça, novos diplomas legais são preparados, tais como o novo Código do Processo Civil. (D.L. 1608 de 18 de setembro de 1939); a nova lei de registros públicos (decreto 4857 de 9 de novembro de 1939); a lei de sociedades por ações (D.L. 2627 de 26 de setembro de 1940); o novo Código Penal (D.L. 2848 de 7 de dezembro de 1940); o novo Código de Processo Penal (D.L. 3689 de 3 de outubro de 1941); a nova lei de introdução ao Código Civil (D.L. 4657 de 4 de setembro de 1942); a nova lei de falências (D.L. 7661 de 21 de junho de 1954); e o projeto do Código de Obrigações, de autoria de três ilustres civilistas e professores, Orozimbo Nonato, Philadelpho Azevedo e Hahnemann Guimarães.

O ensino jurídico, entretanto, se conserva afastado de todas essas modificações, incapaz de entender as mudanças que estavam se processando. Ainda em 11 de novembro de 1935, a lei 114, reconhecendo a dificuldade da criação dos cursos de doutorado, torna facultativa, a juízo da congregação, a existência do referido curso, no mesmo tempo em que transfere para o bacharelado as cadeiras de Direito Romano e Direito Privado Internacional, esta com a denominação de Direito Internacional Privado. Em seguida a lei 176, de 8 de janeiro de 1936 estabelece, no curso de bacharelado, a cadeira de Direito Industrial e Legislação do Trabalho reconhecendo, assim, a importância que tomava a nova disciplina. O fato mais destacado é, entretanto, o desdobramento, pelo decreto-lei 2639, de 27 de setembro de 1940, da disciplina do Direito Público Constitucional em duas, Teoria Geral do Estado e Direito Constitucional, a primeira, na primeira série, e a outra na segunda série. O decreto-lei transfere os catedráticos de Direito Público Constitucional para a cadeira de Teoria Geral do Estado, e determinava que o cargo de professor catedrático de Direito Constitucional não fosse preenchido em caráter efetivo, durante três anos, devendo o provimento se fazer em interino ou por contrato. O decreto-lei tinha um objetivo definido, o de permitir que o Direito Constitucional fosse ensinado por professores ligados ao regime autoritário de 1937, e portanto capazes de transmitir os seus princípios e suas teorias. Entretanto, o fato não pode ser examinado parcialmente, e a ênfase dada ao estudo do Direito Público representou uma tímida tentativa de contrabalançar o caráter preponderantemente privatista dos nossos cursos jurídicos. Comentando a literatura dessa nova disciplina, assim se expressou o Professor Nelson Nogueira Saldanha:

> foi durante o Estado Novo (1940) que se criou a disciplina desse nome (Teoria Geral do Estado) nas faculdades; e isto deu a muitos, motivos para argüir seu conteúdo antidemocrático, o que evidentemente não tem cabimento. Na verdade, este foi um dos muitos casos em que a pedagogia nacional se beneficiou de atitudes culturais que o Governo getuliano assumiu (a revista *Cultura Política*, por exemplo, foi um importante repositório de estudos sociais brasileiros) sem embargo de ter sido ditadura. Realmente não se formou uma tradição totalitarista na bibliografia da Teoria do Estado entre nós, o que é importante [14].

Examinando os quinze anos de evolução do ensino jurídico (1930-1945), vamos verificar que os resultados apresentados foram bem mofinos. Enquanto que no campo econômico e social as transformações eram bem significativas, no setor educacional um sério esforço se realizava; inclusive em matéria de ensino superior, os cursos jurídicos mantinham-se na mesma linha estacionária [15]. O curso de doutorado, previsto pela Reforma Francisco Campos para a formação de professores e especialistas, de Direito absolutamente, não produziu frutos e o resultado científico de sua atividade foi praticamente nulo. Cabe, apenas, acentuar uma referência nesse período à influência exercida por dois ilustres mestres estrangeiros, que aqui chegaram, refugiados de guerra, e que exerceram um papel destacado no campo do ensino e da pesquisa jurídica. Os Professores Túlio Ascarelli e Enrico Liebman ambos tiveram a permanência assegurada no Brasil graças aos esforços do Ministro Francisco Campos, e após passagem rápida pelo Rio de Janeiro fixaram-se em São Paulo, ministrando cursos especiais na faculdade de Direito. Túlio Ascarelli, professor de Direito Comercial, com uma sólida formação econômica, foi responsável, em parte, por uma visão mais moderna na análise dos problemas de Direito Comercial, inclusive nas interligações entre o Direito Comercial e o Direito Tributário, de que dá conta o livro escrito, em colaboração com Rubens Gomes de Sousa e J. B. Pereira de Almeida, *Imposto de Renda e Lucros Extraordinários* [16]. A influência de Túlio Ascarelli sobre a formação de Rubens Gomes de Sousa, e portanto sobre o aparecimento dos estudos científicos do Direito Tributário no Brasil, não pode ser omitida. Por outro lado, Enrico Liebman, processualista da Escola de Chiovenda, realizou, sob o ponto de vista didático, um trabalho mais profundo, inclusive no desenvolvimento de sólidos estudos processuais em São Paulo, contribuindo de forma bastante ponderável para o que tem sido chamado "A Escola Paulista de Direito Processual" [17].

A respeito do papel de professores estrangeiros é conveniente também mencionar uma figura de exilado de guerra, o Professor Jerzy Sbrozek, que, junto com o Padre Leonel Franca e San Tiago Dantas, foi o responsável pela criação da Faculdade Católica de Direito do Rio de Janeiro, no início da década dos 40, hoje integrada à Pontifícia Universidade Católica [18]. Professor de Introdução à Ciência de Direito, Sbrozek era um desses professores que incutia interesse e estímulo para os estudos de Direito, alicerçado em sólidos fundamentos filosóficos. Não tendo deixado uma obra escrita ponderável, o seu papel está marcado na influência recebida por centenas de alunos que passaram por esse centro de estudos jurídicos no início de sua existência. Interessado também pelos problemas das ciências sociais, professor de Ética, Sbrozek publicou, em 1943, um estudo sobre a "Reforma do Ensino Superior das Ciências Sociais", detec-

tando a cizânia que se processava entre estudos jurídicos e
estudos sociais, e reivindicando para o Direito um papel mais
atuante no quadro do estudo das ciências sociais [19].

Com a redemocratização em 1945, novos horizontes
pareciam se abrir no campo do ensino. Os progressos realizados nos últimos quinze anos, embora importantes, não
pareciam satisfazer ao grupo de intelectuais, responsáveis pelo
Manifesto dos Pioneiros da Educação Nova de 1932, e a
Associação Brasileira de Educação reunia, no Rio de Janeiro, em 1945, o seu IX Congresso, o Congresso Brasileiro
de Educação Democrática, para traçar as diretrizes que deveriam nortear o desenvolvimento educacional do Brasil [20]. A
Constituição de 1946 incluiria, em parte, algumas dessas
idéias com o restabelecimento das linhas da Constituição de
1934 e um reforço nos poderes das unidades federadas,
reservando, por outro lado, à União apenas a atribuição de
legislar sobre as bases e diretrizes da educação nacional.
Entendeu-se que esta atribuição deveria consistir na elaboração de um estatuto único, que englobasse todos os princípios a respeito da ação da União. Em conseqüência o
Ministro da Educação, Clemente Mariani, em 1947 nomeou
comissão para elaborar o projeto, reunindo os especialistas
no campo do ensino primário, do ensino médio e do ensino
superior. Nesse último, a preocupação maior se concentrava na instauração de verdadeiro regime universitário,
assegurando-se uma efetiva autonomia. Elaborado o projeto, o Poder Executivo o encaminhou ao Congresso que,
durante treze anos, com largos períodos de calmarias e alguns
poucos de discussão, lutou para levar avante o projeto.

Enquanto, porém, a matéria era debatida nessas elucubrações doutrinárias, o espontaneísmo mais absurdo e
condenável grassava nos arraiais do ensino superior [21].
Assistiu-se de um lado a uma política de criação de novas
escolas, sem o menor critério, ao arrepio dos princípios
legais, e ao mesmo tempo o Governo Federal desviava recursos preciosos que deveriam ser utilizados no ensino primário e no ensino médio, seja para subvencionar essas escolas de qualidade duvidosa e de padrões indesejáveis, seja para
uma política ainda mais nefasta de federalização indiscriminada de universidades e escolas superiores, transferindo para
os cofres públicos os ônus dessa política infeliz. Este fenômeno de federalização felizmente foi posteriormente estancado, mas o da criação de novas escolas, sobretudo naqueles
ramos considerados mais fáceis de serem instituídos entre os
quais se incluem os de Direito, ainda não tiveram paradeiro.
Tal movimento, que já foi chamado ironicamente de "inchação" do ensino superior, ou "política de cogumelagem",
ocorreu num período em que as transformações econômicas

do país, com a atenção para os problemas de planejamento econômico e de uma intervenção mais ordenada do Estado nas atividades econômicas, estariam a exigir um ensino superior de tipo novo, inclusive um ensino de Direito que atentasse para estas novas necessidades sociais.

O descompasso entre o sistema educacional e as realidades econômicas e sociais foi-se tornando cada vez mais agudo, mas em poucos ramos assumiu caráter mais grave do que no campo do Direito. Em 1941, falando em nome da Congregação, por ocasião do cinqüentenário da Faculdade Nacional de Direito, o Professor San Tiago Dantas, num primoroso trabalho, *Discurso pela Renovação do Direito* [22], já pressentia as novas transformações sociais e apontava os rumos a serem adotados pelas faculdades de Direito em face dessa nova realidade, e do que era entendido como fenômeno da crise do Direito e da crise do ensino jurídico: "Só se consideraria, pois, em crise no mundo de hoje, uma faculdade em que o saber jurídico houvesse assumido a forma de um precipitado insolúvel, resistente a todas as reações. Seria ela um museu de princípios e praxes, mas não seria um centro de estudos. Para uma escola de Direito viva, o mundo de hoje oferece um panorama de cujo esplendor raras gerações de juristas se beneficiou. O objetivo dos nossos estudos hoje se transforma, fixa-se um segundo, diluindo-se quando parecia ausente em definitivo, e sobre esse chão que ondeia sob os nossos passos, estendemos a improvisada engenharia de nossas construções doutrinárias. As leis sobre o trabalho, as leis fiscais e as que exprimem a transição da economia livre para a dirigida, o novo Direito Público, este mundo em gestação que é o Direito Administrativo, tudo assoberba e solicita o jurisperito, que está no mundo de hoje como deve ter estado o geógrafo na época das descobertas.

Assim, é a confiança, o entusiasmo do trabalho, o que experimentamos nesta data, quando vemos a nossa cinqüentenária faculdade cruzar os mais novos e difíceis da política contemporânea. Os nossos juristas têm o seu olhar voltado para a renovação do Direito, e reprovando todo academicismo em que a mentalidade científica corre sempre o risco de se estagnar, aqui, estão investigando, articulando, experimentando o novo e procurando ligá-lo, uni-lo ao antigo, porque é um dos princípios cardiais da cultura jurídica — o esforço para garantir a continuidade das instituições [23].

O debate sobre a melhoria do ensino jurídico nesse período, se conserva praticamente inexistente e é despertado quando o então Deputado Aliomar Baleeiro, apresentou, em 1951, um projeto de lei [24], criando na faculdade de Direito um curso de ciências políticas de três anos, e que daria aos seus graduados inscrição na Ordem dos Advogados para advogar em executivos fiscais, mandados de segurança, recursos juntos aos conselhos de contribuintes e em conselhos jurisdicionais de caráter fiscal. Previa igualmente o desdobramento em dois anos do ensino de Economia Política e a criação de uma cadeira de Direito Governamental e Finanças Municipais. O projeto provocou a reação, entre outras, de Martins Rodrigues [25] e de Djacir Menezes [26]. O primeiro era na ocasião, membro do Conselho Nacional de Educação, e pretendia a supressão das cadeiras de Introdução à Ciência de Direito, da Economia Política e do Direito Internacional Privado. O projeto tentando corrigir parcialmente os problemas existentes, adotou solução que apresentava, apenas um paliativo, sem enfrentar a matéria em suas causas profundas.

Coube novamente a San Tiago Dantas, ao proferir a aula inaugural dos cursos da Faculdade Nacional de Direito, em 1955 [27], com intuições premunitórias, caracterizar a diátese que corroía os cursos jurídicos e propugnar por diretrizes novas. Encarando o problema do ensino jurídico dentro dos aspectos gerais da sociedade e da cultura modernas, entendia que

> A sociedade brasileira de hoje oferece o exemplo perfeito de crise determinada pela perda da eficácia ou poder criador da classe dirigente. Os que se acham no comando da sociedade perderam gradualmente o poder de encontrar soluções para os problemas, não só pelos problemas criados pelo meio físico e pelas exigências da civilização material, como para os problemas do autogoverno da sociedade, inclusive o da transmissão de seu acervo cultural através da educação.
>
> A incapacidade da classe dirigente para criar, assimilar, executar e adaptar as técnicas necessárias ao controle do meio físico e do meio social já permitiu que se iniciasse, entre nós, sobretudo nos centros urbanos e nas regiões mais adiantadas, onde a pressão dos problemas irresolvidos se faz sentir com maior intensidade, o processo da secessão da classe dirigida, a qual se está separando rapidamente da antiga classe dirigente e apresentando a inevitável reação demagógica que acompanha o colapso da liderança [28].

E, procurando examinar o restabelecimento do primado da cultura jurídica, como uma das formas de recuperação da sociedade contemporânea, afirma que

> pela educação jurídica é que uma sociedade assegura o predomínio dos valores éticos perenes na conduta dos indivíduos e sobretudo dos órgãos do Poder Público. Pela educação jurídica é que a vida social consegue ordenar-se segundo uma hierarquia de valores em que a posição suprema compete àqueles que dão à vida humana sentido e finalidade. Pela educação jurídica é que se imprimem no comportamento social os hábitos, as reações espontâneas, os elementos coativos que orientam as atividades de todas as grandes aspirações comuns [29].

Considerava San Tiago Dantas que a reinstauração da supremacia da cultura jurídica e da confiança do Direito como técnica do controle do meio social teria de lançar raízes numa revisão da educação jurídica e na definição do próprio objetivo da educação jurídica. Analisava, então, a *Didática Tradicional* e *A Nova Didática,* mostrando como a primeira, partindo do pressuposto de que, se o estudante conhece as normas e instituições, conseguirá, com seus próprios meios raciocinar em face das controvérsias, e a nova didática, em que o estudante deve repetir o esquema fundamental de que o conflito de interesses e a controvérsia entre dois indivíduos é o fato necessário para que surja, como resposta, a norma jurídica. A nova didática, no seu entender, se basearia sobre a forma predominante do *case system,* e traria, como conseqüência, um aumento considerável do aumento do tempo do trabalho escolar, dos programas de ensino e da própria estrutura dos currículos. Neste ponto, sugeria, em anexo, um programa de reformas em que previa uma formação especializada ainda no curso de bacharelado, com quatro grandes especializações — Direito de Empresa, Direito Penal, Direito Administrativo, e uma outra de Ciências Econômicas e Sociais, pela qual tentava restabelecer para o ensino jurídico o seu papel de predomínio no campo do ensino das Ciências Sociais [30]. E concluía esta aula admirável:

> Simplificação extrema de todas as formalidades, ampliação máxima da liberdade de ensinar e estudar, são assim os princípios com que se completa a revisão da educação jurídica brasileira. Fazendo com que os alunos desenvolvam o senso jurídico pelo exercício do raciocínio técnico na solução de controvérsias, em vez de memorizarem conceitos e teorias, aprendidas em aulas expositivas; dando ao curso flexibilidade para que os alunos possam especializar-se nas especialidades que preferirem; eliminando formalismos escusados e ampliando a liberdade educacional, poderemos dar à educação jurídica um novo surto e contribuir para o renascimento do Direito como técnica suprema a que os outros devem estar subordinados.
>
> Este renascimento será, na hora de crise em que vivemos, em meio à liquidação de uma classe dirigente, tornada incapaz de resolver problemas e à secessão da classe dirigida, a contribuição construtiva dos juristas que muito poderão servir para que as classes sociais e as diferentes técnicas que as controlam fiquem sobre a supremacia hierárquica do Direito.
>
> Manter esta supremacia, retificando e renovando, quando preciso, as bases educacionais em que se funda a cultura jurídica é o nosso dever, como faculdade. Se o cumprirmos, estaremos servindo, como nos cabe, à defesa desses ideais perenes da nossa cultura; o predomínio do valor ético sobre o valor técnico, a legitimação da autoridade pela sua subordinação à Justiça. Estes ideais são a nossa razão de ser [31].

Apesar da grande repercussão obtida pela aula de San Tiago Dantas, as suas idéias não lograram êxito nem aplicação, mas no final da década. sob a inspiração de Darcy Ribeiro, o Governo Federal tentou implantar na nova capital da República — Brasília —, uma universidade que fosse a matriz de todo movimento de renovação nacional. Guardando os ecos longínquos da antiga Universidade do Distrito Federal, de 1935, o plano de organização do ensino jurídico da Universidade de Brasília inspirava-se claramente no plano do Professor San Tiago Dantas, embora variando em detalhes, dos quais o principal foi o reconhecimento de que, dentro de uma verdadeira estrutura universitária, não haveria lugar para que a faculdade de Direito tentasse realizar qualquer programa no campo das ciências sociais, substituindo, assim, a especialização de ciências sociais e administrativas pela especialização em Direito do Trabalho, nova especialização que o mercado de trabalho começava a exigir [32].

As preocupações do desenvolvimento tecnológico e da formação de quadros de níveis superiores adequados as novas realidades econômicas provocaram também o interesse dos órgãos do empresariado pelos problemas da educação, de que dão conta os Encontros Regionais dos Educadores Brasileiros, promovidos em 1960, pela Confederação Nacional da Indústria, pelo Serviço Social da Indústria e pelo Serviço Nacional de Aprendizagem Industrial, com o apoio do Ministério da Educação e Cultura. No campo do ensino jurídico, o Professor Caio Mário da Silva Pereira [33], apresentou substancioso relatório, em que, em feliz síntese, tratou dos principais aspectos que preocupavam já os meios jurídicos, docentes e empresariais. Reconhecia ele não haver menor dúvida sobre a necessidade de alteração no ensino jurídico com uma

> notória desconformidade entre o enquadramento educacional e as injunções da vida profissional. O recém-graduado sente-se desarmado diante da complexidade da chamada "vida prática", porque lhe falta, em contraste com sua apuração sensorial, mais positiva "prática da vida". Então, é de ver-se o grande número de valores sumamente aproveitáveis, intimidados ante a gravidade dos problemas ambientes. E, sobretudo, não existe adequação a um processo seletivo que permita encaminhamento conveniente aos pendores individuais para o magistério, para o debate parlamentar, para a tribuna forense, etc. [34].

Analisa, em primeiro lugar, a deficiência do ensino primário e a falência do ensino médio, e aponta as duas ideiais forças que convergem para a estruturação do ensino jurídico:

a primeira é que a faculdade de Direito tem um objetivo imediatista quando gradua, no bacharel, um profissional. Mas a segunda é também que este graduado não pode ser um prático, mas tem que ser um técnico que sabe as regras de seu ofício e conhece as razões de sua aplicação [35].

As observações específicas se referem ao currículo universitário, defendendo o abandono de uma padronização artificial, e à necessidade de intercâmbio cultural, com a troca de professores e com excursões dos alunos. E propõe a adoção de uma assistência judiciária e prática jurídica efetivas. Em relação ao curso de doutorado, faz uma análise bastante segura, propondo a sua reestruturação do ponto de vista da valoração maior dos cursos e maior intensidade nos trabalhos, sugerindo afinal, a criação de centros de pesquisa, dando como conclusão um alerta contra a proliferação incontida de faculdades de Direito. A organização dos Encontros previa a designação de correlatores, tendo sido escolhido para o tema o desembargador Cristalino de Abreu Castro [36], professor da Faculdade de Direito do Espírito Santo que, concordando na maioria dos pontos com o Professor Caio Mário da Silva Pereira, propôs algumas sugestões quanto ao caráter prático do curso de Direito.

No final da década se processa no Congresso Nacional a discussão final, bastante acalorada, em torno do projeto de lei de diretrizes e bases da educação nacional, que se desvia do debate inicial em torno de poderes da União e poderes das unidades federadas, para se concentrar na querela entre escola pública e escola particular [37]. A lei 4024, enfim promulgada em 20 de dezembro de 1961, representou uma fórmula de compromisso, guardando com reservas a autonomia estadual, transigindo no auxílio às escolas particulares, e criando, como órgão normativo de cúpula da administração educacional, o Conselho Federal de Educação, que vai passar a desempenhar um papel decisivo na formulação de uma política educacional, sobretudo no campo do ensino superior [38].

A Lei 4024 (Lei de Diretrizes e Bases da Educação Nacional) dispunha no artigo 70 que o currículo mínimo e a duração dos cursos que habilitassem à obtenção de diplomas, capazes de assegurar privilégios para exercício de profissão liberal, seriam fixados pelo Conselho Federal de Educação. Logo após a sua instalação, diligenciou o Conselho na preparação de normas gerais para todos os currículos dos cursos superiores, passando, em seguida, à elaboração dos currículos para cada especialidade. Em relação às normas gerais, considerava o Conselho que o currículo mínimo era um núcleo necessário de matérias, abaixo do qual ficaria comprometida uma adequada formação cultural e profissional. Ele poderia ser uno ou admitir diversificações, abrangendo, nesta última hipótese, uma parte fixa, comum para todos os alunos, e outra variável, relacionada com objetivos específicos ou com outras características do curso. Determinava, ademais, que o currículo de cada curso abrangeria, além do mínimo fixado pelo Conselho Federal de Educação, uma parte complementar fixada pelo estabelecimento, conforme as suas possibilidades para atender às peculiaridades regionais, às diferenças individuais dos alunos e à expansão e atualização dos conhecimentos [39].

Discutindo o currículo mínimo do Direito, considerou inicialmente o Conselho Federal de Educação haver para sua fixação a experiência de mais de um século de ensino jurídico, considerando desde logo, que não parecia inconveniente alterar a tradição de cinco anos para o curso de bacharelado, a qual tinha provado satisfatoriamente [40]. Considerou especificamente o parecer a necessidade de autonomia da cadeira de Direito Financeiro, que resultava dos "atuais desdobramentos da profissão de advogado, prestando assistência a empresas e orientando-as quanto a regulamentos financeiros e imposições fiscais". A cadeira de economia política foi considerada indispensável para "um profissional que atuará numa sociedade em que o econômico está necessariamente entrelaçado com o jurídico e o social". Decidiu, ainda, que o ensino de Direito Romano poderia ser ministrado conjuntamente com o Direito Civil, ou como disciplina autônoma, constando do currículo complementar, concluindo por fixar as quatorze cadeiras constantes do currículo mínimo: 1ª) Introdução à Ciência do Direito; 2ª) Direito Civil; 3ª) Direito Comercial; 4ª) Direito Judiciário Civil (com prática forense); 5ª) Direito Internacional Privado; 6ª) Direito Constitucional (incluindo noções de Teoria do Estado); 7ª) Direito Internacional Público; 8ª) Direito Administrativo; 9ª) Direito do Trabalho; 10ª) Direito Penal; 11ª) Medicina legal; 12ª) Direito Judiciário Penal (com prática forense); 13ª) Direito Financeiro e Finanças; 14ª) Economia Política [41].

O Conselho Federal de Educação julgava que o curso de Direito seria ministrado com este currículo, e que seria conveniente que as matérias mais extensas tivessem a duração que os estabelecimentos julgassem necessária. A experiência foi, entretanto, que o currículo mínimo tornou-se, a rigor, um currículo máximo, e que as cadeiras por ele não abrangidas, como a Teoria Geral do Estado, o Direito Romano ou foram incorporadas a outras disciplinas ou na maioria dos casos mantidas por força da tradição, resultando que a prática do currículo mínimo baixado pelo Conselho Federal de Educação, em 1961, não trouxe nenhum resultado mais auspicioso.

A criação do Conselho Federal de Educação pela lei de diretrizes e bases em 1961 e as atribuições a ele conferidas de autorizar o funcionamento de escolas de níveis superior, que habilitassem ao exercício de profissões técnico-científicas, coincidiu com a fase de grande expansão do ensino superior no Brasil, e, especialmente, do ensino jurídico. Apesar de ter recebido os poderes mais amplos para decidir sobre a autorização dessas escolas, a sua atuação se revelou puramente formal, despida de qualquer programa e planejamento gerais, aceitando e ratificando a política do mais puro espontaneismo. Essa tendência ainda mais se acentuou em 1967, quando pelo parecer 365/67, decidiu o Conselho, ser

> Impossível a recusa à autorização para funcionamento, quando se trata de um estabelecimento particular e não se comprometam fundos públicos [42].

Os elementos que deveriam ser examinados pelo Conselho em cada caso seriam a capacidade financeira da entidade mantenedora, as condições do prédio, o corpo docente, e situação geral do meio, porém esse exame era de caráter puramente formal; sobretudo, quanto aos professores, examinava-se numa falsa objetividade os títulos apresentados, sem nenhuma consideração efetiva quanto ao mérito de cada um. Ficaram, assim, conhecidas as "congregações de fachada" de professores que simplesmente davam o nome, para dourar com o prestígio de seu nome a criação de faculdade onde nunca compareciam, e com a tentativa de aumentar o controle, as "congregações itinerantes" de professores, que faziam percurso por várias cidades, ensinando um dia em cada uma delas. Os processos insuficientemente instruídos, baixavam em diligência, mas à força do cansaço e da inércia, conseguiam, afinal, serem aprovados.

Enquanto permaneceu como membro do Conselho Federal de Educação, o professor Almeida Júnior sempre esteve no combate intransigente em defesa dos bons princípios, e contra a aprovação indiscriminada de novas escolas. No caso da Faculdade de Direito Rui Barbosa, de São Caetano do Sul, em São Paulo, provava o Professor Almeida Júnior que São Paulo estava abundantemente suprida de bacharéis. Mas era mais uma vez uma voz vencida, porque se tornou vencedor o ponto de vista do Conselheiro Clóvis Salgado com os seguintes argumentos:

a) embora São Paulo esteja suprida de bacharéis, poderá haver necessidade de bacharéis em outras regiões do país;

b) há uma função tradicional das escolas de Direito, de preparação de uma elite de nível superior para o país;

c) o ensino de Direito é um ensino mais barato, acessível à iniciativa particular;

d) o ensino de Direito possui, por sua própria natureza, uma função de cultura geral [43].

Em outro processo de autorização da Faculdade de Direito de São João del Rei, em Minas Gerais, assim se pronunciou o relator Edison Franco:

> A demanda dos cursos de Direito pode ser considerada em função de que tal tipo de ensino tem se prestado ao desenvolvimento social, menos pela militância profissional e mais pela cultura que proporciona aos seus concluintes para o desenvolvimento comunitário [44].

Em outro processo de autorização da Faculdade de Direito, assim votaram os Conselheiros Clóvis Salgado e Nair Fortes Abu-Merhy:

> Não há elemento de juízo bastante seguro para aplicar-se o critério legal de saturação do mercado de trabalho dos profissionais de Direito. Ademais, as faculdades de direito formam apenas bacharéis; para que se tornem profissionais, os diplomados precisam habilitar-se perante a Ordem dos Advogados [45].

Em 1964, o Conselho Federal de Educação teve oportunidade de se pronunciar sobre a autorização para funcionamento de Faculdade de Direito na Cidade de Barra Mansa, Estado do Rio. A autorização já tinha sido indeferida pela Diretoria do Ensino Superior e os debates de Plenário levaram o relator, Professor Péricles Madureira de Pinho a escrever uma ligeira nota, como suplemento ao relatório do referido pedido. Começa o comentário dizendo que

> a indagação principal que nos foi feita pode ser resumida no título dessas notas: "Há bacharéis de Direito de mais ou menos no Brasil?". A pergunta em si nos parece imprópria, pois a ela teríamos que responder: "Temos maus bacharéis de mais e bons bacharéis de menos".

Fazendo outras considerações, prossegue:

> O que necessitamos é de verdadeiros profissionais que saiam da escola para os postos da carreira judiciária, do ministério público, da segurança pública e da advocacia. O que nos parece inconveniente à política educacional é a expansão de "fábricas" que apenas rotulam para fins decorativos e sociais jovens que poderiam ser eficientes em outras atividades e que são apenas atraídos pelas facilidades que lhe são oferecidas nos cursos jurídicos. Isto sim é que deve ser coibido.

Depois de assinalar que a formação dos profissionais de nível superior deveria ser apoiada no ensino primário e médio rigoroso, afirma que:

> especialmente quanto aos bacharéis em Direito, o que se verifica é que as sessenta e uma faculdades distribuem diplomas formais a conferirem prestígio a seus titulares, mas sem lhes dar, em sua grande maioria, a eficiência indispensável no exercício das profissões para as quais apenas se habilitam formalmente.

O parecer desenvolve essas idéias, mostrando as condições reais do pedido da entidade mantenedora, para a seguir, aduzir:

> Este processo encerra o caso típico de distorção da política educacional que convém ao Brasil. Um município da bacia leiteira do Vale do Paraíba, ligado por ferrovia e rodovia a São Paulo e Rio de Janeiro, mobiliza-se ele todo, a municipalidade, as instituições, toda a comunidade enfim, para atingir o nível superior no seu sistema de ensino. E pretende começar por uma faculdade de Direito.
> A aspiração coletiva não é a de melhorar as condições econômicas nas quais vive a comunidade. Não a impressiona a precariedade do ensino primário nem do ensino médio. A municipalidade a que compete precipuamente dar escolas elementares, alteia-se de repente na pretensão do ensino superior.
> Particulares, na medida de suas posses, contribuem, mensalmente, na ânsia de ver em breve uma faculdade de Direito funcionando às margens do Paraíba, a poucos metros das lavouras e dos centros de criação que constituem a riqueza do município. Uma sociedade mantenedora, sem prédio, sem renda patrimonial, vivendo apenas de subscrições, sente-se capacitada para alimentar financeiramente uma instituição de ensino superior. As aulas serão noturnas. Os professores, depois de suas ocupações diárias, virão dezenas e até centenas de quilômetros para ministrar aulas a estudantes que provavelmente serão desviados de sua jornada do campo, do comércio, e da indústria.

E conclui:

> Não nos parece possível é que autorize este Conselho o funcionamento da faculdade em que haverá apenas cursos noturnos onde professores, ocupados em outras tarefas, não terão condições para o ensino eficiente e digno do nível superior. Embora entendamos que os bacharéis em Direito têm ainda larga tarefa a cumprir, só em condições outras aceitar-se-ia uma escola jurídica em Barra Mansa [46].

O ponto de vista do Cons. Péricles Madureira de Pinho não se tornou vencedor; a posição contrária predominante demonstra como a maioria dos membros do órgão de cúpula da administração levou o Conselho Federal de Educação a uma posição de omissão e formalismo, que, ao invés de liderar e dirigir o processo universitário, era conduzido pela força dos interesses imediatistas [47].

A expansão das faculdades de Direito nos últimos anos tem se processado sem nenhuma atenção para as exigências do mercado de trabalho. A concepção tradicionalista e simplista é a de que a faculdade de Direito corresponde a uma escola de estudos gerais, e que portanto os que nela se diplomam, em muito pequena parte, irão se destinar especificamente às carreiras jurídicas. Se considerarmos o custo de uma faculdade de Direito, ainda que barato, compreender-se-á melhor o desperdício que significa levar um jovem durante cinco anos a estudar processo penal, medicina legal, direito do trabalho — a título de cultura geral — cultura geral, que poderia com muito melhor resultado em outras escolas melhor habilitadas a esses tipo de ensino.

Por isso mesmo, os poucos estudos que se tem feito em matéria de mercado de trabalho revelam profunda distorção entre a oferta das faculades de Direito e a aborção pelo mercado de trabalho. O Professor Almeida Júnior, baseando-se no trabalho de Calamandrei — *Troppi Avvocatti* — tentou fazer, em 1961, um estudo das carreiras jurídicas no Estado de São Paulo, obtendo revelações bastante importantes. Em relação ao universo de formados preparou o seguinte quadro:

Nos Estados Unidos (1958) .... 9433 ou 5,4 por 100 mil hab.
No Brasil em conjunto (1959) .. 3562 ou 5,4 por 100 mil hab.
No Brasil sem São Paulo (1959) 2500 ou 4,6 por 100 mil hab.
Só no Estado de São Paulo (1959) 1062 ou 9,6 por 100 mil hab [48].

Conclui ele pela pletora dos advogados no Estado de São Paulo, e aduz:

A tentativa de fazer carreira por parte dos "não vocacionados", ou o desânimo de muitos, antes mesmo de qualquer tentativa, levam grande número de jovens bacharéis a fechar para sempre os livros de Direito e cuidar de outra coisa. Donde haver por aí (dizíamos em 1952) bacharéis lavradores, bacharéis pecuaristas, bacharéis negociantes, bacharéis gerindo fábricas, bacharéis professores de ginásio, bacharéis banqueiros ou bancários, bacharéis escriturários de repartição, bacharéis corretores de praça, bacharéis postalistas, bacharéis no Exército ou na Força Pública, bacharéis na Aviação, bacharéis nas agências de publicidade, bacharéis no teatro, no rádio, no futebol... De então para cá, graças aos informes colhidos em comemorações de formatura ,novas posições ocupadas por bacharéis em Direito, pudemos recensear: a de televisionista, a de inspetor de ensino, a de gerente de restaurante, a de balconista de botequim, a de oficial de justiça, a de palhaço de circo, (dois pelo menos, aliás excelentes), a de caixeiro viajante, a de bibliotecário... Todas as profissões são dignas, desde que exercidas com honestidade; mas é antieconômico, e por vezes é também cruel preparar um jovem durante cinco anos para a dvocacia e para a magistratura e, ao fim do curso, dizer-lhe — Não há serviço para você! Enrole o seu diploma e vá cuidar de outra coisa [49].

Um estudo realizado em 1972 pelo Instituto Universitário de Pesquisas do Rio de Janeiro, chegou a mesma conclusão:

> Para os advogados, por outro lado, parece existir um superávit de volume substancial. Mesmo sendo importante tomar em consideração as características da profissão no país, parece-nos aconselhável a não expansão da oferta desses profissionais e uma melhoria substancial nos cursos oferecidos. Caso se observe um déficit profissional como decorrência desta medida, a correção pode ser feita rapidamente, já que a julgar pelo recente e elevado surgimento de escolas de Direito, novos investimentos no setor são fáceis [50].

Nesse contexto, cabe uma referência ao movimento da reforma universitária que é um esforço tendente à atualização do ensino superior brasileiro, com repercussões no campo do ensino jurídico. Por força dos decretos-leis 53 de 18 de novembro de 1966 e 252 de 28 de fevereiro de 1967, foi criada uma estrutura institucional que favorecesse essa reforma da universidade brasileira. Constituída de escolas isoladas, algumas com longo período de existência, às quais se superpôs a uma estrutura administrativa unificada, essas escolas nunca transcederam seu espírito individualista para se integrarem dentro da vida universitária. Num resumo sucinto pode-se caracterizar como elementos dessa reestruturação a integração estrutural e funcional da universidade, tendo por base o princípio de não duplicação dos meios, para fins idênticos ou equivalentes, de modo a assegurar a plena utilização dos recursos empregados em sua manutenção e funcionamento; concentração dos estudos básicos, científicos e humanísticos num sistema integrado de unidades para servir a toda a universidade; instituições do sistema departamental, concentrando-se em cada departamento todo o pessoal docente e recursos materiais relativos à mesma área de conhecimento, propiciando assim as condições para que as atividades didáticas e de pesquisa se realizem num sistema de cooperação.

O Professor Newton Sucupira, um dos grandes autores do plano da reforma universitária, ao analisar essa concepção, tem uma observação de alta relevância, com relação às tradições do ensino universitário:

> Confessamos que, deliberadamente, desprezamos o "fator histórico" do nosso ensino superior, que é um dos responsáveis por essa cultura verbalística que ainda nos domina e por nosso tardio despertar para a compreensão científica do mundo e sua transformação pela tecnologia. Não há o que temer por nossas tradições de ensino superior, pois não possuímos verdadeira tradição universitária a defender e a preservar. Umas das condições do êxito da reforma é romper definitivamente com duas tradições: a cátedra e a faculdade de autonomia [51].

Posteriormente, a necessidade de acelerar esse processo, em face das reações surgidas nos meios estudantis, levou o Governo, pelo decreto 62 937 de 1968, a criar um grupo de trabalho visando à implantação mais rápida da reforma universitária. Na apresentação desse relatório do grupo de trabalho, de autoria do Professor Newton Sucupira, se diz:

> Assim concebida em suas múltiplas dimensões, a reforma da universidade brasileira há de ser o produto das próprias transformações sócio-culturais do país. As condições geradas pelo desenvolvimento começam a exercer pressão sobre a instituição universitária, obrigando-a a tomar consciência crítica de si mesma, a reformular seus objetivos, repensar seus métodos de ação e a dinamizar suas estruturas, para ajustar-se ao processo social em curso. A crise que hoje atravessa a universidade, a contestação de que ela é objeto, fora e dentro dela mesma, e o sentimento generalizado de frustração no meio universitário revelam o amadurecimento da consciência nacional para a implantação das reformas desde há muitos reclamadas [52].

As faculdades de Direito, via de regra, têm se revelado pouco receptivas à idéia da reforma universitária. Pretendendo manter uma posição de isolamento, recusando transferir-se para o *campus* universitário, em alguns casos com a impetração de mandados de segurança por suas congregações, têm resistido elas às idéias renovadoras da reforma universitária. No relatório do grupo de trabalho, grande ênfase era dada ao mecanismo da pós-graduação, como forma de formação dos professores de alto nível e dos pesquisadores especializados, preparando o grupo de trabalho minuta de decreto visando à criação dos centros nacionais de pós-graduação. Parece ser esse setor um daqueles onde a reforma vem mais progredindo, especialmente a da instituição dos cursos de mestrado em novas bases, com o credenciamento pelo Conselho Federal de Educação. Os cursos de mestrado já vão aparecendo nas faculdades de Direito, e se eles não funcionarem no mesmo regime dos cursos de doutorado, com um novo rótulo, terão realmente condições de estabelecerem regime sério de trabalho intensivo e profundo, como base de núcleos de desenvolvimento do ensino e da pesquisa jurídica.

A experiência mais importante no campo da renovação do ensino jurídico nos últimos anos foi o Centro de Estudos e Pesquisas no Ensino do Direito (CEPED), criado pela resolução 284/66 [53], do Conselho Universitário da Universidade do Estado da Guanabara como um mecanismo flexível, tendo como finalidade o aperfeiçoamento do ensino jurídico e a realização de pesquisas e estudos especializados no campo de Direito.

Embora vinculado formalmente à Faculdade de Direito dessa universidade, a resolução deu grande autonomia à direção do centro, o que permitiu a sua instalação na Fundação Getúlio Vargas e, com isto, uma colaboração extremamente frutuosa com a Escola de Pós-graduação em Economia, sob a direção do Professor Mário Henrique Simonsen.

Dirigido desde a sua fundação pelo Professor Caio Tácito Sá Viana Pereira de Vasconcelos, professor de Direito Administrativo da Faculdade de Direito da Universidade do Estado da Guanabara, o CEPED na verdade reuniu um grupo de professores brasileiros insatisfeitos com o *status quo*, movimento em que foi a figura catalisadora o então Consultor Jurídico da Agência do Desenvolvimento Internacional do Governo dos Estados Unidos do Brasil (USAID), o Professor David Trubek, hoje na Universidade de Wiscounsin [54]. Chegando ao Brasil em 1964, por ocasião da retomada dos grandes empréstimos daquela agência do Governo Americano para os programas de desenvolvimento econômico do Brasil, deu-se conta o Professor Trubek do papel secundário que desempenhavam os advogados brasileiros, seja de órgãos públicos, seja de órgãos privados, na negociação dos empréstimos internacionais e na formulação de suas cláusulas contratuais. Refletindo, a respeito, verificou, em conseqüência, que esta posição subalterna ocupada pelo advogado, no Brasil, decorria, em grande parte, da má formação haurida nas faculdades de Direito, que não habilitava o advogado para estas novas tarefas da vida econômica e para os esquemas de formulação dos negócios. Em conseqüência, procurou ele contatos nos meios universitários para o debate da matéria, surgindo, em conseqüência desse trabalho, a criação de um centro de estudos e pesquisas, que se converteu no CEPED.

Contou o CEPED para a execução de seu programa com a importante contribuição financeira da própria Agência do Desenvolvimento Internacional e da Fundação Ford, e participaram de seus programas, como professores visitantes, os professores Henry Steiner, da Universidade de Harvard, e Keith Rosenn, da Universidade de Illinois, mas, deve-se ressaltar que se tratou de um programa concebido por professores brasileiros, com as vistas voltadas para a realidade brasileira. A atividade principal do CEPED centrou-se na organização de Cursos de Advogados de Empresas, o primeiro realizado em 1967, e que foi precedido da viagem que um grupo de professores do CEPED realizou nos Estados Unidos, para visitas a escolas de Direito norte-americanas [55]. Entretanto, antes da viagem, no memorando que então preparou [56], o Professor Alfredo Lamy Filho, Professor de Direito Comercial da Pontifícia Universidade Católica do Rio de Janeiro, e responsável pela organização e execução do curso, já formulava, de forma definitiva, a ênfase que seria dada ao curso, e à orientação metodológica a ser adotada. Mostrava ele o processo de mutação acelerada que ocorria em todo o mundo, e especialmente no Brasil, acarretando a chamada "crise do Direito", com reflexos sobre o campo do ensino jurídico. Assim se pronunciava ele:

> Dentro dessas linhas gerais, cumpre examinar a missão do CEPED. Destinado, de início, a uma experiência com pós-graduados, parece evidente que os cursos da CEPED devem procurar transmitir aos alunos, não mais apenas os conhecimentos do Direito positivo, mas, sobretudo, a noção de que trabalham como profissionais do Direito sobre uma realidade em mutação, de que existe um permanente — agora agudo — processo de renovação do Direito e que é possível divisar o sentido desse processo. Ao que pensamos, o CEPED não teria sentido em ser apenas um laboratório para experimentação de novas técnicas de ensino ou de cujas retortas saíssem profissionais privilegiados mais aptos ao êxito na vida privada. Devem eles ser isto e muito mais, pois pode e deve ser o centro de pesquisas e divulgação de uma nova compreensão do Direito e que traga uma substancial colaboração à modelagem de uma sociedade em desenvolvimento [57].

Destacava, em seguida que o método de preleções até então adotado nas faculdades de Direito não satisfazia mais a estas novas necessidades, devendo voltar-se para outro sistema. Punha reservas à adoção do sistema do "case method", mas concluía que o *problem method* parecia particularmente adequado aos processos que se tinha em mira. Notava-se, inclusive, nesse documento os ecos da memorável aula do Professor San Tiago Dantas, sobre a Educação Jurídica e a Crise Brasileira, pronunciada em 1955, na Faculdade Nacional de Direito.

O curso, que foi realizado durante seis anos, compreendia o aperfeiçoamento pós-graduado de professores e advogados de empresas do setor privado e de órgãos do Governo, selecionados dentre jovens destinados à profissão, aos quais eram oferecidos estudos integrados de Direito Comercial (especialmente a disciplina jurídica das sociedades anônimas e do mercado de capitais), do Direito Público (empresas públicas e atividades do Estado, no domínio econômico), Direito Fiscal (especialmente Imposto de Renda), além de noções de economia interna da empresa e contabilidade. Os alunos participavam dessa experiência metodológica, mediante estudo prévio do material e intervenção ativa nos debates em classe.

A escolha do tema do curso pareceu adequada à direção do CEPED, tendo em vista que a legislação que disciplina as instituições econômicas estava em processo de revisão total no Brasil, e por outro lado as novas leis, de elaboração apressada e sistemática, clamavam por um esforço de compreensão, particularmente propício à utilização do novo método. Por outro lado, o estudo integrado dos vários ramos do Direito, da Economia e da Contabilidade facilitavam a compreensão do aluno no que toca à função social da lei e à sua finalidade como instrumento de controle especial num processo permanente de aperfeiçoamento. Adotando os problemas da grande empresa — unidade de trabalho do mundo moderno — como tema central do curso, dava-se atenção especial ao estudo dessa unidade econômica e da sua regulamentação jurídica, bem como à responsabilidade social que lhe toca no mundo atual, seja empresa pública, seja empresa privada — como a forma mais adequada de trabalho organizado, capaz de atender às exigências e complexidades da vida contemporânea. No planejamento dos cursos, adotou-se o sistema dos alunos terem conhecimento prévio da matéria que ia ser discutida na aula, com o fornecimento do roteiro da discussão, do material das aulas. O professor preparava, com antecedência e obrigatoriamente, o material de cada aula, dele constando o resumo doutrinário da matéria a ser discutida, comunicação de fontes bibliográficas para os que desejassem aprofundar o seu exame; transcrição e indicação de acórdãos, sentenças, pareceres ou formulações de casos práticos ou problemas tanto quanto possível ligados a questões jurídicas atuais; parte final, com indicação dos pontos importantes e do roteiro para discussão em aula. A aula era o mais possível dialogada, procurando o professor orientar e auxiliar a corrigir o raciocínio do aluno, fazendo com que ele se habituasse a "pensar juridicamente" em face de fatos jurídicos [58]. Completada a parte doutrinária, os alunos passavam à formulação de um grande projeto, de viabilidade em que se previa a associação de interesses distintos, geralmente capitais brasileiros e estrangeiros vinculados à utilização da tecnologia e com participação da sociedade de investimentos, financiamentos de entidades nacionais e internacionais, públicas e privadas. Na realização desse projeto, a classe era dividida em grupos incumbidos de patrocinar os vários interesses que se associavam. O início do exercício começava pelo debate do estudo da viabilidade econômica, passando depois para o debate do pré-contrato e posteriormente à finalização do negócio com o exame de várias alternativas possíveis. Finalmente, o curso era encerrado com uma prova, geralmente um balanço de uma empresa, previamente distribuído, para o exame dos alunos e sobre o qual, na hora, eram formuladas questões de direito societário, fiscal e administrativo, de economia e contabilidade.

Foram realizados, ao todo, seis cursos, de 1967 a 1972, com a conclusão de cerca de 220 advogados. Através de bolsas de estudo oferecidas pela USAID e pela Fundação Ford, treze de seus alunos realizaram estudos pós-graduados nas universidades de Harvard, Yale, Califórnia, (Berkeley) e Michigan.

Os cursos lograram total êxito, excedendo a expectativa dos mais otimistas, e, em conclusão, pode-se afirmar que o método inicialmente adotado e aperfeiçoado, mostrou ser realmente adequado. Tão logo vencida a fase de adaptação dos professores, o curso passou a apresentar rendimento excepcional. E já está sendo adotado por ex-alunos do CEPED, nos cursos de bacharelados da Pontifícia Universidade Católica do Rio de Janeiro e na Faculdade de Direito Cândido Mendes, também no Estado da Guanabara. Os alunos, os advogados de empresas públicas e privadas, e jovens professores levaram para o desempenho de suas funções uma visão renovada das responsabilidades que lhes tocam no processo de transformação e desenvolvimento das instituições jurídicas no País. Um grande número de alunos (21 ao todo) passou a exercer o magistério universitário, fazendo-se divulgadores e aperfeiçoadores da idéia que inspirou o CEPED e em muitos aplicados, chegando à aplicação do método no curso de bacharelando em Direito [59].

Dentro do mesmo anseio de renovação, o Instituto dos Advogados Brasileiros reuniu em 1967 um seminário para o estudo e análise da reforma do ensino jurídico [60]. O seminário foi realizado com a colaboração da Agência do Desenvolvimento Internacional (Aliança para o Progresso) e se inseria no mesmo programa de iniciativas, das quais o fato mais destacado foi a instituição do CEPED.

O temário compreendia, inicialmente, um levantamento do ensino jurídico no Brasil, prevendo três relatores para as experiências existentes no Rio, São Paulo e Brasília; o problema do ensino jurídico no exterior, a ser relatado por professores estrangeiros; o currículo das faculdades de Direito, no bacharelado e doutorado, o método de ensino e os critérios de aprovação nas faculdades de Direito; e o estágio do ensino na prática forense.

Discutiu-se amplamente a experiência da Universidade de Brasília, assim como esteve presente a experiência, então, incipiente, do CEPED.

O problema da criação indiscriminada da faculdade de Direito mereceu também a atenção do seminário, através da indicação de professores da Faculdade de Direito de São Paulo, que propuseram as seguintes medidas [61]:

> O 1º Seminário de Ensino Jurídico manifesta sua apreensão ante o fenômeno da criação indiscriminada de faculdades de Direito, em várias unidades da Federação, fenômeno que ameaça e compromete

toda a obra de formação jurídica brasileira, iniciada há exatamente 140 anos, com a criação das escolas de Olinda e São Paulo. E dirige um apelo às autoridades competentes, federais e estaduais, no sentido de serem tomadas, entre outras, as seguintes providências para debelar tão grande mal:

1. Não seja dada autorização para o funcionamento de novas escolas, até que se proceda ao levantamento da rede já existente, levantamento que se sugere seja feito com a colaboração da Ordem dos Advogados do Brasil, através de suas várias seções;

2. Sejam revistas as autorizações concedidas às escolas ainda não reconhecidas, para os fins que se impuserem, em cada caso concreto;

3. Nas futuras autorizações, seja fixado o número máximo de 100 alunos por ano para o início de funcionamento, mantendo-se esse número durante o prazo de 5 anos, sempre a título experimental;

4. Seja dada ênfase especial à exigência de uma biblioteca mínima, sem o que não se poderão realizar os trabalhos normais de ensino e pesquisa, no nível postulado pelos trabalhos universitários;

5. Seja regulamentada pelo Egrégio Conselho Federal de Educação, com a urgência imposta pela sua relevância, a matéria referente às provas de habilitação mencionadas pelo art. 168, n° V da Constituição do Brasil, para o provimento dos cargos da carreira docente, nos estabelecimentos particulares de ensino superior. Recomenda-se que tais provas sejam realizadas, sempre, junto às Congregações de faculdades de Direito integradas em universidades oficiais ou reconhecidas;

6. Sejam os exames vestibulares para as faculdades de Direito ainda não reconhecidas realizados sob a Direção do Conselho de Educação (Federal ou Estadual) sob cuja jurisdição se ache a unidade, podendo aqueles órgãos delegar competência às universidades oficiais ou reconhecidas para o desempenho dessa tarefa de natureza relevante.

Em matéria de currículo mínimo, filiou-se o seminário à concepção de ampliar o próprio currículo mínimo fixado em 1962 pelo Conselho Federal de Educação, incluindo mais quatro disciplinas: Teoria Geral do Estado, História do Direito, Filosofia do Direito, e Ética Profissional e a complementação desse currículo mínimo por parte do estabelecimento, mediante a escolha de pelo menos quatro disciplinas, das quais duas, pertencentes ao grupo de ciências sociais, básicas para o estudo do Direito. As demais, de caráter jurídico (Direito Agrário, Eleitoral, Direito Penal-Militar, Direito das Minas, Direito das Águas e Energia Elétrica, Direito de Integração Econômica) atenderiam às exigências impostas pela evolução e especialização do Direito e pela conjuntura nacional e local; revisão dos currículos para efeito de verificar a conveniência da concentração das disciplinas que se estendam para mais um ano, adotando-se para certas matérias o curso em um semestre [62].

Mas o ponto alto do seminário parece ter sido a grande discussão sobre os problemas da reforma do ensino jurídico e da reformulação dos métodos do ensino. Existia um sentimento generalizado de interesse pela mudança, embora em muitos casos este desejo se conjugasse ao interesse pela manutenção do *status quo*. Mas a indicação do Professor Alfredo Lamy Filho, relator geral do tema e responsável direto pela experiência renovadora do CEPED, é merecedora da maior atenção, sobretudo pela forma conciliadora com que procurou introduzir o sistema novo, através de uma transação com as realidades existentes;

1. Não há oposição ou incompatibilidade entre ensino teórico e ensino prático, que se devem integrar naturalmente na metodologia do ensino do Direito e na formação profissional do advogado.
2. O professor não deve ter exclusivamente a preocupação de esgotar programas, e a ambição de transmitir toda a matéria, mas, sim, de propiciar o melhor aprendizado dos pontos basilares da disciplina lecionada, através da imprescindível inteligência dos princípios doutrinários e do aperfeiçoamento do raciocínio jurídico do aluno.
3. O ensino jurídico deve ter presente a conveniência de preparar o aluno para entender e participar do processo de mutação e aperfeiçoamento das instituições jurídicas.
4. O método prelecional usualmente adotado deve ser temperado com o método dialogado, com o estudo prévio, por parte dos alunos, dos temas a serem objeto do debate em aula, inclusive exame de acórdãos, pareceres e problemas jurídicos hipotéticos.
5. É essencial intensificar esforços para maior motivação dos alunos durante o curso jurídico e para tornar cada vez mais íntima a relação professor-aluno, para o que deve o professor colocar-se à disposição do aluno, durante certo tempo, fora da classe.
6. Os seminários, a realização de pesquisas em equipes, e de trabalhos práticos, fora das classes, a visita aos locais que permitam ver e sentir o funcionamento das instituições jurídicas, apresenta-se como da maior conveniência para complementação do método adotado [63].

Em agosto de 1971, reuniu-se em Juiz de Fora o Iº Encontro Brasileiro das Faculdades de Direito, sob os auspícios da Faculdade de Direito da Universidade Federal de Juiz de Fora e com a participação de setenta e um professores, representando quarenta e quatro faculdades das várias regiões do País. Sob o título de "Carta de Juiz de Fora", foram divulgadas as moções aprovadas nesse certame, que incluíam basicamente quatro pontos. Primeiro, em relação ao currículo mínimo, reconhecia a inadequação do currículo existente, considerando que a sua aplicação não permitia a plena vigência dos princípios da reforma universitária; segundo, com referência ao estágio profissional, recomendava que a forma e realização dos cursos do estágio profissional nas faculdades deveriam ser determinados pelas próprias faculdades; terceiro, quanto à metodologia do ensino do Direito, reconhecia ser indispensável a reformulação da metodologia tradicional do ensino do Direito, no sentido de fazer com que o aluno passasse a participar ativamente do processo didático, apontando, mais, que tal participação compreende o preparo e a prévia distribuição do material de classe apropriado, e a condução do debate em aula sob a orientação do professor para a progressiva fixação das normas e princípios que atendam à solução das hipóteses de trabalho, devendo a metodologia adotada servir de instrumento para conhecimento do fenômeno jurídico integrado na realidade social com a conjugação das disciplinas afins; finalmente, propunha que o regime de tempo especial fosse aplicado e ampliado nas áreas de ciências jurídicas para os professores do magistério superior [64].

A lei 4215, de 27 de abril de 1963, que reformou o Estatuto da Ordem dos Advogados do Brasil e regulou o exercício da profissão do advogado, dispôs sobre o estágio profissional e o exame de ordem. O estágio profissional consistia em matrícula em curso de orientação mantida pela Ordem ou por faculdade de Direito mantido pela União Federal ou sob sua fiscalização, ou a admissão como auxiliar de escritório de advocacia, ou serviço de assistência judiciária ou departamento jurídico de órgãos oficiais ou de empresas privadas. O exame de Ordem consistia em provas de habilitação profissional, perante comissão composta de três advogados inscritos há mais de cinco anos, nomeados pelo presidente da seção, na forma e mediante programa regulado, mediante provimento baixado pelo Conselho Federal da Ordem dos Advogados [65]. O exame de ordem, ou a sua fórmula substitutiva do estágio profissional, foi criado numa fase em que a enorme proliferação das faculdades de Direito, a grande maioria de baixo padrão, estava levando a um contínuo desprestígio da profissão pela insuficiência de conhecimentos dos formandos. A própria dificuldade de implantação do exame de ordem, e mesmo a fórmula alternativa de estágio em escritórios, ou tribunais; a resistência colocada pelos bacharelandos à realização dos exames; a incapacidade das próprias faculdades que, sem condições de ministrarem adequadamente as aulas regulares, se viam atribuídas funções especializadas ainda mais complexas, e a dificuldade dos conselhos secionais da ordem dos Advogados em se aparelharem para essas novas funções, todos esses fatores levaram a uma grande discussão em torno da matéria. No 1º Seminário sobre Ensino Jurídico, promovido pelo Instituto dos Advogados Brasileiros em 1967 [66], a matéria do estágio foi amplamente debatida, sendo unânimes os pronunciamentos em favor de sua adoção.

Entretanto, a realidade diferia da teoria, e o estágio e o exame da ordem nunca chegaram a funcionar satisfatoriamente. A grande resistência, entretanto, foi a dos bacharelandos, que pretendiam continuar no regime tradicional, com o simples título de bacharel em ciências jurídicas e sociais habilitando para o ingresso na ordem e o exercício da profissão. Em conseqüência dessas pressões foi aprovada a lei 5842 de 6 de dezembro de 1972, dispensando do exame de ordem e do exercício do estágio profissional os bacharéis em Direito que houvessem realizado junto às respectivas faculdades estágio de prática forense e organização profissional. Suprimia-se assim, por via indireta, o exame de ordem e o estágio profissional, fazendo recair sobre a faculdade de Direito a responsabilidade por mais esse encargo. Se as faculdades de Direito não vinham já desempenhando a contento as suas funções normais, como se prepararem para essa tarefa extra, que fugia bastante da sua alçada? A lei 5842 atribuiu ao Conselho Federal de Educação a atribuição de disciplinar o estágio de prática forense e organização judiciária, o que foi feito pela Resolução n. 15 do Conselho Federal de Educação de 2 de março de 1973. A Resolução do Conselho não deu uma definição do estágio, caracterizando-o no inciso III como versando sobre

matéria essencialmente prática, não abrangida pelo currículo mínimo, e propiciará aos alunos um adequado conhecimento do exercício profissional, de seus problemas e responsabilidades, especialmente as de ordem ética

e acrescentava que

as matérias dos programas serão desenvolvidas através de aulas práticas, assim como de visitas ou comparecimentos a cartórios, audiências, secretarias, tribunais, além de pesquisas de jurisprudência e participação nos processos simulados.

A própria definição da Resolução mostra a indefinição em que é colocado o problema da prática profissional, ante o esforço de caracterizar uma dicotomia inexistente: teoria X prática. Quando a Resolução fala que o estágio abrangerá matéria essencialmente prática, não abrangida pelo currículo mínimo, parte do pressuposto de que é possível que matérias práticas importantes estejam excluídas do currículo mínimo, o que não deveria acontecer; por outro lado, quando fala que constarão dos programas pesquisas de jurisprudência, parece pressupor que nos cursos regulares tal não se dê, como se fosse possível estudar qualquer instituto de Direito sem conhecer como os tribunais o têm interpretado, finalmente, as visitas ou comparecimentos a cartórios, audiências, tribunais, secretarias, tribunais podem ir desde uma visita convencional, de reduzido efeito real a uma prença efetiva e uma participação real no trabalho dos órgãos judiciários. A questão do estágio de prática forense e do exame está a revelar a incerteza de definições de que padece o ensino jurídico.

Em 16 de novembro de 1971, o Departamento de Assuntos Universitários do Ministério da Educação e Cultura, sob a direção do Professor Newton Sucupira [67], designou, pela portaria n. 235, uma comissão, a fim de proceder à revisão do currículo mínimo de Direito [68]. O caráter tradicional do currículo anterior e o anseio por mudanças mais do que justificavam a medida. A referida comissão foi constituída de um grupo de professores das principais universidades do país, dentro de um objetivo renovador. Assim, participavam da comissão os professores Alfredo Lamy Filho, da Pontifícia Universidade Católica do Rio de Janeiro, Caio Tácito, da Universidade do Estado da Guanabara, ambos vinculados à experiência pioneira do CEPED, Emílio Maya Gischkow, da Universidade Federal do Rio Grande do Sul, José Carlos Moreira Alves, da Universidade de São Paulo, Daniel Coelho de Sousa, da Universidade Federal do Pará, e Lourival Vilanova, da Universidade Federal de Pernambuco.

A comissão apresentava em pouco tempo o seu relatório, que iniciava por dizer que se inspirou "como ponto de partida na concepção do projeto", na opinião generalizada de que o atual currículo mínimo, vigente desde 1962, é excessivo na previsão da matéria obrigatória, exaurindo por inteiro a disponibilidade da carga-horária das faculdades ou escolas de Direito [69].

A proposta da comissão atribuía 1880 horas-aulas para as matérias do currículo mínimo, no total de 2880 horas-aulas, de modo a permitir que as faculdades dedicassem à carga horária livre 1000 horas-aulas, com a incorporação de outras disciplinas que atendessem às exigências culturais e regionais, aprofundassem e complementassem as especializações e permitissem formar bacharéis efetivamente habilitados ao imediato exercício da profissão, e ajustados às constantes e variadas necessidades do mercado de trabalho. Estabelecia diretrizes que asseguravam às faculdades a maior flexibilidade possível na preparação de seus currículos plenos, estimulavam as variedades dos currículos, de modo a capacitar o aluno a colaborar eficazmente no processo de transformação social, e contribuíam para a reformulação do ensino jurídico com a participação do aluno tanto no processo prático como na opção curricular. Para alcançar este objetivo, a proposta compunha o currículo mínimo em duas partes: as matérias propedêuticas não profissionais, constituídas de Sociologia, Economia e Introdução ao Estudo do Direito, e as matérias profissionais desdobradas em dois grupos: oito matérias, todas obrigatórias, e cinco matérias, sendo uma obrigatória a critério de cada escola.

O Conselho Federal de Educação, ao aprovar o currículo mínimo, manteve as matérias propedêuticas não profissionais e as oito matérias obrigatórias, assim constituídas: 1) Direito Constitucional; 2) Direito Administrativo; 3) Direito Civil; 4) Direito Comercial; 5) Direito Penal; 6) Direito do Trabalho; 7) Direito Processual Civil e 8) Direito Processual Penal. Mas, ampliou as matérias facultativas para oito, das quais duas deveriam ser obrigatórias e escolhidas do seguinte elenco: 1º) Direito Internacional Público; 2º) Direito Internacional Privado; 3º) Ciência das Finanças e Direito Financeiro (tributário e fiscal); 4º) Direito da Navegação (marítima e aeronáutica); 5º) Direito Romano; 6º) Direito Previdenciário; 7º) Medicina Legal e 8º) Direito Agrário [70]. O relatório da comissão reconheceu, afinal, que as faculdades mais bem aparelhadas poderiam oferecer várias linhas de especialização, tendo nos seus currículos plenos, uma ou mais matérias alternativas ou mesmo todas.

O Conselho Federal de Educação, na aprovação do currículo mínimo, previu, além da existência da habilitação geral, habilitações específicas, correspondendo à intensificação de estudos em áreas correspondentes às matérias fixadas no currículo, ou em outras que sejam indicadas nos currículos plenos.

A comissão preparou igualmente, como justificativa do projeto, um documento bastante expressivo das tendências e dos objetivos que nortearam o seu trabalho. Começa por reconhecer que

> as faculdades de Direito desempenharam historicamente, no país uma função de liderança na formação das instituições políticas, a qual ultimamente parece afastada por um processo de crise que se instaurou no campo jurídico — que é, de resto, a de todos os países de tradição romanística [71].

Analisa a crise do ensino como tendo raízes na própria crise do Direito e chama a atenção para o processo da mudança social que se acelerou no último decênio no Brasil e da necessidade de adaptação das faculdades a esta mudança, dizendo que

> as faculdades de Direito não podem desvestir-se de sua responsabilidade na remoção da crise do Direito e na formação do jurista para superação da crise.

Reconhece que entre os fatores que têm contribuído para o desajustamento entre o ensino jurídico e a realidade social está o atual currículo mínimo que representa, pela sua dilatada extensão, um obstáculo à viabilidade das soluções inovadoras.

> Há que se reconduzir as faculdades de Direito ao seu legítimo papel de liderança e a promover a formação de bacharéis devidamente aparelhados às novas missões profissionais.

Manifesta a generalizada insatisfação que transparecia no Seminário do Ensino Jurídico promovido em 1967 pelo Instituto dos Advogados Brasileiros e no Encontro Brasileiro das Faculdades de Direito reunido em Juiz de Fora, em agosto de 1971, e considerou ademais que a reformulação do currículo mínimo é

> apenas uma medida instrumental que deve conduzir à revisão da própria mentalidade dos professores, na apreensão e transmissão das transformações da ordem jurídica, o que importa dizer, da instituição de uma didática que converta o aluno de espectador em partícipe e o conduza ao conhecimento efetivo do processo da formação e aplicação do Direito em uma era de dominante mudança social e conseqüente revisão dos institutos jurídicos.

Manifestou ainda a comissão a confiança de que, com um currículo mais reduzido,

> com a liberdade que passam a usufruir, estão convocadas as faculdades para a grande tarefa de renovar o ensino jurídico e restaurar a preeminência natural do bacharel numa sociedade em transformação, que quer manter-se fiel à sua vocação democrática e às suas tradições jurídicas.
> Em conclusão: a solução proposta representa um ato de fé na sabedoria e experiência dos colegiados às faculdades, às quais se defere a magna tarefa de reforma do ensino jurídico. A elas, pois, e necessariamente, deverá ser atribuída a responsabilidade e reconhecido o mérito dos resultados que a alteração curricular vier a alcançar [72].

No ano do sesquicentenário da fundação dos cursos jurídicos no Brasil, o ensino do Direito ainda se encontra à procura de seus caminhos. Rebaixado da posição de primazia que ocupou durante o Império e mesmo no início da República, debate-se perplexo entre uma aspiração frustrada e impossível de pretender ministrar um tipo de cultura geral, para o qual não está preparado, ou converter-se de fato numa escola profissional de bom padrão, fornecendo o pessoal qualificado que os reclamos de desenvolvimento da sociedade brasileira está a exigir. Esta é a tarefa magna que o país espera do ensino jurídico, e o conhecimento exato do que foi o seu passado deve constituir guia e inspiração para o seu futuro.

NOTAS DO CAPÍTULO 11

1. João Neves da Fontoura, em suas *Memórias*, descreve o enorme impacto que a notícia do *crack* da Bolsa de Nova York causou no fortalecimento da Aliança liberal: *Memórias*, v. II, *A Aliança Liberal e a Revolução de 1930*, Porto Alegre, Globo, 1963, p. 144-203.

2. GETÚLIO VARGAS, *O Governo Trabalhista do Brasil*, Rio, José Olympio, 1952, v. 1, p. 311.

3. FERNANDO DE AZEVEDO, *op. cit.*, p. 671.

4. A exposição de motivos encontra-se publicada na *R.F.*, LXI, fasc. 331, 1931, p. 393-415.

5. *Ibid.*, p. 344-391.

6. *Ibid.*, p. 397.

7. *Ibid.*, p. 401.

8. *Ibid.*, p. 402.

9. FERNANDO DE AZEVEDO, *História de Minha Vida*, Rio de Janeiro, Livraria José Olympio, 1971, p. 121.

10. As Atas da Comissão estão publicadas em J. A. MENDONÇA DE AZEVEDO, *Elaborando a Constituição Nacional*, Belo Horizonte, 1933, 312 p.

11. Rio de Janeiro, Livraria José Olympio, 1936, 300 p.

12. Para uma análise da tese de concurso do Prof. Leônidas de Rezende, ver ANTÔNIO PAIM, *História das Idéias Filosóficas no Brasil*, São Paulo, Griljalbo, 1967, p. 223-233. Antônio Paim chega a comparar o concurso de Leônidas de Rezende ao de Tobias Barreto.

13. *Jornal do Brasil*, 30 de setembro de 1973. Em 1935, em virtude do movimento de novembro desse ano, os profs. Castro

Rebello, Leônidas de Rezende e Hermes Lima eram presos, demitidos de suas cátedras sem nenhum processo, às quais só retornariam na Faculdade Nacional de Direito por força de decisão judicial em 1945.

Esse ambiente de grande efervescência intelectual tinha como contrapartida condições materiais extremamente precárias. Um grande romancista, aluno desse período, Marques Rebelo, assim descreve em um dos seus livros de ficção o prédio da rua do Catete: "E dizer-se que aquele pardieiro da Rua do Catete era a Faculdade Nacional de Direito! — paredes esburacadas, forro saltando, portais arrancados, janelas sem trinco, vidros quebrados, carteiras destroçadas, degraus carcomidos, assoalho podre e balançante, bicas secas, latrinas entupidas, paraíso de ratazanas, aranhas e baratas, a sujeira, a incúria, a decrepitude, a indecorosidade.

"Apontando a carcaça, José Nicácio, que abandonou o curso, apostrofara:

"— Eis um dos aspectos de nossa cultura jurídica!" (*O Trapicheiro*, São Paulo, Martins, 1959, p. 245).

Gilberto Amado, falando a seus ex-alunos, evoca com ternura o seu magistério desse período na mesma faculdade e aponta as mesmas condições materiais precárias: "Quando, ao deixar sem tristeza o velho Senado e a velha política, eu me encontrei de súbito no meio de vós, uma onda de emoções frescas, revigoradoras da saúde moral, me envolveu. Para vos dar aula, eu descia de manhã o morro da Glória, onde morava e onde dias tão cheios vivi num horizonte de mar, de palmeiras, de velha igreja e de velho Rio, com alegria na alma, descia quase cantando na euforia matinal, com a lição que vos ia dar bem clara no espírito. Trabalhava com honestidade, como tantos de vós recordais em cartas que me escreveis, em referências nos vossos trabalhos, em manifestações de toda ordem. Procurei sempre vos dar o que de mais útil, mais novo, mais digno de ser conhecido me pareceu existir então na matéria que me cabia transmitir-vos. E me dáveis — ó rapazes — vossas frontes erguidas, vossa atenção palpitante, vossos olhos, a gentileza de vossa timidez, de vossos arrojos, de vossas incertitudes, de vossas malícias, de vossas ingenuidades.

"Feliz período aquele em que a minha vida tomou novo rumo à sombra dos adolescentes em flor, durante o qual fui ponto de convergência de vossos espíritos recém-abertos às seduções da cultura".

Assinala entretanto a lembrança "do triste sobrado do Catete, daqueles bancos, daqueles muros, daquela umidade, daquele calor, daquele ambiente humilhante" (*Grão de Areia*, Rio de Janeiro, José Olympio, 1948, p. 269-270).

14. *História das Idéias Políticas no Brasil*, Recife, Imprensa Universitária da Universidade Federal de Pernambuco, 1968, p. 322.

15. Em 1943, prefaciando o livro do Prof. Odilon Nestor, professor da Faculdade de Direito do Recife, Atenas, Roma e Jesus, Gilberto Freyre tem palavras bastante fortes em relação a essa faculdade de Direito, falando da "decadência, hoje alarmante, que faz de grande parte de sua congregação uma caricatura de mestres antigos; e de muitos de seus estudantes, moços fantasiados de estudantes de Direito, mas na realidade funcionários públicos, alguns até investigadores de polícia; da pobre faculdade de Direito; tão pobre

de grandes professores, tão vazia de estudantes verdadeiramente estudantes, tão estéril de produção intelectual, tão decadente em tudo que o palácio atual, todo cheio de dourados, se assemelha aos olhos dos pessimistas a um caixão de morto glorioso. Caixão que guardasse as tradições e o passado ilustre da casa, os retratos dos velhos mestres, os livros bons, mas já arcaicos, em que os antigos alunos estudaram Direito e Filosofia, Sociologia e Economia" (reproduzido em *Perfil de Euclides e outros Perfis*, Rio, José Olympio, 1944, p. 219-233). Os estudantes da faculdade divulgaram uma nota destemperada, *Resposta a Gilberto Freyre*, nota oficial do Diretório Acadêmico da Faculdade de Direito do Recife, agosto de 1943, em que, além de denegrirem o pai do escritor, ex-professor de economia política da faculdade, referem-se a ele como "capcioso agitador comunista", usando "rancor de meteco". Na parte substancial, rebatem à assertiva da decadência, argumentando que apenas no final do século houve uma ligeira decadência, pela nomeação de professores sem concurso.

16. São Paulo, Martins, 1944.

17. A respeito da atuação de Liebman v. o discurso de posse do Prof. ALFREDO BUZAID, na Faculdade de Direito da Universidade de São Paulo, *R.F.D.U.S.P.*, 53: 258. 1958.

18. Sobre o papel do Padre Leonel Franca na criação e no desenvolvimento da faculdade de Direito, ver a comunicação do Prof. Alfredo Lamy Filho ao Instituto dos Advogados Brasileiros, por ocasião do 25º aniversário do falecimento do Pe. Franca e publicado no *Boletim do Instituto dos Advogados Brasileiros* nº 24/73 de 27-9-73.

19. Rio de Janeiro, Imprensa Nacional, 1943, 24 p.

20. *Carta Brasileira de Educação Democrática*, Rio de Janeiro, Associação Brasileira de educação, 1946, 63 p.

21. Para uma idéia da situação, ver *Diretrizes e Bases da Educação Nacional* (organizado por Roque Spencer Maciel de Barros), São Paulo, Pioneira, 1960, 577 p.

22. Rio de Janeiro, Coleção Nova Dogmática Jurídica, 1942, 22 p.

23. *Ibid.*, p. 20.

24. Ver projeto 788 de 3 de julho de 1951 e a sua justificativa (avulso da Câmara dos Deputados).

25. "O Ensino Jurídico no Brasil", *A Época*, Ano XLVII, nº 193, 1903, p. 102-111.

26. "A Formação Profissional do Advogado", *Cadernos de Cultura*, Rio de Janeiro, Ministério da Educação e Cultura.

27. *Educação Jurídica e a Crise Brasileira*, São Paulo, Revista dos Tribunais, 1955, 47 p.

28. *Ibid.*, p. 10.

29. *Ibid.*, p. 13.

30. O Prof. Orlando Gomes, escrevendo na *A Tarde* de 30 de agosto de 1968 sobre o plano do Prof. San Tiago Dantas, reconhece-lhe os méritos, mas se inclina pelo sistema de especialização somente ao nível da pós-graduação. Por outro lado, o Prof. Orlando Gomes alcunhou de "método exótico" o adotado no ensino de Direito nos Estados Unidos (*A Crise do Direito*, São Paulo, Max Limonad, 1955, p. 23).

31. SAN TIAGO DANTAS, *op. cit.*, p. 34-35. No Governo Juscelino Kubitschek (1956-1961) o Ministro da Educação, Clóvis Salgado,

nomeou uma comissão para estudar a reforma do ensino jurídico, constituída dos profs. Pereira Lira, da Universidade do Estado da Guanabara; Braz de Souza Arruda, da Universidade de São Paulo; Arnoldo Medeiros da Fonseca, substiuído após a sua morte pelo Prof. Hélio Tornaghi; José Olympio de Castro Filho, da hoje Universidade Federal de Minas Gerais; e Joaquim Amazonas, da hoje Universidade Federal de Pernambuco. A comissão não chegou a concluir os seus trabalhos. Ver a respeito os artigos do Prof. Braz de Souza Arruda — "Reforma do Ensino Jurídico (uma carta do Prof. Braz de Souza Arruda)", *R.F.D.U.S.P.*, 53: 172-180, 1958 e "Recordando os Trabalhos de Uma Comissão (carta ao Prof. Joaquim Inácio de Almeida Amazonas), *R.F.D.U.S.P.*, 54 (2): 233-239, 1959.

32. ALBERTO VENÂNCIO FILHO, "Organização da Faculdade de Direito da Universidade de Brasília", *Educação e Ciências Sociais,* Ano VI, v. 9, nº 16, jan./abr. 1961, p. 114-118. Ao cogitar da implantação do regime de especialização no curso de Bacharelado da Universidade de Brasília o então coordenador do curso de Direito, Ministro Victor Nunes Leal, tentou estabelecer vários níveis de extensão e profundidade em cada matéria, de acordo com a relevância da disciplina para a especialização em que estivesse interessado o aluno. Esse sistema exigiria uma atenção especial na organização dos programas e sua articulção. (Conversa do autor com o Min. Victor Nunes Leal, em 30-1-1974 no Rio de Janeiro.) Para uma análise da organização efetiva do ensino jurídico na Universidade de Brasília, ver ADERSON DE MENEZES, "Currículo do Ensino Jurídico em Brasília" em *Anais do 1º Seminário sobre o Ensino Jurídico* (promovido pelo Instituto dos Advogados Brasileiros) (1967), Rio de Janeiro, s.d., 102-103.

33. *Relatório sobre o ensino jurídico no Brasil* (mimeo.), Encontros Regionais dos Educadores Brasileiros, 17 p., Rio de Janeiro, 1961.

34. *Ibid.*, p. 3.

35. *Ibid.*, p. 4.

36. *Ensino de Direito*. Encontros Regionais de Educadores Brasileiros (mimeo.), Rio de Janeiro, 1961, 2 p.

37. Ver *Diretrizes e Bases da Educação Nacional,* citado na nota 24 deste capítulo.

38. Para uma visão das atividades do Conselho Federal de Educação, ver a coleção da revista *Documenta.*

39. Currículos dos Cursos Superiores (Separata dos *Documenta* nºs 10 e 11) (Conselho Federal de Educação), s.d. p. 7-8. O diretor da Diretoria do Ensino Superior, Prof. Durmeval Trigueiro Mendes, logo após a promulgação da lei 4024, reunia uma comissão de professores, composta dos profs. Miguel Reale, da Universidade de São Paulo, Rui Cirne Lima, da então Universidade do Rio Grande do Sul, Caio Mário da Silva Pereira da então Universidade Federal de Minas Gerais, e Celestino de Sá Freire Basílio, da Pontifícia Universidade Católica do Rio de Janeiro, para debater o problema da organização do currículo mínimo de Direito, como subsídio à fixação desse currículo pelo Conselho Federal de Educação. O trabalho da comissão se manteve numa linha tradicionalista e não consta que tenha sido publicado.

40. Ver parecer nº 215 do Conselho Federal de Educação, em *Currículos dos Cursos Superiores,* Conselho Federal de Educação, p. 9-10.

41. *Ibid.*, p. 9. Em conversa com o autor, o relator do currículo de Direito, Prof. Péricles Madureira de Pinho, afirmou que

dado à pressa com que o Conselho Federal de Educação teve de preparar os currículos mínimos, não houve bastante vagar para sua elaboração e que ele próprio, recém-nomeado para o conselho, foi logo designado para relator, no impedimento de conselheiro antes designado.

42. Parecer 355/67, *Documenta*, v. 83, março 1968.
43. Parecer 43/64 (adendo), *Documenta*, v. 26, junho 1964.
44. Parecer 361/68, *Documenta*, v. 87, junho 1968.
45. Parecer 656/71, *Administração e Legislação* (Ministério da Educação e Cultura), Ano I, n. 2, v. 22, outubro 1971.
46. PÉRICLES MADUREIRA DE PINHO, "Bacharéis de Mais ou Bacharéis de Menos", *Educação* (órgão da Associação Brasileira de Educação), 1964, p. 57-58.
47. No início do ano de 1973, o Prof. Fernando de Azevedo, com sua autoridade indiscutível, publicava no O Estado de São Paulo um artigo com o título de *Faculdades Proliferam no Interior* (edição de 21-1-1973), onde se referia à "proliferação de faculdades de Filosofia e Direito tão dentro da tradição (como no caso das Ciências Jurídicas) ou numa condescendência ou amável submissão às correntes de estudos fáceis". E prosseguia: "Como todos sabem, além de se multiplicarem pelo interior faculdades e tipo, há uma corrida de estudantes e professores em fins de semana para darem e receberem lições. As lições que dão os mestres, no sábado e domingo, e as que reclamam os estudantes, tão sequiosos de saber, são conhecidas de todos. Para uma cidade próxima de São Paulo, formam-se trens da E. F. Central para atender ao grande número de jovens (e de professores) que vão de São Paulo, que disputam seus lugares nessa corrida cada vez maior, ao que informam para angariar títulos em Direito, Filosofia e... Ciências Ocultas".
48. A. ALMEIDA JÚNIOR, *Sob as Arcadas,* Rio de Janeiro, Ministério da Educação e Cultura, 1965, p. 176.
49. *Ibid.*, p. 174.
50. OLAVO BRASIL DE LIMA JÚNIOR e equipe, *Mercado de Trabalho de Nível Superior — Oferta e Demanda de Advogados, Engenheiros, Economistas e Administradores,* Rio de Janeiro, Dados, 1972, p. 123-124.

A má qualidade do ensino não era somente nas novas escolas. Em 1961, uma crise ocorrida na faculdade de Direito da hoje Universidade Federal de Pernambuco levou o Presidente da República a nomear uma Comissão de Sindicância presidida pelo Prof. Caio Mário da Silva Pereira, então Consultor Geral da República, e cujo relator era o Prof. Josaphat Marinho, então presidente do Conselho Nacional de Petróleo e professor da Faculdade de Direito da Universidade da Bahia. No relatório da comissão constam as seguintes verificações: "Alguns professores não dão aulas, ou quase não as dão. São professores que entregam os seus cursos aos assistentes, total ou quase totalmente. Nesses casos, o assistente dá as aulas teóricas em lugar do professor. Nesta terceira classe, incluem-se aqueles que quase não dão aulas, limitando-se a proferir lições espaçadas.

"Fato, entretanto, digno de realce: a Comissão compulsou as cadernetas de freqüência e notou que sempre os professores as assinam, como se estivessem presentes.

"Outro fato digno de relevo: a assiduidade dos professores é computada, *tão-somente* pela assinatura às cadernetas e, como estão firmadas, é reconhecida *freqüência total,* mesmo para os que não dão suas aulas". (Diário Oficial da União — Seção I — Parte I — 25-7-1961, p. 5725.)

51. NEWTON SUCUPIRA, *A Condição Atual da Universidade Brasileira e a Reforma Universitária Brasileira*, Ministério da Educação e Cultura, s. d., p. 42.

52. Relatório do Grupo de Trabalho criado pelo decreto 62.937/68 — Reforma Universitária, agosto 1968, p. 222.

53. Publicado no *Boletim UEG*, n. 1, maio, 1966, p. 38-40.

54. Para uma compreensão do papel do advogado num país em desenvolvimento, ver o artigo do Prof. David Max Trubek — "Problemas práticos do programa de cooperação internacional no campo do desenvolvimento", *Revista dos Tribunais*, 373, nov. 1966, p. 367/371. Esse trabalho era uma comunicação ao Seminário sobre Problemas Jurídicos da Cooperação Internacional, e como conclusão declarava o Prof. Trubek: "Temos que formar em nossos países um corpo de advogados que compreendam os problemas econômicos e sociais de instituições e institutos que o desenvolvimento exige".

55. Em janeiro de 1968, um grupo de nove professores da Faculdade de Direito da Universidade de São Paulo fez uma visita às faculdades de Direito norte-americanas, com vistas à observação dos métodos de ensino e da experiência daquele país. Embora o relatório final do Prof. Oscar Barreto Filho contenha referências bastante elogiosas ao que foi visto e contenha várias sugestões extraídas dessa viagem, não se conhece o resultado efetivo da experiência de reforma naquela faculdade de Direito. Ver "Novos Métodos de Ensino de Direito — A Experiência Norte-Americana", *Revista Forense*, jan./mar. 1970, v. 229, p. 382-389.

56. Considerações gerais sobre o CEPED, o método de ensino e o problema a adotar (mimeo.), 8 p. Cf. tb. para uma análise mais ampla do problema do ensino jurídico o lúcido artigo do Prof. ALFREDO LAMY, "A Crise do Ensino Jurídico", *SÍNTESE*, Ano X, jan./jun. 68, p. 47-57. Sobre a experiência do CEPED, v. ainda o relatório do Prof. Alfredo Lamy Filho apresentado à "Conferência sobre o Ensino do Direito e o Desenvolvimento" realizado em Valparaíso, Chile, em 1971 (*A Reforma do Ensino do Direito — Uma Experiência Brasileira* — CEPED (mimeo.) 11 p. Cf. tb. o artigo do Prof. CA'O TÁC'TO, "O Desafio do Ensino do Direito", *Carta Mensal da Confederação Nacional do Comércio*, XVI, n. 193, abr. 1971, 66 p.

57. ALFREDO LAMY FILHO, *Considerações gerais...* p. 5.

58. A experiência do método dialogado desmente a assertiva do Prof. Hugo Gueiros Bernardes que, tratando do assunto, afirma que "afastamos deliberadamente das atividades de classe qualquer sentido de debate entre os alunos, o que, na prática, se tem revelado contrário ao princípio da economia (de tempo e de energia), porque o rigoroso controle de sua duração prejudica as conclusões; e, ainda, porque o esforço individual de busca de solução para o caso, seguido do confronto e crítica do professor, produz equivalente, se não melhor". Sobre a Metodologia do Ensino Jurídico, *Revista de Informação Legislativa*, Ano VIII n. 32, out./dez. 1971, p. 87.

59. A metodologia do CEPED foi adotada também com grande êxito em outra iniciativa pioneira: a do Ministério das Minas e Energia, na gestão do Prof. Antônio Dias Leite Júnior, que por intermédio do Problema de Aperfeiçoamento de Pessoal (PLANFAP), realizou em convênio com a Pontifícia Universidade Católica do Rio de Janeiro, durante um semestre (outubro 1941 — março 1972), um curso de aperfeiçoamento de advogados em regime de tempo integral, para advogados da administração direta e indireta

do ministério. A coordenação do curso coube ao Prof. Jorge Hilário Gouvêa Vieira, aluno da 1ª turma do CEPED, e ao autor deste trabalho.

60. Ver apresentação do volume do Instituto dos Advogados Brasileiros, *Ensino Jurídico. Análise e Reforma. 1º Seminário.* Anais, Rio de Janeiro, 1969, 281 p.

61. *Ibid.*, p. 257.

62. *Ibid.*, p. 259.

63. *Ibid.*, p. 262-264.

64. Ver "Carta de Juiz de Fora" (mimeo.). Nos anos subseqüentes, foram realizados encontros em Bajé, Campinas, Belém, servindo como ponto de encontro para troca de idéias e opiniões, sem que entretanto pudessem revelar nenhuma alteração substancial do panorama existente.

65. Ver Provimento n. 18 de 5 de agosto de 1965, que dispõe sobre o estágio profissional de advocacia, revisto e consolidado pelo Provimento n. 33, de 4 de outubro de 1967, que os revogou; Provimento n. 19 de 5 de agosto de 1965, que dispõe sobre o exame de ordem; Provimento n. 34 de 4 de outubro de 1967, que revê e consolida normas sobre o exame de ordem. Incluídos na publicação especial da *Revista da Ordem dos Advogados do Brasil,* 1971, incluindo o Estatuto da Ordem dos Advogados, o Código de Ética Profissional e Provimentos do Conselho Federal.

66. Ver *Anais do 1º Seminário de Ensino Jurídico,* Instituto dos Advogados Brasileiros, Rio de Janeiro, 1967, p. 175-251.

67. O Prof. Newton Sucupira, membro do Conselho Federal de Educação, desde a sua criação, então o diretor do Departamento de Assuntos Universitários do Ministério da Educação, inquirido sobre a reformulação do ensino jurídico, manifestou as dificuldades de evitar a proliferação desordenada de novas escolas de Direito e afirmou que, "infelizmente, o ensino jurídico se mantém, sob muitos aspectos, na linha de uma tradição obsoleta. Persiste o caráter teórico, ou, com mais propriedade, livresco do ensino. Currículos enciclopédicos, visando a uma formação geral, sem objetividade prática e sentido de treinamento profissional. Pretende-se com o mesmo currículo formar o jurista e o simples profissional. Mas o ensino jurídico não pode limitar-se a conhecimentos teóricos. Ele implica um saber prático que se adquire no exercício da atividade. Além disso, seria necessário desbastar o currículo da erudição supérflua e do enciclopedismo, que em nada contribuem para uma formação profissional" (*Veja,* 30-9-70).

68. Ver CAIO TÁCITO, *Currículo Mínimo do Curso de Direito* (Texto e Histórico), Rio de Janeiro, Universidade do Estado da Guanabara, 1972, 23 p.

69. *Ibid.*, p. 11.

70. *Ibid.*, p. 22-23.

71. *Ibid.*, p. 15

72. *Ibid.*, p. 19. A falta de compreensão de que o currículo mínimo não exaure todo o campo de matérias a serem ministradas provocou a crítica de professores de disciplinas nele não incluídas. Na introdução à publicação da Universidade do Estado da Guanabara assim respondeu a esses comentários o Prof. Caio Tácito, membro da comissão. "Sabendo-se que *currículo mínimo* não *é currículo pleno* (este parece ser o ponto que escapa aos críticos exacerbados pelo amor do imobilismo), cada faculdade completará esse núcleo essencial com toda a gama de disciplinas que as transformações da ordem jurídica tornam aconselháveis" (*Ibid.*, p. 4).

Índice Onomástico

ABRANTES, Miguel Calmen du Pin e Almeida, marquês de, 17.
ABREU, Anísio Auto de, 222, 224.
ABREU, Florêncio de, 139.
ABREU, (João) Capistrano Honório de, 4, 11.
ABU-MERHY, Nair Fortes, 320.
ACIOLI, Antonio Pinto Nogueira, 207.
ACÚRCIO (ACCURSIO), Francesco, 284.
ADELINO, 184.
ADELINO FILHO, 231.
AFONSO CELSO (de Assis Figueiredo), Conde de, 187, 215.
AFONSO I, D., de Portugal, 22.
AGUIAR, 119.
AGUIAR, Ferreira de, 85.
AGUIAR, Rafael Tobias de, Brigadeiro, 61, 76.
AHRENS, Heinrich, 76.
ALBUQUERQUE, Almeida de, 19, 23.
ALBUQUERQUE, Pedro Autran de, 43, 54, 56, 57, 60, 69.
ALBUQUERQUE, Pedro Francisco de Paula Cavalcanti de, 39.
ALCÂNTARA MACHADO, 301.
ALEIXO, Pedro, 291.
ALENCAR, José Martiniano de, 18.
ALENCAR, José de, 176.
ALENCAR, José (Martiniano) de, 139, 147.
ALMEIDA, Cândido Mendes de, 250.
ALMEIDA, Estevão de, 248.
ALMEIDA, Fernando Mendes de, 187.
ALMEIDA, Filinto de, 140.
ALMEIDA, Garcia, 36.
ALMEIDA, Hermenegildo Militão de, 151, 152.
ALMEIDA, João Mendes de, 265.
ALMEIDA, Joaquim Gaspar de, 39, 40.
ALMEIDA, Lacerda de, 74.
ALMEIDA, M. Lopes de, 10.
ALMEIDA, Pires de, 169, 175.
ALMEIDA JUNIOR, Antonio Ferreira de, XIII, 81, 83, 84, 267, 319, 322, 340.
ALMEIDA JUNIOR, João Mendes de, 246.
ALTAMIRA, 235.
ALVARENGA, (Manoel Inácio da) Silva, 8.
ALVES, João Luís, 216, 220, 263, 265.
ALVES, José Carlos Moreira, 333.
ALVIM, (José) Cesário (de Faria), 139, 188.
ALVIM, José Manuel de Arruda, 173.
ALVIM, Lino Reginaldo, 138.

AMADO, Gilberto, 210, 219, 232, 233, 234, 263, 264, 277, 286, 291, 299, 337.
AMADO, Jorge, 302.
AMARANTE, Tarquínio Bráulio de Sousa, 138, 177.
AMAZONAS, Joaquim (Inácio de Almeida), 339.
AMOROSO LIMA, Alceu, 309.
ANDRADA, Manoel Joaquim Gonçalves de, D. bispo, 36.
ANDRADA E SILVA, José Bonifácio de, 26.
ANDRADA E SILVA, José Bonifácio de, o Moço, 8, 13, 16, 85, 114, 115, 119, 134, 135, 136, 166, 167, 168, 169.
ANDRADA (MACHADO) e SILVA, Antonio Carlos Ribeiro de, 8, 16, 17, 18, 117, 149.
ANDRADA, Antonio Carlos Ribeiro de, II, 139.
ANTONIO CARLOS, 135.
ANDRADA, Martim Francisco Ribeiro de, 117.
ANDRADE, (Francisco) Justino (Gonçalves) de, 100, 126.
ANDRADE, Justino de, 196, 197.
ANDRADE, Rodrigo Bretas de, 188.
ANTONIL, André João (dito); João Antonio (ou Giovanni Antonio) Andreoni, 297.
APPLETON, 235.
AQUAVIVA (ACQUAVIVA), Claudio, 4.
ARAGÃO, 33.
ARANTES (Marquês), Altino, 149.
ARARIPE JUNIOR, 100, 173.
ARAÚJO, João Vieira de, 89, 102, 234.
ARINOS (de Melo Franco), Afonso, 188, 189.
ARISTÓTELES, 5.
ARAÚJO, Correia, 85.
ARDIGÓ, 102, 107.
ARMITAGE, John, 273.
ARRUDA, Braz de' Sousa, 165 339.
ASCARELLI, Túlio, 311.
AUGUSTO (Bezerra de Menezes), José, 263.
AUTRAN, Carlos, 120, 138.
AZAMBUJA, Bernando de, 140.
AZEVEDO, (Manuel Antônio) Alvares de, 138, 139, 144, 145, 146, 154.

AZEVEDO, (Manuel Antonio) Duarte de, 76, 151.
AZEVEDO, Fernando de, 4, 13, 25, 142, 175, 179, 195, 218, 220, 277, 303, 306, 307, 336, 340.
AZEVEDO, J. A. Mendonça de, 336.
AZEVEDO, João Lúcio de, 1, 10.
AZEVEDO, (José) Philadelpho de' (Barros e), 310.
AZEVEDO, Ramos de, 150.
AZEVEDO, Francisco de Paula Vicente de, 176.
AZEVEDO MARQUES, José Manuel, 260.
AZEVEDO MARQUES, Manuel Eufrázio, 70, 72.
AZUNI, 33.

BACON, Francis, Barão Vetulan, Visconde St. Albans, 16.
BAEPENDI, Sianvel Jacinto Nogueira da Gama, Marquês, de, 18, 27.
BAGEHOT, Walter, 232.
BAHIA, Renato, 175, 176, 268.
BALEEIRO, Aliomar (de Andrade), 313.
BANDEIRA, Antônio Rangel de Torres, 59, 140.
BARATA (de Almeida), Cipriano (José), 8.
BARBALHO, (Uchoa Cavalcanti), João, 179, 190, 227.
BARBOSA, Francisco de Assis, XV, 25, 169, 171, 297.
BARBOSA. Januário da Cunha, Cônego, 20.
BARBOSA (de Oliveira), Rui, 85, 130, 133, 134, 135, 139, 142, 149, 155, 157, 159, 160, 165, 166, 173, 177, 178, 234, 235, 239, 288, 291, 292, 293, 302.
BARBOSA Lima Sobrinho, (Alexandre José), 121.
BARRETO, Pereira, 281, 282.
BARRETO, Plínio, 13, 14, 25, 26.
BARRETO (de Menezes), Tobias 90, 95, 96, 97, 99, 100, 101, 102, 103, 104, 105, 106, 107, 108, 109, 110, 111, 112, 114, 115, 120, 121, 126, 138, 141, 146, 147, 152, 155, 162, 173, 228, 229, 268, 291, 292, 263, 336.

BARRETO, Filho, Oscar, 341.
BARRETO, Vicente, 6, 11.
BARRETO Junior, Inácio de Barros, 138.
BARROS, Pedro José da Costa, 18.
BARROS, Roque Spencer Maciel de, 75, 76, 91, 92, 93, 94, 151, 177, 178, 276, 298, 299, 338.
BARROSO José Liberato, 68, 69, 80, 117, 168.
BARROSO (Júnior), Sabino (Alves), 188, 204.
BÁRTULO (Bartolo) da Sassoferrato, 284.
BASÍLIO, Celestino de Sá Freire, 339.
BATISTA, (Francisco de) Paula, 57, 60, 98, 116, 120, 121, 133, 134, 135, 229.
BATISTA, Pedro Regalade Epitânio, 208.
BATISTA Pereira, 173.
BECARIA (Beccaria), Cesare Boulsana, Marquês, 33.
BELFORT (José Joaquim) Tavares, 77, 90, 92, 98.
BELE, O, 154.
BENDA, Julieu, 291.
BENEVIDES, José Maria de Sá e, 126, 128, 139, 159, 178.
BENTHAM, Jeremy, 33, 58.
BERNARDE, 33.
BERNARDES, Artur (da Silva), 149.
BERNARDES, Hugo Alvires, 341.
BERNARDINO, Francisco, 145.
BERGSON, Henri, 97.
BERTAULD, 134.
BESSA, Gumercindo, 103, 108, 111, 112.
BEVILÁQUA, Clóvis, XI, XVII, 29, 30, 31, 37, 46, 47, 48, 52 53, 54, 56, 65, 70, 72, 74, 75, 100, 104, 107, 118, 121, 137, 138, 161, 173, 182, 184, 192, 195, 196, 203, 227, 230, 263, 291.
BEZERRA, Andrade, 248, 266.
BILAC, Olavo (Brás Martins de Guimarães), 198, 258.
BITTENCOURT, José de, 61.
BLAKE, (Augusto Vitorino Alves) Sacramento, 123.
BLONDEL, 235.
BOBEMERO, 33.
BOHER, George C., 175.
BOM RETIRO, Luís Pedreira do Couto Ferraz, Visconde do 50, 57, 61, 65, 168, 173.

BONFIM, Manuel, 7, 12, 227.
BORBOREMA, Augusto Rangel de, 218.
BORGES, Casimira, 138.
BOUCHER, 33.
BRAGA, (Joaquim Fernandes) Teófilo, 10, 11, 107.
BRAGA, Sebastião, 59, 140.
BRANCO, Coelho, 266.
BRANDÃO, Mário, 10.
BRANDÃO, Ulisses, 134.
BRÁS, (Pereira Gomes), Venceslau, 149.
BRASIL, (Francisco de) Assis (Almeida), 139, 140, 149.
BRASIL, Tomás Pompeu de Sousa, 132, 172, 207, 219, 220.
BRASILIENSE (de Almeida e Melo), Américo, 161.
BRIE, 33.
BRISSAND, 235.
BRISSOT, Jacques Pierre, 33.
BROTERO, José Maria Avelar. 36, 40, 41, 47, 48, 53, 54, 72, 129.
BÜCHNER, Ludwig, 107.
BUENO, Dino, 222.
BUENO, Pimenta, 44, 53.
BULHÕES Pedreira, José Luis, 295, 312.
BURLAMAQUI, 33.
BUZAID, Alfredo, 338.
BYRON, Lord (George Gorden Byron, Sexto Barão), 138, 145, 146.

CABRAL, José, 250, 257.
CABRAL, M. 154.
CABRAL, Martim, 139.
CABRAL, Veiga, 41, 44, 54.
CACHOEIRA, Luís José de Carvalho e Melo, primeiro Visconde de, 20, 27, 29, 30, 31, 36, 49, 50, 51.
CAETÉ, José Teixeira da Fonseca Vasconcelos, Visconde de, 17.
CAIRU, José da Silva Lisboa, Visconde de, 8, 16, 17, 18, 20, 21, 272, 273.
CALAMANDREI, Piero, 322.
CALMON (MONIZ DE BITTENCOURT), Pedro, 165, 167, 173, 176, 187, 215, 220, 268, 297.
CÂMARA, Arruda, 8.
CÂMARA, Eugênia, 141.
CÂMARA, Joaquim Nunes Duque Estrada da, 173.

CÂMARA (LIMA), (Francisco) Phaelante da, 56, 60, 70, 72, 73, 113, 114, 115, 120, 121, 122, 150 165, 170, 176, 177, 230, 263, 285, 300, 373.
CÂMARA BITTENCOURT (AGUIAR) E SÁ, Manuel Ferreira da, dito Intendente Câmara, 18.
CAMARGO, J. A. de, 139.
CAMARGO, José Soares de, Major, 123.
CAMINHA, 33.
CAMPELO NETO, 231.
CAMPISTA, David, 149, 188.
CAMPOS, Américo, 134, 152.
CAMPOS, Bernardino (José) de, 149,167.
CAMPOS, Bibiano Ferreira, 186.
CAMPOS, Francisco Carneiro de 24.
CAMPOS, Francisco (Luís da Silva), 291, 292, 304, 305, 308, 309, 311.
CAMPOS, Manhães, 139.
CAMPOS, Martinho de, 85.
CAMPOS, Pedro Moacyr, 3, 299.
CAMPOS SALLES, Manuel Ferraz de, 139, 149, 167.
CÂNDIDO (MELO E SOUZA), Antônio, 142, 144, 175.
CANTU, Cesare, 78.
CARAVELAS, José Joaquim Carneiro de Campos, Visconde de, 27, 42, 44, 54.
CARDOSO, 33.
CARDOSO, Fausto, 108.
CARLOS, Teófilo, 139.
CARNEIRO, Eliseu (de Souza), 302.
CARNEIRO, Levi (Fernandes), 251, 266.
CARNEIRO (DE SOUZA), Nelson, 268.
CARNOT, Hipólito, 81.
CARPENTER, Luís Frederico Sauerbronn, 250.
CARRÃO, João da Silva, 139.
CARRILHO, José, 151.
CARVALHO, Alves de, 138.
CARVALHO, Antilóquio (Botelho Freire) de, 173.
CARVALHO, Antônio Gontijo de, XV, XVII, 133, 134, 173, 176, 262.
CARVALHO, Antônio Luís Afonso de, 179.
CARVALHO, Arnaldo Vieira de, 150.
CARVALHO, Carlos Antônio da França — irmão de CARVALHO (Carlos) Leôncio de Carvalho.
CARVALHO, Fábio Alexandrino de, 73.
CARVALHO, A. Freire de, 58.
CARVALHO, Gontijo de, 198.
CARVALHO, Joaquim de, 47.
CARVALHO, José da Costa, 49.
CARVALHO (Carlos) Leôncio da Silva, 66, 78, 80, 81, 84, 85, 86, 88, 89, 90, 91, 92, 93, 118, 139, 156, 187, 188, 196, 203, 221, 222, 243, 244.
CARVALHO DE MENDONÇA, J. X. (José Xavier), 65, 74, 195, 196.
CASASSANTA, Mário, 189.
CASTELO, José Aderaldo, 175.
CASTELO BRANCO, Antônio Borges, 73, 137.
CASTELO BRANCO, Moreira Brandão, 138.
CASTELO BRANCO CLARK, Frederico, 195.
CASTILHO, Júlio (Prates) de, 152, 192.
CASTRO, Apulcro de, 280.
CASTRO, Cardoso de, 140.
CASTRO, Catão Guerreiro de, 138.
CASTRO, Cristalino de Abreu, 317.
CASTRO, José de Oliveira, 186.
CASTRO, Tomás Guerreiro de, 197.
CASTRO, Augusto Viveiros de, 229.
CASTRO ALVES, Antônio (Frederico) de, 96, 133, 138, 139, 140, 141, 144, 146, 147, 151, 154 162, 167, 173, 174, 176.
CASTRO FILHO, José Olympio de, 339.
CASTRO NUNES, J., 301.
CATÃO, Francisco, 188.
CELSO (DE ASSIS FIGUEIREDO) JÚNIOR, Afonso, Conde Papalino de Afonso Celso, 152.
CHAGAS, 60.
CEREJEIRA, M. Gonçalves, 10.
CERQUEIRA, Tomás Ponte, 44.
CÉSAR (Caesar, Lucius Julius), 285.
CHATEAUBRIAND (BANDEIRA DE MELO), (Francisco de) Assis, 267.
CHAVES, Ernesto Adolfo de Vasconcelos, 205.

CHAVES, Joaquim Eulálio Gomes da Silva, 208.
CHAVES, José Augusto, 73.
CHAVES, Raul, 302.
CHERBOULIEZ, Victor, 134.
CHIAVENDA, Giuseppe, 311.
CÍCERO (MARCUS TULLIUS), 231.
CIRNE, Adolfo Tácito da Costa, 184, 231.
CLODOALDO (DE SOUZA), 184.
CLENARDO (CLEYNARTS, CLEYNAERTS, Nicolau, 2.
COELHO, Antônio José, 43.
COELHO, Eurico, 224.
COELHO, 60.
CALLOR, Lindolfo (Leopoldo Becker), 308.
COMTE (Isidore), Auguste (-Marie-François-Xavier), 107, 152, 279, 280.
CONSTANT (BOTELHO DE MAGALHÃES), Benjamin, 129, 190, 195, 197, 265.
CORDAY (D'ARMONT), Charlotte, 135.
CORREIA, Frederico José, 138.
CORREIA, Leôncio, 139.
CORREIA, Raimundo (da Mota Azevedo), 140, 188, 263, 292.
CORREA, Rivadávia (da Cunha), 208, 209, 212.
COSTA, Emílio Viotti da, 11.
COSTA (PEREIRA FURTADO DE MENDONÇA), Hipólito (José da), 8.
COSTA (João Severiano) Maciel da, 8.
COSTA, Maria Júlia de Almeida, 265.
COSTA, Nogueira da, 151.
COSTA (Francisco Augusto) Pereira da, 18.
COSTA FILHO, José de Rezende da, 8.
COTEJIPE, João Maurício Wanderley, Barão de, 57, 278.
COTTER, 33.
COUSIN, Victor, 78.
COUTINHO, Anacleto José Ribeiro, 53.
COUTINHO, Aureliano —, 196.
COUTINHO, (Cândido Teixeira de) Azevedo, 8, 12, 272.
COUTINHO, José Lino, 20, 23, 44, 47, 49.
COUTO, José Vieira, 8.
CRISPINIANO (SOARES) João, 56, 123, 125, 169, 171.

CRUZ, Alcides, 193.
CUJACIUS (Suiacius ou Cujaus), Jacobus também Jacques Cujas, 123.
CUNHA, Carneiro da, 103.
CUNHA, Estevão José Carneiro da, 18.
CUNHA, Euclides da, 111.
CUNHA, Félix Xavier da, 139.
CUNHA, Fernando da, 59, 140.
CUNHA, Gastão da, 204.

DARWIN, Charles (Robert), 107.
DAVID, Elói, 134.
DELGADO, Luís, 26.
DESCARTES, René, 5.
DESPAGNET, 235,
DIAS, Maria Odila da Silva, 12, 298.
DIESTERVEG, (Friedrich) Adolf (Wilhelm), 81.
DINIS, Almachic, 197.
DONELLUS, 123.
DRUMMOND, Antônio de Vasconcelos Menezes, 69, 120, 134.
DRUMMOND, Lamelino, 111.
DUARTE, Falcão Sá e Benevides, 92.
DUARTE, Francisco de Paulo Selfert, 139.
DUARTE, Nestor, 3.
DUBARLE, 235.
DUMOND, 33.
DUQUESNE, 235.

ÉDIPO, 284.
ESQUIROS, 97.
ECKARD, 34.
EPICURO (Epicurus), 5.
ESCHWEGE, Wilhelm Ludwig Von, 271.
ESCOBAR, Francisco Ribeiro, 139.
EUL-Soo Pang, 274.
EULÁLIO (Pimenta da Cunha), Alexandre, 175.

FAGUNDES, Miguel Seabra, 302.
FAGUNDES Varela, (avô do poeta), 42, 44.
FAGUNDES Varela, Luís Nicolau, 144, 154, 172.
FAGUNDES Varela, Manuel Inácio, 72, 145.
FALCÃO, Aníbal, 140, 152.
FALCÃO Filho, Clemente, 42, 43, 115, 161.

FANADE, João Gomes da Silveira Mendonça, Visconde de, depois Marquês de Sabará, 27.
FAORE, Raymundo, 2, 161, 178, 276, 298, 299.
FARIA, Alberto de, 74.
FARIAS Brito, Raimundo de, 205, 206, 207, 218.
FELICE, 33.
FERNANDES, Raul, 291.
FERRAZ, Sampaio, 139.
FERREIRA, Alexandre Rodrigues, 8.
FERREIRA, Gabriel, 94 223.
FERREIRA, Gonçalves, 150, 222.
FERREIRA, José Maria da Costa, 139.
FERREIRA, Osvaldo, 200.
FERREIRA, Sá, 154.
FERREIRA, Waldemar (Martins), 164, 308.
FERREIRA Júnior, Jansen, 138.
FERRY, Jules (François Camille), 81.
FÍGARO Júnior, 154, 177.
FIGUEIRA, Ramos, 139.
FIGUEIREDO, Antônio Pedro, 137.
FIGUEIREDO, Carlos Honório de, 43, 70, 71.
FIGUEIREDO, José Antônio, 68, 120.
FIGUEIREDO, José Bento da Cunha, 55.
FIGUEIREDO Júnior, José da Cunha e, 85.
FILANGIERI, Caetano, 33.
FILGUEIRAS, Leovigildo Ipiranga de Amorim, 188.
FILIPE IV, da Espanha, 2.
FIORAVANTI, Gervásio, 231.
FLANDIN, 235.
FLEURY, André Augusto de Pádua, conselheiro, 33, 124, 196.
FLORENTINO (de Sousa), Brás, 76, 100, 119, 120, 151.
FLORES, Carlos Thempsen, 192.
FONSECA, Arnaldo Medeiros da, 339.
FONSECA, Hermes (Rodrigues) da, 292.
FONSECA, Luzia da 298.
FONSECA, Lygia, 12.
FONSECA, Manoel Deodoro da, 179, 285.
FONSECA, Oliveira, 231.
FONTENELLE, Benício, 138.
FONTES, Armando Ortega, 167.
FORTUNA, 33.
FRANÇA, Ernesto Ferreira, 18, 20, 118.
FRANÇA, Leonel (Edgard da Silveira), padre, 311, 338.
FRANÇA, Ferreira. Conselheiro, 118.
FRANCO, Edison, 320.
FRANCO, Ferreira, 59, 140.
FRANCO, Sérgio da Costa, 177, 178.
FRANK, Júlio, 62, 125.
FREDERICO Guilherme (Friedrich Wilhelm) I Rei da Prússia, 81.
FREIRE, Aníbal, 267.
FREIRE, Ângelo Reuvis da Silva, 136.
FREIRE, Gilberto (de Melo), 111, 267, 272, 273, 274, 276, 277, 286, 287, 292, 298, 301, 337.
FREIRE, Luís de Matos, 111.
FREIRE, Melo, 42, 58.
FREIRE (da Fonseca), Aníbal, 263.
FREITAS, Augusto de, 174.
FREITAS, Clodoaldo de, 138.
FREITAS, José Augusto de, 99, 111, 222.
FRIEIRE, Eduardo, 298.
FRINÉ, (Phryne), pseudo Muesarete, 146.
FRITOT, 33.
FURTADO, Celso, 268.
FURTADO, Francisco José, 61, 69, 73, 123, 137.

GALIANI, Ferdinando, 33.
GALVÃO, Augusto, 234.
GALVÃO, Cunha, 86.
GAMA, Afonso Dionísio, 105.
GAMA, Antônio Pinto Chicherra da, 119.
GAMA, Lopes, pe., 54, 55, 56, 120, 164.
GAMA, Luis, 134.
GAMA, Ayres, 138.
GAMEIRO, 33.
GAUUS, Cláudio, 171.
GARCIA, Amorim, 151,
GASPAR, Félix, 244.
GOSSENDI (Gassend), Pierre, 5.
GEORGE, 235.
GIRÃO, Raimundo, 206.
GIRAUD, 235.
GISCHKOW, Emilio Maya, 333.
GITAÍ, Américo, 138.
GLADSTONE, William Ewart, 82, 273.

ÍNDICE ONOMÁSTICO 349

GLASSON, 235.
GLIDEN, 107.
GNEIST, Rudolf Von, 104.
GODWEN, 33.
GOETHE, Johann Wolfgang Von, 110.
GÓIS e Vasconcelos, Zacarias de 60, 63, 114, 115, 120.
GOMES, Carlos, 148.
GOMES, Orlando, 338.
GOMES, Oscar Martins, 219.
GOMIDE, Antônio Gonçalves, 17.
GONÇALVES, Nunes, 89, 140.
GONÇALVES Dias, Antônio, 146.
GORDINHO, Pedro Veloso, 263.
GORDO, Adolfo (da Silva), 222.
GOUVEIA, Lúcio Soares Teixeira de, 17, 18, 20.
GRAÇA, Aranha (José Pereira da), 99, 108, 11, 292.
GRACCO (Gracchus), Tibério (Tiberius Sempronius), 285.
GRANJEIRO, Fiel, 151.
GRÓCIO (Grotius), Hugo, 33.
GREY, Charles Grey, Terceiro Earl, 273.
GRUNHUT, 235.
GUEDES, Pelino, 139.
GUIMARÃES, Adalberto, 140.
GUIMARÃES, Aprigio (Justiniano da Silva), 58, 73, 120, 121 122, 168.
GUIMARÃES, Augusto, 176.
GUIMARÃES, Barros, 195.
GUIMARÃES, Bernardo (Joaquim da Silva), 139.
GUIMARÃES, Francisco Pinheiro, 145.
GUIMARÃES, Hahnemann, 310.
GUIMARÃES, Júnior, Luis (Caetano Pereira), 96, 173.
GUIZOT, François (Pierre-Guillaume), 81, 101.
GURGEL, Amaral, 53.

HADDAD, Jamil Almansur, 176.
HAECKEL, Ernst (Heinrich Philipp August), 107.
HEGEL, Georg Wilhem Friedrich, 240.
HEINÉCIO (Heineccius), Johann Gottieb, 33.
HEINZE, Rudolf, 106.
HERODES I, dito o Grande da Judéia, 89.
HIGINO (Duarte Pereira), José, 99, 102, 104, 150, 179, 187.
HINCKMAR, Pseud. João Tomás de Melo Alves, 93, 151, 152.
HOLLANDA, Sérgio Buarque, 7, 10, 11, 74, 164, 175, 279, 299.
HOLMES, Oliver Wendell, XVI.
HOMEM, Gentil, 138.
HOVELACQUE, 107.
HUBNER, 33.
HUGO, Victor (Marie), 138, 140, 151.
HUMBOLDT, Karl Wilhelm, Barão Von, 83.
HUME, David, 272.
HUXLEY, Thomas Henry, 107.

IBIAPINA, José Antônio Pereira, 53.
IGLESIAS, Francisco, 74.
IGUAÇU, Maria Isabel de Alcântara Brasileira, Condessa de, 148.
IHERING (JHERING), Rudolf von, 103, 107, 110.
INGLÊS, Nuno Aygue' D'Avellos Annes de Brito, 60.
ISAMBERT, 33.
ITABORAÍ, Joaquim José Rodrigues Torres, Visconde de, 278.
ITAMARACÁ, Antônio Peregrino Maciel Monteiro, Barão de, 56.
ITAPARICA, Manuel de Santa Maria, frei, 101.

JACOB, Rodolfo, 189.
JAEGER, Werner, XV.
JAGUARIBE (GOMES DE MATOS), Hélio, 96.
JEQUETINHONHA, Francisco Gé (ou Jê) Acaiaba Montezuma, Visconde de, 8.
JOÃO DAS REGRAS, 277.
JOÃO IV, D., Rei de Portugal, 277.
JOÃO VI, D., Rei de Portugal, 40, 121.
JOÃO ALFREDO (CORREIA DE OLIVEIRA), Conselheiro, 80.
JOSÉ BENTO, 69.
JOSÉ HONÓRIO, 104.
JOSÉ JORGE, 96.
JUNQUEIRA, João José de Oliveira, 88.
JUNQUEIRA, Tomás José Pinto, 72.

KANT, Immanuel, 76, 100.
KASANSKI, 235.
KIESER, 150.
KOPKE, José, 110, 111.
KORKOUNOV, 240.
KOTZEBVE, August (Friedrich Ferdinand) von, 148.
KUBITSCHEK, João Nepomuceno, 171.

LACERDA, Marcílio Teixeira de, 250, 251, 288, 301.
LACOMBE, Américo Jacobina, XV, 12, 74, 120, 164, 170, 261.
LAET, Carlos (Maximiano Pimenta) de, 95.
LAFAYETTE (RODRIGUES PEREIRA), 110, 118, 126, 129, 152, 169, 170, 232, 291.
LAGOS JÚNIOR, 96, 138.
LAMPREDI, Giovanni Maria, 33.
LAFER, Celso, 2, 10.
LAMARTINE (DE FARIA) Juvenal, 234, 235.
LAMBERT, Jacques, 258, 268.
LAMY FILHO, Alfredo, XIV, 325, 330, 333, 338, 341.
LANGDELL, Christopher Columbus, 238, 248.
LARNANDE, Ferdinand, 240.
LEAL, Aurelino (de Araújo), 234, 235, 236, 237, 238, 239, 240, 241, 242, 264.
LEAL, Hamilton, 264.
LEÃO, José, 152.
LEÃO, Laurindo, 231, 233, 263.
LEITÃO, Cunha, 139.
LEITE, Serafim, pe., 8, 11, 12.
LEITE JÚNIOR, Antônio Dias, 341.
LEMOS, Antônio José de, 205.
LEMOS (José) Virgílio (da Silva), 185.
LESSA, Aureliano (José), 175.
LESSA, Pedro (Augusto Carneiro), 90, 119, 130, 140, 144, 149, 164, 175, 196, 228, 229, 230, 242, 244, 245, 258, 264, 291.
LE-TOURNEAU, 107.
LEVASSEUR, Pierre Émile, 235.
LIEBMAN, Eurico, 31, 338.
LIMA, Alceu Amoroso, 110.
LIMA, Alcides, 139, 140.
LIMA, Augusto Bernardino de, 140, 188, 189, 198.
LIMA, Heitor Ferreira, 74.

LIMA, Hermes, 95, 105, 107, 109, 112, 185, 266, 267, 300, 307, 309, 337.
LIMA, Lupércio Rocha, 142.
LIMA, Pedro Cerqueira, 39.
LIMA, Plínio de, 96.
LIMA, Rodrigues, 204.
LIMA, Ruy Cirne, 1, 10, 74, 339.
LIMA JR., Olavo Brasil, 340.
LINS, Álvaro (de Barros), 166, 167, 168.
LINS, Gusmão, 85.
LIRA, (Augusto) Tavares de, 39, 71, 94, 162, 204.
LIRA, José Pereira, 339.
LISBOA, Baltasar da Silva, 41, 42, 44.
LISBOA, Clementino, 96.
LITTRÉ, Maximilien-Paul-Émile, 107.
LOBÃO, alcunha Manuel de Almeida e Souza, 42.
LOBO, Abelardo Saraiva da Cunha, 100, 229, 250.
LOBO, Américo, 139.
LOBO, Fernando, 190.
LOBO, Gama, 138.
LOBO, Pelásio (Álvares), 197, 228, 230, 262, 263.
LOMBROSO, Cesare, 102.
LORETO, Franklin (Américo de Meneses Dória, Barão de), 77, 138.
LOUREIRO, Lourenço Trigo de, Conselheiro, 53, 119, 120, 142, 150.
LOURENÇO FILHO, Manuel Bergstrom), 155, 177, 289, 301.
LUBBOCK, John, primeiro Barão Anebuny, 107
LUCENA, Henrique Pereira de Lucena, Barão de, 138.
LUCRÉCIO (Titus Lucretius Catus), 15.
LUÍS (PEREIRA DE SOUZA), Pedro, 175.
LUIS (PEREIRA DE SOUZA), Washington, 149.
LYELL, Sir Charles, 107.

MABLY, Gabriel Bonnet de, dito *Abbé* de, 33.
MACAULAY, Thomas Babıngton, 166.
MACEDO Álvaro Teixeira de, 136.

ÍNDICE ONOMÁSTICO

MACEDO, Sérgio Teixeira de, 53, 136.
MACEDO SOARES, Antônio Joaquim de, 139, 149.
MACHADO, Basílio, 196, 228.
MACHADO, Nunes, 141.
MACHADO DE ASSIS, Joaquim Maria, 139, 140, 174, 299.
MACHADO NETO, Antônio Luís, 152, 177, 185, 186, 197.
MACIEL, Leopoldo Antunes, 173.
MACIEL PINHEIRO, (Luís Ferreira), 138, 142, 174.
MADUREIRA DE PINHO, Péricles, 320, 321, 339, 340.
MAGALHÃES, Basílio de, 289, 301.
MAGALHÃES, Celso, 96, 138.
MAGALHÃES, João José de Moura, 43, 47, 57.
MAGALHÃES, José Vieira Couto, 139, 142, 147.
MAGALHÃES, Teodoro, 242.
MAGALHÃES, Valentino, 140.
MAIA, Adolfo Carneiro de Almeida, 140.
MALHERBE, François de, 84.
MALTHUS, Thomas Robert, 33.
MAMEDE, Vicente, 89, 116, 118.
MAMORÉ, Ambrósio Leitão da Cunha, Barão de, 161.
MANUEL, I, D., (Rei de Portugal), 2.
MARCEL GABRIEL, 111.
MARIANI (BITTENCOURT), Clemente, 312.
MARINHO, Josaphat, 340.
MARQUES, Virgínio, 231.
MARQUES REBELO, pseud. Edi Dias da Cruz, 337.
MARROU, Henri Irinée, XV.
MARTENS, Georg Friedrich von, 33.
MARTINS, José Salgado, 192.
MARTINS, Luís, 283.
MARTINS JÚNIOR, José Isidoro, 108, 152, 196, 227, 224.
MARNOCO (E SOUZA), José Ferreira, 265.
MARTINS RODRIGUES, (José), 314.
MASSA, Jean Michel, 174.
MASSET, 117.
MAUÁ, Irineu Evangelista de Souza, Barão de, 64, 65, 171.

MAURO, Frédéric VII, 11.
MAXIMILIANO (PEREIRA DOS SANTOS), Carlos, 212, 213, 214.
MEDEIROS & ALBUQUERQUE, José Joaquim de Campos da Costa de, 300, 301.
MEIRA, Olímpio José, 138.
MELO ALVES, João Tomás, V. Hinckmar.
MELO, Bandeira de, 104.
MELO, Bandeira de, frei, 38.
MELO, C. Guerra da Silva, 138.
MELO, Francisco de Avelar Figueira de, 250, 252.
MELO, Justiniano de, 96.
MELO, Leopoldino Cabral de, 142.
MELO, Pascoal José de, 34.
MELO (FILHO), J. C. (João Capistrano) Bandeira de, 204.
MELO FRANCO, Afonso Arinos de, 73, 126, 136, 149, 171, 174, 176, 177, 291, 298, 301.
MELO FRANCO, Afrânio de, 126, 149, 189, 251, 291.
MELO FRANCO, Armínio, 188.
MELO FRANCO, Francisco de, 11.
MELO FRANCO, Virgínio (Alvim) de, 188.
MELO FREIRE, 33.
MENDES, Durmeval Trigueiro, 339.
MENDES, Fernando, 113, 187.
MENDES, (Raimundo) Teixeira, 302.
MENDES JÚNIOR, João, 149.
MENDONÇA, Carlos Sussekind de, 109, 110, 268.
MENDONÇA, João da Rocha Dantas, 39.
MENDONÇA, José Roquette Carneiro de, 139.
MENDONÇA, Lúcio de, 139, 144.
MENDONÇA, Manuel Inácio Carvalho de, 140.
MENDONÇA, Salvador (de Menezes Drummond Furtado) de, 135, 139, 154.
MENEZES, Aderson de, 219, 339.
MENEZES, Agrário de, 138.
MENEZES, Diacir, 314.
MENEZES, J. Ferreira de, 135, 154.

MENEZES, Francisco da Cunha, 47.
MENOTTI DEL PICCHIA (Paulo), 266.
MERCADANTE, (Paulo), 103, 104, 112.
MEREA, Paulo, 11.
MERLIN, Philippe-Antoine, Conde, dito Merlin de Douai, 58.
MESQUITA FILHO, Júlio de, 267, 306.
MILLET, 231.
MILTON, Aristides, 138.
MIRANDA, Antônio dos Passos, 205.
MOACIR, Pedro (Gonçalves), 196, 197.
MOACIR, Primitivo, 170, 198, 204, 218, 219, 220, 268.
MONTE ALEGRE, José da Costa Carvalho, Marquês de, 62, 65.
MONTEIRO, Bernardo (Pinto), 188.
MONCORNE, 140.
MONTEIRO, Leandro Bezerro, 138.
MONTEIRO, João, 196, 221, 229, 262.
MONTEIRO, Tobias (do Rego), 287, 300, 301.
MONTEIRO LOBATO, José Bento, 263, 289, 301.
MONTENEGRO, Augusto, 222.
MOOG (Clodemir), Viana, 147, 176.
MORAIS (BARROS), Prudente (José) de, 167.
MOREAU, 235.
MOREIRA, Francisco Inácio de Carvalho, 73.
MOREIRA, Thiers Martins, 155.
MORRELLI, 107.
MORTARA, Ludovico, 235.
MOTA, Cândido (Nazianreno Nogueira da), 203.
MOTA, Fernando Sebastião Dias da, 140, 141.
MOTA, Vicente Pires da, 53, 173.
MOTA FILHO, Cândido, 282.
MOTA, Silveira da (Inácio Francisco), 53, 63, 116, 124, 125.
MOURA, Antônio Maria de, 39.
MOURA, Dr. João José Pe., 44, 48.
MOURÃO, João Martins de Carvalho, 229, 250, 251.
MUNIZ, Antônio, 138.
MUNIZ, João Bráulio, 49.
MURAT, Luís (Norton Barreto), 140.
MURITIBA, Manoel Vieira Tosta, Marquês, de 52.
MUSSET, (Louis-Charles), Alfred de, 138, 146.

NABUCO, (de Araújo), Carolina, 174.
NABUCO (de Araújo), Joaquim (Aurélio Barreto), 56, 57, 73, 74, 133, 135, 136, 139, 142, 154, 169, 173, 174, 232, 266, 273, 276, 277, 286, 292.
NABUCO DE ARAÚJO, José Tomás, Conselheiro, 65, 66, 136.
NAGY, Desirée, 235.
NAPOLEÃO, I, Bonaparte, 81, 82, 285.
NASCIMENTO, Josino, 140, 141.
NASCIMENTO, Luís do, 171, 174.
NASCIMENTO e SILVA, Luís Gonzaga, 302.
NAVA, Pedro (da Silva), 219.
NAZARÉ, Buarque de, 59, 140.
NESTOR (de Barros Ribeiro), Odilon, 59, 60, 73, 121, 122, 150, 170, 174, 177, 193, 199, 332.
NEVES DA FONTOURA, João, 193, 199, 291, 300, 336.
NEWTON, Sir Isaac, 5.
NOGUEIRA, (José Luis de) Almeida, XI, XVII, 25, 26, 40, 42, 43, 70, 123, 125, 126, 131, 167, 168, 171, 172.
NORÕES e SOUSA, Joaquim Gomes, 218.
NOTTE, 107.
NONATO (da Silva), Orozimbo, 310.
NORONHA, Fernando de Antônio, D., 7.
NOVARA, Carlos Alberto, 82.
NUNES (Leal), Victor, 339.

OLINDA, Pedro de Araújo Lima, Marquês de, 17, 37, 38, 39, 69, 70.
OLIVEIRA, Albino José de, 130.

ÍNDICE ONOMÁSTICO 353

OLIVEIRA, Estêvão de, 232.
OLIVEIRA, Machado de, 186.
OLIVEIRA, Virgílio Cardoso de, 205.
OLIVEIRA (Filho), Cândido (Luís Maria) de, 214, 250, 253.
OLIVEIRA LIMA, Manuel de, 25.
OLIVEIRA VIANA. Francisco José de, 162, 178, 289, 301, 302, 308, 309.
ORBIGNY, Alcide Dessalines d', 107.
ORLANDO (da Silva), Artur, 103, 108, 112, 138, 229.
OTAVIANO DE ALMEIDA ROSA, Francisco, 146, 147, 148, 149.
OTÁVIO (de Langgaard Menezes), Rodrigo, 139, 172.
OTONI, Cristiano (Benedito), 134, 139.
OURO PRETO, Afonso Celso de Assis Figueiredo, Visconde de, 149.

PACA, Gustavo Pinto, 140.
PACHECO, (José) Félix (Alves), 64, 212.
PAIM, Antônio, 102, 103, 104, 112, 336.
PAIM, Felício de São Luís, O.S.B., frei, 71.
PALHARES, 96 (Escola de Recife).
PAMPLONA, Bernardino, 134.
PAPINIANO (Aemilius Papinianus), 168.
PARAISO, Francisco Priso de Sousa, 129.
PARANÁ, Honório Hermeto Carneiro Leão, Marquês do, 64, 278.
PARANAGUÁ, Francisco Villela Barbosa, Marquês de, 24.
PARENTE, Francisco Gomes, 100, 101, 231.
PARDESSUS, 33.
PASCOAL, Blaise, 166.
PASSOS, Alexandre, 174.
PASTORET, 33.
PATI, Francisco, 149, 177, 268.
PAULO IV (Gian Pietro Caraffa), papa, 63.
PEÇANHA, Nilo (Procópio), 292.
PEDRO I, D., do Brasil, 28, 30.

PEDRO II, D., do Brasil, 41, 44, 115, 116, 143, 169, 277, 283, 298.
PEDROSA Manuel Xavier de Cavalcanti, 12, 298.
PEIXOTO, (Júlio) Afrânio, 168, 174, 307.
PELETAN, 97.
PELLICO, Silvio, 168.
PENA, Afonso (Augusto Moreira), 133, 149, 188, 189, 267, 292.
PENEDO, Francisco Inácio Carvalho Moreira, barão de, 56, 57, 61, 65, 137.
PERDIGÃO, Carlos Frederico Marques, 161, 169.
PERDIGÃO MALHEIRO, (Agostinho Marques), 169.
PEREIRA, Caio Mário da Silva, 316, 317, 340.
PEREIRA, José Bernardino Batista, 23.
PEREIRA, José Clemente dito José Pequeno, 21, 22, 47, 65.
PEREIRA, Fernando Lobo Leite, 179.
PEREIRA, Virgílio de Sá, 152, 229.
PEREIRA DE ALMEIDA, J. B., 311.
PEREIRA JÚNIOR, J. F. (José Fernandes) (da Costa), 93, 231.
PEREIRA Lira, 339.
PERREAUT, 33, 48.
PESSOA, Epitácio (da Silva), 202, 215, 263, 291.
PESTANA, (Nereu) Rangel, 139.
PEUCHET, 33.
PICARD, 240.
PIMENTA, Joaquim, 219, 266, 267.
PIMENTEL (Graciliano Aristides de), Prado, 138.
PIMENTEL, Sancho de Barros, 135, 173.
PINHEIRO, Firmino Estêvão, 173.
PINHEIRO (da Silva), João, 149, 188.
PINHEIRO MACHADO, (José Gomes), 149, 267.
PINHO, Wanderley, 73.
PINTO, Alfredo, 140, 215.
PINTO, Domingos, 150.

PINTO, Francisco José da Costa, 54.
PINTO, José Maria de Sousa, 90, 140, 141.
PINTO Júnior, 99.
PIZARRO, Francisco, dito o Marquês ou o Grande Marquês, 7.
PLASSAN, 33.
PLATÃO, 146.
POILA, 235.
POMBAL, Sebastião José de Carvalho e Melo, primeiro conde de Olivas, marquês de, 5.
POMPÉIA, Raul (d'Avila), 140, 171.
PONTES DE MIRANDA, Francisco Cavalcanti, 74.
PONTUAL, Constâncio, 231.
PONTUAL, Feliciano, 150, 184.
PORCHAT, Reginaldo, 177, 197, 220, 307.
PORTELA, (Manuel do Nascimento) Machado — Conselheiro, 112.
PORTELA, Sofrônio, 231.
PORTO, Manuel José da Silva, 43.
PORTO SEGURO, Francisco Adelfo de Varnhagen, visconde de, 14.
POSADA, 235.
POST, Hermann, 107.
POUCHET, Félix — Archimède, 107.
PÓVOA, Pessanha, 177.
PRADO, (Antonio) Caio (da Silva), 139.
PRADO, Eduardo (Paulo da Silva), 140, 282, 283, 300.
PRADO, Martinho (da Silva), 142.
PRADO, Paulo (da Silva), 26, 144, 175, 290, 297, 301.
PRADO JÚNIOR, Caio, 74.
PRADO KELLY, José Eduardo, 291.
PRATES, Pacheco, 198.
PUFFENDORF, 33.

QUATREFAGES DE BREAU, (Jean-Louis) Armand de, 107.
QUEIROGA, Antônio Augusto, 145.
QUEIROGA, José Salomé, 145.
QUEIRÓS (Coutinho Matosi da Câmara), Eusébio de, 53, 64.
QUINET, Edgar, 97.

RABELO, Sílvio, 109.

RAJA GABAGLIA, Laurita, 218.
RAMALHO, Joaquim Inácio Ralho, Barão de Água Branca, depois Barão de, 56, 123, 124, 125, 169, 171, 203.
RAMIZ, (Benjamin Franklin) Ramiz Galvão, Barão de, 216.
RAMOS, Eduardo (Pires), 225.
RAMOS, Joaquim, 142.
RANGEL, Alberto (do Rego), 298.
RAYNEVAL, 33.
REALE, Miguel, 48, 71, 72, 164, 168, 177, 299, 339.
REBELO, Afonso de Castro, 263.
REBELO, Edgardo de Castro, 26, 130, 172, 251, 258, 337.
REIS, Alberto dos, 265.
REIS, Sousa, 59, 140.
RENDON, José Arouche de Toledo, 37, 38, 39, 40, 41, 43, 44, 45, 53, 72.
REZENDE, Carlos Penteado de, 73, 176.
RESENDE, Ferreira de, 116.
REZENDE, Francisco de Paula Ferreira de, 168.
REZENDE, Leônidas de, 309, 336, 337.
RIBAS, Antônio Joaquim, 100, 116 118, 123, 125, 126, 142, 169.
RIBEIRO, Aguinelo, 59, 140.
RIBEIRO, Darcy, XIV, 316.
RIBEIRO, Demétrio, 152.
RIBEIRO, Desembargador, 43.
RIBEIRO, Francisco Bernardino, 145.
RIBEIRO, (Vaughan), Júlio (César), 284, 300.
RIBEIRO, Valadares, 94, 226.
RESENDE, Henriques de, 18.
RIBEIRO, João (Batista Ribeiro de Andrade), 232.
RIBEIRO, José Jacinto, 70.
RIBEIRO, Lourenço José, 37, 39, 40, 43, 45, 47, 71.
RICARDO, Cassiano, 144, 175.
RICARDO, David, 33.
RIO BRANCO, José Maria da Silva Paranhos, Barão do, 70, 149, 166.
RIC, João de, Pseud. Paulo Barreto, 109, 110.
ROBSON, William A., XIII.
ROCHA, Justiniano José da, 145.
ROCHA, Manuel André, da 192, 250, 253.

ÍNDICE ONOMÁSTICO 355

RODRIGUES, Antonio Coelho, 65, 98.
RODRIGUES, José Honório, 26, 74.
RODRIGUES ALVES, Francisco de Paula, 133, 136, 149, 173.
ROMERO, Benilde, 129.
ROMERO, Silvio (Vasconcelos da Silveira Ramos), 97, 98, 99, 100, 101, 108, 109, 110, 111, 112, 129, 138, 152, 162, 187, 229, 233, 282.
RODRIGUES, Antônio Coelho, 224.
ROSA, Francisco Otaviano de Almeida, 129.
ROSA, Tito Passos de Almeida, 231, 260.
ROSA e SILVA, (Francisco de Assis), 267.
ROSENN, Keith, 325.
ROUVE, Agenes de, 91.
RUSSELL, Alfredo, 74.
SÁ, Câmara Bittencourt de, 8.
SÁ VIANA, Manuel Antônio, 133, 154, 172, 177.
SABÓIA, Vicente, 84.
SAINT AIGUAN, 33.
SALDANHA, Nelson Nogueira, 294, 302, 310.
SALES, Antônio, 219.
SALES, Francisco (Antônio), 188.
SALES, João Alberto, 76.
SALES DE OLIVEIRA, Armando, 306.
SALGADO, (da Gama) Clóvis, 319, 320, 338.
SALVADOR, Vicente de, Frei, 3.
SAMPAIO, Rafael, 267.
SANCHES, Antônio Ribeiro, 5.
SAND, George, pseud. (Amantine - Aurore - Lucile (Lucie) Dudevant, nascida Dupin), 146.
SAND, Karl, 62, 148, (rev. alemão, assassino de Katzebve).
SANTA CRUZ, Romualdo Antônio de Seixas, bispo, 275.
SANTIAGO, Rodolfo, 150.
SAN TIAGO DANTAS, Francisco Clementino de, XIV, 229, 263, 272, 293, 301, 311, 313, 314, 315, 316, 326, 338.
SANTOS (Antônio), Felício dos, 65.
SANTOS, Brasílio (Rodrigues) dos, 203.
SANTOS, Francisco Martins, 139.
SANTOS, Generino dos, 96.
SANTOS, João Lúcio dos, 171.
SANTOS, José Alberto dos, 140.
SANTOS, José Maria dos, 152.
SANTOS, Luis Cornélio dos, 167.
SANTOS, Ribeiro dos, 6.
SANTOS JÚNIOR, Luciano Esteves dos, 221.
SÃO LEOPOLDO, José Feliciano Fernandes Nunes Pinheiro, primeiro Visconde de, 15, 17, 25, 29, 37, 39, 273.
SAPUCAÍ, Cândido José de Araújo Viana, Marquês de, 169.
SAQUET, José Joaquim de Sousa, 124.
SARAIVA, Antônio José, 61, 62.
SARMENTO, Casimiro José Morais, 133.
SAVIGNY, Friedrich Karl von, 58, 76, 123, 151, 284.
SAY, Jean-Baptiste, 33.
SBROZELA, Jerzy, 31.
SCALIGELO, 166.
SCHMIDT, Afonso, 176.
SCHULTZ, John, 278, 299.
SCHWARTZ, Stuart B., 297.
SCOTT, James Brown, 235, 238.
SCHELLING, Friedrich (Wilhelm Joseph von), 240.
SCHMIDT, Afonso, 73.
SEABRA, J. J. (José Joaquim), 99, 111, 169, 204, 268.
SECHIRINGER, Ron L., 274.
SERRANO, Jônatas, 205.
SILVA, Caio Mário da, 339.
SILVA, Firmino Rodrigues, 145.
SILVA, Francisco de Lima e, 49.
SILVA, João Cândido de Deus e, 39.
SILVA, José Gonçalves da, 186.
SILVA, Josino Nascimento da, 137.
SILVA, Luís Vieira da, padre, 272.
SILVA, Manoel Cícero Peregrino da, 250.
SILVA JARDIM, Antônio da, 140, 152, 178.
SILVA JÚNIOR, Afonso, 140.

SILVA RAMOS, (José Júlio da), 301.
SILVEIRA, João Batista, da, 93.
SILVEIRA, Joel, 169.
SIMON (Suisse), Jules (François), 224.
SIMONSEN, Mário Henrique, 325.
SINIMBU, João Lins Vieira Cansanção de Sinimbu, Visconde de, 57, 85, 86, 136, 137.
SISMONDI, 33.
SMITH, Adam, 16, 33, 272.
SOARES, Caetano, 65.
SOARES, Firmino, 138.
SOARES, Manuel Coutinho, 39.
SÓCRATES, 146.
SODRÉ, Antônio Augusto de Azevedo, 204.
SODRÉ, Francisco, 90.
SOVIANO FILHO, 203.
SOUSA, Antônio Simões de, 52.
SOUSA, Antônio Tiburcio de, Brigadeiro, 280.
SOUSA, Carlos Martins Pereira de, 193.
SOUSA, Clodoaldo, 231.
SOUSA, Francisco Paula, 150.
SOUSA, Hercílio de, 267.
SOUSA, João Silveira de, 118.
SOUSA, Marcos Antônio de, 20.
SOUSA, Octávio Tarquínio de, 14, 25, 111.
SOUSA, Rubens Gomes de, 311.
SOUSA, Paulino José Soares de, 139, 149.
(filho do Visconde de Uruguai e irmão do Cons. Paulino).
SOUSA, Tomé de, 4.
SOUSA FRANCO, Bernardo de Sousa Franco, Visconde de, 57.
SOUSA JÚNIOR, Paulino de, 222.
SOUSA ("Bocaiuva") Quintino Ferreira de, 139.
SOUTHEY, Robert, 26.
SOUTO, Teodoreto (Carlos de Faria), 138.
SPENCER, Herbert, 102, 107, 239.
SPENGLER, Oswald, 2.
STEIDEL, Frederico Vergueiro, 149, 258.
STEINER, Henry, 325.

STOCKLER, Garção, 13, 44.
STOERK, 235. Univ. de Grieitswald — Prússia.
STORCH, 33.
STORY, 134.
STRIKIO, 33.
SUCUPIRA, Newton, XV, 11, 12, 323, 324, 333, 341, 342.
SUEVEN, 81.

TÁCITO (Sá Viana Pereira de Vasconcelos), Caio, XIV, 70, 325, 333, 341, 342.
TAPARELLI (D'AZEGLIO), (Massimo), 97, 134.
TAVARES, Jerônimo Vilela, 141.
TAVARES, Paiva, 139.
TAVARES BASTOS, (Aureliano Cândido), 179, 274, 281.
TÁVORA, (João) Franklin (da Silveira), 99, 138.
TEIXEIRA, A., M., 198.
TEIXEIRA, Anísio (Spínola), XIII, 306, 307.
TEIXEIRA DE FREITAS, Augusto, 57, 58, 65, 125, 126, 168, 169, 170, 291.
TELES, Oliveira, 103.
TELES JÚNIOR, Godofredo, 265.
TEODORO, João, 129.
TOCQUEVILLE, (Charles) Alexis (Henri Clérel), de, 134.
TOMÁSIO, 33.
TOLEDO, Manuel Dias de, 42, 44, 53, 134, 173.
TOPINARD, Paul, 107.
TORNAGHI, Hélio (Bastos), 339.
TORRES, Alberto (de Seixas Martins), 281.
TORRES, Fagundes, 42.
TORRES, Fernandes, 41, 44.
TORRES, João Camilo de Oliveira, 152, 170, 172.
TORRES, José Joaquim Fernando, 72.
TAUNAY, Alfredo d'Escragnolle, Visconde de, 300.
TRIGUEIRO (DE ALBUQUERQUE MELO), Osvaldo, 300.
TROPLONG, 58.
TRUBEK, David Max, V, XIV, XV, 325, 341.
TURGEON, 235.
TYLER, 107.

ÍNDICE ONOMÁSTICO

URUGUAI, Paulino José Soares de Souza, Visconde de, 52, 139.

VALENÇA, Estêvão Ribeiro de Resende, Marquês de, 19.
VALLADÃO, Alfredo, 25, 26, 27, 267.
VAMIREH CHACON, 112, 294, 302.
VAMPRÉ, Spencer, XI, XVII, 25, 27, 38, 40, 41, 42, 52, 53, 56, 117, 118, 124, 128, 145, 168, 171, 197, 203, 248, 265.
VARGAS, Getúlio Dornelles, 303, 336.
VASCONCELOS, Antônio Augusto de, 207.
VASCONCELOS, Bernardo Pereira de, 20, 21, 22.
VASCONCELOS, Diogo Luís de Almeida Pereira de, 188.
VASCONCELOS, Meira de, 231.
VASCONCELOS, Peres de, 140.
VAZ, Augusto, 231.
VEIGA, Dídimo da, 139.
VEIGA, Francisco da, 188, 222.
VELASCO DE GOUVEIA, Francisco, padre, 277.
VELOSO, Pedro Leão, 138.
VENANCIO FILHO, Alberto, 12, 27, 263, 339.
VENANCIO FILHO, Francisco, 12, 218.
VENTURA DE RAULICA, 97.
VERGUE, Pedro, 140, 222.
VERGUEIRO, Nicolau Pereira de Campos, 23, 53.
VERÍSSIMO, José, 95, 96, 100.

VERNEY, Luís Antônio, pe. 6.
VIANA, Antônio Ferreira, 139.
VIANNA, Hélio, 4, 12.
VIEIRA, Albino, 104.
VIEIRA, Antônio, padre, 282, 297.
VIEIRA, João Pedro Dias, 73.
VIEIRA, Jorge Hilário Gouvêa, XIV, 342.
VIEIRA FERREIRA, 71.
VILANOVA, Lourival, 333.
VILELA, Carneiro, 150.
VILELA, Jerônimo, 60.
VILELA, Joaquim, 64, 138.
VINCENT, Barnabé, 171.
VIRGÍLIO (Publius Vergilius Maro), 15.
WALDECK, 32, 33.
WATEL, 33.
WELLINGTON, Arthur Wellesley (orig. Wesley), Duque, 273.
WERNECK, Antônio Luís dos Santos, 151.
WHITAKER, José Maria (de Aguiar), 227.
WHITBNE, 81.
WILLEY, 235.
WOLFI , 33.

XAVIER, Fontoura, 140.
XIS, Faustino, 171.

ZABOROVSKI, 107.
ZACARIAS DE GÓIS e VASCONCELOS, V. Góis e Vasconcelos.
ZALUAR, Emílio, 130, 132, 172, 174.

HISTÓRIA NA PERSPECTIVA

Nova História e Novo Mundo
 Frédéric Mauro (D013)
História e Ideologia
 Francisco Iglésias (D028)
A Religião e o Surgimento do Capitalismo
 R. H. Tawney (D038)
1822: Dimensões
 Carlos Guilherme Mota (D067)
Economia Colonial
 J. R. Amaral Lapa (D080)
Do Brasil à América
 Frédéric Mauro (D108)
História, Corpo do Tempo
 José Honório Rodrigues (D121)
Magistrados e Feiticeiros na França do Século XVII
 Robert Mandrou (D126)
Escritos sobre a História
 Fernand Braudel (D131)
Escravidão, Reforma e Imperialismo
 Richard Graham (D146)
Testando o Leviathan
 Antonia Fernanda Pacca de Almeida Wright (D157)
Nzinga
 Roy Glasgow (D178)
A Industrialização do Algodão em São Paulo
 Maria Regina C. Mello (D180)

Hierarquia e Riqueza na Sociedade Burguesa
 Adeline Daumard (D182)
O Socialismo Religioso dos Essênios
 W. J. Tyloch (D194)
Vida e História
 José Honório Rodrigues (D197)
Walter Benjamin: A História de uma Amizade
 Gershom Scholem (D220)
De Berlim a Jerusalém
 Gershom Scholem (D242)
O Estado Persa
 David Asheri (D304)
Falando de Idade Média
 Paul Zumthor (D317)
Nordeste 1817
 Carlos Guilherme Mota (E008)
Cristãos Novos na Bahia
 Anita Novinsky (E009)
Vida e Valores do Povo Judeu
 Unesco (E013)
História e Historiografia do Povo Judeu
 Salo W. Baron (E023)
O Mito Ariano
 Léon Poliakov (E034)
O Regionalismo Gaúcho
 Joseph L. Love (E037)

Burocracia e Sociedade no Brasil Colonial
　Stuart B. Schwartz (E050)
De Cristo aos Judeus da Corte
　Léon Poliakov (E063)
De Maomé aos Marranos
　Léon Poliakov (E064)
De Voltaire a Wagner
　Léon Poliakov (E065)
A Europa Suicida
　Léon Poliakov (E066)
Jesus e Israel
　Jules Isaac (E087)
A Causalidade Diabólica I
　Léon Poliakov (E124)
A Causalidade Diabólica II
　Léon Poliakov (E125)
A República de Hemingway
　Giselle Beiguelman (E137)
Sabatai Tzvi: O Messias Místico I, II, III
　Gershom Scholem (E141)
Os Espirituais Franciscanos
　Nachman Falbel (E146)
Mito e Tragédia na Grécia Antiga
　Jean-Pierre Vernant e Pierre
　Vidal-Naquet (E163)
*A Cultura Grega e a Origem do
Pensamento Europeu*
　Bruno Snell (E168)
O Anti-Semitismo na Era Vargas
　Maria Luiza Tucci Carneiro (E171)
Jesus
　David Flussser (E176)
Em Guarda Contra o "Perigo Vermelho"
　Rodrigo Sá Motta (E180)
*O Preconceito Racial em Portugal e Brasil
Colônia*
　Maria Luiza Tucci Carneiro (E197)
A Síntese Histórica e a Escola dos Anais
　Aaron Guriêvitch (E201)
*Nazi-tatuagens: Inscrições ou Injúrias no
Corpo Humano?*
　Célia Maria Antonacci Ramos (E221)
1789-1799: A Revolução Francesa
　Carlos Guilherme Mota (E244)
História e Literatura
　Francisco Iglésias (E269)
A Descoberta da Europa pelo Islã
　Bernard Lewis (E274)
Tempos de Casa-Grande
　Silvia Cortez Silva (E276)

*Mistificações Literárias: "Os Protocolos dos
Sábios de Sião"*
　Anatol Rosenfeld (EL003)
O Pequeno Exército Paulista
　Dalmo de Abreu Dallari (EL011)
Galut
　Itzhack Baer (EL015)
Diário do Gueto
　Janusz Korczak (EL044)
Xadrez na Idade Média
　Luiz Jean Lauand (EL047)
O Mercantilismo
　Pierre Deyon (K001)
Florença na Época dos Médici
　Alberto Tenenti (K002)
O Anti-Semitismo Alemão
　Pierre Sorlin (K003)
Os Mecanismos da Conquista Colonial
　Ruggiero Romano (K004)
A Revolução Russa de 1917
　Marc Ferro (K005)
A Partilha da África Negra
　Henri Brunschwig (K006)
As Origens do Fascismo
　Robert Paris (K007)
A Revolução Francesa
　Alice Gérard (K008)
Heresias Medievais
　Nachman Falbel (K009)
Armamentos Nucleares e Guerra Fria
　Claude Delmas (K010)
A Descoberta da América
　Marianne Mahn-Lot (K011)
As Revoluções do México
　Américo Nunes (K012)
O Comércio Ultramarino Espanhol no Prata
　Emanuel Soares da Veiga Garcia
　(K013)
*Rosa Luxemburgo e a Espontaneidade
Revolucionária*
　Daniel Guérin (K014)
Teatro e Sociedade: Shakespeare
　Guy Boquet (K015)
O Trotskismo
　Jean-Jacques Marie (K016)
A Revolução Espanhola 1931-1939
　Pierre Broué (K017)
Weimar
　Claude Klein (K018)

O Pingo de Azeite: A Instauração da Ditadura
   Paula Beiguelman (K019)
As Invasões Normandas: Uma Catástrofe?
   Albert D'Haenens (K020)
O Veneno da Serpente
   Maria Luiza Tucci Carneiro (K021)
O Brasil Filosófico
   Ricardo Timm de Souza (K022)
Schoá: Sepultos nas Nuvens
   Gérard Rabinovitch (K023)
Dom Sebastião no Brasil
   Marcio Honorio de Godoy (K025)

História dos Judeus em Portugal
   Meyer Kayserling (PERS)
Manasche: Sua Vida e Seu Tempo
   Nachman Falbel (LSC)
Em Nome da Fé: Estudos In Memoriam de Elias Lipiner
   Nachman Falbel, Avraham Milgram e Alberto Dines (orgs.) (LSC)
Inquisição: Prisioneiros do Brasil
   Anita Waingort Novinsky (LSC)
Cidadão do Mundo: O Brasil diante do Holocausto e dos Judeus Refugiados do Nazifascismo
   Maria Luiza Tucci Carneiro (LSC)

Impresso nas oficinas da
Orgrafic Gráfica e Editora
em fevereiro de 2011